Treten Sie ein! Treten Sie aus!
Warum Menschen ihre Religion wechseln

Herausgegeben für die Jüdischen Museen Hohenems, Frankfurt am Main und München von Regina Laudage-Kleeberg und Hannes Sulzenbacher

Impressum

Treten Sie ein! Treten Sie aus!
Warum Menschen ihre Religion wechseln

Herausgegeben von Regina Laudage-Kleeberg und Hannes Sulzenbacher
© Jüdisches Museum Hohenems, Jüdisches Museum Frankfurt am Main
und Jüdisches Museum München, 2012
Die Rechte für die Artikel liegen bei den Autorinnen und Autoren.

Gestaltung: atelier Stecher, Götzis – Roland Stecher und Thomas Matt
Lektorat: Karin Schneider
Objektfotografie: Robert Fessler
Übersetzungen: Lilian Dombrowski
Druck: AZ Druck, Allgäu, Berlin

Parthas Verlag Berlin, Gabriela Wachter
Planufer 92d, 10967 Berlin
www.parthasverlag.de

ISBN: 978-3-86964-067-9

Eine Ausstellung der Jüdischen Museen Hohenems,
Frankfurt am Main und München

Jüdisches Museum Hohenems
Schweizer Straße 5, A-6845 Hohenems
www.jm-hohenems.at
23.10.12 – 24.3.2013

Museum Judengasse – Jüdisches Museum Frankfurt am Main
Kurt-Schumacher-Straße 10, D-60311 Frankfurt am Main
www.juedischesmuseum.de
15.5.2013 – 15.9.2013

Jüdisches Museum München
St.-Jakobs-Platz 16, D-80331 München
www.juedisches-museum-muenchen.de
2.10.2013 – 2.2.2014

Inhalt

10 **Vorwort**
Hanno Loewy, Fritz Backhaus, Bernhard Purin

12 **Einleitung**
Regina Laudage-Kleeberg, Hannes Sulzenbacher

18 **Prolog**

Konversionstheorien

20 **Konforme Nonkonformisten:**
Soziologische Zugänge zum Thema Konversion
Monika Wohlrab-Sahr

    Abraham Ulrikab
    Gustav Mahler

38 **Was ist Konversion?**
Detlef Pollack

    Ingolf Bodemann
    Moritz Gottlieb Saphir

50 **Konversion als Erzählung**
Andreas B. Kilcher

    Edith Stein
    Ruth Eichmann | Schwester Johanna Eichmann

64 **Konversionen als Übergangsriten**
Ulrich Dehn

    Susanne Wenger | Adunni Olurisa
    Helga Stapf | Helga Atlan

76 **Rituale zur Konversion in den Religionen der Welt**
Anna-Konstanze Schröder

    Nahida Remy | Nahida Ruth Lazarus
    Maria Anna von Preußen

Konversionen in der europäischen Geschichte

92 **Judentum und Konversion in der Spätantike. Einige Beobachtungen**
Gerhard Langer

> Kauthar
> Chava Esther Grossmann

112 **Auf der Suche nach der wahren Religion**
Übertritte von Juden zum Islam im Mittelalter
Stefan Schreiner

> Johannes von Oppido | Obadja
> Teresa von Ávila
> Isaac Wolff | Franz Rosenzweig

124 **Zwang, Not und Seelenheil**
Jüdische Konversionen im mittelalterlichen Aschkenas
Martha Keil

> Christine H. (Pseudonym)
> Alexandra und Baruch Wolski

136 **Zwischen Konversion und Verstellung:**
Die Marranen von Spanien und Portugal in der Frühen Neuzeit
Yosef Kaplan

> Beatrice de Luna | Gracia Nasi
> Diego d'Aguilar | Moses Lopes Pereira

148 **Eine folgenschwere Entscheidung. Konversionen von Juden in der Frühen Neuzeit am Beispiel Frankfurt am Main**
Wolfgang Treue

> Isaac Feinstein
> Michael Zadock | Abraham David | Christian Gottlob | Michael Zadock
> Joh. Christian Beständig | Michael Zadock | Christian Bleibtreu
> Michael David | Michael Glaubtreu | Michael Abraham | Christian Treu

164 Christliche „Vorzeigekonvertiten" in der Frühen Neuzeit
Maria Diemling

> Aron Margules | Antonius Margaritha
> Edgardo Mortara | Pio Edgardo Mortara

176 Familienliebe und öffentliches Judentum:
die Konversionsproblematik im Deutschland des 19. Jahrhunderts
Deborah Hertz

> Naftali Hirz ben Meir Ulmann | Joseph Moritz Maier
> Harry | (Christian Johann) Heinrich Heine
> Nico | Nachshon Bauch

190 Allein und fremd und anders. Orientalismus, Lebenskrisen und Konversion
Anmerkungen zur Konversion von Leopold Weiss (1900–1992) zum Islam
Reinhard Schulze

> Leopold Weiss | Muhammad Asad
> Max Jacob

204 „Erlösung des Judentums"?
Debatten über „Judentaufen" und die Konversion zum liberalen Protestantismus
in Deutschland vor dem Ersten Weltkrieg
Christian Wiese

> Hadassah Bat Abraham
> Béla Balázs

218 „Christliche Nichtarier"
Getaufte „Juden" im Nationalsozialismus zwischen Hoffnung
auf Schutz und dem Stigma des Opportunismus
Beate Meyer

> Georg Schwikart
> Josef Brüll

236   Ehefrauen, Gottsucher, Seitenwechsler?
Konversionen zum Judentum in Deutschland nach 1945
Lida Barner

> Inge B.
> Evangelikale Christen der Lifepoint Church in Crestfield, USA
> Alessandra F.

Konversionsdebatten der Gegenwart

250   Apostasie im Islam – Handeln wider die Natur oder Menschenrecht?
Eine Debatte im Spannungsfeld von Orthodoxie und radikaler Reform
Kurt Greussing

> Christian Helge Hoffmann | Christian Abdul Hadi Hoffmann

264   „Sekten-Einsteiger und -Aussteiger": Zu Konversion und Dekonversion
im Kontext Neuer Religiöser Bewegungen
Melanie Möller

> Niko Alm
> Robert K.

276   Von der Tora zum Dharma – und wieder zurück?
Jüdische Konvertiten zum Buddhismus und das „JuBu"-Phänomen
Frank Drescher

> Ilse Kussel | Schwester Ayya Khema
> Ein Paar aus Mantua

290   „Judentum" als politischer Begriff
Eine Kontroverse über neue Problemstellungen im Kontext des Staates Israel
Alfred Bodenheimer | Hanno Loewy

> Pinchas Azuka Ogbukaa
> Christian Vuissa
> Johann Emanuel Veith

310 **Renaissance des Judentums oder der Weg in eine neue jüdische Zukunft?**
Die Wiederentdeckung des Religiösen in jüdischen Biografien in Deutschland
Eva-Maria Schrage

Paul Moses Strasko

320 „Von wo denn nach wo?" Einwanderung als Übertritt
Dmitrij Belkin

332 **Epilog**

334 **Autorinnen und Autoren**

341 **Projektmitarbeiterinnen und -mitarbeiter**

342 **Danksagungen**

Vorwort

In der Beziehung zwischen Religionen ist heute viel von Toleranz, Anerkennung und Dialog die Rede. Religionsfreiheit ist ein Menschenrecht, und dazu gehört nicht nur das Recht religiöser Minderheiten auf ungestörte Religionsausübung, sondern auch das Recht die Religion zu wechseln. Doch bis heute markiert der Vorgang der Konversion, des Übertritts, so etwas wie den Ernstfall im Verhältnis zwischen den Religionen. Wer konvertiert, stellt das Glaubensgebäude in Frage, das er oder sie verlässt. Und bestätigt den Anspruch auf Wahrheit, den jene Religion erhebt, zu der man sich wendet.

Übertritte von einer Religion zur anderen waren lange Zeit ein Gegenstand der Ausübung von Macht, und mancherorts sind sie es bis heute. Übertritte zur Religion der Mehrheit waren gesellschaftlich erwünscht und wurden belohnt, Übertritte zum Glauben von Minderheiten hingegen standen zumeist unter Strafe und konnten das Leben kosten.

Kaum 250 Jahre ist es her, da definierte beispielsweise die „Constitutio Criminalis Theresiana", also die österreichische Gerichtsordnung vom 31.12.1768, in Artikel 57 wie mit „Abfall vom christlichen Glauben" umzugehen sei, also mit „jenen Abtrünnigen, welche getauffte Christen sind, von dem Christentum abfallen, und dagegen den jüdischen, mahomedanischen oder heydnischen Glauben annehmen. Solch boshafte Verläugnere des christlichen Glaubens sind nebst Verwirkung ihres Vermögens, so zu Unser Kammer einzuziehen ist, insgemein mit dem Schwerd zu bestraffen..."

Konversionen verlaufen heute in verschiedenste Richtungen und gelten als freie Entscheidung. Doch gesellschaftliche Diskussionen über das Thema Konversion verlaufen auch heute keineswegs konfliktfrei, ja sie berühren neue Tabus und offene Fragen.

Die Jüdischen Museen in Hohenems, Frankfurt am Main und München wollen diesen Kontroversen mit diesem gemeinsamen Projekt eine Bühne bieten. Hannes Sulzenbacher und Regina Laudage-Kleeberg, die dieses intensive Ausstellungsprojekt betreut haben, sei dafür stellvertretend für alle herzlich gedankt.

Die Pluralität der individuellen Motive, die verschiedenen Umgangsweisen der Religionen mit Konversionen und Konvertiten, ihre Rituale und sozialen Kontexte, und schließlich die persönlichen Erfolge und Misserfolge von Religionswechseln werden im diskursiven Raum einer Ausstellung und in diesem Essayband zum ersten Mal in ihrer Widersprüchlichkeit entfaltet. Dabei ist es an der Zeit manche scheinbare Gewissheit und manches eindimensionale Bild in Frage zu stellen.

Das Judentum galt lange als die religiöse Minderheit schlechthin, in einem „christlichen Europa", das seine Außengrenze gegen den Islam hin definierte – und in dem der öffentliche Streit um das Thema „Konversion" seit der Reformation hingegen auf die Frage nach der „richtigen Konfession" fokussierte. Die Geschichte des Christentum, sie ließe sich auch als eine Geschichte von Konversionen erzählen. Die Geschichte des Judentums hingegen, in gewisser Weise auch als eine Geschichte der Widerständigkeit gegen Konversion und der Bewahrung der eigenen Identität gegenüber einer christlichen Mehrheit, für die der Übertritt der Juden untrennbar mit der erhofften und erwarteten Wiederkehr des Messias verbunden war. Die Weigerung der Juden, die christliche „Wahrheit" anzuerkennen, blieb in katholischer wie in protestantischer Sicht ein Skandal, der unbedingt beseitigt werden musste. Die Konversion der Juden war so für die christlichen Konfessionen bis in die Moderne hinein ein zentrales Anliegen.

Doch auch dann wenn die Geschichte der Übertritte vom Judentum zum Christentum vor allem als eine lange Geschichte von Gewalt, Zwang, sozialem Druck und Assimilation erscheint, so zeigt ein näherer Blick darauf ein durchaus differenzierteres Bild individueller Motive, Handlungsspielräume und persönlicher Überzeugungen. Zugleich ist die Annahme, dass Konversionen *zum* Judentum nur eine Ausnahmeerscheinung darstellen, im Lichte neuerer Forschungen mit Zweifeln zu versehen.

Eine neue Dramatik gewinnen Fragen der Konversion vor dem Hintergrund globaler Migration und einer begonnenen Neuerfindung Europas. Der Islam ist in Mitteleuropa unwiderruflich angekommen, genauer gesagt: zurückgekehrt. Und damit stehen auch Diskussionen über das Verhältnis von Mehrheits- und Minderheitskulturen in einem neuen Kontext. Minderheiten sind nicht überall Minderheiten. Und Mehrheiten nicht überall Mehrheiten.

Auch die Debatten über Religionsfreiheit gewinnen vor diesem Hintergrund an Radikalität. Wie kann gleichzeitig das Recht geschützt werden, eine Religion frei wählen zu können und das Recht gewahrt bleiben, Religion und kulturelle Identität von Generation zu Generation weiter zu geben, auch und gerade dann, wenn dies aus bzw. in der Position einer Minderheit geschieht? Und damit kultureller Zeichen bedarf, die die Differenz zu einer Mehrheitskultur voraussetzen, in einer Gesellschaft die nach Belieben sich mal als säkular und dann wieder als christlich versteht bzw. so definiert wird. Wie können individuelle und kollektive Rechte auf Religionsfreiheit miteinander in Einklang gebracht werden, die sich scheinbar ausschließen? Diese Frage gewinnt an Brisanz, wenn wir bedenken, dass die Realität der europäischen Gesellschaften keineswegs der Fiktion eines religionsneutralen Raums entspricht, in dem alle religiösen Bekenntnisse einander auf Augenhöhe begegnen.

Gegenwärtige Debatten über religiöse Symbole, seien es Kopftücher oder Beschneidungsriten, stehen im Zeichen solcher zweideutigen Diskurse, in denen es eben doch, wider alle Bekenntnisse zu Freiheit, Toleranz und Menschenrechten, um kulturelle, soziale und politische Macht geht, um ungleich verteilte Ressourcen, in denen auch der Zugang zu Religionsfreiheit und dem was darunter zu verstehen ist, immer wieder neu ausgehandelt werden muss.

Die Ausstellung „Treten Sie ein! Treten Sie aus! Warum Menschen ihre Religion wechseln" führt diese Debatten zurück auf konkrete Akteure und auf die Dimension biografischen Erlebens. Wir hoffen, dass dies dazu beitragen kann, diese Debatten auf zivile und produktive Weise zu führen.

Hanno Loewy Hohenems
Fritz Backhaus Frankfurt am Main
Bernhard Purin München

Einleitung

Regina Laudage-Kleeberg, Hannes Sulzenbacher

Religiöse Konversion bedeutet die Annahme der Glaubensgrundsätze und Traditionen einer anderen Religionsgemeinschaft. Sie ist mit Ritualen verbunden, die den Übertritt formalisieren und „spürbar" machen. Das Recht auf Konversion ist seit 1948 Teil der Menschenrechte.

Noch immer – und vielleicht mehr als je zuvor – ruft das Thema Konversion alle umstrittenen Fragen nach umkämpften Identitäten auf, in einer Gegenwart, die von „Multikulturalismus" und Migration genauso geprägt ist wie von Fundamentalismen und der Suche nach dauerhaften Traditionen.

Das Minenfeld dieser heute hochgradig politisierten Fragen – man denke nur daran, wie in europäischen Gesellschaften der Übertritt zum Islam wahrgenommen wird – soll in diesem Katalog wie in der gleichnamigen Ausstellung der jüdischen Museen in Hohenems, Frankfurt am Main und München aus vergleichender Perspektive erkundet werden.

Die Form eines Diskurses, der das Medium des Ausstellens und die damit verbundenen Kommunikationsmöglichkeiten mit einem Katalog und Veranstaltungen verbindet, erscheint uns besonders gut geeignet, öffentliche und akademische Debatten über dieses lange tabuisierte Thema anzustoßen. Ein Thema, das die Grundfragen jeder zivilen Gesellschaft berührt: Wie ist es möglich, Angehörigen verschiedener Traditionsgemeinschaften ein Zusammenleben zu ermöglichen, das nicht auf scharfer Trennung, sondern auf der Möglichkeit von Durchlässigkeit beruht? Wie ist eine Vergesellschaftung von Religionen und Traditionen machbar, die den Konflikt zwischen dem politischen Anspruch auf unterschiedliche Werte und der kulturellen Realität partikularer Traditionen wenn schon nicht versöhnt, aber doch auf zivilen Austragungsformen dieses Gegensatzes beharrt?

Für Jüdinnen und Juden hat der Vorgang der Konversion eine lange, beunruhigende Geschichte. Über Jahrhunderte waren sie Opfer erzwungener Konversionen, nicht nur im Spanien der Reconquista. Und das nicht bloß, weil andere Religionen grundsätzlich das Interesse daran besaßen und besitzen, ProselytInnen zu machen. Schließlich wird eine Konversion als Beweis für die „Wahrheit" der „neuen" und ihr Triumph über die „alte" Religion begriffen. Für das Christentum wie für den Islam, die aus dem Judentum hervorgegangenen monotheistischen Religionen, besitzt die Konversion von Jüdinnen und Juden daher eine ganz besondere Bedeutung.

In der historischen Entwicklung zeigt sich freilich, dass Konversionen den unterschiedlichsten Interessen dienen konnten: Für die Religionen und ihre Gemeinschaften bedeuteten sie zunächst einen Zuwachs an Gläubigen und an politischer Macht – sowohl durch den Beweis einer besonderen spirituellen Überlegenheit als auch materiell: Abgaben, Schenkungen und Erbschaften seitens der KonvertitInnen verschafften der aufnehmenden Gemeinschaft oft finanzielle Vorteile.

Religionen pflegen einen durchaus unterschiedlichen Umgang mit Konversion und ihrer Inszenierung, sowohl beim Eintritt in ihre Gemeinschaft als auch beim Austritt aus dieser. Mission steht hier schwierigen Aufnahmeritualen und scheinbarer Ablehnung gegenüber; bei Austritt reicht das Spektrum von der Todesdrohung über die Leugnung bis zum einfachen „Gehen lassen". Die Existenz von „Konversion" an sich, im Besonderen die Ritualisierung des Konversionsvorganges, dient dabei auch der Aufrechterhaltung der Grenzen sowie des Wettbewerbs zwischen den Religionen und Weltanschauungen. Lediglich der grundsätzliche Austritt aus allen Religionsgemeinschaften bedeutet, „sich vom Markt zu nehmen".

Für KonvertitInnen bedeutet der Übertritt nicht nur einen neuen Glauben, sondern auch die Annahme einer neuen „Geschichte", eines neuen Erbes – und damit häufig die Notwendigkeit, sich von Familie, sozialen Netzwerken und Traditionen zu trennen. Diesem Verlust steht freilich der erhoffte spirituelle und soziale Gewinn gegenüber. Die Aufgabe eines Minderheitenstatus und die Anpassung an die Mehrheit versprachen lange Zeit schließlich die Aussicht, das Stigma abzustreifen und einen sozialen Aufstieg zu vollziehen, was sich in der Realität oft als Illusion herausstellte. Im 20. Jahrhundert bekamen die Fragen nach Konversion und Rekonversion gerade für Jüdinnen und Juden zusehends eine komplexere Bedeutung, auf dem Höhepunkt der europäischen „Assimilation" vor und – im Zeichen jüdischer Rekonstruktion – nach der Schoa.

Zur Herangehensweise

Ein strukturalistischer und funktionaler Ansatz scheint uns angemessen, um sich dem komplexen Thema Konversion zu nähern. Aus einer solchen Perspektive lassen sich die unterschiedlichen Formen des Übertritts, seine Regeln, Rituale und Traditionen besser vergleichen und die persönliche Geschichte einzelner Konversionen kann in den Mittelpunkt gerückt werden. Sind doch heute vor allem jene die Protagonisten, die freiwillig die Religionsgemeinschaft gewechselt haben: die KonvertitInnen, die als GewinnerInnen oder VerliererInnen des von ihnen gewählten Übertritts erscheinen. Konversionen erfüllen Funktionen: Sie sollen persönliche Identitäten stabilisieren, auch auf Kosten der „verlierenden" Gemeinschaften. Spirituelle Sinnerfüllung, finanzielle oder materielle Vorteile, die Vermeidung oder die scheinbare Lösung eines schon unabweisbaren persönlichen Konflikts, die Möglichkeit des sozialen Aufstiegs, Heirat und die gewünschte Akzeptanz in einer Gemeinschaft sind heute weit häufiger die Motive für eine Konversion als Formen des Zwangs, die mit der Aufgabe von Religion, Tradition und Gemeinschaft ausschließlich als Verlust erlebt werden.

Die Geschichte von Konversionen – und die Geschichte von Konvertitinnen und Konvertiten – basiert auf einer Summe von Einzelerfahrungen, die einer besonderen Dramaturgie folgen respektive nachträglich narrativ geordnet werden: daraus ergibt sich die sozio-literarische Gattung der Konvertitenerzählung.

Der „persönliche" Gewinn, der durch den erwünschten Identitätswechsel erreicht wurde oder werden sollte, stellt in der Konvertitenerzählung das Ende dar, von dem aus sich ihre Struktur, also Vorgeschichte und Durchführung des Glaubenswechsels, ableiten lässt. Eine in unterschiedlichen Ursachen begründete prekäre Zugehörigkeit zu einer Religion oder einer religiösen Gemeinschaft wird in den Augen des Konvertiten gegen eine stabile Zugehörigkeit und Identifikation getauscht. Die Wahrnehmung der eigenen Biografie, grundsätzlich eine intentionale selektive Vergegenwärtigung biografischer Details, erlaubt demnach den Blick auf das eigene Leben als Heilsgeschichte. Konversion wird dabei als symbolische Transformation krisenhafter Erfahrung konzeptualisiert.

Die Konvertitenerzählung besteht aus drei recht klar voneinander abgrenzbaren Bereichen, die sich mit „vorher", „nachher" und der Passage dazwischen beschreiben lassen: Auf eine krisenhafte Erfahrung mit der „alten Religion", in der ein Mangel wahrgenommen wird, den es zu beheben gilt, folgt ein Prozess der Überwindung, für den es meist eine rituelle Form gibt, bis schließlich der neue Zustand erreicht ist, der sich als mehr oder minder befriedigend erweist. Die sich ähnelnde Struktur dieser Übergänge kontrastiert mit den sozialen, religiösen und politischen Konflikten, die dafür den Hintergrund, die Motivlage und die Energie liefern.

Auch das Publikum der Ausstellung bewegt sich durch diese drei Schritte. Es folgt dabei KonvertitInnen auf ihrem Weg von einer Religion zur anderen und erfährt, wie und inwieweit sich die Wünsche und Hoffnungen erfüllten, ob die Ansprüche und die Realität übereinstimmen, ob ihre Probleme sich auf diesem Wege lösen ließen oder bestehen bleiben. Der vorliegende Katalog versammelt weiterführende Essays, die Fragestellungen und Ergebnisse der aktuellen Konversionsforschung diskutieren: Neben Texten zur allgemeinen soziologischen, kultur- und religionswissenschaftlichen Konversionsdiskussion liefert er Hintergründe zu jüdischen Konversionen in der europäischen Geschichte sowie einen Einblick in die gegenwärtigen Forschungsdebatten rund um das Thema Konversion.

Monika Wohlrab-Sahr eröffnet den Band mit einer Analyse der gegenwärtigen Konversionsforschung. Sie unterscheidet dabei zwei Dimensionen von Konversion, jene des Glaubenswechsels per se im Unterschied zur biografischen Dimension, also des Wandlungsprozesses einer bestimmten Person. Detlef Pollack skizziert den Stand der Forschung und stellt die grundsätzliche Frage: „Was ist Konversion?" Die Dimension des individuellen Wandlungsprozesses beschreibt auch Andreas Kilcher, der das Phänomen des Glaubenswechsels als narrative Struktur in den Mittelpunkt seiner Ausführungen zu einer exemplarischen Konversionserzählung stellt. Die verschiedenen Übergangsriten zur jeweils neuen Religion beleuchtet Ulrich Dehn in seinem Beitrag „als Orientierungspunkt, der die übertretende Person für sich selbst und vor anderen den gegangenen Weg bejahen lässt". Denn die Entscheidung überzutreten musste ja vor dem Ritual der Konversion getroffen werden. Auch Anna-Konstanze Schröder relativiert den Topos des Übergangsrituals, da sich die einzelnen Religionen zu stark unterscheiden. Sie vergleicht die Konversionsrituale der größten Religionsgemeinschaften.

Doch wie gestaltete sich ein Glaubenswechsel im Laufe der europäischen Geschichte, die gerade Jüdinnen und Juden mehr als nur einen Grund gegeben hat, mit ihrer Religion oftmals auch ein soziales Dasein zu verlassen, das von Absonderung und Diskriminierung geprägt war? Und wie gestaltete sich der Weg umgekehrt, in die jüdische Religion? Gerade diesen oftmals vernachlässigten Topos der Konversion zum Judentum greift Gerhard Langer auf und untersucht dafür die Zugänge zum Judentum in der Spätantike. Stefan Schreiner betrachtet Konversionen von Juden zum Islam im Mittelalter, während Martha

Keil sich mit Religionswechseln vom Judentum zum Christentum in derselben Zeitspanne beschäftigt und darlegt, dass Konversionen auch damals schon aus unterschiedlichsten Gründen geschahen, sei es wegen der Religion, der Karriere oder aus Not. Anhand von Taufbucheinträgen aus Frankfurt am Main analysiert Wolfgang Treue die Motive von Juden, die in der frühen Neuzeit um die Taufe baten. Maria Diemling beschreibt frühneuzeitliche Vorzeigekonvertiten und zeigt, wie sich die ehemaligen Juden von ihrer Herkunftsreligion distanzierten und gegen sie polemisierten. Yosef Kaplan schildert die bedrückende Geschichte der iberischen Juden im 15. und 16. Jahrhundert, die sich lange nur zwischen Emigration, Tod oder Taufe entscheiden konnten.

Anfang des 19. Jahrhunderts waren Konversionen weniger von Gewalt als von sozialem Druck begleitet. In Deborah Hertz' Aufsatz erscheinen die Religionswechsel im Licht von bürgerlicher Emanzipation und dem Wunsch nach persönlicher Entfaltung als widersprüchlicher Prozess. Reinhard Schulze widmet sich der Konversion des berühmten Koran-Übersetzers Muhammad Asad und seiner Entwicklung vom „intellektuellen Nomaden" zum Islamgelehrten vor dem Hintergrund der neuen Orientrezeption der vorletzten Jahrhundertwende. Christian Wiese befasst sich mit der jüdischen Rezeption von „Judentaufen" vor dem Ersten Weltkrieg. Deutlich wird dabei, dass die von manchen gewünschte „Erlösung des Judentums" – oder „vom Judentum"? – schon vor der Schoa zu erbitterten Debatten führte. Beate Meyer zeigt in ihrem Beitrag über die Zeit des Nationalsozialismus, wie selten Juden durch eine Taufe vor der Deportation oder der Ermordung bewahrt wurden. Lida Barner entkräftet das Vorurteil, dass in den 1950er- und 1960er-Jahren der deutschen Nachkriegszeit vor allem bewusste politische „Seitenwechsler" zum Judentum übertraten. Lebenspraktische und identitätsstiftend religiöse Motive überwogen in den Quellen, die sich über diese Schlüsseljahre nach der Schoa finden lassen.

Kurt Greussing eröffnet den Reigen der gegenwärtigen Konversionsdebatten und setzt sich umfassend mit dem islamisch-theologischen Streit um das Thema Apostasie, dem „Abfall vom Islam", auseinander. Melanie Möller berichtet im Zusammenhang mit Konversion und Dekonversion in den Neuen religiösen Bewegungen, wie scheinbar neutrale Begrifflichkeiten dennoch starke Wertungen beinhalten. Frank Drescher schließlich setzt sich mit dem sogenannten Ju-Bu-Phänomen auseinander und erörtert die historischen und religiösen Hintergründe, die Juden und Jüdinnen seit dem 20. Jahrhundert dazu bewegen, sich als BuddhistInnen zu definieren.

Alfred Bodenheimer und Hanno Loewy führen in einem dialogischen Beitrag eine Diskussion darüber, wie der Staat Israel dem Dilemma eines „Rechts auf Rückkehr für Juden" und den daraus resultierenden Problemen einer religiösen, ethnischen oder gar rassistischen Definition entkommen könnte. Eva Maria Schrage beleuchtet die Komplexität jüdischer Kultur in der Gegenwart Deutschlands, im Besonderen die Frage, ob es zu einer „Revitalisierung" oder „Renaissance" des Judentums in Deutschland kommt.

Zur Sprache kommt darin auch das Dilemma, dem sich gerade die Immigranten aus den Staaten der ehemaligen Sowjetunion in Deutschland gegenübersehen. Dmitrij Belkins Beitrag schildert autobiografisch, wie die Suche nach der jüdischen Identität für viele dieser Einwanderer in den 1990er- und 2000er-Jahren verlief. Dieser exemplarische Prozess führt ganz und gar in die komplexe Gegenwart jüdischen Lebens.

Religiöse Konversion dient nicht selten dazu, ein nicht religiöses Problem zu lösen. Oft trägt religiöse Konversion nichts dazu bei, ein Problem zu lösen. Manchmal hinterlässt sie bei ihren ProtagonistInnen den Eindruck, weggegangen, aber nicht angekommen zu sein, und dann wieder treibt sie sie zur Überidentifikation und Übererfüllung der neuen religiösen Gesetze und Traditionen.

Die Struktur der Konversionserzählung, die den Übertritt in drei Phasen fasst, zeigt, dass KonvertitInnen die Erfahrung teilen, etwas Wesentliches in ihrem Leben geändert, den Sinn gefunden, ihre Identität stabilisiert, ein Problem überwunden zu haben. Eine Ausstellung und ein Buch zum Thema Konversionen können nicht darlegen, ob ihre Deutung ihrer Erfahrung „stimmt" und ob sie zu ihrem Besten war, aber sie können anregen darüber nachzudenken, was Konversionen, ihre Motive und ihre Folgen über den Zustand unserer Gesellschaft zu sagen vermögen.

פירוש אברבנאל

מתחלה עובדי עבודה זרה היו אבותינו ועכשיו קרבנו המקום לעבודתו שנאמר ויאמר יהושע אל כל העם כה אמר יי אלהי ישראל בעבר הנהר

„Abraham zerschlägt die Götzen"

Abraham war der Erste, der den biblischen Gott erkannte, was ihn dazu veranlasste, einen erbitterten Kampf für den Monotheismus zu führen. Sein Vater Terach verkaufte Götzenbilder, die er auch verehrte. Der Legende nach zerstörte Abraham die Götzenbilder bis auf das größte, dem er einen Stock in die Hand gab. Seinem Vater erklärte er, dass die Götter untereinander gestritten hätten und der größte Götze die kleinen erschlagen habe. Der Vater erklärte, dass dies nicht möglich sei und lieferte damit seinem Sohn Abraham das Argument, dass Götzen eben machtlos seien.

„Götze" bedeutet im Deutschen wörtlich so viel wie „kleiner Gott", im Hebräischen („elil") hingegen „nichtig" und „nichts". In der Illustration der Haggada durch Joseph ben David stehen manche Götzen noch unversehrt auf den umgebenden Bergen, unter ihnen deutlich sichtbar auch ein Bischof, zwei liegen bereits erschlagen neben Abraham.

Haggada, geschrieben und illustriert von Joseph ben David aus Leipnik in Hamburg 1740;
London, British Library, Ms. Sloane 3173, fol. 7v.

Konforme Nonkonformisten:
Soziologische Zugänge zum Thema Konversion
Monika Wohlrab-Sahr

1. Begriff, Phänomen, Kontexte

Wechsel der Zugehörigkeit und persönlicher Wandlungsprozess Beim Begriff „Konversion" sind zwei verschiedene Begriffsverwendungen beziehungsweise Dimensionen zu unterscheiden. Zum einen bezieht der Begriff sich allgemein auf einen Wechsel der Religions- oder Konfessionszugehörigkeit, zum anderen auf den Wandlungsprozess einer Person, die sich neu oder in neuer Weise an eine Glaubens- oder Weltanschauungsgemeinschaft bindet.

Während die erste Dimension auf den äußeren Prozess des Wechsels von A nach B und in diesem Sinne auf die Veränderung eines Merkmals der sozialen Identität abstellt, zielt die zweite auf die Veränderung der persönlichen Identität, die sich beim Konvertiten vollzieht. Beides kann miteinander verbunden sein, aber zweifellos sind auch Mitgliedschaftswechsel ohne Veränderung der persönlichen Identität möglich. Bei der zweiten Verwendung des Wortes kommen zudem nicht allein Wechsel zwischen verschiedenen Religionen, sondern auch Konversionsprozesse innerhalb derselben Religion in den Blick: etwa der Wandel einer säkularen zur orthodoxen Jüdin[1] oder eines kirchlich distanzierten Protestanten zum Anhänger einer charismatischen Gemeinschaft. Ein so verstandener Konversionsbegriff kann überdies nicht nur für religiöse, sondern etwa auch für politische Wandlungsprozesse verwendet werden.

Wenn mit Konversion die Vorstellung radikalen Wandels einhergeht, wirft dies auch ein Licht auf die Gemeinschaft, der sich die konvertierende Person zuwendet. Vorausgesetzt ist dabei ein exklusives Verständnis von Mitgliedschaft: Es geht um ein Entweder-oder, um eine Entscheidung für eine Form der Zugehörigkeit, die andere Zugehörigkeiten ausschließt.

Die Bedeutungen von Konversion sind allerdings nicht allein eine Frage der Nomenklatur, sondern hängen auch vom historischen Kontext ab, in dem Konversionen vollzogen werden. So ging etwa in Europa in der Neuzeit die Okkupation durch fremde Machthaber häufig auch damit einher, dass die unterworfene Bevölkerung gezwungen wurde, zur Religion des neuen Herrschers zu konvertieren. Unter diesen Bedingungen wird der äußerlich vollzogene Religionswechsel zum Zeichen der Anpassung an die neuen

Machthaber. Ähnlich kann – unter der Voraussetzung einer engen Verbindung von „Thron und Altar" – die Zugehörigkeit zur „richtigen" Konfession oder Religion Bedingung für eine erfolgreiche Karriere sein, sodass die Konversion, etwa vom Judentum zum Protestantismus, dafür die nötigen Voraussetzungen schafft.

Ethnologische Untersuchungen zeigen, dass Konversionen auch mit Prozessen geografischer Mobilität und der Erweiterung von Horizonten im Zuge von Modernisierungsprozessen einhergehen können. Beispiele dafür lassen sich etwa in verschiedenen afrikanischen Ländern finden, in denen sich über die Hinwendung zum Christentum oder zum Islam eine Anpassung an veränderte Lebensumstände vollzogen hat, ohne dass dies von Anfang an als Gegensatz zu den angestammten Religionen verstanden werden musste.[2]

Rahmenbedingungen: Zwischen Konformitätsdruck und Nonkonformismus

Es spricht einiges dafür, dass bei einer Konversion, die sich aufgrund äußeren Anpassungsdrucks vollzieht, der innere Wandel beschränkt bleibt, es sich also eher um einen Wechsel der Zugehörigkeit als um einen Wandel der persönlichen Identität handelt. Dem entsprechen Berichte, die zeigen, dass unter der Oberfläche des Mitgliedschaftswechsels zumindest teilweise die alten Riten weiter praktiziert werden und die alten Überzeugungen fortbestehen. Ein Beispiel dafür sind die „Marranen", zum Katholizismus zwangskonvertierte iberische Juden.

Umgekehrt kann die Konversion zum Glauben einer Minderheit auch einen Akt der Nonkonformität darstellen. Dies war und ist gesellschaftlich und politisch oft brisant, etwa wenn sich mit der Abkehr von der Mehrheitsreligion gleichzeitig ein Protest gegen die damit assoziierte gesellschaftliche und politische Praxis verbindet. Auch hier dürfte die Konversion nicht primär auf einen Wandel der persönlichen Identität hindeuten, sondern eher auf einen demonstrativen Wechsel der äußeren Merkmale sozialer – und kultureller – Zugehörigkeit.

Dies schließt freilich nicht aus, dass die äußerlich vollzogene Abgrenzung auch eine innere nach sich zieht. So wurden die Konversionen von Literaten wie Friedrich Schlegel oder T. S. Eliot nicht nur als Gegenreaktionen auf bestimmte Zeitströmungen verstanden, sondern sie wurden – wie die Resonanz von Zeitgenossen zeigte – auch als Verrat an den Selbstverständlichkeiten eines bestimmten intellektuellen Milieus oder als Rückschritt hinter eine als aufklärerisch verstandene Entwicklung gedeutet. Das verweist darauf, dass Konversionsprozesse auch vor dem Hintergrund gesellschaftlicher Mehrheits- und Minderheitsverhältnisse oder von Common Sense und Dissens in bestimmten Milieus verstanden werden müssen.

Diese Beispiele machen deutlich, dass Konversionsprozesse soziologisch nur unzureichend verstanden sind, wenn sie lediglich als individuelle Wandlungsprozesse begriffen werden. Sie sind nicht nur von der konvertierenden Person, sondern auch von der Glaubens- und Weltanschauungsgemeinschaft abhängig, der die Person sich zuwendet, sowie von der sozialen Umwelt, zu der sie sich mit der Konversion in ein neues Verhältnis setzt und die entsprechend – oft ablehnend – auf diesen Vorgang reagiert.

Auch die Beispiele religiöser Konversion seit den 1960er- und 1970er-Jahren – insbesondere Konversionen zu neuen religiösen Bewegungen – lassen diesen Hintergrund von

Konformität und Abweichung zumindest in Ansätzen noch erkennen. Die Abgrenzungslinien verlaufen hier einerseits zur Mehrheitskultur und -religion, zum Teil aber auch zu einer dem Zeitgeist zugeschriebenen Haltung – etwa dem „Materialismus" –, von der die Konvertiten sich absetzen wollen. In der soziologischen Literatur sind Konversionsphänomene zunächst als „deviante" Phänomene[3] behandelt und zu erklären versucht worden. Dies wurde auch dadurch bedingt, dass sich die betreffenden religiösen Bewegungen im Vergleich zu den etablierten Kirchen durch nach innen hin strengere und voraussetzungsreichere sowie nach außen hin stärker abgeschlossene und sich von der Mehrheitsgesellschaft schärfer abgrenzende Strukturen auszeichneten.[4]

Der gesellschaftliche Kontext Religionswechsel waren und sind in vielen Religionen, aber auch in vielen Gegenden der Welt durchaus nicht selbstverständlich und unterliegen zum Teil schwerwiegenden Behinderungen oder Strafandrohungen. So sieht etwa das Judentum, das die Religionszugehörigkeit über die Abstammung von einer jüdischen Mutter definiert, die Möglichkeit der Konversion im Normalfall nicht vor. Der Übertritt zum Judentum wird daher nur in Ausnahmefällen nach strenger Prüfung gestattet. In der Geschichte des Islam haben Bekehrungen von Nichtmuslimen im Zuge der Eroberungs- und Besteuerungspolitik der muslimischen Herrscher eine wichtige Rolle gespielt. Umgekehrt war der Abfall vom Islam – und damit auch die Konversion in eine andere Religion – streng verboten. Auch zur Geschichte des Christentums gehören Zwangskonversionen sowie die strenge Bestrafung des erneuten Abfalls der Konvertiten, wie etwa im Falle konvertierter Juden im Spanien des 16. Jahrhunderts. Diese Maßnahmen sind zum einen aus dem Exklusivitätsanspruch der jeweiligen Religion, zum anderen aber auch aus den historischen Verbindungen von Religion und politischer Macht zu erklären, aufgrund derer der vom Glauben Abgefallene gleichzeitig als „Hochverräter" galt.

In der Gegenwart werden in den westlichen Gesellschaften Konversionen in der Regel als Privatangelegenheit angesehen. Weltweit allerdings handelt es sich nach wie vor um ein brisantes Phänomen. Die massenhaften Konversionen zum Buddhismus, zum Islam oder zum Christentum, die es in Indien immer wieder unter den Dalits gegeben hat, waren primär Ausdruck eines politischen Protests gegen den Hindunationalismus und gegen die als inhuman empfundene Ausgrenzung und Diskriminierung der „Unberührbaren".

Auf der anderen Seite nimmt die Hinwendung zu neuen Religionen nicht in jedem Fall die Gestalt einer Konversion an: Während für die monotheistischen Religionen ein exklusives Religionsverständnis charakteristisch ist und daher die Annahme einer neuen Religion oder Konfession die Aufgabe der früheren voraussetzt, war etwa in Japan das Phänomen der Konversion lange Zeit weitgehend unbekannt. Neue Religionszugehörigkeiten – wie etwa zum Buddhismus – wurden inklusiv im Sinne einer Erweiterung der religiösen Bindungen verstanden. Erst durch die Ausbreitung neuer religiöser Bewegungen spielt das Phänomen der Konversion in Japan eine gewisse Rolle.[5]

Auch in westlichen Ländern ist der kulturelle Kontext von großer Bedeutung für die Bereitschaft von Personen, die Religion oder die Konfession zu wechseln. So sind in den USA mit dem dort verbreiteten Wettbewerb zwischen verschiedenen religiösen Gruppierungen und dem stark öffentlichen – oft auch bekenntnishaften – Charakter von Religion Konversionen ein häufiger anzutreffendes Phänomen als in vielen europäischen Ländern, in denen nach wie vor die großen christlichen Kirchen dominant sind und eine staatskirchliche Tradition den religiösen Pluralismus stärker eingeschränkt hat.

2. Sozialwissenschaftliche Erforschung von Konversion: Warum, was, wie und wozu?

Die Geschichte der sozialwissenschaftlichen Konversionsforschung lässt sich als Abfolge unterschiedlicher Zugänge betrachten, die sich dem Phänomen über veränderte Fragerichtungen nähern. Zuspitzen lassen sich diese als Fragen nach dem „Warum", dem „Was", dem „Wie" und dem „Wozu".

Warum kommt es zur Konversion? Während die Religionspsychologie sich dem Phänomen der Konversion bereits zu Beginn des 20. Jahrhunderts gewidmet hat, beginnt eine eigenständige soziologische Konversionsforschung erst mit dem mittlerweile zum Klassiker gewordenen Aufsatz *Becoming A World-Saver*.[6] John Lofland und Rodney Stark entwickeln darin ein „qualitatives Prozessmodell" der Konversion, indem sie die sich wechselseitig bedingenden und steigernden Faktoren herausarbeiten, die schließlich über sieben Stufen in die Konversion münden können.

Zusammenfassend charakterisieren Lofland und Stark ihr Stufenmodell folgendermaßen: Voraussetzungen für eine Konversion sind erstens, dass eine Person über eine längere Dauer akute Spannungen erlebt; zweitens, dass sie sich innerhalb einer religiösen Problemlösungsperspektive orientiert und sich schließlich, drittens, als religiös suchende definiert; viertens, dass sie an einem Wendepunkt ihres Lebens Kontakt mit der betreffenden religiösen Gemeinschaft bekommt; fünftens, dass zu einer oder mehreren Personen innerhalb dieser Gruppe Gefühlsbindungen eingegangen werden oder bereits bestehen; sechstens, dass Bindungen nach außen fehlen oder neutralisiert werden; und schließlich, siebtens, dass die Person – wenn sie in der Gruppe aktiv werden soll – intensiver Interaktion ausgesetzt ist.[7]

Mit *Becoming A World-Saver* liegt ein komplexes Prozessmodell des Weges hin zur Konversion vor, in dem in plausibler Weise die Stellen markiert sind, an denen der Prozess in eine andere Richtung weiterlaufen oder abbrechen kann. Über der Frage, warum es zur Konversion kommt, wird jedoch kaum diskutiert, was eigentlich Konversion ist und woran sie sich erkennen lässt.

Was ist Konversion? Im Zuge der verstärkten Beschäftigung der Soziologie mit dem Phänomen der Konversion rückt eine Frage erneut in den Mittelpunkt, die bereits in der Religionspsychologie William James'[8] angeklungen war: Wie kann man Konversion von anderen Formen religiösen Wandels unterscheiden? Und daran anschließend: Wie verhält sich Konversion zum bloßen Wechsel der Mitgliedschaft in einer religiösen Gruppe?

Versuche, Konversion genauer zu konzeptualisieren, setzen in der Regel am Prozess des Wandels an. Travisano und später auch Pilarzyk[9] haben in diesem Zusammenhang

Konversion und Alternation als unterschiedliche Formen des Identitätswandels unterschieden. Sie reservieren den Begriff der Konversion für eine Form des Wandels, die einen radikalen Bruch mit der früheren Identität voraussetzt, eine tiefgehende Krise impliziert und auf einem absolutistischen organisierenden Prinzip aufruht, von dem her die subjektive Realität radikal neu interpretiert wird. Dagegen ist der Wandlungs- und Neuinterpretationsvorgang bei der Alternation weniger radikal, weniger krisenhaft und gegenüber anderen Perspektiven weniger ausschließlich. Bruch und Kontinuität, Identitätskrise und Identitätserweiterung, Exklusivität und Inklusivität sind also wesentliche Dimensionen dieser Unterscheidung.

Die Frage, was Konversion eigentlich ist, hat in grundsätzlicher Weise auch Max Heirich gestellt.[10] Konversion – so sein Vorschlag – müsse als Neuorganisation des Verstehens der Realität begriffen werden. Heirich nimmt an, dass das, was er als *root reality* bezeichnet, also die fraglos gültigen Annahmen über den Gang der Dinge, ins Wanken gerät, wenn es zu Erfahrungen oder Begegnungen kommt, die mit den vorhandenen Interpretationsschemata nicht erklärt, die aber auch nicht ignoriert werden können. Mit einer derart veränderten Blickrichtung werden zwar Ursachenerklärungen nicht hinfällig, wie etwa der Verweis auf länger andauernde Spannungen bei Lofland und Stark, es stellt sich jedoch sehr viel spezifischer die Frage, in welcher Weise die neue Weltsicht ein Verständnis der Wirklichkeit anbietet, das attraktiver ist als andere Möglichkeiten der Reduktion solcher Spannungen. Heirich plädiert daher dafür, die Möglichkeit zu nutzen, die sich mit der Analyse von Konversionen biete, nämlich den Aufbau und die Zerstörung der Grundlagen des Wirklichkeitsverstehens zu untersuchen.

Wie präsentieren sich Konvertiten? Die Versuche, Konversion zu konzeptualisieren, nehmen im Zuge der Einbeziehung neuer soziologischer Perspektiven eine andere Richtung ein. In den Blick kommt nun zunehmend der konstruktive Charakter von Konversionserzählungen und im Zusammenhang damit der Konvertit als sozialer Typus. Diese Entwicklung schafft ein neues Bewusstsein für die Spezifik der Daten, mit denen man es bei der Analyse von Konversionserzählungen zu tun hat. Deren legitimatorischem Charakter und ihrer sozialen Geformtheit wendet sich nun die Aufmerksamkeit zu. Im Hinblick auf das in ihnen Berichtete erscheinen sie dagegen zunehmend unglaubwürdig. Konversionserzählungen, so eine Konsequenz, könnten nicht als Daten über Bedingungen und Identität vor der Konversion, sondern allein als Daten über postkonversionelle Identität herangezogen werden.[11] Dementsprechend seien sie lediglich als Behauptung radikalen Wandels – artikuliert im Kontext einer spezifischen sozialen Situation –, nicht aber als Bericht über einen solchen Wandel zu lesen.[12]

Es kam in den Blick, dass ein Konvertit, um von seinen Gesinnungsgenossen als einer der ihren akzeptiert zu werden, als Konvertit reden muss und dabei auf Prozeduren zurückgreift, durch die letztendlich seine Konvertitenidentität als „wahre" akzeptiert wird. Nicht warum Personen zu Konvertiten werden, interessiert in dieser Perspektive, sondern mit welchen Strategien sie sich durch religiöse Rede als Konvertiten produzieren. Der Konvertit, so etwa bei Snow und Machalek,[13] wird hier anhand der Konversionsrhetorik identifiziert. Die Frage nach dem „Wie?" beantwortet hier also gleichzeitig die Frage nach dem „Was?".

Thomas Luckmann[14] und Bernd Ulmer haben sich genauer mit der sprachlichen Form der Konversionserzählung befasst. Für das Mitteilen von Konversionserfahrungen, deren subjektiver Charakter und außeralltäglicher Sinnbezug ein beträchtliches kommunikatives Problem schaffen, steht mit der Konversionserzählung – so Luckmann – ein spezifisches Modell der Narration bereit. Als zentrales Merkmal dieser Gattung hat Ulmer[15] eine typisch dreigliedrige Zeitstruktur herausgearbeitet. Diese unterscheide nicht nur die Phasen vor und nach der Konversion, sondern drücke sich auch in der Erzählzeit aus. So werden die Umstände, die zur Konversion führten, äußerst detailliert dargestellt, während die Lebensphasen vor und nach diesem zentralen biografischen Ereignis stärker gerafft werden. Die vorkonversionelle Biografie wird entsprechend negativ bewertet und damit die Diskrepanz zur neuen Lebenssituation betont.

Hier geht es also vorrangig um die sprachlichen Formen und kommunikativen Strategien, die in Konversionserzählungen zur Anwendung kommen: um die Mechanismen, mit denen Alltägliches von Außeralltäglichem, Falsches von Wahrem und Früheres von Heutigem unterschieden und religiöser Sinn und die Identität eines Konvertiten produziert werden. Analysen dieser Art liefern aufschlussreiche Beschreibungen formaler Indikatoren und narrativer Strategien. In Hinblick auf die erzählten Inhalte und den Kanon, auf den diese Bezug nehmen, bleiben sie jedoch weitgehend indifferent. Konvertit ist in letzter Konsequenz derjenige, der als Konvertit redet.

Dabei bleibt unbeantwortet, warum Konversion für Individuen oder Gruppen überhaupt sinnvoll ist und warum es für manchen angemessener ist, zum Buddhismus als zu einer anderen religiösen Gemeinschaft zu konvertieren. Auch diese Perspektive kann man in eine charakteristische Frage münden lassen, in die Frage nach dem Wozu.

Wozu dient Konversion? In der neueren Konversionsforschung ist unter anderen der Anthropologe Peter Stromberg[16] der Frage nach dem Wozu nachgegangen, indem er analysierte, in welcher Weise bei religiösen Konversionen die symbolische Ebene – vor allem die Ebene religiöser Sprache und Bilder – und die Ebene der Erfahrung von Konvertiten verknüpft sind.

Strombergs Ausgangsfrage ist, wie es dazu kommt, dass Personen sich in verpflichtender Weise an Religionen oder Weltanschauungen binden. Er vertritt die These, dass diese Bindung durch Prozesse erzeugt wird, in denen symbolische Referenzen in Aspekte der Erfahrung und umgekehrt Aspekte der Erfahrung in bedeutungsvolle kulturelle Symbole transformiert werden. Die innere Bindung an die neue Weltanschauung kommt, so Strombergs Annahme, dadurch zustande, dass sich eine Symbolsprache und ein Selbstbewusstsein verbinden, das so erstmals eine Möglichkeit der Artikulation findet. Dieser Vorgang erzeuge eine emotionale Bindung an die Weltanschauung, die weit über eine rein kognitive Zustimmung hinausgehe.

Ich habe in meinen eigenen Arbeiten[17] eine ähnliche Perspektive eingenommen, dabei allerdings deutlicher nach dem Zusammenhang von Biografie und Konversion gefragt. Im Fall meiner Forschung hieß dies: Auf welche biografischen Problemlagen ist die Konversion zum Islam bezogen, und worin besteht die Problemlösung, die sich mit der Konversion verbindet? Dabei geht es auch um die Frage, warum es zum Beispiel gerade der Islam mit seinen besonderen Symboliken, Praktiken und den mit ihm verbundenen oder ihm zugeschriebenen Abgrenzungswirkungen ist, dem sich die Befragten zuwenden. Das Modell, das im Folgenden vorgestellt wird, versteht sich allerdings als allgemeinerer Entwurf, der die Konversion anhand der Trias von konvertierender Person oder Gruppe, Bezugsproblem und Problemlösung erfasst. Die drei im Folgenden skizzierten Typen von Konversion sind jedoch nicht als „universell" zu betrachten, sondern abhängig von der jeweiligen historischen und gesellschaftlichen Situation. Dies gilt schon deshalb, weil Bezugsproblem wie auch Problemlösung unmittelbar auf das gesellschaftliche, kulturelle und religiöse Umfeld der Person verweisen. Vorausgesetzt ist überdies eine Situation, in der Konversion als biografische Entscheidung aufgefasst werden kann und nicht durch einen Machthaber erzwungen wird.

3. Zur biografischen Funktion der Konversion zum Islam – drei Typen

Ich habe in meiner Studie über Konversion zum Islam in Deutschland und den USA drei Typen herausgearbeitet, wobei die Typisierung nach Maßgabe der Funktion erfolgt, die die Konversion im Rahmen der Biografie erfüllt. Die rekonstruierten Typen verweisen auf drei verschiedene Problembereiche und daraus resultierende Bezugsprobleme, die durch die Konversion artikuliert werden und darüber spezifische „Lösungen" finden.

Der erste Problembereich, der in den Interviews erkennbar wird, betrifft die Sexualität und das Geschlechterverhältnis. Das Bezugsproblem besteht hier in der Erfahrung persönlicher Entwertung aufgrund des Verstoßes gegen Normierungen auf diesem Feld sowie in der Erfahrung persönlicher Verunsicherung aufgrund der Auflösung bestehender Geschlechterordnungen. Die Konversion zum Islam ermöglicht die Symbolisierung und Artikulation dieser Erfahrungen und setzt darüber eine Problemlösung in Gang. Mit der Einführung neuer Grenzen, Regeln und Interpretationen bildet sich eine neue Ordnung heraus, die im subjektiven Erleben und durch die neue Gruppe abgesichert wird und mit einer Aufwertung der Person verbunden ist. Ich habe diese Lösung und insofern auch die Funktion der Konversion als „Implementation von Geschlechtsehre" bezeichnet. Der Islam hat hier den Charakter einer Religion der Moral.

Der zweite Problembereich, der sich in den Interviews zeigte, betrifft Versuche sozialer Mobilität. Das damit verbundene Bezugsproblem bestand im Scheitern beziehungsweise in der Gefährdung von Aufstiegsversuchen und dem damit einhergehenden Verlust an Anerkennung. Über die Konversion zum Islam kam es hier zur Stabilisierung oder zu einer Verlagerung des Aufstiegsversuchs in Richtung einer Alternativkarriere, über die sich Anerkennung wieder gewinnen ließ. Dabei ist die Stabilisierung mit der Hinwendung zur Religion eng verschränkt und nimmt die Form einer „Methodisierung der Lebensführung" an. Dies bezeichnet die zweite Funktion der Konversion zum Islam: Der Islam hat hier den Charakter einer Religion der Disziplin.

Der dritte Problembereich schließlich, der sich zeigte, war derjenige von Nationalität und Ethnizität. Das Bezugsproblem bestand hier in prekärer Zugehörigkeit im nationalen oder ethnischen Kontext und wurde vor allem im persönlichen Nahbereich erfahren. Die Konversion zum Islam erfüllt hier die Funktion „symbolischer Emigration" beziehungsweise „symbolischen Kampfes". Der Islam hat dabei den Charakter einer Ideologie, die zur symbolischen Emigration aus dem vertrauten Kontext oder zum symbolischen Kampf gegen diesen genutzt werden kann und über die gleichzeitig eine neue Form globaler Zugehörigkeit ins Spiel gebracht wird.

Anhand dieser drei Problembereiche lässt sich zeigen, dass Konversion nicht auf einen Vorgang kognitiver Neuorientierung beschränkt ist. Die zentrale Dynamik, die Konversionen zugrunde liegt, besteht darin, dass krisenhafte biografische Erfahrungen in einem religiösen Bezugsrahmen symbolisch-ritualisierend artikuliert und darüber einer Lösung zugeführt werden. Ich spreche daher von Konversion als „symbolischer Transformation krisenhafter Erfahrung".

Teil dieses Problemlösungsvorgangs sind unterschiedliche Formen der Moralisierung, die auf die Lebensbereiche Bezug nehmen, in denen Entwertung, Scheitern und Desintegration erfahren wurden: die Moralisierung von Sexualität und einer klar umrissenen Geschlechterordnung, die Moralisierung der persönlichen Disziplin oder einer bestimmten politischen und sozialen Ordnung.

Alle drei Typen ließen sich sowohl in Deutschland als auch in den USA nachweisen. Trotz aller Unterschiede, die auf den ersten Blick bestehen – etwa zwischen der Konversion eines schwarzen Amerikaners und einer weißen Deutschen –, zeigten sich doch bei genauerer Betrachtung erstaunliche Parallelen. Es wäre im Vergleich mit Konversionen zu anderen Religionen – etwa zum Judentum oder zu einer christlichen Gemeinschaft – zu diskutieren, ob diese Parallelen etwas mit den Formen des Islam zu tun haben, die in westlichen Settings rezipiert werden, oder ob es sich um Problemlagen handelt, die auch in einem anderen religiösen Kontext über Konversion bearbeitet werden.

Ich will anhand des erstgenannten Typus der Konversion – der Implementation von Geschlechtsehre – kurz verdeutlichen, welche Erfahrungen hier zur Sprache kamen, und zwar ohne dass in den Interviews direkt nach ihnen gefragt worden wäre. Die deutschen Interviewpartner nahmen in ihren Erzählungen vor allem auf individuelle Erfahrungen der Entwertung und Stigmatisierung Bezug. Sie erzählten von Situationen, in denen sie selbst oder wichtige andere Personen in ihrer Familie gegen normative Vorstellungen im Bereich der Sexualität oder des Geschlechterverhältnisses verstießen, die sie in ihren sozialen Kontakten marginalisierten oder in ihrem Selbstverhältnis beeinträchtigten. Erzählt wird etwa von der Mutter eines Konvertiten, die in den frühen 1960er-Jahren eine außereheliche Affäre mit einem arabischen Mann hatte, ihn nach der Trennung von ihrem Ehemann bei sich und ihrem Sohn einziehen ließ und dadurch in der Nachbarschaft geächtet war. Eine Konvertitin erzählt von wechselnden, entwertenden sexuellen Beziehungen und von mehreren Abtreibungen, die sie in den 1970er-Jahren hat vornehmen lassen, von Problemen mit Alkohol und Gewalt und von einem Kind, das selber in eine Spirale von Drogen und Prostitution geriet. Ein deutscher Konvertit erzählt vom Zerbrechen seiner Ehe, von der Demütigung durch eine außereheliche Beziehung seiner Frau und davon, wie er selbst die Kontrolle über sich verliert und gegenüber seiner Partnerin gewalttätig wird.

Bei den – oft afroamerikanischen – Konvertiten in den USA geht es im Unterschied dazu häufig um allgemeine Vorstellungen von Männlichkeit und Weiblichkeit, und ein Zerfall der Geschlechterordnung wird tendenziell mit dem Zerfall der Ordnung in der afroamerikanischen „Gemeinschaft" parallelisiert. So sieht ein Konvertit diesen Prozess vor allem in der „Verweiblichung" und „Verweichlichung" der christlichen Kirchen manifestiert. Zudem wurde er als Jugendlicher mit sexuellen Übergriffen eines Pfarrers konfrontiert, die für ihn zum Symptom des Niedergangs der christlichen Kirchen insgesamt wurden.

Wichtig ist nun, dass bei all diesen Interviewpartnern die praktische und deutende Bearbeitung dieser Normverstöße und ihrer Wirkungen oder des konstatierten Ordnungsverlustes mithilfe einer „fremden" Religion erfolgt. Der Sohn der erwähnten Mutter konvertiert mit sechzehn Jahren zum Islam und sticht damit den neuen Mann im Haus mit den Mitteln dessen eigener Religion aus. Die Konvertitin entwirft ein Szenario, nach dem ihre langen Haare sie immer wieder in Verführungssituationen mit problematischen Wirkungen gebracht hätten und daher mithilfe des Kopftuchs gebändigt werden müssten – und könnten. Und sie stützt diese Konstruktion durch eine Ehe mit einem gebürtigen Muslim arabischer Herkunft, den sie dazu anhält, sich mit ihr gemeinsam wieder der Religion zuzuwenden. Der deutsche Mann findet über die Konversion Zugang zu einer türkischen Gemeinschaft und heiratet schließlich eine türkische Frau, bei der er sich als Mann anerkannt fühlt. Der afroamerikanische Konvertit sieht im Islam eine ansonsten zerrüttete Geschlechterordnung bewahrt und kämpft dagegen an, dass es bei seinen Kindern zu Uneindeutigkeiten in dieser Richtung kommt. Als sein Sohn auf einer Highschool-Abschlussfeier in einer Cheerleader-Uniform aufzutreten beabsichtigt, setzt er alles daran, diese „Verweiblichung" und Verwischung der Grenzziehungen zu verhindern.

Diese Beispiele machen deutlich, dass der Zusammenhang von Problem und Problemlösung kein mechanischer ist: Die Konversion wirkt nicht wie eine Pille, die ein Unwohlsein beseitigt. Es handelt sich um komplexe Vorgänge der Reinterpretation des eigenen Lebens, der sozialen Neuverortung und moralisch-ideologischen Absicherung dieser Neuverortung. Ob die gefundenen „Lösungen" als „glücklich" zu bewerten sind, steht auf einem anderen Blatt. Deutlich wird aber, dass der Rekurs auf eine fremde Religion dazu dient, eigene Erfahrungen zu verarbeiten und in ein neues Interpretationsgerüst einzufügen sowie sich selbst neu zu verorten. Konversion erfüllt eine biografische Funktion und sie ist – so meine These – ohne Berücksichtigung dieser Funktion in ihrer Dynamik nicht zu verstehen. Der Rekurs auf die neue Religion ist dabei in hohem Maße idealisierend. Sie dient primär zur Stilisierung des Gegensatzes gegenüber dem Leben, von dem man sich absetzen will, und zur Absicherung der Grenzziehung. Erst im Lauf der Zeit tritt allmählich ein „realistischerer" Blick an die Stelle der Idealisierung. Und die Konvertiten können zu ihrer eigenen anfänglichen Strenge dann oft in ein distanzierteres Verhältnis treten.

Nun kann aber auch eine Forschung, die an solchen Zusammenhängen interessiert ist, hinter die Erkenntnisse des „konstruktivistischen Paradigmas" nicht mehr zurück. Konversionserzählungen müssen als hochgradig typisierte Formen der Narration angesehen werden und das bleibt nicht ohne Einfluss auf die Inhalte. Dies wird man im Hinterkopf haben müssen, wenn Konvertiten von lieblosen Elternhäusern und problematischen Erfahrungen in der Kindheit berichten und die neue Religion als Lösung für Fragen und Probleme präsentieren, die sie immer schon hatten, die ihnen aber früher nicht so recht deutlich waren.

Aber ein Absehen von Inhalten – und damit auch von der Vergangenheit – bei bloßer Konzentration auf die gegenwärtig realisierte Form bleibt ebenso unbefriedigend. Gerade die Tatsache, dass nur vergleichsweise wenige Menschen konvertieren und zudem nicht jede Form der Religion für jede und jeden gleichermaßen interessant ist, provoziert die Frage, wie Personen überhaupt dahin gelangen, sich in einem bestimmten Kontext glaubwürdig als Konvertiten präsentieren zu müssen. Für den Versuch soziologischen Verstehens und Erklärens bleibt es über das Erkennen der Konversionsrhetorik hinaus relevant, warum sich jemand für die eine und nicht für die andere Weltanschauung entscheidet oder warum er sich überhaupt zur Konversion entschließt. Denn auch der Alkoholismus, eine neue Liebe oder eine Therapie sind Optionen, die Menschen in Krisensituationen haben. Insofern gehört zur Beantwortung der Frage nach dem „wozu?" auch eine Antwort darauf, welchen spezifischen Sinn die Entscheidung zur Konversion im Unterschied zu anderen ergibt.

Rückblick auf meine Forschung in den 1990er-Jahren Es wäre zweifellos vermessen zu beanspruchen, dass die Forschung, die ich in den 1990er-Jahren über Konversion zum Islam durchgeführt habe, alle möglichen Typen der Konversion gewissermaßen in einem überhistorischen Zugriff erfassen könnte. Zumal ein relevanter Personenkreis nicht in die nähere Interpretation einbezogen war: nämlich diejenigen, die konvertiert sind, um für das Zusammenleben mit ihrem Ehepartner eine gemeinsame symbolische Grundlage zu schaffen, ohne dass damit gravierende Veränderungen des eigenen Lebens und der eigenen Orientierung verbunden waren. Zwar können sich mit Eheschließungen alle der hier diskutierten biografischen Funktionen verbinden, aber das Motiv der Schaffung eines gemeinsamen symbolischen Raumes kann ebenso dauerhaft im Vordergrund stehen.

Auch die stärkere Institutionalisierung des Islam in Deutschland dürfte die Funktionen der Konversion und die Motivlagen von Konvertiten verändern: In dem Maße, wie die Präsenz des Islam in Deutschland „normaler" wird und er Raum für religiöse Karrieren bietet, dürften sich auch andere Funktionen mit der Konversion verbinden.

Schließlich haben die Attentate des 11. September 2001 ihrerseits Einfluss auf das Feld der Konversion entwickelt, sei es im Sinne einer dezidiert auf die Versöhnung zwischen den Religionen gerichteten Hinwendung zum Islam oder sei es im Sinne einer gewaltbereiten, politisierten Hinwendung, auf die ich in meinem amerikanischen Sample aus dem Jahr 1996 nur ein einziges Mal gestoßen bin.

Es ist allerdings eine offene empirische Frage, ob sich mit den genannten Konstellationen grundlegend andere biografische Funktionen der Konversion verbinden oder ob sich nicht etwa im Hintergrund politischer Motivationen ähnliche Funktionen der Konversion aufzeigen lassen.

Was in meiner Studie offenkundig fehlt, sind Konversionen, in deren Zentrum im engeren Sinne religiöse Fragen stehen, bei denen die Funktion der Konversion in der Lösung eines genuin religiösen Problems bestünde. Ich kann nicht ausschließen, dass es solche Fälle gibt. Auch lenkt der Blick auf die Biografie unter Umständen die Aufmerksamkeit von genuin religiösen Fragen weg. Allerdings kann ich nicht verhehlen, dass ich skeptisch bin, im Lösen eines religiösen Problems die wesentliche Funktion einer Konversion zu sehen. Zweifellos befassen sich Konvertiten intensiv mit religiösen Fragen und der Auslegung religiöser Regeln. Allerdings steht dies nach meiner Beobachtung nicht unbedingt am Anfang der Konversion, sondern ist eher Teil des Erwerbs einer Konvertitenidentität. Die oft thematisierten Schwierigkeiten mit der christlichen Trinitätsvorstellung etwa ergeben sich für viele erst durch Diskussionen in der neuen Gemeinschaft. Vorher mögen sie als Irritation vorhanden sein, entfalten aber nicht die Relevanz, die in eine Konversion münden würde. Vermutlich sind religiöse Virtuosen, die es aus einer Auseinandersetzung mit innerreligiösen Fragen heraus zu einer neuen Religion drängt, eher selten anzutreffen.

Schließlich wäre noch die Frage zu beantworten, ob die beschriebenen Typen „islamspezifisch" sind. Ich würde das bezweifeln, vermute aber, dass es Religionen sind, die als „streng" gelten beziehungsweise mit denen sich eine ähnliche Distanzierung vom eigenen Kontext verbinden lässt, bei denen sich vergleichbare Funktionen der Konversion aufzeigen ließen. So spricht einiges dafür, dass man etwa unter Deutschen, die unter großen Mühen zum Judentum konvertieren, auch Personen findet, die damit eine Art „symbolischer Emigration" aus der deutschen Geschichte der Judenvernichtung und des Antisemitismus vollziehen. Aber all diese Fragen können hier nur gestellt werden. Beantworten kann sie allein weitere Forschung.

---

[1] Debra Renee Kaufman: „Patriarchal Women: A Case Study of Newly Orthodox Jewish Women", in: *Symbolic Interaction* 12 (1989), S. 299–314; dies.: *Rachel's Daughters. Newly Orthodox Jewish Women.* New Brunswick/London 1991.

[2] Vgl. Günther Schlee: „Annahme und Ablehnung von Christentum und Islam bei den Rendille in Nord-Kenia", in: *Ostafrikanische Völker zwischen Mission und Regierung.* Erlangen 1982, S. 101–130.

[3] John Lofland, Rodney Stark, „Becoming a World-Saver: A Theory of Conversion to a Deviant Perspective", in: *American Sociological Review* 30 (1965), S. 862–875.

[4] Vgl. dazu die Unterscheidung zwischen „Kirche" und „Sekte" bei Max Weber: Max Weber, *Wirtschaft und Gesellschaft. Grundriß der Verstehenden Soziologie.* Tübingen 1980 (zuerst 1922), S. 721.

[5] Morioka Kiyomi, Nishiyama Shigeru, „Acceptance of a New Religion and Subsequent Changes in Religious Consciousness", in: *Japanese Journal of Religious Studies* 7 (1980), S. 292–317.

[6] Lofland, Stark: Becoming a World-Saver (s. Anm. 3).

[7] Ebd., S. 874; Übersetzung: MWS

[8] William James: *Die Vielfalt religiöser Erfahrung. Eine Studie über die menschliche Natur.* Freiburg i. Brsg. 1979 (zuerst 1901/02).

[9] Thomas Pilarzyk: „Conversion and Alternation Processes in the Youth Culture. A Comparative Analysis of Religious Transformation", in: *Pacific Sociological Review* 21 (1978), S. 379–405.

[10] Max Heirich: „Change of Heart: A Test of Some Widely Held Theories about Religious Conversion", in: *American Journal of Sociology* 83 (1977), S. 653–680.

[11] Bryan Taylor: „Conversion and Cognition. An Area for Empirical Study in the Microsociology of Religious Knowledge", in: *Social Compass* 23 (1976), S. 5–22, hier S. 18.

[12] Brock Kilbourne, James T. Richardson, „Paradigm Conflict, Types of Conversion, and Conversion Theories", in: *Sociological Analysis* 50 (1988), S. 1–21.

[13] Snow, Machalek: *The Convert As a Social Type*; dies.: *The Sociology of Conversion* (s. Anm. 46).

[14] Thomas Luckmann: „Grundformen der gesellschaftlichen Vermittlung des Wissens: Kommunikative Gattungen", in: F. Neidhardt, M. R. Lepsius, J. Weiss (Hg.): *Kultur und Gesellschaft.* Sonderheft 27 der Kölner Zeitschrift für Soziologie und Sozialpsychologie. Opladen 1986, S.191–211.

[15] Bernd Ulmer: „Konversionserzählungen als rekonstruktive Gattung. Erzählerische Mittel und Strategien bei der Rekonstruktion eines Bekehrungserlebnisses", in: *Zeitschrift für Soziologie* 17 (1988), S. 19–33.

[16] Siehe z. B. Peter Stromberg: „Symbols into Experience: A Case Study in the Generation of Commitment", in: *Ethos* 19 (1991), S. 102–126.

[17] Z. B. Monika Wohlrab-Sahr: *Konversion zum Islam in Deutschland und den USA.* Frankfurt am Main 1999.

Abraham Ulrikab
Schamanismus – Protestantismus

Fotos von Abraham Ulrikab mit seiner Familie, im Fotostudio und auf der „Hagenbeck'schen Völkerschau", 1880; Archiv der Evangelischen Brüderunität Herrnhut

Im Auftrag des deutschen Unternehmers Carl Hagenbeck landete Kapitän Johann Adrian Jacobsen im August 1880 mit seinem Schiff an der Küste Labradors. Jacobsens Auftrag war die Anwerbung von Inuit für eine der Völkerschauen in „Hagenbeck's Thierpark" in Hamburg. Der Tierhändler Hagenbeck war seit sechs Jahren auch mit der Zurschaustellung außereuropäischer Völker im Geschäft. Die Inszenierung dieser Schauen war darauf ausgerichtet, die Überlegenheit der weißen Europäer über die ausgestellten Menschen, zumeist Afrikaner oder Südostasiaten, und ihre Kultur zu demonstrieren: Die „menschlichen Exponate" mussten dem deutschen Publikum Tänze, Rituale und „Alltagsszenen" aus ihrer Herkunftsregion aufführen, um ihre „Halbzivilisiertheit" und „Primitivität" unter Beweis zu stellen und damit den Kolonialismus zu rechtfertigen.

Abraham Ulrikab, geboren circa 1845, lebte in Hebron, einer Missionsstation der Herrnhuter Brüder auf der Labrador-Halbinsel. Er war getauft und praktizierender Christ, konnte lesen, schreiben und Geige spielen. Da er und seine Familie Not litten, stimmte Abraham Ulrikab zu, in Deutschland ausgestellt zu werden. Er hoffte, nach einem Jahr mit Geld und Geschenken nach Hause zurückzukehren. Seine Frau Ulrike, seine beiden Töchter Sara und Martha und sein Neffe Tobias sollten ihn begleiten, zudem half er Kapitän Jacobsen, drei weitere Inuit, den Schamanen Terrianiak, dessen Frau, die Schamanin Paingo, und deren Tochter Noggasak zu rekrutieren. Die Herrnhuter Missionare versuchten Abraham Ulrikab davon abzubringen, Bruder Kretschmer schrieb an die Zentrale der Evangelischen Brüderunität in Sachsen, wie unwürdig es für Christen sei, sich wie wilde Tiere ausstellen zu lassen – diese Einwände betrafen nur die Familie Ulrikab, nicht aber die Schamanen.

Ab September wohnten die Besucher aus Labrador in den für sie errichteten Hütten in Hagenbecks Zoo, die Schau zog bald weiter nach Berlin, Prag, Krefeld und Paris. Die Missionare hatten darauf bestanden, dass die Ulrikabs von den anderen getrennt würden, damit sie nicht zu sehr mit ihrer Ursprungsreligion in Kontakt kämen. Abraham Ulrikab führte ein Tagebuch, das erste autobiografische Zeugnis eines Inuit, in dem er die menschenunwürdige Behandlung seiner Gruppe anprangerte sowie die Würdelosigkeit des Ausgestelltseins. In Berlin wurde auch der Mediziner Rudolf Virchow auf die Inuit-Gruppe aufmerksam und untersuchte sie mittels Körper- und Schädelvermessungen zum Zwecke seiner rassekundlichen Forschung.

Bald darauf starben Paingo und Noggasak an den Pocken, da Carl Hagenbeck es unterlassen hatte, für ihren Impfschutz zu sorgen. Als dies nachgeholt wurde, war es bereits zu spät. Innerhalb weniger Tage zu Jahresbeginn 1881 waren auch die anderen Inuit tot. Ein Teil ihrer Habseligkeiten wurde zusammen mit ein wenig Geld nach Hebron gebracht, Hagenbeck bedauerte öffentlich den Tod seiner Exponate und plante seine nächste Völkerschau für den Herbst: Elf „Feuerländer" aus Südamerika.
HS

Hebron d. 20 Aug. 1880.

Lieber Bruder Connor!

Für deinen l. Brief vom Mai 1880 sage d. besten Dank, so wie für alle Mittheilungen u. besonders über die Ausbreitung der Brüderkirche in Böhmen. Wie wunderbar leitet der Herr doch alles zu seiner Zeit. Wenn dub nicht alten Vorfahren u. so vieler Nachfolger d. hl. Märtyrer ins Himmelvorhören wir werden sie sich freuen u. das darin preisen desto mehr dafür. Es wird freilich an Neid u. Feindschaft von Seiten der Katholiken dennoch nicht fehlen, aber so eine Ausbreitung von oben her ist doch eine Wacht. Denn Gott sey die Dank dafür. Möge es nach gesegnete Folgen haben.

Die traurigen Vorgänge in Surinam aber haben mich so betrübt u. aufgeregt daß ich die erste Nacht fast nicht schlafen konnte. Es ist doch zu traurig daß so ein begabter Bruder aus Herrnhut zu einem Nachtaufsehen wird, und doch wird für ihn die schwersten Folgen haben müssen auch wenn ihm zur Mild geschehe. Ich hoffe daß die lieb. 2 Brüder bei ihrem schweren Auftrag, auch so viel Muth u. Kraft u. Weisheit mit gerüstet worden wie einst D. Luther auf seiner Reise nach Worms, glaube auch daß mehrere Herrn u. Geliebten mit in dieser großen

Gustav Mahler
Jude – Katholik

Auguste Rodin: Gustav Mahler, 1909, Blei; Wien Museum, Inv. Nr. 96332. (Foto: Birgit und Peter Kainz)

Gustav Mahler wurde 1860 im böhmischen Kalischt/Kaliště geboren, wo seine Eltern ein Gasthaus und eine Weinbrennerei besaßen. Im Jahr seiner Geburt zogen sie nach Iglau/Jihlava, wo Gustav schon im Kindesalter eine musikalische Ausbildung erhielt. Mit fünfzehn verließ er Eltern und Geschwister, um am Konservatorium der Gesellschaft der Musikfreunde in Wien zu studieren. Nach drei Jahren beendete er das Studium der Komposition, dabei gewann er den ersten Preis. Mit zwanzig war er bereits Kapellmeister im Sommertheater von Bad Hall.

Seine jüdische Herkunft empfand Mahler als Belastung, stand sie doch seinem sozialen Aufstieg im Weg. In Hamburg, wo er von 1891 bis 1897 als Kapellmeister wirkte, schrieb er um 1894/95 an seinen Freund Friedrich Löhr: „Mein Judentum verwehrt mir, wie die Sachen jetzt in der Welt stehen, den Eintritt in jedes Hoftheater. – Nicht Wien, nicht Berlin, nicht Dresden, nicht München steht mir offen. Überall bläst der gleiche Wind." (Das Original ist verschollen, aber die Zeilen sind in der ersten Edition von Mahler-Briefen überliefert, die 1925 von seiner Witwe herausgegeben wurde.) Weder religiöse Gefühle noch seine früh verstorbenen Eltern konnten ihn an das Judentum binden. Gelegentlich behauptete Mahler auch fälschlich, bereits zum Katholizismus übergetreten zu sein. Die Taufe in der Pfarre Sankt Ansgar in Hamburg erwies sich für seine Karriere tatsächlich als Vorteil. Er wurde zum ersten Kapellmeister und Direktor der Wiener Hofoper ernannt, wo er gemeinsam mit den Bühnenbildnern Heinrich Lefler und Alfred Roller die Inszenierungs- und Aufführungspraxis entscheidend reformierte. Im März 1902 heiratete er die neunzehn Jahre jüngere Alma Schindler, die selbstbewusste Tochter einer bekannten Wiener Künstlerfamilie und eine gefeierte Schönheit der Gesellschaft. Da Alma ebenso konvertiert war – aus familiären Gründen war sie vom Katholizismus zum Protestantismus übergetreten –, musste das Paar um Dispens ansuchen und sich verpflichten, die gemeinsamen Kinder katholisch zu erziehen. Im November wurde Maria geboren, zwei Jahre später Anna Justina. Die Ehe verlief für beide Seiten eher unglücklich.

Trotz seiner musikalischen Erfolge war Mahler in der Wiener Gesellschaft ständig mit dem herrschenden Antisemitismus konfrontiert. Auch verschiedene körperliche Leiden machten ihm sehr zu schaffen. 1907 wird oft als Wendejahr in seinem Leben beschrieben: Die Tochter Maria starb an Diphtherie. Der Verlust traf Mahler schwer, verminderte aber nicht sein gewaltiges kompositorisches Arbeitspensum, das jedoch seine Tätigkeit an der Hofoper zusehends beeinträchtigte. Er unterschrieb einen Vertrag mit der Metropolitan Opera in New York und übersiedelte nach einem triumphalen Abschied in Wien mit Alma in die USA. Die drei New Yorker Jahre waren von bedeutenden Kompositionen, großen Erfolgen, aber auch von der zunehmenden Entfremdung von seiner Frau geprägt. 1911 erkrankte Gustav Mahler am Herzen und kehrte nach Wien zurück, wo er am 18. Mai starb und nach katholischem Ritus auf dem Grinzinger Friedhof beerdigt wurde.
HS

Alma Maria Mahler (Hg.): Gustav Mahler Briefe 1879–1911. Berlin/Wien/Leipzig 1925

Taufbuch der Pfarrei Sankt Ansgar, Hamburg, Kleiner Michel, Jahrgang 1897. Gustav Mahlers Taufe ist unter der Nummer 29 vermerkt, sein Taufpate war Theodor von Meynberg; Pfarrei St. Ansgar, Hamburg (Foto: Robert Fessler)

Jahrgang 1897   Monat

No.	Taufname des Getauften	Geburts-Ort	Tag	Monat	Jahr	Ist der Täufling ehelich?	Datum der Taufe Tag	Monat	Von wem getauft worden?	Familien- Stand, Geburtsort u.
25	Helene Antonie	Hbg. Neust. Nauerweg No 14	6.	November	1896	ehelich	14.	Februar	Vikar Wejer	Hersztowski Schuster geb. aus
26	Alma Johanna	Hbg. 1. Marienstr. No 3	22.	Januar	1897	ehelich	14.	Februar	Vikar Swider	Bartoszek St. Osbritzer geb. aus Krai...
27	Maria Hedwig Auguste	Eppendorf Krankenhaus	29.	November	1896	unehelich	20.	Februar	Vikar Wejer	—
28	Johannes Bernhard	Hbg. Peterstr. 15 Haus II	16.	April	1889	ehelich	21.	Februar	Kaplan Beers	Bölling Ren... geb. aus
29	Gustav (nac Jul.)	Kalischt in Böhmen	4.	Juli	1860	ehelich	23.	Februar	Vikar Swider	Mahler Ber... geb. aus
30	Robert Ludwig Walter	Hbg. Lincolnstr. No 5	11.	Februar	1897	unehelich	25.	Februar	Vikar Wejer	—
31	Frieda Wilhelmine	Hbg. 2. Vorsetzen 24 Haus 9	25.	Juni	1895	ehelich	28.	Februar	Vikar Swider	Nowak Joseph geb. aus
32	Martha Franziska	Hbg. 2. Vorsetzen 24 Haus 9	11.	Februar	1897	ehelich	28.	Februar	dito	Nowak Jos. geb. aus
33	Maria Louise	Hbg. Heigstr. No 44	30.	December	1896	ehelich	28.	Februar	Vikar Wejer	Bechmann Kaufmann
34	Erna Rosalia Franziska	Hbg. 1. Marienstr. No 5	15.	December	1896	ehelich	28.	Februar	dito	Schneider ... Schneider g...
35	Helene	Hbg. Frauenkamp 22 Haus II	17.	Februar	1897	ehelich	28.	Februar	dito	Konarski geb. aus
36	Charlotte Johanna Franziska	Hbg. Rosenallee No 40	18.	Januar	1897	ehelich	28.	Februar	dito	Bielenberg Emil Arb...

Was ist Konversion?
Detlef Pollack

Was ist das – eine Konversion? Ist der Konvertit das Paradebeispiel für ein autonomes, selbstbestimmtes Individuum, das einen radikalen Einstellungswandel vollzieht, oder das Opfer einer Gehirnwäsche? Warum betonen Konvertiten die Einzigartigkeit ihres Erlebnisses, wenn sich ihre Geschichten vielmals doch so sehr gleichen? Beginnt hier tatsächlich etwas ganz Neues oder folgen Konversionen kollektiven Mustern? Zeigt sich in der radikalen Neuorientierung der Konversion eine labile Persönlichkeit oder – gerade umgekehrt – eine starke Seele? Vermutlich ist die Konversion deshalb so spannend und so intensiv von Sozialwissenschaftlerinnen und -wissenschaftlern untersucht worden, weil sich in ihr zentrale religionssoziologische Fragen nach dem Verhältnis von Individuum und Gemeinschaft, Krise und Kontinuität, Autonomie und Determination kristallisieren.

Fünf zentrale Fragen zur Konversion Analysen zur Konversion konzentrieren sich in der Regel auf die folgenden fünf Problemfelder:

1.) Das Verhältnis von Wandel und Kontinuität: Wenn Konversion in einer ersten Annäherung als radikaler Einstellungswandel definiert wird, entsteht die Frage, wie viel an Kontinuität im Prozess des Wandels erhalten bleibt. Selbst Autoren wie der Soziologe James V. Downton, die den grundlegenden Charakter des Wandels herausstellen, geben zu, dass im Konversionsprozess eine gewisse innere Kontinuität gewahrt bleibt.[1]

2.) Das Verhältnis von individuellem Erleben und sozialer Kommunikation: Was ist es, das sich während des radikalen Wandels einer Konversion verändert? Stellt Konversion einen Bewusstseinsakt dar, durch den sich die Weltsicht des Konvertiten oder seine Identität umbildet? Oder ist Konversion ein soziales Geschehen, das sich in einer neuen Gruppenzugehörigkeit, in Konversionserzählungen oder in demonstrativen Akten ausdrückt? Wird Konversion als psychische Veränderung gefasst, dann fragt sich, wie das individuelle Erlebnis mitgeteilt werden kann und wie sich die Ungeformtheit des individuellen Erlebens und die Strukturiertheit des kommunikativen Aktes zueinander verhalten. Wird Konversion als ein sozialer Vorgang definiert, lautet die Frage, ob dem äußerlich sichtbaren Wandel eine innere Veränderung entspricht und inwieweit die inneren Transformationen überhaupt erfassbar und analysierbar sind.

3.) Die Unterscheidung von individuellem Erleben und sozialer Kommunikation führt zur Frage nach dem *Verhältnis von individueller Autonomie und gesellschaftlichem Zwang* im Prozess der Konversion. Ist Konversion eher außenbedingt oder eher das Ergebnis individueller Spontaneität? Wie aktiv oder passiv ist das Individuum im Prozess der Konversion? Ist es vorstellbar, dass sich eine Konversion allein durch äußeren Zwang bewirken lässt, wie das etwa Vertreter der Brainwashing-Hypothese, zum Beispiel Edward Hunter,[2] annahmen? Oder muss das Individuum nicht auch aktiv an diesem Prozess beteiligt sein? Und handelt es sich noch um eine Konversion, wenn umgekehrt der Akt der Veränderung ausschließlich auf individuelle Intentionen zurückgeführt werden kann? In welchem Verhältnis stehen gesellschaftliche Bedingungen – wie sozialstrukturelle Opportunitäten, politische Zwänge, soziale Netzwerke, kommunikative Diskurse oder kulturelle Brüche – und individuelle Spontaneität?

4.) Diese Frage hängt damit zusammen, ob Konversion als eine Veränderung verstanden wird, die stets auf Probleme, Krisen, Widersprüche und Spannungen reagiert, oder ob die Möglichkeit eingeräumt wird, dass es zu Konversionen auch unabhängig von Problemen kommt. Wie ist das *Verhältnis von Krise und sich in der Konversion vollziehender Persönlichkeitstransformation* definiert?

5.) Wenn sich im Konversionsprozess eine fundamentale Abkehr von der Vergangenheit vollzieht, ergibt sich die Frage, inwieweit die neu eingenommene Perspektive festgehalten werden kann oder selbst Wandlungsprozessen ausgesetzt ist. Ist mit der neuen Weltanschauung ein Endpunkt erreicht, der andere Sichtweisen ausschließt? Ist Konversion also ein inklusives Prinzip oder ein exklusives, das andere Weltinterpretationen negiert? Das *Verhältnis von exklusiver Fixierung und reflexiver Öffnung* muss in der Konversionsanalyse ebenfalls untersucht werden, wenn ein angemessenes Verständnis des Phänomens entwickelt werden soll.

Die Konversionsforschung Am besten nähert man sich diesen Problemfeldern über die Konversionsforschung. Sie analysiert seit über hundert Jahren mit den jeweils neuesten Methoden und Theorien die Probleme – und kommt zu erstaunlichen Antworten. Die sozialwissenschaftliche Konversionsforschung hat insgesamt einen bemerkenswert hohen Stand erreicht. Auch wenn ihr Zentrum in der angelsächsischen Welt liegt, hat sie in den letzten zwanzig Jahren genauso im deutschsprachigen Raum enorm an Bedeutung gewonnen und wurde von Soziologen wie Hubert Knoblauch, Volkhard Krech oder Monika Wohlrab-Sahr aufgegriffen.[3]

Der religionspsychologische Ansatz William James' und das Konversionsmodell von John Lofland und Rodney Stark Nach William James hat Religion ihren wahren Ort in der individuellen Erfahrung, nicht im religiösen Kollektiv, noch in der kirchlichen Organisation und auch nicht im theologischen Denken.[4] Grundlegend für seine Argumentation ist die Unterscheidung zwischen den „gesunden Geistern", den Einmalgeborenen, die keine Symptome von Reue oder Krise zeigen, und den „kranken Geistern", den Zweimalgeborenen, die zu Pessimismus, Melancholie und Depression neigen. Konversion ist nach William James der Vorgang, in dem ein zwiegespaltenes, unglückliches und mit Minderwertigkeitsgefühlen belastetes Selbst sich zu einem einheitlichen, glücklichen und überlegenen Selbst entwickelt. In der Konversion findet insofern ein Persönlichkeitswandel statt, durch den ein Zustand äußerster Anspannung und Unruhe, zumeist nach einer

Phase der Selbstpreisgabe, in einen Zustand der Stabilität, des Gleichgewichts und der Selbstkontrolle überführt wird.

Das sehen moderne religionspsychologische Studien wie die von Taylor, Richardson und Rambo jedoch ganz anders. Sie bezweifeln, dass Konversionserfahrungen tatsächlich die Persönlichkeit des Konvertiten verwandeln. Ansätzen wie dem von William James werfen sie vor, eine individualistische Verengung des Konversionsprozesses vorzunehmen und soziale Kontexte zu übersehen.[5]

Der Ansatz, der in der religionssoziologischen Literatur am häufigsten zitiert wird, ist das Konversionsmodell von John Lofland und Rodney Stark. In ihrem kumulativen Stufenmodell unterscheiden die Autoren zwischen drei Voraussetzungen, die sich auf die Persönlichkeit des Konvertiten vor seinem Kontakt zu seiner neuen religiösen Gruppe beziehen, und vier situativen Faktoren.[6] Die drei Voraussetzungen sind eine länger anhaltende, bedrängende Anspannung, eine religiöse Problemlösungsperspektive und die Selbstdefinition des Konvertiten als religiöser Sinnsucher. Als die vier situativen Faktoren betrachten Lofland und Stark den Kontakt zu einer religiösen Gruppierung während eines Wendepunkts im Leben, eine emotionale Bindung an einen oder mehrere andere Konvertiten, das Fehlen oder die Neutralisierung von Beziehungen jenseits der religiösen Gruppe und schließlich die intensive Interaktion innerhalb dieser Gruppe. Die drei Voraussetzungen stellen die notwendigen „background factors" dar, ohne die es nicht zur Konversion kommen könne. Hinreichend für das Zustandekommen der Konversion sei aber erst die Erfüllung aller sieben Bedingungen. Deutlich wird bei diesem Ansatz, dass es vor allem die sozialen Netzwerke sind, die eine Konversion befördern, und der Konvertit weniger als autonomes Individuum gesehen wird als bei William James.

Als jedoch Soziologen wie David A. Snow, Cynthia L. Philips oder Max Heirich die Thesen von Lofland und Stark untersuchten, stießen sie auf einige Fehler. So konnten sie mithilfe ihrer Studien zeigen, dass personale Spannungen und religiöses Suchertum keinen Einfluss auf das Zustandekommen von Konversionen ausüben.[7] Die sozialen Netzwerke, in welche die Einzelnen eingebunden waren, erwiesen sich hingegen auch in zahlreichen Studien anderer Forscher als bedeutsam.

Vom Ansatz Loflands und Starks ausgehend lassen sich zwei Entwicklungslinien in der Konversionsforschung verfolgen, bei denen sich erneut die Bedeutung der oben aufgeworfenen Diskussionsfelder zeigt. Die eine Linie betont die Bedeutung der Netzwerke, die andere die Eigenschaften und Erfahrungen des religiösen Subjekts.

Netzwerkanalysen und individualistische Modelle Der US-amerikanische Soziologe Arthur Greil kombiniert seine Netzwerkanalysen mit sozialisationstheoretischen Überlegungen.[8] Andere Konversionsforscher gehen noch einen Schritt weiter und betonen, dass individuelle Spannungen und Krisen überhaupt keine Bedeutung für das Zustandekommen von Konversionen haben, sondern eine kulturelle Entwertungserfahrung, vor allem aber der Kontakt zu mehr oder weniger geschlossenen Netzwerken entscheidend sei. Der Sozialwissenschaftler Brian Hall hat für diese Frage chinesische Collegestudenten in den USA untersucht, die von sich sagten, eine Konversion zum Christentum erlebt zu haben.[9] Dabei stellte Hall fest, dass die von Lofland und Stark definierten drei Voraussetzungen der bedrängenden Anspannung, der religiösen Lösungsoption und der religiösen Sinnsuche keinerlei Rolle spielten. Hingegen sei der soziale Kontext bedeutsam, fand der Soziologe anhand seiner chinesischen Studierenden heraus, und die eingegangenen sozialen Beziehungen seien entscheidend.

Die individualistischen Ansätze hingegen üben Kritik an Modellen, die den Konvertiten als passiv und gruppenbeeinflusst und teilweise sogar als Opfer von Manipulationen interpretieren. Vertreter dieser Ansätze konzipieren das konvertierende Individuum als freien und aktiven Sucher. Teilweise sind hier bereits die Konturen der Rational-Choice-Theorie erkennbar, die das religiöse Handeln als Ergebnis des Abwägens zwischen Kosten und Nutzen begreift. Der Rational-Choice-Theorie zufolge findet Konversion statt, wenn der Konfessionswechsel mehr Nutzen bringt als die Beibehaltung der alten Konfession. Solche Belohnungen können zum Beispiel sein: soziale Anerkennung, materielle Unterstützung, kognitive Konsonanz oder auch psychische Zufriedenheit. Rodney Stark und Roger Finke als die Hauptvertreter des Rational-Choice-Ansatzes halten eine Konversion dann für wahrscheinlich, wenn die Bindungen an die Mitglieder der Gruppe, zu der man konvertiert, bedeutsamer sind als die Bindungen zu Nichtmitgliedern.[10] Dem Ansatz Finkes und Starks zufolge sind Heirat und Migration wichtige Faktoren, die die Wahrscheinlichkeit von Konversionen beeinflussen. Migranten müssen neue Freunde gewinnen und Heirat bringt in Kontakt mit neuen Verwandtschaftsnetzwerken. Je größer das religiöse Engagement und je stärker die affektiven Bindungen an eine religiöse Gemeinschaft seien, desto unwahrscheinlicher werde eine Konversion. Wenn Engagement und Bindung nicht nennenswert seien, fielen die Verluste bei einem Konfessionswechsel dagegen gering aus, womit die Konversion wahrscheinlicher werde. In gemischtkonfessionellen Ehen konvertiere daher in der Regel der Partner mit der geringeren Bindung an die angestammte Konfession. Ausschlaggebend für das Zustandekommen von Konversionen seien demnach nicht religiöse Suchbewegungen und Bedürfnisse, sondern die Struktur der sozialen Netzwerke, in die das Individuum eingebunden sei. Zugespitzt erklären Stark und Finke: Es seien nicht die Konvertiten, die ihren neuen Glauben fänden, sondern der Glaube finde die Konvertiten[11] – diese würden von den Kirchen, Denominationen und religiösen Gemeinschaften rekrutiert.

Konstruktivistische Ansätze Die konstruktivistische Wende, die sich in den Kultur- und Sozialwissenschaften in den 70er-Jahren des 20. Jahrhunderts vollzog, brachte auch einen ganz neuen Wind in die Konversionsforschung. Plötzlich geriet die soziale Geformtheit von Konversionserzählungen ins Zentrum des Interesses. So betrachtet Bryan Taylor Konversionserzählungen nicht als Aussagen über tatsächliche Bedingungen in der Phase vor der Konversion, sondern ausschließlich als Aussagen über die Identität nach der religiösen Wende.[12] Die Erzählungen seien also nicht Berichte über einen erlebten radikalen Identitätswandel, sondern lediglich in Abhängigkeit von einem aktuell bestehenden sozialen Kontext formulierte Behauptungen eines solchen Wandels. Um als Konvertiten akzeptiert zu werden, müssten diese in ihren Erzählungen bestimmten sozial geprägten Mustern entsprechen. Was als Konversionserzählung gilt, ist also von der jeweiligen Gruppe, zu der das Individuum konvertiert, abhängig.

Im Gefolge der konstruktivistischen Wende der Konversionssoziologie begannen Sozialwissenschaftler, gruppenspezifische Muster von Konversionserzählungen, Stilmittel der Konversionsrhetorik, formale Merkmale der Konversionsgeschichten und deren Zeitstrukturen herauszuarbeiten. In einer spannenden Studie konnte James Beckford nachweisen, wie sich in Konversionsberichten von Zeugen Jehovas die Organisationsideologie dieser Kirche widerspiegelt.[13]

Was diese konstruktivistischen Studien eint, ist der Ansatz, Konversionserzählungen nicht als Berichte über einen sich in ihnen manifestierenden Bewusstseinswandel, sondern als kommunikative Muster zu behandeln, über die Gruppennormen transportiert werden. Volkhard Krech und Jörg Stolz gehen dabei sogar noch weiter. Im Anschluss an die Luhmann'sche Systemtheorie, die keine Überschneidungen zwischen Bewusstsein und Kommunikation kennt, behaupten sie, dass sich Bekehrung „nicht als ein außerhalb der Kommunikation Stehendes fassen [lasse], sondern in der Erzählung generiert [werde]";[14] nur derjenige sei bekehrt, „der anderen sagt oder zeigt oder klarmacht, dass er sich bekehrt oder bekehrt hat. Wer dagegen in einsamer Kammer ein religiöses Erlebnis hat und nie jemandem davon erzählt, sich auch nicht anders als sonst verhält", könne nicht als bekehrt angesehen werden.[15]

Damit ist Konversion zu einem rein kommunikativ erzeugten Ereignis geworden, und die Frage, ob dem Konversionsbericht etwas Wirkliches entspricht, kann nicht mehr beantwortet werden. Er zielt aber gerade auf etwas von ihm Unterschiedenes: auf die Erfahrungen des konvertierenden Individuums. Wenn aber die Konversionserzählung weder einfach einen inneren Prozess abbildet noch das Konversionsgeschehen kommunikativ hervorbringen kann, dann entsteht die Frage, worin ihre Indikatoren bestehen.

David A. Snow und Richard Machalek haben diese Frage explizit aufgeworfen. 1983 veröffentlichen sie zu dem Thema einen Aufsatz, der für einigen Wirbel sorgte: „The Convert as a Social Type". Darin stellen sie die zentrale Frage: Woran eigentlich kann man einen Konvertiten erkennen? In Übereinstimmung mit dem konstruktivistischen Ansatz der Konversionsforschung interessieren sie sich bei der Beantwortung dieser Frage nicht nur für den Inhalt der Konversion, sondern auch und vor allem für ihre Form.[16] Im Unterschied zu Positionen des prinzipiellen Konstruktivismus leugnen sie aber nicht den Wirklichkeitscharakter des Konversionsprozesses. Vielmehr definieren sie Konversion als radikalen Wandel des Individuums, als radikalen Wandel seines „universe of discourse".

Wenn aber Konversion als innerer Wandel des Individuums verstanden wird, dann verschärft sich letztlich die Frage, woran sie zu erkennen ist. Snow und Machalek bestreiten, dass Konversion anhand von Mitgliedschaftswechseln erfasst werden kann, da beide Phänomene nicht identisch sein müssten. Sie kritisieren aber auch eine Auffassung, der zufolge allein Demonstrationsereignisse wie beispielsweise öffentliches „Zeugnisablegen" die Konversion belegen. Denn Konversionen könnten sich ohne öffentliche Demonstrationen vollziehen und umgekehrt könnten öffentliche Demonstrationen auch ohne innere Akzeptanz durchgeführt werden.[17] Verlässliche Indikatoren bestünden vielmehr in rhetorischen Figuren, mithilfe derer die Konvertiten ihren mentalen Wandel beschreiben. Von diesen führen Snow und Machalek vier als charakteristisch an.[18]

Erstens die biografische Rekonstruktion: In der Konversion werden einige Aspekte der früheren Biografie über Bord geworfen, andere umdefiniert und einige in einer Art zusammengesetzt, die vorher undenkbar gewesen wäre. Das frühere Leben wird vom gegenwärtigen Standpunkt als verfälscht und irrtümlich betrachtet, das neue Leben aber als Gewinn.

Zweitens übernimmt der Konvertit ein allgemeines Zurechnungsschema für die Deutung der Wirklichkeit. Während bei Nichtkonvertiten die Zurechnung von Verhaltensursachen in unterschiedlichen Situationen unterschiedlich ausfällt, steht dem Konvertiten nur ein einziges allgemeines Zurechnungsschema zur Verfügung, das alle Erklärungen leitet. Dabei führt die Veränderung des Zurechnungsschemas in der Regel zu einem Wechsel von der Fremd- zur Selbstzuschreibung der Verantwortlichkeiten.

Drittens vermeidet der Konvertit die Benutzung analogischer Metaphern, um deutlich zu machen, dass seine Weltsicht mit anderen unvergleichlich ist. Auf diese Weise entzieht er seine neue Überzeugung der Konkurrenz mit anderen Positionen und dem Druck des freien Meinungsmarktes.

Schließlich führt eine Konversion dazu, dass die neue Rolle die Orientierung in allen Lebenssituationen dirigiert, sodass von einer Universalisierung der Konvertitenrolle gesprochen werden kann. Stellt die Rollendifferenzierung, die es erlaubt, Aktivitäten je nach Situation und Rollenübernahme von unterschiedlichen Gesichtspunkten her zu interpretieren, ein typisches Merkmal moderner Gesellschaften dar, so ist es charakteristisch für den Konvertiten, dass er alle alltäglichen Aktivitäten und Routinen vom Standpunkt der Konvertitenrolle her beurteilt.

Neuere Entwicklungen in der Konversionsforschung Neuere Ansätze bauen stark auf den bisherigen Untersuchungen auf und bieten lediglich Varianten und keinen völlig neuen Blick oder neue Erkenntnisse. Beispielhaft dafür stehen die Arbeiten des interdisziplinär arbeitenden Psychologen Lewis Rambo, der ein integratives Prozessmodell entwickelt hat. Darin nennt er eine Vielzahl von interaktiven und kumulativen Faktoren, die den Prozess der Konversion beeinflussen:[19]

Context: Der soziale Kontext ist das dynamische Feld, in dem die Konversion stattfindet.

Crisis: Eine Krise konfrontiert die Individuen mit ihren Grenzen und motiviert sie, nach Konfliktlösungen zu suchen, die empfundene Leere zu füllen, sich an neue Umstände anzupassen und Möglichkeiten der Veränderung zu finden.

Quest: Die meisten Konvertiten sind aktiv engagiert, eine Lösung für ihre Probleme zu finden.

Encounter: Begegnungen sind notwendig, damit die Menschen, die sich in einer Krise befinden und nach Alternativen suchen, mit jenen zusammenkommen, die neue Orientierungen anbieten.

Interaction: Über personale Beziehungen werden die Wege zur neuen Alternative gebahnt. Diese Beziehungen sind für das Zustandekommen der Konversion besonders wichtig.

Commitment: Mit der Rekonstruktion der eigenen Biografie und der Installation eines neuen Attributionsschemas ist die Konversion vollendet.

Consequences: Die ethischen Konsequenzen der Konversion bestehen in einer radikal veränderten Lebensführung, durch die der Konvertit „a sense of mission and purpose" ausbildet. Allerdings kann es geschehen, dass die neue Orientierung sich nicht als das erweist, was er von ihr erwartete.

Einen in mehreren Aspekten ähnlichen Entwurf hat jüngst auch der niederländische Religionsanthropologe Henri Gooren vorgelegt, der sein Konversionskonzept in eine systematische Untersuchung religiöser Aktivitäten einbettet.[20] Eine Analyse individuellen religiösen Wandels müsse mit einer Untersuchung über die Unzufriedenheit des Individuums mit dem Status seiner Zugehörigkeit zu einer religiösen Gruppe beginnen. Sodann müsse die Untersuchung die jeweils erreichte Phase im Lebenszyklus des Konvertiten berücksichtigen. Faktoren, die das individuelle Niveau der religiösen Aktivität beeinflussen, seien erstens Persönlichkeitsaspekte, zweitens soziale Faktoren, insbesondere Freundes- und Bekanntennetzwerke, drittens institutionelle Einflüsse, die von der religiösen Gruppe ausgeübt werden, viertens kulturelle Faktoren und fünftens kontingente und situative Faktoren wie Zufallsbekanntschaften, Stresssituationen oder Naturkatastrophen.

Was ist denn nun Konversion? Wie also lässt sich Konversion definieren? Unter Berücksichtigung der behandelten religionssoziologischen Ansätze der Konversionsforschung kann sie als radikaler Wandel des individuellen Selbst- und Weltverständnisses bezeichnet werden. Dieser Wandel vollzieht sich meist in engem Zusammenhang mit einer Veränderung des Verhaltens des Individuums und seiner religiösen Gruppenzugehörigkeit. Dennoch ist er von diesen Veränderungen zu unterscheiden: Er kann mit ihnen verbunden sein, muss es aber nicht. Den Kern des Konversionsgeschehens bildet weder eine Verhaltens- noch eine Zugehörigkeitsveränderung, sondern ein individueller Einstellungs- und Bewusstseinswandel. Deshalb ist es nicht berechtigt, von Konversion erst dann zu sprechen, wenn der Konvertit über diese berichtet. Konversion ist kein Kommunikationsgeschehen, sondern ein Bewusstseinsphänomen.

Es scheint typisch für Konversionen zu sein, dass sie vermehrt in Situationen kultureller Spannungen auftreten. Wenn unterschiedliche Kulturen miteinander in Kontakt treten, wenn eine Subkultur sich an einer dominanten Kultur reibt, dann sind damit Bedingungen gegeben, die das Auftreten von Konversionen befördern. Doch je schärfer der Konflikt zwischen den kulturellen Räumen ausfällt, desto unwahrscheinlicher sind Konversionen von einer zur anderen Kultur, da diese sozial und kulturell mit hohen Kosten verbunden sind. Besteht zwischen unterschiedlichen Kulturen hingegen überhaupt kein Konflikt, dann ist die Wahrscheinlichkeit von Konversionen ebenfalls eher gering, liegt es dann doch näher, bestehende religiöse Orientierungen und Praktiken mit anderen zu verbinden und zu mischen. Wahrscheinlich ist ein mittlerer Spannungszustand für das Zustandekommen von Konversionen am günstigsten.

Konversionen treten häufiger ein, wenn eine der aufeinandertreffenden Kulturen als unterlegen gilt. Dann kommt es zu einem Ungleichgewicht, und es wächst die Wahrscheinlichkeit, dass die Konversion von der unterlegenen zu der als höherwertig eingeschätzten Kultur erfolgt. Die Entwertung einer Kultur bildet ein deutlich erkennbares Motiv in vielen Konversionsprozessen.

Eine Konversion wird aber nicht nur durch die Dynamisierung des kulturellen Kontextes ausgelöst; die wahrgenommenen Probleme müssen individuell zugerechnet werden. Nur dann gibt es ein Erfordernis, sich selbst zu ändern. Um welche Art von Problemen es sich dabei handelt, können wir hier offenlassen. Man kann an Probleme der sozialen Anerkennung, des beruflichen Aufstiegs, der kulturellen Zugehörigkeit, der adoleszenten Ablösung vom Elternhaus und andere Schwierigkeiten denken. In jedem Fall wird eine Konversion unwahrscheinlich, wenn die Ursachen dieser Probleme in gesellschaftlichen Strukturen, politischen Verhältnissen oder im familiären Kontext, also in externen Bedingungen gesehen werden und nicht in internen Spannungen, Verfehlungen und Unzulänglichkeiten.

Wenn ein wichtiger Faktor für das Zustandekommen von Konversionen in der Dynamisierung des kulturellen und gesellschaftlichen Umfeldes besteht, ist es naheliegend, dass die aus dieser Dynamisierung resultierenden Spannungen zwischen Individuum und sozialem Kontext nur dann in Form einer Konversion abgebaut werden, wenn das Individuum ein Bedürfnis nach Authentizität verinnerlicht hat. Die neuzeitliche Bewegung hin zum Persönlichen, Engagierten, Innerlichen stellt eine wichtige Voraussetzung für die Möglichkeit von Konversionen dar.

Schließlich befördern die Kommunikation und persönliche Interaktion mit Vertretern der neuen Weltanschauung die Hinwendung zu dieser. Oft geht die Einbindung in soziale Netzwerke, in denen die neue Weltsicht akzeptiert ist, der Konversion voraus. Wenn der Wechsel zu der neuen Weltdeutung erfolgt, dann steht dahinter nicht selten der Versuch, in diesem Netzwerk Anerkennung und Wertschätzung zu erlangen. Dabei wird der Wechsel umso wahrscheinlicher, je höher die Bedeutung der Beziehungen des Konvertiten zu den Mitgliedern dieses Netzwerkes ist und je weniger wichtig andere soziale Beziehungen sind. Konversion ist dann nicht selten eine Form des Abbaus von Spannungen zwischen der individuellen Perspektive auf die Welt und den Überzeugungen der sozial relevanten Gruppe. Aber auch in diesem Falle wird es wohl nur dann zu Konversionen kommen, wenn die individuelle Authentizität ein hohes Gut für das Individuum darstellt. Konversionen setzen also innere Konflikte, Reflexionen, Ambivalenzen und Spannungen voraus, und sie sind wohl vor allem ein Mittel zum Abbau dieser inneren Spannungen. Damit einher geht freilich oft auch ein eher unterkomplexer Charakter der eingenommenen Welt- und Selbstsicht.

[1] James V. Downton, „An Evolutionary Theory of Spiritual Conversion and Commitment. The Case of Devine Light Mission", in: *Journal for the Scientific Study of Religion*, 19. Jg. 1980. S. 381–396, hier S. 395.

[2] Edward Hunter, *Brainwashing in Red China. The Calculated Destruction of Men's Minds.* New York 1971.

[3] Hubert Knoblauch, Volkhard Krech, Monika Wohlrab-Sahr (Hg.). *Religiöse Konversion: systematische und fallorientierte Studien in soziologischer Perspektive.* Konstanz 1998.

[4] William James, *The Varieties of Religious Experience. A Study in Human Nature.* New York 1958, S. 501. Dt. Übersetzung: *Die Vielfalt religiöser Erfahrung. Eine Studie über die menschliche Natur,* übers. u. hg. v. Eilert Herms, Olten, Freiburg 1979.

[5] Charles Taylor, *Die Formen des Religiösen in der Gegenwart.* Frankfurt am Main 2002, S. 30 f.

[6] John Lofland, Rodney Stark, „Becoming a World-Saver. A Theory of Conversion to a Deviant Perspective", in: *American Sociological Review*, 30. Jg. 1965. S. 862–875, hier S. 874.

[7] David A. Snow, Cynthia L. Philips, „The Lofland-Stark Conversion Model. A Critical Reassessment", in: *Social Problems.* 27. Jg. 1980, S. 430–447, hier S. 443; Max Heirich, „Change of Heart. A Test of Some Widely Held Theories About Religious Conversion", in: *American Journal of Sociology.* 83. Jg. 1977, S. 653–680.

[8] Arthur L. Greil, „Previous Dispositions and Conversion to Perspectives of Social and Religious Movements", in: *Sociological Analysis*, 38. Jg.1977, S. 115–125.

[9] Bryan Hall, „Social and Cultural Contexts in Conversion to Christianity among Chinese American College Students", in: *Sociology of Religion.* 67. Jg. 2006, S. 131–147.

[10] Rodney Stark, Roger Finke, *Acts of Faith. Explaining the Human Side of Religion.* Berkeley 2000, S. 117.

[11] Stark, Finke, *Acts of Faith Explaining the Human Side of Religion* (wie Anm. 10), S. 122.

[12] Bryan Taylor, „Conversion and Cognition. An Area for Empirical Study in the Microsociology of Religious Knowledge", in: *Social Compass.* 23. Jg. 1976, S. 5–22, hier S. 18.

[13] James A. Beckford, „Accounting for Conversion", in: *British Journal of Sociology.* 29. Jg. 1978, S. 249–262, hier S. 251 ff.

[14] Volkhard Krech, „Religiöse Bekehrung in soziologischer Perspektive. Zur gegenwärtigen Lage der Konversionsforschung", in: *Spirita*, Jg. 1994, Heft 1. S. 24–41, hier S. 34.

[15] Jörg Stolz, *Evangelikalismus und Bekehrung in der deutschen Schweiz. Eine theoretische und quantitativ-empirische Untersuchung.* Lizentiatsarbeit Universität Zürich, Soziologisches Institut 1993, S. 46.

[16] David A. Snow, Richard Machalek, „The Convert as a Social Type", in: *Sociological Theory.* 1. Jg. 1983, S. 259–289, hier S. 260.

[17] David A. Snow, Richard Machalek, „The Sociology of Conversion", in: *Annual Review of Sociology.* 10. Jg. 1984, S. 167–190, hier S. 171 f.

[18] Snow, Machalek, *The Convert as a Social Type* (wie Anm. 16), S. 266 ff.

[19] Lewis R. Rambo, *Understanding Religious Conversion.* New Haven/London 1993.

[20] Henri Gooren, „Reassessing Conventional Approaches to Conversion: Toward A New Synthesis", in: *Journal for the Scientific Study of Religion.* 46. Jg. 2007, S. 337–353; ders., *Religious Conversion and Disaffiliation: Tracing Patterns of Change in Faith Practices.* New York 2010.

Ingolf Bodemann
Protestant – russisch-orthodoxer Christ

1966 in Westfalen geboren wurde Ingolf Bodemann getauft und ging zur Konfirmation. Er besuchte die Kirche nur an Weihnachten und entwickelte keine christliche Identität. Aus Liebe zu seiner bulgarischen Frau ließ er sich 2006 gemeinsam mit seiner ersten Tochter Sonja in der russisch-orthodoxen Heimatgemeinde seiner Ehefrau taufen. *RLK*

Stills aus dem privaten Video von seiner Taufe in Bulgarien; Privatbesitz von Ingolf Bodemann

Moritz Gottlieb Saphir
Jude – Protestant

„Nathan der Weise". Satirische Szene vor der protestantischen Matthäuskirche in der Münchner Sonnenstraße. Moritz Saphir wird von einer Hebamme im Wickelkissen zur Taufe in die Kirche getragen. Lithographie von Jakob Friedrich Hahn, 1830; Jüdisches Museum München

Moritz Gottlieb Saphir, geboren 1795 im ungarischen Lovasberény, sollte nach dem Willen seiner Eltern die Laufbahn eines Rabbiners einschlagen und besuchte Talmudschulen in Pressburg und Prag. Als er für sich die Literatur entdeckte und folglich nur mehr Vorlesungen zu diesem Thema besuchte, holte ihn die Familie nach Hause zurück, gestattete ihm aber bald, in Pest alte Sprachen zu studieren. Nebenbei begann Saphir erste Gedichte zu veröffentlichen. Auf das junge Talent aufmerksam geworden engagierte ihn der Wiener Verleger Adolf Bäuerle für seine *Wiener Theaterzeitung,* der damals auflagenstärksten Zeitung Österreichs. Als streitbarer Essayist und Theaterkritiker der notorisch bestechlichen *Theaterzeitung* machte sich Saphir in der Wiener Gesellschaft rasch unbeliebt. Seine, auch politische, Missliebigkeit führte 1830 zur Ausweisung aus Wien. Seine nächsten Stationen hießen Berlin und München.

In Bayern ließ sich Saphir 1832 protestantisch taufen, da er zunehmend sein Judentum als Karrierehindernis betrachtete. Tatsächlich erhielt Saphir die Stelle eines „Hoftheaterintendanzrates" in München. Auch hier goss er seinen Spott über die Aufführungen im Hoftheater und die Hofgesellschaft in den Theaterrängen und auch hier folgten auf eine gewisse Beliebtheit die Verärgerung und am Ende die Ausweisung. Zudem richtete sich der Spott der Münchner gegen ihn, nicht zuletzt als Karrierist, der mit der Taufe sein Judentum abzuwaschen versuchte.

Saphir kehrte nach Wien zurück, schrieb wieder für die *Wiener Theaterzeitung* und gründete sein eigenes Blatt: *Der Humorist.* Inhaltlich trat Saphir gegen demokratische und soziale Tendenzen der Wiener Vorstadtbühnen auf und war ein erbitterter Feind Johann Nestroys. Seinen eigenen Theaterstücken war kein besonderer Erfolg beschieden. 1848 kurz in die Revolutionswirren verwickelt, zog er sich bald zurück und wartete den Gang der Ereignisse ab. 1858 starb Moritz Gottlieb Saphir auf einem Kuraufenthalt in Baden bei Wien.
HS

Konversion als Erzählung
Andreas B. Kilcher

„Ich behaupte: Wenn Sie mir nichts von Ihrem Leben erzählen,
… wenn Sie, stattdessen, nur fantasieren und wenn ich von Ihnen siebenundsiebzig Geschichten gehört habe, traurige und lustige, lauter erfundenes Zeug,
so haben Sie von Ihrer wirklichen Person mehr verraten,
als wenn Sie, und sei es noch so ehrlich,
Ihre Biographie erzählen."
(Max Frisch)[1]

Das Erzählen von Geschichten ist kein bloß literarischer oder ästhetischer Vorgang. Es ist vielmehr der elementare Akt einer Erfindung, genauer einer Selbsterfindung, eines Selbstentwurfs. Eben diese kreative anthropologische Funktion macht das Erzählen für jenen tiefgreifenden Selbstentwurf so bedeutsam, der als Konversion oder Bekehrung bezeichnet wird, ein grundlegender Wandel und eine Wende, im Zuge derer ein Mensch sich eine neue Identität, seinem Leben eine völlig neue Richtung gibt, sich in ein neues gesellschaftliches, kulturelles oder religiöses Orientierungssystem eingliedert.

Tatsächlich sind Konversionen stets in Form von Erzählungen vermittelt: als Konversionserzählungen. Das Erzählen ist hier nicht nur Mittel zum Zweck. Konversionserzählungen stellen den narrativen Akt bewusst aus und lenken in ihrem dezidierten Storytelling das Augenmerk auf die Bedeutung und Funktion des Erzählens für die Konversion. Die Erzählung von Konversionen lässt sich damit nicht bloß als Gegenstand, als Objekt, sondern auch und mehr noch – so die erste These – als eigentlichen Akteur, als Subjekt des Konversionsaktes verstehen. Konversion ist insofern das Produkt einer Erzählhandlung, kurz: Konversion als Erzählung. Dabei ist dieses Erzählen – wie die Konversion – förmlich selbstbewusst. Es inszeniert sich geradezu theatral, macht sich im Zuge des Erzählens selbst zum Gegenstand. Dies mündet in die zweite These der Konversionserzählung als eine autoreflexive Gattung. Sie erzeugt eine *mise en abyme* des Erzählens. Die Konversionserzählung ist eine Art des *récit spéculaire*.[2]

Konversion ist zudem nicht nur in ihrem individuellen Selbstentwurf, sondern auch als Umorientierung in einem neuen kollektiven Sinnsystem wesentlich ein Ergebnis von Narration, wie das Erzählen selbst stets ein sozialer und medialer Akt ist, ob in mündlicher oder in schriftlicher Form. Es ist daher nicht nur so, dass Konversionen zugleich „interessante" psychosoziale Fallgeschichten von Verwandlungen abgeben und dadurch zu literarischer Bedeutung gelangen können, wie letztlich jeder Bildungs- und Entwicklungsroman von Goethes *Wilhelm Meister* bis hin zu Max Frischs *Stiller* die Geschichte einer

Verwandlung erzählt. Vielmehr erweist sich die narrative und mediale Bedingung des Erzählens als wesentlicher Teil, ja als essenzieller Motor des Konversionsaktes in einem medienkulturellen Zusammenhang. Der kommunikative, der soziale und der mediale Akt der Konversion haben im Erzählen ihre adäquate Form.[3]

Funktionen der Konversionserzählung Die Funktion des Erzählens für die Konversion ist in der Konversionsforschung keineswegs unbeachtet geblieben.[4] Doch geht es dabei meist weniger um die grundlegende anthropologische Funktion des Erzählens, sondern in der Regel um die Untersuchung von Erzählmustern. Natürlich sind auch diese für den Erzählvorgang der Konversion relevant und in Konversionserzählungen lassen sich demnach mehrere narrative Muster beobachten. So gilt etwa als Basismuster der Bekehrungsdramatik die Herausstellung einer Differenz zwischen einem Vorher und einem Nachher, genauer der Absage an ein altes und der Apologie eines neuen Lebens in einem neuen religiösen, kulturellen oder sozialen Umfeld. Die Konversion folgt damit der erzählerischen Dramaturgie von Ausgliederung und Wiedereingliederung, von Untergang und Renaissance, letztlich von Tod und Wiedergeburt. Die Konversionserzählung fasst diese Gegenüberstellung in drei Akte: Der erste Akt enthält die (selbst)kritische, ja polemische Darstellung der alten Umwelt, die es zu verlassen gilt. Im Mittelpunkt steht das Moment der Wende, das sowohl die Gestalt eines plötzlichen Ereignisses, eines Rite de Passage, oder aber eines langsamen Prozesses von Assimilation und Transformation haben kann. Sodann folgt im dritten Akt die apologetische Beschreibung des Lebens in einem neuen Glauben und einer neuen Welt.

Konversionserzählungen haben also einen individuellen wie einen sozialen Aspekt: Auf der einen Seite beschreiben sie im Rückblick – „rekonstruktiv"[5] – die mehr oder weniger dramatische Geschichte eines elementaren persönlichen Identitätswandels mit Krisen, Wendepunkten, Übergängen und Neuanfängen. Auf der anderen Seite beschreiben sie einen Wechsel in sozialen, kulturellen, politischen und religiösen Gemeinschaftszugehörigkeiten. Konversion ist damit nicht nur eine individuelle Bildungs- und Entwicklungsgeschichte, sondern auch ein sozialer Akt der Initiation und Integration qua Narration.

„Die Geschichte einer Geschichte" So lautet das einleitende Kapitel einer ungewöhnlichen Autobiografie des 20. Jahrhunderts mit dem Titel *Der Weg nach Mekka* (1954/1955). Gemeint ist nicht bloß die Geschichte einer religiösen Pilgerreise, wie sie einem guten Muslim einmal in seinem Leben ansteht, die Rede ist von einer Konversion: vom Judentum zum Islam – aus Leopold Weiss wird hier Muhammad Asad. Schon der Titel der Einleitung legt nahe, dass diese Konversionserzählung als ein herausragendes Beispiel für die These der Konversion als Erzählung gelten kann.

Es ist die Geschichte des polnischen Juden Leopold Weiss, geboren 1900 in Lemberg in eine zwar assimilierte Familie, jedoch mit religiösem Hintergrund, und so erhielt Weiss „Unterricht in allen Zweigen der mosaischen Lehre".[6] Doch der Gymnasiast las lieber Rilkes Gedichte und Nietzsches *Zarathustra,* drängte 1914, nach der Übersiedlung seiner Familie nach Wien, an die Front, begann nach dem Krieg ein Studium der Kunstgeschichte und der Philosophie, brach dieses jedoch ab, ließ seinen „jungen Geist" von der Psychoanalyse

„berauschen"[7], zog nach Prag und Berlin weiter, um sich „im Journalismus zu versuchen",[8] lernte im Café des Westens die Berliner Boheme kennen, arbeitete zusammen mit Anton Kuh an Drehbüchern, zum Beispiel für Friedrich Murnau, alles jedoch ohne großen Erfolg – bis er 1922 auf Einladung seines Onkels, des Psychoanalytikers Dorian Feigenbaum, in das Palästina des Britischen Mandats reiste, wo er sich als Berichterstatter für die *Frankfurter Zeitung* etablieren konnte und dabei zunehmend Verständnis für die Anliegen der Araber in der Auseinandersetzung mit dem Zionismus gewann, ja in der orientalischen Kultur des Islam eine Alternative für die in Krise und Verfall befindliche abendländische Zivilisation erkannte, bis er 1926 in Berlin konvertierte und sich zwischen Ägypten, Saudi-Arabien und Pakistan bewegend zu einem profilierten Denker des Islam entwickelte, während die meisten seiner Angehörigen in den nationalsozialistischen Konzentrationslagern ermordet wurden.

Doch nicht um den biografischen Gang und Gehalt dieser Konversionsgeschichte geht es hier,[9] so ungewöhnlich die Bekehrung eines osteuropäischen Juden zum Islam erscheinen mag – ungewöhnlich, wo doch die jüdischen Konversionen der Moderne in der Regel in andere Richtungen verliefen: Entweder sie tendierten hin zum Christentum, jener Religion, die – nach Heinrich Heines berühmter Rede vom „Taufzettel" als dem „Entréebillet zur europäischen Kultur" – gesellschaftliche und kulturelle Integration versprach und – wie in Walter Rathenaus Aufruf *Höre Israel!* im Jahr 1897 – als letzte Konsequenz der Assimilation erschien. Oder aber sie folgten dem zionistischen Narrativ wie Martin Bubers Konzept einer jüdischen Renaissance[10] beziehungsweise dem Muster der Überwindung der Diaspora, wie es Theodor Herzl in seinem Roman *Altneuland* (1903) gestaltete, in dem ein melancholischer assimilierter jüdischer Intellektueller, ausgestattet mit allen „pathologischen" Merkmalen des Diasporajuden, zunächst bloß zur Unterhaltung und Zerstreuung nach Palästina reist, um sich aber dann dem neuen Kolonisierungsprojekt anzuschließen. Die Verwandlung von Leopold Weiss unterscheidet sich von diesen beiden klassischen Mustern jüdischer Moderne, dem assimilatorischen wie dem zionistischen, grundlegend: Aus dem europamüden diasporischen Juden wurde weder ein „integrierter" Christ noch ein „apokalyptischer" Zionist,[11] sondern ein Muslim. Seine Geschichte geriert sich daher konsequent als eine Abwendung von den Welten und Werten des jüdisch-christlichen Abendlandes.

Aber eben nicht um die biografischen Inhalte und psychologischen Standpunkte dieser Konversionsgeschichte geht es hier. Vielmehr erweist sie sich als ein herausragendes Beispiel nicht nur für das Erzählen einer Konversionsgeschichte, sondern – auf einer Metaebene – auch für das Bewusstsein über den erzählerischen Charakter der Konversion. Der Titel des einleitenden Kapitels „Geschichte einer Geschichte" verweist beredt auf diese dezidierte Aufmerksamkeit für die „Erzähltheit" der Konversion – ihre Form als Konversionsgeschichte. Als „Geschichte einer Geschichte" gilt nicht nur ihre Entstehungsgeschichte, sondern die Tatsache, dass eine Konversion erzählt wird. Konversion erscheint hier von Anfang an nicht nur als Gegenstand, als Objekt, sondern auch als das Ergebnis eines Erzählens, das Erzählen daher als eigentlicher Akteur, als Subjekt der Konversion. Schon der Titel deutet dies an, der ein klassisches religiöses Erzählmuster zitiert: Der Weg nach Mekka, der Hadj, die „fünfte Säule" des Islam, wird hier zum mythischen Erzählmuster einer religiösen Wende.

Die geradezu theatrale Ausstellung des narrativen Ereignisses der Konversion ist in Asads Autobiografie Seite um Seite erkennbar. Im einleitenden Kapitel macht er dies schon in der selbstreflexiven Exposition seines Lebens als grundlegende kulturelle Umorientierung vom Okzident zum Orient deutlich: „Meine Geschichte", so adressiert er hier den Leser, „ist einfach die Lebensgeschichte eines Europäers, der den Islam für sich entdeckte und allmählich in die islamische Gemeinschaft hineinwuchs."[12] Wichtiger aber ist, dass er demgegenüber auch eine narrative Metaperspektive einnimmt, indem er nicht nur seine Konversionsgeschichte erzählt, sondern auch das Erzählen dieses Erzählens zum Thema macht. So stellt er sich einleitend als Erzähler seiner Geschichte vor, der von einem Freund ermuntert wird: „‚Ja, warum schreiben Sie denn nicht eine Selbstbiographie? Ich bin überzeugt, das würde eine höchst fesselnde Lektüre abgeben!' Lachend antwortete ich: ‚Wenn Sie davon so überzeugt sind, dann könnte ich mich vielleicht überreden lassen, vom diplomatischen Dienst Abschied zu nehmen und solch ein Buch zu schreiben. Warum denn auch nicht? Schriftstellerei war ja mein ursprünglicher Beruf ...'" Bald nach diesem Gespräch habe er ernsthaft begonnen, darüber nachzudenken, seine Lebensgeschichte niederzuschreiben: „Mein Weg zum Islam war ja in einem gewissen Sinne einzigartig gewesen: ich war nicht etwa Muslim geworden, weil ich unter Muslims lebte – sondern im Gegenteil, ich hatte mich entschlossen, unter ihnen zu leben, weil ich Muslim geworden war."[13]

Die „Einzigartigkeit" der Konversionsgeschichte ruft – und darauf kommt es an – den Geschichtenerzähler auf den Plan, der zunächst – mündlich – seine Geschichte Freunden erzählt, sie sodann als „Schriftsteller" – schriftlich – zu Papier bringt und dabei eben nicht nur eine Geschichte schreibt, sondern stets auch die „Geschichte einer Geschichte". Deutlich wird dies nicht nur darin, dass er die Einleitung selbstbewusst mit dem Hinweis auf das vorliegende Buch beschließt: „Und hier ist sie, diese Geschichte."[14] Deutlich wird dies im darauf folgenden Haupttext durch die immer wiederkehrende grundlegende Schreibszene: Die Geschichte wird einem oder mehreren Freunden erzählt. Damit wird dem Leser nicht nur eine Konversionsgeschichte geboten, sondern – womöglich in einem orientalisierenden Gestus – primär das Erzählen ihres Erzählens.

Zur Erzählsituation dieser Autobiografie gehört nicht nur, dass Muhammad Asad arabischen Freunden die Geschichte seiner Konversion erzählt. Sie fordern ihn auch immer neu dazu auf. Beispielhaft für diese Inszenierung des Erzählens ist eine Szene in einer alten Bibliothek in Medina, wo der Scheich Abdalla Bulayhid nach einem Gespräch über die Dekadenz des untergehenden Abendlandes die Frage aufwirft: „‚War es diese Erkenntnis, o mein Sohn, die dich veranlasst hat, Muslim zu werden?' ‚Ja, es mag sein; aber jedenfalls war diese Erkenntnis nur der letzte Schritt.' ‚Der letzte Schritt ... Nun, du hast mir schon einmal die Geschichte deines Weges zum Islam erzählt – aber wann und wie dämmerte es dir eigentlich zum ersten Mal auf, dass der Islam dein Ziel sein könnte?'"[15] Es wird also erzählend ein Anlass zum Erzählen der Konversion erzeugt, um diese im narrativen Akt immer neu durchzuspielen. Das ist die *mise en abyme* der Konversion in der Erzählung der Erzählung.

Das Erzählen ist sodann auch in diesem Beispiel in doppelter Funktion an der Konversion wesentlich beteiligt: als individueller autobiografischer Selbstentwurf wie als sozialer Akt der Integration. Die Erzählsituation selbst ist immer eine soziale, kommunikative.

Verbunden sind die beiden Funktionen aber im Initiationsritus, der einerseits höchst persönlich ist, zugleich aber auch stets in einem medial und sozial vermittelten Akt des Sprechens oder Schreibens besteht. Das ist im Fall von Muhammad Asad nicht anders: Der letzte Schritt zur Konversion, ausgelöst durch einen mantischen, also wahrsagenden Blick in den Koran, der ihm die letzten Zweifel nimmt, besteht in einem Sprechakt, einem Glaubensbekenntnis. Auch dieses wird innerhalb der Erzählung szenisch wiedergegeben, wiederum also als Geschichte der Geschichte und erneut gegenüber dem Scheich Abdallah ibn Bulayhid: „‚Und dann? Was tatest du dann?' ‚Das Selbstverständliche, o Scheich.' Ich suchte einen Freund auf, einen indischen Muslim, der damals der kleinen islamischen Gemeinde in Berlin vorstand, und teilte ihm mit, ich wollte den Islam annehmen. Er streckt mir seine Rechte entgegen, ich ergriff sie mit der meinen und sprach vor zwei Zeugen: ‚Ich bezeuge, daß es keine Gottheit gibt außer Gott und daß Muhammad Sein Gesandter ist.'"[16] Dieses Beispiel einer Initiation macht deutlich, dass der Initiationsakt stets ein narrativ inszenierter und vermittelter ist. Ebenso ist in dieser gespiegelten Erzählszenerie die Zeugenschaft vervielfacht:

Erzählungen brauchen Zeugen Den beiden Zeugen des Initiationsaktes entspricht auf der nächsten Erzählebene der befreundete Scheich, dem die Geschichte in der Erzählung erzählt wird, schließlich übernimmt auch der Leser der Konversionserzählung die Rolle des Zeugen, dem nunmehr die Geschichte der Geschichte erzählt wird. Die Logik der Konversion ist auch hier die der fortgesetzten narrativen *mise en abyme*: Erzählt wird ein Erzählen, ja ein Erzählen des Erzählens.

Eine solche bewusst gewählte, literarisch komponierte und theatral inszenierte Erzählweise der Konversion findet sich in Muhammad Asads Autobiografie Seite um Seite. Nicht nur enthält sie die klassischen biografischen Komponenten der Konversionserzählung: die Kritik an der alten Religion und Gemeinschaft – hier der jüdischen –, die Darstellung einer elementaren Krise – der des entwurzelten assimilierten Juden in den Metropolen Westeuropas –, die sukzessive Assimilation an sowie Eingliederung in eine neue Gesellschaft – die arabische – und schließlich den Akt der Bekehrung. Sie spielt immer wieder neu – eben theatral und metanarrativ – mit dem Erzählen der Konversionsgeschichte.

Beispielhaft dafür ist auch die frühe erzählerische Erprobung der eigenen Konversion an der Konversionsgeschichte eines Dritten. Diese *mise en abyme* verschiebt die eigene Konversion auf eine andere Konversionserzählung, die zwar in familiärer Nähe liegt, gleichwohl (noch) nicht die eigene ist. Das Prinzip dieses Erzählens ist das der Analogie, der Resonanz, der Verdoppelung, der Spiegelung, die Funktion aber die der ungefährlichen Probe, psychoanalytisch gedacht: eine entlastende Übertragung und Verschiebung durch Erzählung. Das analoge Beispiel folgt dem klassischen Muster jüdischer Konversionsgeschichten des 19. Jahrhunderts: dem jüdisch-christlichen. Es ist die Geschichte eines „Urgroßonkels, der auf ungewöhnliche Art die Familienüberlieferung ‚verraten' und sogar den Glauben seiner Vorväter aufgegeben hatte".[17] „Jener fast mythische Urgroßonkel" war in der Lemberger Familie Weiss das tabuisierte Gesprächsthema: verboten, aber attraktiv. Es war die Geschichte eines Apostaten, der zunächst die große Hoffnung der Familie war, Rabbiner werden sollte, jedoch als nötiges Zubrot in Leipzig Pelze verkaufte

– verhängnisvoll, wie sich herausstellte:

„In Leipzig angekommen, verkaufte er seine Pelze wie gewöhnlich; anstatt jedoch, wie gewöhnlich, nach Ostgalizien – wo die Familie damals ansässig war – heimzukehren, verkaufte er auch Pferd und Wagen, schor sich Bart und Schläfenlocken ab, tauschte den Kaftan gegen ‚heidnische' Kleider ein und zog, seine ungeliebte Frau vergessend, nach England …" Dort studierte er und trat zum Christentum über. Seine Ehefrau in Galizien erhielt den Scheidungsbrief und der junge Gelehrte heiratete eine christliche Engländerin. Vom späteren Leben des Urgroßonkels erfuhr die Lemberger Familie nicht mehr viel, „außer daß er im Verlaufe der Zeit eine gewisse Bedeutung als Astronom und Universitätsprofessor erlangte und schließlich auch geadelt wurde".[18]

In der Familie wurde diese „schauerliche Befleckung der Familienehre"[19] – eigentlich doch eine erfolgreiche Assimilationsgeschichte: aus dem Rabbinatskandidaten wurde ein adliger Universitätsprofessor – zum Abschreckungsnarrativ mythisiert. Diese negative Konversionsgeschichte folgt ihrerseits einem Muster, das sich in der jüdischen Literatur des 19. Jahrhunderts etablierte: die bedrohliche Darstellung des Meschumed, des Apostaten, des Renegaten, des Abgefallenen. Beispielhaft dafür ist etwa Leo Herzberg-Fränkels Erzählung *Ein Meschumed*, 1878 erschienen im Band *Polnische Juden*. Der Apostat erscheint hier als Inbegriff der gespenstischen Zerrgestalt des Diasporajuden, der sich von der sicheren jüdischen Tradition für ein oberflächliches Leben lossagt und förmlich ein Untoter wird, ein Wiedergänger, todkrank und voll Reue – „krüppelhaft auf einen Stock gestützt und zum Skelett vertrocknet"[20] – schleppt er sich ziellos durch die Straßen der nicht jüdischen Städte Europas. Es ist das Schreckbild einer missglückten jüdischen Moderne. Leopold Weiss jedoch erzählt die Apostasie in doppelter Perspektive: Aus der Sicht der Familie ist es zwar eine verbotene Assimilations- und Konversionsgeschichte nach dem Muster des Meschumed, aus seiner Sicht jedoch wirkt diese (erfolgreiche) Geschichte insgeheim anziehend: nicht als Abfall, sondern als Ausbruch. Sie hat den Charakter eines versteckten Tabubruchs und dient als entlastendes Ausbruchsnarrativ der eigenen Konversionsgeschichte.

Träume und Ahnungen Der Technik der *mise en abyme* des Erzählens folgen auch die mehrfach eingestreuten „Ahnungen" und Vorzeichen der eigenen Wende. Auch diese sind Geschichten in der Geschichte, deren retrospektive Sinngebung durch Wiederholung und Spiegelung suggestiv erzeugt wird. Signifikant ist etwa die Deutung eines Traums des 19-Jährigen von einem „Dromedar, welches mit seinem Reiter im Sattel" auf ihn wartete, wobei der Reiter „kein Wort" zu ihm sprach, das Gesicht von ihm abwandte. Nicht nur sah Muhammad Asad im deutenden Rückblick darin den voraussehenden Traum, „daß ich Muslim wurde"; er wurde in dieser Deutung auch von einem Imam kräftig unterstützt, der das Dromedar als „die ‚rechte Leitung', von der im Koran die Rede ist", interpretierte, den Reiter wiederum als den Propheten, „Gott segne ihn".[21] Damit erscheint der Traum in der retrospektiven Sinngebung als vorhersagende Binnenerzählung vom Propheten und damit als Vorwegnahme der eigenen Konversion.

Neben diesem Traumnarrativ von der Hinwendung zum Propheten stehen „Vorahnungen", wie er sie beim ersten Anblick von Beduinen in Ägypten auf der Reise nach

Palästina empfand: „Vielleicht war es eine Vorahnung der kommenden Umwandlung meines eigenen Seins, die mich an jenem ersten Tag in einem arabischen Lande beim Anblick der Beduinen ergriff und nie wieder losließ: Ahnung von einer Welt, die keine Begrenzung kennt und dennoch niemals formlos ist; die in sich geschlossen und dennoch allseits offen ist: eine Welt, die mit der Zeit meine eigene werden sollte."[22] Der Vorahnung beim Anblick des ersten Beduinen folgte die Plötzlichkeit des Erkennens beim Anblick eines weiteren in Jerusalem: „Da bewegte sich der Beduine, begann die Brücke herabzuschreiten, und meine Träumerei zerriss. Und dann entsann ich mich auch mit einem Ruck: dieser Mann hier war doch ein Araber, und jene anderen, jene biblischen Gestalten – waren Juden!" In diesem Augenblick sei ihm mit der Klarheit, „die zuweilen wie ein Blitzstrahl in uns aufbricht und in der Spanne eines Herzschlags die ganze Welt um uns erleuchtet", zu Bewusstsein gekommen, „daß David und Davids Zeit, so wie Abraham und Abrahams Zeit, ihren arabischen Wurzeln – und deshalb auch dem heutigen Beduinen – weitaus näher standen als dem heutigen Juden, der ja den Anspruch erhebt, Abrahams und Davids Nachfahr zu sein ... Und da wußte ich: die Araber, und nicht die Juden sind die Träger des biblischen Erben."[23]

In den Träumen und Vorahnungen werden keine negativen entlastenden, sondern positive parabolische prophetische Parallelgeschichten der Konversion erzählt. Entscheidend ist auch, dass diese Vorahnungen – zeitlich komplex – im retrospektiven autobiografischen Narrativ ihren Platz haben. Als prophetisch erweisen sie sich nur in der rückblickenden Rekonstruktion der Konversionsgeschichte. Ihre sinnstiftende Funktion in einer teleologischen Wendegeschichte erhalten sie damit erst in der Logik des retrospektiven Erzählens. Erst recht darin ist die Konversion ein Effekt des Erzählens.

Das bestätigt sich – scheinbar paradox – noch im Topos der Unsagbarkeit der Konversion. Dieser gehört integral zum Konversionsnarrativ, auch damit, dass die Unsagbarkeit sagbar gemacht – erzählt – werden muss. Es geht also nicht um eine tatsächliche Unsagbarkeit, vielmehr um eine erzählte und inszenierte. Nicht zufällig wird sie in einem Gleichnis zum Thema gemacht, einem Gleichnis zudem, das wiederum eine Erzählung in der Erzählung ist: vom Hunger nach Brot an einem nächtlichen Wüstenfeuer. Muhammad Asads Begleiter Mansur wollte wissen, wie er zum Islam gekommen sei, „was mir den letzten Anstoß gab, Muslim zu werden". Als er ihm antworten will, wird er der Schwierigkeit gewahr, seinen „langen Weg zum Islam in Worte zu fassen". Er sei „beinah unmerklich" über ihn gekommen, „so wie ein Dieb sich nachts ins Haus stiehlt, ohne Lärm und ohne viel Aufsehen: nur daß er, ungleich einem Dieb, hereinkam, um auf immer dazubleiben. Es dauerte jedoch Jahre, bis ich entdeckte, daß ich Muslim werden sollte ..."[24]

Der letzte Grund der Konversion erscheint als ein Ineffabile, ein Unsagbares. Doch wie das Ineffabile erzählt werden muss, so ist umgekehrt auch das Erzählen der Konversion angewiesen auf jenes Ineffabile. Es verleiht der Konversion die Authentizität der vorsprachlichen, religiösen Erfahrung – die aber dennoch immer nur in einer erzählten Geschichte vermittelt werden kann. Das zeigt sich noch in der mantischen Koranlektüre unmittelbar vor der Konversion, als sein Blick zufällig auf den Koran fiel: „Mechanisch griff ich das Buch auf, um es fortzulegen; aber da ich gerade dabei war, es zuzuklappen, wurde ich der Zeilen gewahr: ...Einen Augenblick lang war ich sprachlos. Meine Hände, die das Buch hielten, zitterten."[25] Auch und vor allem in dieser Szene wird die Plötzlichkeit, das Nu der Konversion narrativ inszeniert: als ekstatischer Moment einer sprachlosen, inspirierten Einsicht. Die Konversionserzählung aber verleiht diesem sprachlosen Moment eine sprachliche Ausdehnung, dem außerordentlichen und unverständlichen Augenblick den Sinn im Gesamtgeschehen einer kontinuierlichen Umwandlung. Auch das außerordentliche Moment der mantischen Lektüre des Korans erweist sich so als eine Geschichte unter Geschichten, die sich in das große biografische Narrativ der Konversion einreihen, einem Narrativ, zu dem der Erzähler immer neu anhebt und von dem er mit fast hörbarem Seufzer sagt: „Das ist eine lange Geschichte."[26]

Das Masternarrativ Ein letztes Charakteristikum der Konversionserzählung ist an unserem Beispiel zu zeigen: die globale Dimension der eigenen Wendegeschichte. In der Tat wird das individuelle, persönliche Konversionsnarrativ nicht isoliert gesehen, sondern in den Kontext einer großen Zeitwende gestellt und damit historisch legitimiert. Die narrative *mise en abyme* manifestiert sich dabei nicht zufällig im Einsatz eines Zitats, das als eine neue Form der Parallelgeschichte verstanden werden kann. Zitiert wird ein zeitgeschichtliches Masternarrativ: die kulturpessimistische Interpretation des „Abendlandes". Wenn in Leopold Weiss' retrospektiver Konstruktion und Sinngebung seiner Konversion von Anfang an das Ziel darin besteht, „eine Welt gegen eine andere einzutauschen",[27] so beschreibt er nicht nur eine persönliche Identitäts- und Sinnkrise, die im Nihilismus zu enden drohte. Es geht um die Krise des Abendlands überhaupt. Dafür eben zitiert er ein nach dem Weltkrieg zu Beginn der zwanziger Jahre vieldiskutiertes kulturpessimistisches Masternarrativ der Moderne: Oswald Spenglers *Untergang des Abendlandes*.[28] Spenglers Gegenüberstellung von „magischem" Orient und „faustischem" Abendland im Angesicht der allumfassenden zivilisatorischen Zerstörungen des Ersten Weltkrieges hallt in Muhammad Asads konstitutiver Differenz zwischen Abendland und Morgenland förmlich wider. Das gilt insbesondere für seine vielfach wiederkehrende negative Beschreibung des Okzidents als Verfallskultur – als verfallende Kultur und Kultur des Verfalls. Es sind apokalyptische Szenarien dessen, was er als „das materialistische Evangelium der ‚abendländischen Lebensart'"[29] charakterisiert. Doch nicht nur mit Spengler, auch mit einem Begriff des Korans beschrieb er jenes untergehende Abendland: nunmehr aber religiös als götzenhafte „Anbetung des *Daddschal*", des „Glitzernden, des Trügerischen": „Eine Welt in Krampf und Aufruhr: das war unsere abendländische Welt. Blutvergießen, Zerstörung, Gewaltsamkeit in noch nie dagewesenem Maße; ein Zusammenbruch zahlloser gesellschaftlicher Überlieferungen, ein Zusammenprall feindlicher Weltanschauungen, ein erbitterter Kampf um neue Lebenswege: das waren die Zeichen unserer Zeit."[30]

Hinter der persönlichen Konversionsgeschichte zeichnet sich damit eine ganz große Zeitenwende ab: die Nachkriegsgeschichte des Ersten Weltkrieges, in dem das alte Europa mit seiner ganzen Zivilisation, Kultur und Technik versunken schien, während fernab der „magische Orient" eine alternative Zivilisation versprach. Die Mikrogeschichte der eigenen Konversion fügt sich dergestalt in eine große Makrogeschichte: in das Masternarrativ von untergehendem Abendland und aufgehendem Orient.

1. Max Frisch, *Schwarzes Quadrat. Zwei Poetikvorlesungen.* Hg. von Daniel de Vin unter Mitarbeit von Walter Obschlager, Frankfurt am Main 2008, S. 30.
2. Lucien Dällenbach, *Le récit spéculaire: essai sur la mise en abyme.* Paris 2002.
3. Der Blick auf das mediale bzw. medienkulturelle Phänomen der Konversion beschäftigt eine im Entstehen begriffene Dissertation von Daniel Fehr (Zürich/Princeton); für die Anregungen danke ich.
4. Vgl. etwa Bernd Ulmer, „Konversionserzählungen als rekonstruktive Gattung. Erzählerische Mittel und Strategien bei der Rekonstruktion eines Bekehrungserlebnisses", in: *Zeitschrift für Soziologie* 17 (1988), S. 19–33. Vgl. auch Gesine Carl, *Zwischen zwei Welten? Übertritte von Juden zum Christentum im Spiegel von Konversionserzählungen des 17. und 18. Jahrhunderts.* Laazen 2007, insbesondere das Kapitel „Die Konversionserzählung", S. 202–237.
5. Der Begriff geht zurück auf T. Luckmann/J. R. Bergmann: *Strukturen und Funktionen von rekonstruktiven Gattungen in der alltäglichen Kommunikation.* Konstanz 1984, zitiert u. a. bei Bernd Ulmer.
6. Muhammad Asad, *Der Weg nach Mekka.* Düsseldorf 2009, S. 75.
7. Ebd., S. 80.
8. Ebd., S. 82.
9. Vgl. dazu den Beitrag von Reinhard Schulze in diesem Band.
10. Martin Buber, „Jüdische Renaissance", in: *Ost und West* 1 (1901), S. 7–10.
11. Vgl. Umberto Eco, *Apokalyptiker und Integrierte.* Frankfurt am Main 1986.
12. Asad, *Der Weg nach Mekka*, S. 13.
13. Ebd., S. 21.
14. Ebd., S. 22.
15. Ebd., S. 349.
16. Ebd., S. 367.
17. Ebd., S. 73.
18. Ebd., S. 73 f.
19. Ebd., S. 74.
20. Leo Herzberg-Fränkel, „Ein Meschumed", in: Polnische Juden. Geschichten und Bilder, 3. Auflage, Stuttgart 1888, S. 87.
21. Asad, Der Weg nach Mekka, S. 209.
22. Ebd., S. 112.
23. Ebd., S. 119. Signifikant ist, dass für Muhammad Asad Judentum und Islam damit nicht nur als Differenz, sondern auch als höhere und ursprüngliche Einheit gelesen werden können, in der „diese zwei Teile meines Lebens" (S. 66) letztlich verbunden sind. Diese Hypothese der höheren Einheit macht die Konversion unversehens nicht nur als lineare Richtung von A nach B lesbar, sondern – überraschend – als „Heimkehr": zum gemeinsamen Anfang von Judentum und Christentum mit dem gemeinsamen Vater Abraham: „Ich habe Einkehr in Arabien gehalten: oder ist es vielleicht eine Heimkehr gewesen? Heimkehr des Blutes, das über den Bogen der Jahrtausende zurück seine alte Heimat erspäht hat und nun diesen Himmel – meinen Himmel – mit einem schmerzhaften Jubel wiedererkennt? Denn dieser selbe arabische Himmel wölbte sich einst über dem langen Zug meiner Ahnen", dem kleinen Beduinenstamm der Hebräer, kriegerischen Wanderhirten, die sich von der arabischen Halbinsel aus ins fruchtbare Lande der Chaldäer aufmachten. „… – meine Ahnen und Ahnen jedes Mannes, der zu Ur in Chaldäa zur Welt kam. … dieser mein früher Vorfahr, den Gott einst in unbekannte Weiten und so zu einer Entdeckung seiner selbst hinaustrieb, hätte es gut verstanden, warum ich jetzt hier bin: denn auch er mußte durch viele Länder wandern, …ehe es ihm beschieden ward, Wurzel zu schlagen." (S. 70) Die Geschichte des Patriarchen Abraham – der gemeinsamen Gründergestalt von Judentum und Islam – erscheint damit nicht nur als biblisch-mythisches Narrativ der modernen Konversion im Palästina des Britischen Mandats und des Zionismus nach der Balfour-Deklaration. Sie erscheint auch als Garantin einer ursprünglichen Verbundenheit des aktuell getrennten.
24. Ebd., S. 240.
25. Ebd., S. 365 f.
26. Ebd., S. 346.
27. Ebd., S. 68.
28. Ebd., S. 81.
29. Ebd., S. 349.
30. Ebd., S. 178.

Edith Stein
Jüdin – Atheistin – Katholikin

Simeon Gigov: Edith Stein, Öl auf Leinwand; Karmelitenkonvent Wien

Edith Stein wurde 1891 in Breslau in eine orthodoxe, jüdische Familie geboren.
Sie begann Philosophie zu studieren, ging gegenüber der traditionellen Religionsauffassung ihrer Familie auf wachsende Distanz und wurde Atheistin. Die Studienlaufbahn der kritischen Denkerin führte sie nach Breslau, Göttingen und Freiburg im Breisgau. Dort wurde sie Assistentin des Philosophen Edmund Husserl, der auch ihr Doktorvater gewesen war. Als Frau scheiterte sie mehrmals an der Zulassung ihrer Habilitation, die deshalb erst 1950 posthum veröffentlicht wurde.
Die Lektüre der Autobiografie von Teresa von Ávila 1921 bezeichnete Edith Stein später als Wendepunkt in ihrem Leben. Zu Neujahr 1922 wurde sie römisch-katholisch getauft und wirkte fortan als Lehrerin an katholischen Lehrinstituten.
Nach der Machtübernahme durch die Nationalsozialisten 1933 und den gegen Juden gerichteten Boykottaktionen und Ausschreitungen richtete Edith Stein einen Brief an Papst Pius XI., in dem sie gegen den „Missbrauch des Namen Christi" durch die Nazis protestierte und Pius aufforderte, nicht mehr länger zu den antisemitischen Vorgängen zu schweigen. Ihre Hoffnungen wurden enttäuscht. Da sie als geborene Jüdin in einer katholischen Schule immer häufigeren Angriffen ausgesetzt war, zog sie sich zurück und trat im Oktober 1933 in den Kölner Karmel ein. Als sie ein halbes Jahr später eingekleidet wurde, nahm sie den Ordensnamen „Schwester Teresia Benedicta a Cruce" an. 1938 wechselte sie vom Kölner Karmel in das niederländische Echt, wo sie bis zum Einmarsch der Deutschen in Frieden leben konnte. Ihre Schwester Rosa Stein hatte einen ähnlichen Glaubensweg wie Edith eingeschlagen und lebte nun mit ihr im Karmelitinnenkloster von Echt. 1942 wurden die beiden Schwestern verhaftet, zunächst in das Durchgangslager Westerbork und dann nach Auschwitz deportiert, wo sie am 9. Juni in der Gaskammer ermordet wurden. Bereits 1939 hatte Edith Stein ein Testament verfasst, in dem sie Gott bat, ihr Leben und Sterben anzunehmen, auch „zur Sühne für den Unglauben des jüdischen Volkes". Dennoch wird sie immer wieder als Symbol im „christlich-jüdischen Dialog" hochgehalten. 1987 wurde sie selig-, 1998 heiliggesprochen. Zahlreiche kirchliche Einrichtungen sind nach ihr benannt. HS

Stills aus dem Film *A hedetik szoba* (*Die siebte Kammer* – deutscher Titel: *Die Jüdin – Edith Stein*) (Márta Mészáros, Italien/Frankreich/Ungarn/Deutschland/Polen, 1995).
Edith Stein (gespielt von Maia Morgenstern) erzählt einer anderen Novizin von ihrem Bekehrungserlebnis bei der Lektüre von Teresa von Ávila.

Ruth Eichmann | Schwester Johanna Eichmann

Jüdin – Katholikin

Chanukkia, Messing, Anfang 20. Jahrhundert; Privatbesitz von Johanna Eichmann (Foto: Robert Fessler)

Schwester Johanna Eichmann wurde als Ruth Eichmann 1926 in Westfalen geboren. Die Eltern, der Katholik Paul Eichmann und seine jüdische Frau Martha (geb. Rosenthal), ließen Ruth 1933 taufen, damit sie weiter zur katholischen Schule gehen konnte. Die jüdische Großmutter Lina hatte auf ihrem Sterbebett die Eltern gebeten, ihr einziges Kind Ruth taufen zu lassen. Kurz danach starb sie. Einer der letzten Sätze der frommen Jüdin war dennoch: „Unser Rüthchen bleibt ein Jüdchen."

Durch die Taufe am 15. September 1933 konnte Ruth Eichmann bis 1942 die Schule besuchen, doch dann wurde auch sie als „Halbjüdin" des Unterrichts verwiesen. Nach einer begonnenen Ausbildung in Essen kam Ruth Eichmann nach Berlin, wo sie Zwangsarbeit leisten musste. Ihre Mutter wurde 1944 im Arbeitslager Elben in der Nähe von Kassel interniert und konnte 1945 nach Recklinghausen zurückkehren. Bis auf einen Onkel überlebte niemand aus dem jüdischen Teil von Ruth Eichmanns Familie die Schoa. Ihr Vater Paul Eichmann war nach dem Ende des Zweiten Weltkriegs erster Bürgermeister von Marl.

1952 trat Ruth Eichmann zur großen Überraschung ihrer Eltern ins Ursulinenkloster in Dorsten ein und nahm den Namen Schwester Johanna an. Ab 1964 leitete sie die zum Kloster gehörende Mädchenschule und war 1992 führend an der Gründung des Jüdischen Museums Westfalen in Dorsten beteiligt.
Die Chanukkia aus dem Nachlass ihrer jüdischen Familie benutzen Schwester Johanna Eichmann und ihre Mitschwestern bei besonderen Feiertagen im katholischen Gottesdienst des Konvents bis heute. *RLK*

Gruppenporträt der Familie Rosenthal: Ruth Eichmanns Großeltern Lina und Albert (sitzend) und ihre Kinder, Martha (Ruth Eichmanns Mutter, ganz links), Else, Fritz, Siegmund und Paul; Privatbesitz von Johanna Eichmann

Auszug aus dem Taufbuch der Kath. Propstei-Pfarre ad St. Petrum Recklinghausen, Taufe am 15. September 1933; Privatbesitz von Johanna Eichmann

Bestätigung der ewigen Profess, Ursulinenkloster Dorsten, 28. Februar 1958; Privatbesitz von Johanna Eichmann

Auszug
aus dem Taufbuch der Kath. Propstei-Pfarre ad St. Petrum Recklinghausen

Ruth

Sohn / Tochter von Kaufmann Paul Eichmann

und Martha Rosenthal

ist geboren am 24. Februar 1926

Eintausend neun hundert sechs und zwanzig

und getauft am 15. September 1933

Recklinghausen, den 5. März 1958

Kath. Propstei-Pfarramt ad St. Petrum Recklinghausen.

Ursulinenkloster
Dorsten i. W.

Dorsten i. W., den 28. Februar 1958
Fernruf 2678

An das
katholische Pfarramt St. Peter
R e c k l i n g h a u s e n

Unter Hinweis auf das Kirchenrecht Kan. 576 § 2 teile ich mit, daß die Chorprofesse Schwester Johanna, geb. Ruth Eichmann aus Marl, welche am 24. Februar 1926 in Münster geboren und am 15. September 1933 in Recklinghausen St. Peter getauft wurde, am 3. November 1957 im Ursulinenkloster zu Dorsten die feierlichen Gelübde abgelegt und die Jungfrauenweihe empfangen hat. Ich bitte, diesen Vermerk in das Taufregister eintragen zu wollen.

Oberin der Ursulinen.

Konversionen als Übergangsriten
Ulrich Dehn

In einer Welt, in der im Mit- und Nebeneinander von mehreren Religionen insbesondere in städtischen Gebieten die religiösen Angebote konkurrieren, ist der Verbleib in einer religiösen Tradition, in die jemand hineingeboren wurde, keineswegs mehr selbstverständlich und der Wechsel der Religionszugehörigkeit immer häufiger. Viele religiöse Gemeinschaften verzeichnen eine hohe Fluktuation, ein Kommen und Gehen und eine immer geringere Bindekraft ihrer Mitgliedschaft. Neben dem Wechsel von einer Religion in eine andere sind auch der Wechsel von der Konfessionslosigkeit in eine Religion hinein oder umgekehrt denkbar sowie die Anreicherung der individuellen religiösen Konstitution mit Elementen verschiedener religiöser Traditionen zu einer multiplen religiösen Identität.[1] Während sich über Konversionen auch auf der Basis von empirischem und statistischem Material einiges sagen lässt, ist die Frage der multiplen religiösen Identität eher ein theoretisches Thema, das nur gelegentlich durch qualitative Erhebungen angereichert wird.

Eine religiöse Konversion stellt einen erheblichen Einschnitt nicht nur im religiösen Denken des Menschen, sondern auch in seinem Lebensentwurf, seinem Selbstverständnis, der Gestaltung seiner Lebenswelt und seiner Gruppenidentität dar. Sie kann für ihn eine Wende zum persönlichen Glück, vielleicht sogar Erfolg sein, sie kann für ihn, unter Bedingungen fehlender Religionsfreiheit, den Beginn eines Lebens in Bedrängnis bedeuten. William James hat um 1901 Konversion psychologisch als einen Übergang vom Gefühl, zerrissen, verfehlt, unterlegen und unglücklich zu sein, zu einem Gefühl der Ganzheit, des Richtigseins, der Überlegenheit und des Glücks beschrieben, mithin als einen Wandel von der Krise zur Stabilität. Sein Interesse bestand vor allem darin, spirituelle Übergänge psychologisch zu beschreiben, auch den vom Zustand der „Normalität" zu dem spirituelle Bewusstseinserweiterung.[2]

Auch die Außenwahrnehmung eines Menschen kann sich dramatisch ändern. Das Ankommen am neuen Ufer lässt manchen Konvertiten gelöster, ausgeglichener, in sich gefestigter erscheinen, völlig unabhängig davon, aus welcher in welche Religion er oder sie gewechselt ist.

Für eine Religionsgemeinschaft, ist sie nicht die empfangende, ist Konversion nicht wünschenswert, sondern ein Störfall. Konversion berührt für Religionsgemeinschaften das Thema von Macht und Bestandserhalt: Religionsgemeinschaften leben von der Stabilität der Mitgliedschaft, so wie Zeitungsverlage Abonnements höher schätzen als den freien

Verkauf am Kiosk. Hinzu kommen spezifische Haltungen zur Konversion, die in religiösen Traditionen begründet sein können. Dies muss nicht nur bedeuten, dass in traditionell denkenden muslimischen Kreisen oder in einigen Ländern mit mehrheitlich muslimischer Bevölkerung die Abkehr, die Apostasie, als Sakrileg gilt – umgekehrt kann es die hürdenreiche Aufnahme ins Judentum sein –, es sind auch sonstige soziokulturelle Bedingungen denkbar, die einen religiösen Wechsel erschweren, wie die Verknüpfung von Gesellschaftsstruktur und religiöser Orientierung im indischen Kastensystem oder die ethnische-familiäre Verbundenheit mit Religion im Sikhismus.

Als der geborene Jude Alfred Döblin aus Anlass der Feier seines 65. Geburtstages in Santa Monica im amerikanischen Exil am 14. August 1943 den illustren Gästen mitteilt, dass er zum Katholizismus konvertiert sei – offiziell geschah das bereits im November 1941 –, löst er damit bei einigen Gästen einen Schock aus. Bertolt Brecht, ebenfalls unter den Besuchern, widmet ihm daraufhin das hämische Gedicht „Peinlicher Vorfall", in dem es heißt: Gegen Ende des Festes „… betrat der gefeierte Gott die Plattform, die den / Künstlern gehört / Und erklärte mit lauter Stimme / Vor meinen schweißgebadeten Freunden und Schülern / Daß er soeben eine Erleuchtung erlitten habe und nunmehr / Religiös geworden sei und mit unziemlicher Hast / Setzte er sich herausfordernd einen mottenzerfressenen / Pfaffenhut auf / Ging unzüchtig auf die Knie nieder und stimmte / Schamlos ein freches Kirchenlied an, so die irreligiösen / Gefühle / Seiner Zuhörer verletzend, unter denen / Jugendliche waren. / Seit drei Tagen / Habe ich nicht gewagt, meinen Freunden und Schülern / Unter die Augen zu treten, so / Schäme ich mich."[3]

Döblin selbst, der über sein Exil und über seinen Weg zum Katholizismus in seinen Tagebüchern und insbesondere in seinem Werk *Schicksalsreise* ausführlich Rechenschaft abgelegt hat, geht dort weder auf den Vorgang seiner Aufnahme in die katholische Kirche noch auf die Geburtstagsfeier ein. In seinem Falle scheinen Wahrnehmung und Rezeption durch seine Umgebung – die Missbilligung seiner Konversion durch die Exilantengemeinschaft in Hollywood und unter seinen Schriftstellerkollegen wie Brecht und, weniger dramatisch und enttäuscht, Thomas Mann – schärfer gewesen zu sein als seine eigene Verarbeitung dieses biografischen Prozesses. Wie in vielen Fällen der Konversion scheint auch für Döblin der Eintritt in den Katholizismus seine erste religiöse Bewusstwerdung gewesen zu sein. So schreibt er in *Schicksalsreise*: „Und was war mit dem Judentum? Ich hörte zu Hause, schon in Stettin, meine Eltern wären jüdischer Abkunft und wir wären eine jüdische Familie. Viel mehr merkte ich innerhalb der Familie vom Judentum nicht."[4] Doch „draußen begegnete ihm der Antisemitismus, wie selbstverständlich …" Döblins Übertritt repräsentiert einen Typ der Konversion, der nicht im Sinne eines klar definierbaren „von – zu" verläuft, sondern als erstmaliges religiöses Erfinden der eigenen Identität, und nicht als plötzliche Erleuchtungserkenntnis, sondern als allmählicher intellektueller Prozess – dies allerdings in so erheblicher Weise, dass sein gesamtes Nachkriegswerk bis hin zu seinem letzten großen Roman *Hamlet oder Die lange Nacht nimmt ein Ende* diese neue religiöse Prägung spüren lässt. Döblins „Konversion" ist eine der bedeutenderen in der Geschichte, weil er selbst seinen Weg ausführlich geschildert hat und weil das Echo, das sie auslöste, erheblich war.[5]

Viele Konversionen geschehen weniger prätentiös und sind nichtsdestoweniger deutlich als lebensweltliche Übergänge, als Einschnitte, als Wendepunkte sichtbar. Dabei sind nicht unbedingt immer die religiösen Aspekte die einzigen, oder die wichtigsten oder auslösenden. Konversion ist zumeist ein umfassender Vorgang, der Lebensabschnitte voneinander trennt, die sich nicht nur religiös, sondern oft auch psychosozial, ökonomisch, beruflich oder gar politisch unterscheiden.

Konversion und Übergangsritus Die religiöse Konversion und der damit verbundene Initiationsritus wirken in diesem Zusammenhang als Marker, der stellvertretend für die anderen Komponenten steht, und als Orientierungspunkt, der die übertretende Person für sich selbst und vor anderen den gegangenen Weg bejahen lässt. Oft ist die religiöse Konversion die Lösung eines nicht religiösen Problems. Während die Faktoren des Psychosozialen zum Beispiel in ihrer Komplexität nur schwer zu beschreiben sind, gibt es einige Modelle, die religiöse Konversion in lebensweltliche Phasen und seelische Stadien einteilen, und grundsätzliche Forschungen zu Übergangsriten. Der flämische Wissenschaftler Arnold van Gennep hat in seinem Klassiker von 1909[6] eine Typologie für diese entworfen. Er hatte beobachtet, dass Übergangsriten unterschiedlichster Art – wie räumliche Übergänge, Lebensalterriten, Gruppenzugehörigkeitsriten oder biologische Übergänge – viele Gemeinsamkeiten haben. Er schloss daraus, dass sie offensichtlich nicht in einem gesellschaftlichen Vakuum geschehen, sondern einem allgemeinen Bedürfnis entsprechen: Übergänge lebensweltlicher Art – Geburt, von der Kindheit zur Pubertät und von dieser zum Erwachsenwerden, vom Junggesellentum zur Zweisamkeit, Eintritt in die Schule und aus dieser heraus und vieles andere mehr – sollen als Einschnitte erfahren, rituell markiert und in Gemeinschaft begangen werden. Für den Menschen ist wichtig, dass Übergänge von einem Lebensstadium zum anderen nicht nur unscheinbare Änderungsvorgänge auf einer geraden, konturlosen Linie sind, sondern eingebettet in soziale Zusammenhänge. Sie sollen in diesen spürbar sein und gefeiert werden, gerne auch laut wie ein Polterabend vor der Hochzeit.

Im Falle einer religiösen Konversion – die bei van Gennep nicht behandelt wird – ist der Ritus selbst nicht der Übergang, sondern die repräsentierende und gemeinschaftlich begangene, meist nachträgliche Markierung des Übergangs, der von der Sache her in der Regel vorher stattfand oder als individuelle Entscheidung vorher festgelegt wurde. Einer Taufe geht die Entscheidung des Täuflings oder seiner Eltern um einige Zeit voraus, auch andere Übergangsriten stehen häufig am Ende eines längeren Prozesses und „feiern" diesen. Deshalb sind Konversionen nicht per se Übergangsriten, sondern werden durch diese markiert. Ausnahmen sind möglich: In traditionellen Gesellschaften ist z. B. die Hochzeit als Ritus auch der Zeitpunkt, zu dem einem Paar der Übergang in das eheliche Leben gestattet ist, und eine Examensfeier am Tag der letzten Prüfung oder am Tag danach kennzeichnet nahezu zeitgleich den Sachübergang. Zugleich haben Riten, die zeitverschoben zum Sachübergang stattfinden, doch eine eigene Sachbedeutung insofern, als sie den Übergang manifestieren, „öffentlich" machen und ihn in eine soziale Beachtung einbetten; sie kodifizieren ihn und erschweren den Rückweg, indem durch den Ritus häufig auch ein juristischer Tatbestand geschaffen wird.

Van Gennep hat Übergangsriten in drei Phasen eingeteilt: Sie beginnen mit Ablösungs- oder Trennungsriten, in denen – auf oft dramatische Weise – die Ablösung aus dem vorherigen Zusammenhang begangen wird, sei es der soziale Kontext der Altersgruppe bei einem Lebensalterübergang, sei es die Trennung von den „Geistern" einer alten „Epoche" im Knallen und Feuerwerk einer Silvesterfeier. Es folgen die Schwellen- oder Umwandlungsriten, die einen Zwischenzustand markieren, insbesondere bei Lebensalter- und -phasenübergängen. Am Ende stehen die Angliederungsriten, die die Aufnahme in einen neuen sozialen oder religiösen Zusammenhang begehen.[7] Diese Riten können ausdrücklich und ausführlich inszeniert sein, sie können sich aber auch auf liturgische Formulierungen beschränken oder etwa auf den Angliederungsritus reduziert werden. Van Gennep analysierte dabei zahlreiche Elemente, die sich in Variationen in den unterschiedlichsten Übergangsriten feststellen lassen: Durch- und Übergänge in Wasser und mit der Illusion von Schwerelosigkeit, Isolation von der Gemeinschaft, allein oder mit anderen Initianden oder angeleitet von spirituellen Mentoren, Bemalungen und Kostümierungen, die einen radikalen Identitätswechsel anzeigen.

Auch wenn van Gennep religiöse Konversionen nicht behandelt hat, gibt es zahlreiche religiöse Übergangsriten zu nicht religiösen Anlässen, etwa bei einer Bestattung, und auf viele Konversionsvorgänge ist diese Phaseneinteilung anwendbar, insbesondere dann, wenn ein dramatischer Übergang im Zusammenhang mit einer neuen religiösen Bewegung vorliegt. Dieser Hintergrund scheint bei vielen Konversionstheorien Pate gestanden zu haben.

Neuere Konversionstheorien Etwas ergiebiger zum Thema Konversion als die Forschungen van Genneps sind die Modelle jüngerer Autoren, die den Konversionsprozess in Phasen oder Komponenten einteilen, die als heuristisches Raster dienen können, ohne dass jede Konversion alle Phasen durchlaufen oder jede Komponente aufweisen muss. Der ausführliche Entwurf von Lewis R. Rambo geht davon aus, dass für Konversionen die vier Komponenten kultureller, sozialer, personaler und religiöser Systeme mit Hilfe eines breiten interdisziplinären Ansatzes zu berücksichtigen seien.[8] Die Komplexität des Kontextes eines Konversionsvorgangs stellt er in den Zusammenhang seines Konzeptes, dass Konversion Teil eines menschlichen Dramas sei, das sich über historische Phasen erstrecke und geografische „Expansionen" und „Zusammenziehungen" sowohl selbst gestalte als auch durch sie gestaltet werde. Der Begriff „Kontext" stelle dabei ein Verstehensmuster zur Verfügung, innerhalb dessen Menschen, Ereignisse, Erfahrungen, Institutionen und andere Faktoren als auf Konversionsprozesse einwirkend begriffen werden könnten.[9] „Kontext" bezeichnet das erste Stadium in einer Konstellation von sieben Beeinflussungsfaktoren, die nicht unbedingt in einer zeitlichen Reihenfolge zu sehen sind. Das Stadium „Krise"[10] weist darauf hin, dass eine Auslösungssituation beim Konvertiten gegeben sein kann, die zu einer Suche nach neuen Möglichkeiten führt, unterstützt und befördert durch Begegnung und Interaktion oder Teilnahme. Im Konzept Rambos, im Anschluss an John Lofland und Rodney Stark,[11] spielt der „advocate", der aktiv „Missionierende", eine große Rolle[12] und gibt damit den passiven Anteilen des Konversionsprozesses, die nach dem „brainwashing model" die Vorstellung einer „Gehirnwäsche" beinhalten, noch ein großes

Gewicht, während sich in der neueren Diskussion die Gewichte verlagern. Insbesondere die Aspekte der biografischen Wendepunkte, der Wahrnehmung der religiösen Angebote in den Medien und der interreligiösen persönlichen Begegnungen führen dazu, dass dem aktiven Anteil der potenziellen Konvertiten inzwischen mehr Bedeutung beigemessen wird.

Dies ist auch der Fall bei Henri Gooren, der 2007 mit seinem „conversion career approach", einem Terminus, den er von James Richardson aufnimmt, die besten Elemente vorheriger Konzepte zusammenführen will und dabei besonders herausstellt, dass ein Konversionsprozess normalerweise eine „career" darstellt, eine aufeinanderfolgende Inanspruchnahme mehrerer Angebote auf dem Markt der religiösen Konkurrenz.[13] Gooren geht von fünf Ebenen des religiösen Verhaltens im Zusammenhang mit Konversion aus: der Suche und ersten Fühlungnahme, der formalen Mitgliedschaft, dem umfassenden Wechsel von Weltsicht und – religiöser – Identität, der stark bekennenden Identifikation mit der Religionsgemeinschaft und einer missionarischen Gesinnung und dem fehlenden verbindlichen Engagement, d.h. der Orientierung an einer unverbindlichen, möglicherweise esoterischen Weltsicht sowie der nicht organisierten Bindung[14]. Gooren plädiert dafür, Konversionsvorgänge mit Lebensstadien in Verbindung zu bringen und die jeweilige Korrespondenz von religiöser Umorientierung und Lebensphase zu untersuchen.[15] Er mahnt an, das gesamte Spektrum möglicher Beeinflussungen des Individuums, die sozialer, kultureller, institutioneller oder völlig zufälliger Natur ohne Kategorisierbarkeit sein können, zu berücksichtigen. Mit dieser grundsätzlich sinnvollen Anregung würde allerdings die Erforschung von Konversionsvorgängen, insbesondere was die „zufälligen" Aspekte betrifft, zu einem großen Teil in den Bereich des Unerforschbar-Beliebigen hineingeraten, da kaum noch verallgemeinert werden könnte. Gooren weist zu Recht darauf hin, dass der älteren Forschung zumeist ein bestimmter Typ von Konversion vor Augen steht: aus dem dominanten Milieu des Mainstream-Christlichen heraus zu einer neuen religiösen Bewegung. So waren für Lofland und Stark die Konversionen im Umfeld der koreanischen Gruppe „Divine Precepts" ihr Forschungsgegenstand, in mehreren anderen Fällen ist es die Vereinigungskirche des Koreaners Moon San-Myung.

Wenig berücksichtigt wurden bisher Konversionen von einer „Weltreligion" in eine andere. Seit den 1960er-Jahren waren es zunächst die in westlichen Ländern verstärkt auftretenden neuen Religionen insbesondere aus Asien, die eine entsprechende Konversionsforschung auf den Plan riefen. Erst in den letzten Jahren ist das Spektrum der Forschung erweitert worden: Durch die verstärkte Präsenz des Islam in Westeuropa und durch das Erstarken buddhistischer Gruppen und Zentren im Westen sind auch Konversionen zu Islam und Buddhismus zum Gegenstand der Forschung geworden. Die Forschung zur Konversion zum Judentum gestaltet sich insofern komplexer, als diese noch weniger als andere als rein religiöse Konversion verstanden wird. Die Komponente der ethnischen Zugehörigkeit lässt die Vertreter vieler Strömungen im Judentum Konversionen kritisch bis ablehnend gegenüberstehen und die Hürden entsprechend erhöhen. Konversionsbedingte Fluktuation kann zu Beziehungsstörungen zwischen Gemeinschaften führen, wenn wie in Ägypten zum Beispiel der Zulauf zur presbyterianischen Kirche in erster Linie durch ehemalige Mitglieder der koptischen Kirche erfolgt.[16]

In welchem Verhältnis stehen Konversion und Übergangsritus zueinander?

Eine religiöse Konversion als Übergang von einem Lebensstadium zum nächsten ist sicherlich nicht in jedem Falle ein Übergangsritus, da der entsprechende Ritus, den fast jede religiöse Tradition vorsieht, zwar auf den Konversionsvorgang verweist und aus ihm begründet wird, nicht jedoch mit ihm identisch ist. Der Ritus ist aber allemal mehr als nur ritueller Nachvollzug: Er bringt immer auch eine Korona von Begleitübergängen mit sich, die im Zusammenhang mit dem umfassenden lebensweltlichen Übergang stehen, den eine Konversion bedeuten kann. Selbst wenn der Übergangsritus in Gestalt eines Initiationsritus wie Taufe, Beschneidung oder eine andere gemeinschaftliche feierliche Aufnahme in eine Religionsgemeinschaft auf eine bereits vorher erfolgte, womöglich einen langen Prozess abschließende Entscheidung verweist, bedeutet er einen neuen zusätzlichen Markierungspunkt in der Biografie des Einzelnen und der Gemeinschaft. Der Ritus hebt die Konversion in eine neue Qualität hinein und wird damit selbst Teil des Konversionsprozesses, nicht nur mechanisch-ritueller Nachvollzug.

Ein verwandtes Beispiel dafür bietet die Art der Hochzeitsinszenierung in zahlreichen Kinofilmen wie „Die Braut, die sich nicht traut", „Reifeprüfung", „Die durch die Hölle gehen", „My Best Friend's Wedding" oder „Wedding Planner", die gerne mit dem dramatischen Sozialbezug und der – trotz „Ritus" – auch individuellen Entscheidungsqualität des konzentrierten Momentes spielt. Dabei wird auch dramaturgisch mit der Spannung zur Erwartungshaltung der Umgebung gearbeitet, die in der Trauung „nur" einen rituellen Nachvollzug sieht und die Umwegnarrative als Störfälle wahrnimmt. Hier wird deutlich, dass die Überführung in die Dimensionen von Öffentlichkeit, Gemeinschaftlichkeit und institutioneller Stabilisierung die je individuelle Entscheidung in einer Weise transzendiert, dass der Ritus, die Hochzeit, als zusätzlicher qualitativer Bestandteil des Entscheidungsprozesses gelten kann. Er ist aber nicht nur eine soziale Repräsentation des Vorgangs Zweisamkeit und Eheschließung, sondern entwickelt eine soziale Ausstrahlungsdimension, die Dynamiken in der Umgebung des Paares auslöst oder deren Auslösung symbolisieren soll, beispielsweise durch das Werfen und Auffangen des Brautstraußes.

Konversion stellt gemeinsam mit dem oft, wenn auch nicht immer mit ihr verbundenen Übergangs- beziehungsweise Initiationsritus ein biografisch-lebensweltliches Konglomerat an Weichenstellungen dar: Wechsel von Beziehungsnetzen, neue Paradigmata von Weltbildern, Einhaltung von anderen Lebensregeln und ein Wechsel von Loyalitäten im Leben des Konvertiten. Dadurch wird insgesamt ein erweiterter Begriff von „Übergangsritus" notwendig, der sich von der reinen Betrachtung eines Rituals trennt. Der Ritus verweist zum einen noch einmal auf die Prozesse, die zu ihm geführt haben, und wird zu ihrer symbolischen Zusammenfassung coram publico, zum anderen kann er als Phase im Konversionsprozess betrachtet werden, als ein Ort der Verdichtung und Zuspitzung, des Zuspruchs und der sozialen Bestätigung – oder auch der spontanen Ablehnung. Dieses integrative Verständnis eines Konversionsvorgangs einschließlich der „Phase" des Initiationsritus trifft nicht auf alle Konversionsprozesse zu, und die Aussage, der Übergangsritus sei integraler Bestandteil des Konversionsprozesses, ist nicht umkehrbar: Nicht jeder Konversionsvorgang ist ein Übergangsritus. Und wie das Beispiel Döblin zeigt, steht nicht jede Öffentlichmachung und mediale Markierung einer Konversion im formalen Duktus eines üblichen Initiationsritus. Neben Alfred Döblin, der seinen Übergangsritus mit seiner veröffentlichenden Geburtstagsfeier quasi verdoppelt hatte, lässt sich ein weiteres Beispiel strukturell vergleichbarer Art nennen: Der indische Jurist und Politiker Bhimrao Ramji Ambedkar, der als erster Justizminister des seit 1947 unabhängigen Indien maßgeblich an der Formulierung der neuen Verfassung beteiligt war, vollzog eine Konversion zum Buddhismus mit mehreren Dimensionen und ebenfalls in doppelter Weise. Seine religiöse Konversion erfolgte im Jahre 1950. In Verbindung mit seinem Anliegen, die indischen Dalits, die Kastenlosen, in sozialer, wirtschaftlicher und politischer Hinsicht den anderen Indern gleichgestellt zu sehen, veranstaltete er eine Massenkonversion zum Buddhismus. Am 14. Oktober 1956, dem Tag, an dem im 3. Jahrhundert v. Chr. Kaiser Ashoka zum Buddhismus konvertiert sein soll, trat Ambedkar gemeinsam mit mehr als 350.000 Dalits in Nagpur in Zentralindien, wo auch Ashoka dies getan haben soll, zum Buddhismus über.[17] Diese soziopolitisch motivierte Konversion als Protesthandlung war schon von ihrem Ansinnen her darauf angelegt, als öffentlich inszeniertes Ritual durchgeführt und wahrgenommen zu werden und zusätzlich zur Konversion im engeren Sinne den Ritus als Demonstration zu nutzen, verbunden mit der Hoffnung auf eine grundlegende Veränderung der sozialen Situation der Konvertiten. Das „Ritual" der öffentlichen Bekanntgabe erfüllt hier die Funktion, in der Absicht der umfassenden Wirkung zuallererst einen „Übergangsritus" zu generieren, der nicht unbedingt vorgesehen sein musste.

Die hier vermutete integrative Zusammengehörigkeit von Konversion und Übergangsritus ist nur annehmbar, wenn wir ein erweitertes Verständnis des Übergangsritus zugrunde legen: nämlich nicht nur den „bloßen" rituellen Nachvollzug einer bereits unabhängig davon und an anderem Orte gefällten Entscheidung, sondern die Sozialisierung, öffentliche Bekanntgabe, Verbindlichmachung, die sichtbare Identitätsmarkierung und insofern auch die Geburtstagsfeier eines Döblin, den öffentlichen Auftritt eines Ambedkar, vielleicht auch die autobiografischen Einträge eines Heinrich Heine über seine protestantische Taufe und schließlich über seine (umstrittene) Rück-Konversion zu einem wie auch immer gearteten jüdischen Glauben. Umgekehrt sind in diesem Sinne nur Konversionen einbeziehbar, die in einer Weise markant sind, dass sie überhaupt „öffentlich" gemacht werden und rituell zu begehen sind. Nicht in ein solches Feld der Überlegungen können die Suchbewegungen gehören, die sich auf dem Markt der religiösen Angebote mit religiösen Elementen anreichern und schwerlich zu eindeutig benennbaren und markierbaren Punkten in einem Prozess führen.

[1] Ulrich Dehn, „Religiöse Identität und soziale und weltanschauliche Pluralität", in: *Interkulturelle Theologie*, 34. Jg., Heft 4 (2008), S. 419–434.

[2] Vgl. William James, *Die Vielfalt religiöser Erfahrung*. Olten 1979 (*The Varieties of Religious Experience*. New York 1958).

[3] *Die Gedichte von Bertolt Brecht* in einem Band, Frankfurt am Main 1981, S. 861 f.

[4] Alfred Döblin, *Autobiographische Schriften und letzte Aufzeichnungen*. Olten 1977, S. 206.

[5] Vgl. auch Christian Heidrich, *Die Konvertiten – Über religiöse und politische Bekehrungen*. München 2002, S. 141–155.

[6] Arnold van Gennep, *Übergangsriten*. 3. Auflage, Frankfurt am Main 2005 (*Les rites de passage*, 1909).

[7] Vgl. Arnold van Gennep, *Übergangsriten*, S. 21. Vgl. die aktualisierende Aufarbeitung bei Andreas Grünschloß, „Übergangsriten im Lebenszyklus", Vortrag Universität Göttingen, 7.11.2003 (http://wwwuser.gwdg.de/~relwiss/texte/ritesdepassage.pdf, abgerufen am 15.5.2012).

[8] Lewis R. Rambo, *Understanding Religious Conversion*. New Haven and London 1993, S. 7.

[9] A. A. O., S. 20.

[10] A. a. O., S. 44–55.

[11] John Lofland, Rodney Stark, „Becoming a World-Saver: A Theory of Conversion to a Deviant Perspective", in: *American Sociological Review* Vol. 30, 1965, S. 862–875.

[12] Lewis R. Rambo, *Understanding Religious Conversion*, S. 66–101.

[13] Henri Gooren, „Reassessing Conventional Approaches to Conversion: Toward a New Synthesis", in: *Journal for the Scientific Study of Religion*, Vol. 46, 3/2007, S. 337–353.

[14] A. a. O., S. 350.

[15] A. a. O., S. 351.

[16] Vgl. auch folgende Arbeiten: Dagmar Heller (Hg.), *Bekehrung und Identität*. Frankfurt am Main 2003, darin bes. Michael Ipgrave, „Reflections on Conversion in Interfaith Contexts" (S. 102–119), Vladimir Fedorov, „Conversion and Identity in a Russian Perspective" (S. 155–166); Christine Lienemann-Perrin, „Konversion im interreligiösen Kontext", in: *Zeitschrift für Mission*, Heft 3/2004, S. 216–231; Dieter Becker, „Bekehrung verstehen. Einseitige Anmerkungen in missionswissenschaftlicher Perspektive", in: *Zeitschrift für Mission*, Heft 4/2004, S. 303–316; Simone Sinn, „Konversionen als Anlass für gemeinsame Lernprozesse von Christen und Muslimen. Empirische und theologische Aspekte eines kontroversen Phänomens", in: Hansjörg Schmid u. a. (Hg.), *Zeugnis, Einladung, Bekehrung – Mission in Christentum und Islam*, Regensburg 2011, S. 215–227.

[17] Vgl. Johannes Beltz, *Mahar, Buddhist and Dalit*. New Delhi 2005; Surendra Jondhale, Johannes Beltz (Hg..), *Reconstructing the World: B. R. Ambedkar and Buddhism in India*. New Delhi 2004.

Susanne Wenger | Adunni Olurisa
Katholikin – Angehörige der Yoruba-Religion

Susanne Wenger: Gods in Exile, Öl auf Sperrholz, 1998; Susanne Wenger Foundation, Krems
Susanne Wenger: Krankenzimmer, Öl auf Leinwand, 1948; Susanne Wenger Foundation, Krems

Susanne Wenger wurde 1915 in Graz geboren, besuchte dort die Kunstgewerbeschule und studierte anschließend in Wien an der Akademie der bildenden Künste Malerei. Unmittelbar nach der Befreiung vom Nationalsozialismus begann sie, mit ihren künstlerischen Arbeiten an die Öffentlichkeit zu gehen. Sie publizierte in der von Otto Basil herausgegebenen Zeitschrift *Plan*, ab 1946 in der kommunistischen Kinderzeitschrift *Unsere Zeitung*, für deren Erstausgabe sie das Titelbild gestaltete. Im Jahr 1947 war sie Mitbegründerin des Wiener Art-Clubs.

1949 lernte sie bei einem Paris-Aufenthalt ihren späteren Ehemann, den Sprachwissenschaftler Ulli Beier, kennen. Der erhielt ein Jahr darauf einen Lehrauftrag für Phonetik an der Universität von Ibadan und das Paar ging nach Nigeria. Beide setzten sich dort bald näher mit der Kultur und den Lebensbedingungen der Yoruba auseinander. 1968 wird Beier Nigeria wieder verlassen.

Susanne Wenger erkrankte in Nigeria an Tuberkulose und nannte die Überwindung der Krankheit als einen bedeutenden Grund für ihre Konversion zur einheimischen Yoruba-Religion. Später sei ihr auch bewusst geworden, dass eine frühere schwere Krankheit, die sie in Wien ausgestanden hatte, Teil dieses Weges gewesen sei. Wenger wurde bald eine Yoruba-Priesterin und widmete ihr künstlerisches Werk hauptsächlich der Errichtung und Restaurierung heiliger Schreine und Kultstätten dieser Religion. Die riesigen zementenen Skulpturen, Kultschreine und figural gestalteten Mauern errichtete Wenger zusammen mit den Yoruba-Künstlern, Handwerkern und Priestern der von ihr gegründeten Kunstschule „New Sacred Art". Sie gehören seit 2005 zum UNESCO-Weltkulturerbe. Am 12. Januar 2009 verstarb Susanne Wenger im Alter von 94 Jahren in Oshogbo.
HS

Helga Stapf | Helga Atlan
Katholikin – Jüdin

Gerut-Urkunde, 21. August 1967; Privatbesitz Helga Atlan
Ketubba – Ehevertrag, 3. September 1967; Privatbesitz Helga Atlan

Aus Liebe trat Helga Atlan, geb. Stapf, nach der standesamtlichen Trauung mit ihrem jüdischen Ehemann am 21. August 1967 vor der Gerut-Kommission der Rabbinerkonferenz zum Judentum über. Sie nahm den jüdischen Namen Ester an.

Die jüdische Hochzeit des Paars fand am 3. September 1967 statt, nur wenige Wochen nach Helga Atlans Giur, ihrem offiziellen Übertritt zum Judentum. Traditionell gehen Rabbiner eher zurückhaltend mit dem Wunsch nach einem Übertritt zum Judentum um. Erwartet wird eine freie geistige Entscheidung, sich dem Judentum als Volk und Religion anzuschließen und ein jüdisches Leben nach traditionellen Regeln zu führen. Dabei soll insbesondere die innere Einstellung den Ausschlag geben und in gründlichem Studium der Schriften reifen, bevor eine endgültige Entscheidung fällt.

In der Praxis zeigt es sich aber, dass die Nachhaltigkeit von Übertritten nicht in erster Linie von der religiösen Überzeugung abhängt. Entscheidend ist oft sehr viel mehr, ob man tatsächlich in eine jüdische Lebenswelt eintritt. Übertritte aus Liebe und mit dem Ziel einer Familiengründung, von der Tradition eigentlich als äußerlich angesehen, erweisen sich daher oft als dauerhafter. Ein Umstand, dem auch Rabbiner stillschweigend Rechnung tragen.

RLK / HL

Rituale zur Konversion in den Religionen der Welt
Anna-Konstanze Schröder

Mit Konversionsritualen ist es kompliziert – es gibt sie nämlich nicht. Möchte ein Erwachsener zu einer Religion gehören, in die er nicht hineingeboren wurde, markiert dennoch ein Übergangs- oder Initiationsritual diese Veränderung. Das ist in den meisten Religionen jenen biografischen Übergangsritualen ähnlich, die öffentlich machen, dass das Kind oder der Jugendliche – wie auch der Konvertit – nun mit allen Rechten und Pflichten dazugehören und Zugang zum „Heil" haben.

Aber schon diese allgemein gehaltenen Sätze stimmen nicht für alle Religionen: In Buddhismus und Islam ist die Auffassung weit verbreitet, dass alle Menschen als Buddhisten oder Muslime geboren werden. Dementsprechend wird hier mehr Wert auf die richtige religiöse Praxis des Konvertiten gelegt und das Initiationsritual ist eher knapp. Wie werden Ehepartner aus anderen Religionen und die Kinder aus gemischtreligiösen Ehen integriert, wenn man wie im Zoroastrismus die Konversion eher kritisch sieht? Gehörte jemand von Kindheit an zu einer Religionsgemeinschaft und kehrt später zu dieser zurück, so sind für diese Rekonvertiten in manchen Religionen verkürzte Initiationsrituale vorgesehen.

Allen Ritualen für Konvertiten ist gemeinsam, dass drei verschiedene Akteure beteiligt sind: ein Konvertit drückt grundlegende Kenntnisse von der neuen Religion aus, stimmt den Inhalten zu und verpflichtet sich auf die Praktiken; ein Ritualexperte sorgt für den richtigen Ablauf und führt Handlungen aus, die die Teilhabe am „Heil" symbolisieren; eine Gruppe von Mitgliedern der Religionsgemeinschaft bezeugt den Übergang des Konvertiten in die neue Religion.

Rituale für Konvertiten sind so verschieden wie auch Religionen verschieden sind und selbst innerhalb der jeweiligen Religionen gibt es große Unterschiede. Für einige religiöse Traditionen sind im Folgenden die Rituale für Konvertiten beschrieben.

Judentum Sucht man in Lexika zum Judentum nach dem Wort Konvertit, so findet man darunter meist die Beschreibung einer Dekonversion vom Judentum hin zu einer anderen Religion.[1] Die Konversion zur jüdischen Religion wird eher unter dem Stichwort Proselytismus aufgeführt. Der Prozess des Beitritts eines Nichtjuden heißt Giur und wird von einem

Rabbinergericht, dem Beit Din, geleitet. Das prüft zunächst, wie ernst es dem potenziellen Proselyten mit seinem Anliegen ist, daher ist es üblich, ein Gesuch mehrmals abzulehnen. Danach wird der Proselyt in ausgewählten Geboten, den Mitzwot, und der Bestrafung beziehungsweise Belohnung ihrer (Nicht-)Einhaltung unterrichtet. Verpflichtet sich der Proselyt darauf, folgt für Männer die Beschneidung und für alle das Eintauchen – die Tevila – in der Mikwe, dem rituellen Bad.[2]

Über alle diese Elemente des Konversionsrituals herrscht sowohl zwischen den als auch innerhalb der verschiedenen jüdischen Traditionen Uneinigkeit: Müssen unter den Mitgliedern des Beit Din drei Rabbiner sein oder nur einer? Müssen diese Männer auch bei der Tevila des Proselyten anwesend sein? Bedarf es nach der Beschneidung überhaupt noch des Tauchbades? Wie lange sollte die Unterweisung dauern und was soll sie beinhalten? Und sollte man überhaupt Proselyten akzeptieren oder gar proselytisieren, also aktiv um Mitglieder aus anderen Religionsgemeinschaften werben? Die Uneinigkeit führt so weit, dass Proselyten aus der konservativen oder reformierten Tradition in der orthodoxen Tradition nicht als Juden akzeptiert werden und den Konversionsprozess dort erneut durchlaufen müssen.

Beim jüdischen Konversionsritual geht es nicht nur um die Zugehörigkeit zu einer Religionsgemeinschaft, sondern auch um die Zugehörigkeit zum jüdischen Volk: So kommt es, dass israelische Behörden die Proselyten aus reformierter Tradition als jüdische Einwanderer aufnehmen, auch wenn sie von der orthodoxen Tradition nicht als Juden akzeptiert werden.

Meist tragen nicht jüdische Ehepartner von Juden oder Kinder aus gemischtreligiösen Ehen ein Konversionsanliegen an ein Beit Din heran. Gelegentlich gibt es die Unterscheidung zwischen Proselyten aus innerem Antrieb (Gere Zedek) und aus Motiven des eigenen Vorteils (Gere Arajot). Aber das lässt sich für den Einzelfall schwer auseinanderhalten. Erstaunlich ist die Gelassenheit in Bezug auf die Motive, die Lionel Blue aus seinen langjährigen Erfahrungen als Sekretär des Beit Din der Londoner Reformsynagoge äußert: „Die meisten lassen sich auf eine Religion ein, um sich ihrer zu bedienen und merken erst später – zu ihrem nicht geringen Erstaunen –, daß die Religion anfängt, sich ihrer zu bedienen. … Das ursprüngliche Motiv ist also gar nicht so wichtig, vorausgesetzt, es handelt sich um einen freien Entschluß. … Ich hielt immer Ausschau nach einer inneren Wandlung, nichts so Dramatisches wie bei einer christlichen Bekehrung, aber doch nach einem tiefen Gefühl der Zugehörigkeit, nach Anzeichen dafür, daß das Judentum dem anderen zur eigenen Heimat geworden war. Tatsächlich vollzieht der Konvertit die Konversion im Grunde genommen immer selbst. Rabbiner sind nur nötig, um den Vorgang zu besiegeln und aktenkundig zu machen."[3]

Damit verortet er das Konversionsgeschehen im Sinne eines inneren Wandels im Rahmen des Konversionsrituals; das wiederum dient dazu, den Proselyten in einem öffentlichen Akt als Mitglied in das jüdische Volk zu integrieren. Dass die religionswissenschaftliche Konversionsforschung nun gerade Wert auf die Motivlagen legt – also die Funktion der Konversion für die gesamte Biografie – und daran interessiert ist herauszufinden, warum jemand sich diesem Konversionsritual unterzieht, ist eine Frage, die in diesem Fall für den „Ritualexperten" aus religiöser Innensicht zweitrangig ist.

Christentum Das christliche Initiationsritual kennzeichnet die Mitgliedschaft in einer christlichen Gemeinschaft und bedeutet für die Christen zugleich auch den Beginn einer Zugehörigkeit zu Gott. Christ wird man durch die Taufe. Es gibt keinen einheitlichen Taufritus in den verschiedenen christlichen Traditionen: der Konvertit beziehungsweise sein Kopf kann mit Wasser übergossen werden, was als Abwaschung und damit als ein Zeichen für die Sündenvergebung interpretiert wird; oder er kann mit Wasser besprengt werden, was als Belebung oder „Erfrischung" und damit als die Gabe des Heiligen Geistes gedeutet wird; oder der Konvertit wird ein- bis dreimal untergetaucht, was ein Symbol für den Tod und die Auferstehung ist.

Die Taufe ist nur ein Element des Initiationsritus: Er umfasst außerdem die Unterweisung in den christlichen Lehren und Praktiken (Katechese), das Bekenntnis des christlichen Glaubens, den Empfang des Heiligen Geistes – zumeist durch Handauflegung, aber auch durch Myronsalbung in den orthodoxen Kirchen oder Glossolalie in der Pfingstbewegung – und die erstmalige Teilnahme am Abendmahl oder an der Eucharistiefeier.

Bei der Initiation nicht getaufter Konvertiten im Erwachsenenalter werden diese Elemente miteinander verbunden, in den orthodoxen Kirchen auch bei Kindern. In den westlichen Kirchen wird bei der Initiation von Kindern zuerst die Taufhandlung durchgeführt, bei der die Paten und die Gemeinde stellvertretend das Glaubensbekenntnis sprechen; die anderen Initiationselemente erfolgen einige Jahre später. Bei Konversionen zwischen verschiedenen christlichen Konfessionen und bei Rekonvertiten wird die Taufe überwiegend nicht wiederholt, allerdings unterzieht sich der Konvertit den anderen Initiationselementen.

Ein spezifisches Ritual[4] zur Konversion stellt die „Evangelisationsveranstaltung" dar. Hier erklärt ein Redner, ein Evangelist, in einer Rede vor einem großen Publikum die christliche Heilslehre. Im Anschluss daran werden die Zuhörer aufgefordert, in einem öffentlichen Akt zu bekennen, dass sie sich für den christlichen Glauben entscheiden: Der besteht darin, dass die Konvertiten zum Redner gehen und ein besonderes Gebet, das Lebensübergabegebet, sprechen. Das Publikum ist hierbei öffentlicher Zeuge.

Islam Wer zum Islam konvertiert, spricht das Glaubensbekenntnis, die Schahada, laut und mit ehrlichem Herzen vor zwei Zeugen aus: Es gibt keinen Gott außer Gott und Muhammad ist sein Prophet. In muslimischen Ländern wird dies von Behörden offiziell beurkundet. Es ist übliche Praxis, dass Konvertiten einen muslimischen Namen erhalten. So nahm der berühmte Sänger Cat Stevens nach seiner Konversion den Namen Yussuf Islam an. Zudem wird Männern empfohlen, sich beschneiden zu lassen – das ist aber nicht obligatorisch.

Nach islamischem Verständnis wird jeder Mensch als Muslim geboren und muss nur auch als solcher leben. Dementsprechend wird von Konvertiten erwartet, dass sie ihre Religionszugehörigkeit auch öffentlich praktizieren. Dazu sollen sie über die Schahada hinaus das rituelle Gebet (Salat) fünfmal täglich verrichten, Almosen (Zakat) geben, den Fastenmonat Ramadan halten und mindestens einmal im Leben auf Pilgerfahrt nach Mekka (Hadsch) gehen. Über diese sogenannten fünf Säulen des Islam hinaus sollen sie weder Alkohol trinken noch Schweinefleisch essen. Dabei wird aber auch bei Nichteinhaltung der religiösen Praktiken der Konvertit, der seinen Glauben an den einzigen Gott bekannt hat, als Muslim anerkannt. Denn niemand könne in das Herz eines Menschen sehen.[5]

Der Akt der Konversion ist öffentlich, aber nicht komplex. Er kann auch über das Internet durchgeführt werden, wie es in einem Online-Einführungskurs in den Islam geschah: Da kommunizierte ein Imam mit einer Gruppe Interessierter in einer Moschee direkt und mit weiteren Teilnehmern online über einen Chatroom. Eine Teilnehmerin, die an ihrem Computer zu Hause saß, wünschte zu konvertieren. Der Imam bat sie, die Hand zu heben, und auf dem Bildschirm erschien das Bild einer erhobenen Hand. Danach führte er das Gespräch telefonisch weiter. Nachdem der Imam die Frau einige Minuten befragt hatte, um die Ernsthaftigkeit ihres Konversionswunsches zu prüfen, sprach er die Schahada auf Arabisch vor, und die Konvertitin wiederholte seine Worte. Die Zuhörer im Chat-room tippten Formulierungen wie „Gott ist groß!" („Allahu Akbar"), um ihre Freude und Anteilnahme auszudrücken. Alle Beteiligten waren sich sicher, dass diese Frau tatsächlich zum Islam konvertiert ist, obwohl niemand sie gesehen hat.[6]

Buddhismus Eine Konversion, die die Mitgliedschaft im Buddhismus rituell markiert, gibt es im engeren Sinne nicht. Das ist für Buddhisten unnötig, in deren Sicht jeder Mensch die Buddha-Natur besitzt, die sich durch Reifung offenbart. Konversion wird hier eher individualistisch verstanden als die Überwindung der Schwelle zwischen einem Zustand der Erkenntnis zu einem anderen.

Eine übliche rituelle Praxis unter Buddhisten ist es, die „dreifache Zuflucht" zu nehmen zu Buddha, zur Lehre (Dharma) und zur buddhistischen Gemeinschaft beziehungsweise dem Mönchsorden (Sangha). Dies wird bekenntnishaft formuliert und ergänzt um die Verpflichtung auf die fünf Tugenden (Pankasila), nicht zu töten, nicht zu stehlen, keinen unerlaubten Geschlechtsverkehr zu haben, nicht zu lügen und keinen Alkohol zu trinken. Mit diesem eher formlosen Ritual vergewissern sich Mönche und Laien öffentlich, gemeinsam und regelmäßig ihrer Zugehörigkeit zum Buddhismus.

Dieses Bekenntnisritual kann allerdings im Modernen Buddhismus durchaus als Konversionsritual interpretiert werden: So stellte Henry S. Olcott für Helena Blavatskaja und sich selbst – beide Mitbegründer der Theosophischen Gesellschaft in New York – aufgrund der erstmaligen Teilnahme an diesem Vergewisserungsritual am 19. Mai 1880 eine Urkunde aus. Dabei liegt die Bedeutung dieses Ereignisses vor allem darin, dass zum ersten Mal „Weiße" an diesem Ritual teilnahmen, was für die Buddhisten im Ceylon der Kolonialzeit eine Aufwertung ihrer Kultur bedeutete.

Im westlichen Kontext geschieht die Konversion zum Buddhismus eher durch die Teilnahme an Meditationen oder schlicht die Identifikation als Buddhist – das kann als Assimilation interpretiert werden. Doch auch Erlebnisse wie eine Begegnung mit dem Dalai Lama können vom Einzelnen als biografischer Wendepunkt und damit als ein Konversionserlebnis wahrgenommen werden.

Neue Religiöse Bewegungen Religionen, die seit dem 19. Jahrhundert entstanden sind, – sogenannte Neue Religiöse Bewegungen oder „Sekten" – rekrutieren Erwachsene. Die Zugehörigkeit kann in der ersten Generation gar nicht durch Geburt oder Initiationsriten in der Kindheit bestimmt sein. In manchen Neuen Religiösen Bewegungen orientiert sich das Konversionsritual an den Initiationspraktiken der Religionen, in deren Tradition sich diese Religionsgemeinschaft sieht, wie etwa die Taufe bei Jehovas Zeugen als einer christlichen Praxis. In anderen Neuen Religiösen Bewegungen wird die Mitgliedschaft mehr durch einen formalen Verwaltungsakt begleitet.

Asiatische Religionen erscheinen im westlichen Kontext als Neue Religiöse Bewegungen, wenn sie Mitglieder aus einem Kontext rekrutieren, der nicht ihrer Herkunftskultur entspricht. So legen „weiße" Mitglieder der Healthy, Happy, Holy Organization – einer Sikh-Bewegung – großen Wert darauf, die Insignien der Sikh-Zugehörigkeit möglichst sichtbar zu tragen, denn das gilt als notwendiges Glaubensbekenntnis. Diese Zeichen werden 5K oder Khalsa genannt und umfassen: ungeschnittenes Haar (Kesh), einen hölzernen Kamm (Kanga), einen metallenen Armreif (Kara), eine spezifische Unterwäsche (Kachera) und einen gebogenen Kurzdolch (Kirpan). Dagegen versuchen Sikh-Migranten aus Indien in der westlichen Kultur eher, diese Merkmale ihrer Minderheit zu verbergen, um sich an die neue Mehrheitskultur anzupassen.[7]

Zudem kann die Rekrutierungspraxis selbst konversionsrituelle Züge bekommen. Das ist für die Tongil Gyo Vereinigungsbewegung gut beschrieben, die in den 1960er- und 1970er-Jahren mit Massenhochzeiten Aufsehen erregte. In dieser Zeit, da war sie noch als Vereinigungskirche oder „Moon-Sekte" bekannt, wurden Menschen auf der Straße zu Wochenendseminaren eingeladen, wo sie in die Lehren und Praktiken der Gemeinschaft eingeführt wurden und sie so ausprobieren konnten, als wären sie bereits Mitglieder. Wer wollte, konnte eine weitere Woche bleiben, bis er sich erneut für einen Verbleib am Seminarort entscheiden sollte. In den folgenden zwei Wochen wurden die potenziellen Konvertiten unter anderem zu Rekrutierungs- und Fundraising-Aktivitäten – auch in ihrem eigenen Wohngebiet – eingeteilt. Danach entschieden sie, ob sie der Gemeinschaft beitreten wollten. Daraufhin wurden ihre Personaldaten der Zentrale gemeldet und sie zogen als Vollzeitmissionare in die Wohngemeinschaft ein.[8] Hier wurde die Schwelle zur Mitgliedschaft spätestens durch die Beteiligung der Konvertiten an den Rekrutierungsaktivitäten öffentlich überschritten, bei denen sie von früheren Nachbarn und Bekannten als zur Vereinigungskirche zugehörig erkannt werden konnten. Eine formelle Mitgliedschaft war dann eher die Konsequenz aus dieser öffentlichen Selbstdarstellung.

Traditionelle Religionen und Konversionen im additiven Modus Religionen, die stark mit einer nationalen Identität verbunden sind, wie Hinduismus oder Zoroastrismus, sehen gewöhnlich keine Konversionen vor und stehen der Proselytisierung und dem Konversionswunsch meist kritisch gegenüber. Insbesondere in Indien wurde und wird die christliche Proselytisierungspraxis stark mit dem Kolonialismus verbunden. So ist dort die Religionsfreiheit durch die Verfassung geschützt, die Freiheit zu proselytisieren jedoch eingeschränkt.[9]

Initiationsrituale kennzeichnen in den traditionellen Religionen biografiebezogene Übergänge zur Erlangung weiterer religiöser Rechte und Pflichten für geborene Religionsangehörige. Solche Rituale zur Religionsmündigkeit finden im Einzelfall auch mit Konvertiten statt. So wird im Zoroastrismus das Navjote-Ritual gelegentlich und nicht unumstritten für Partner und Kinder aus gemischtreligiösen Familien angewandt: Zur

Vorbereitung reinigt sich der zu Initiierende in einem rituellen Bad und bedeckt den Oberkörper lose mit einem Tuch. Die Zeremonie selbst beginnt mit der Rezitation des Glaubensbekenntnisses, woraufhin der Priester das rituelle Gewand (Sedre) über den Oberkörper des zu Initiierenden streift und ihm den rituellen Gürtel (Kusti) anlegt. Dabei spricht der nun mündige Zoroastrier ein Bußgebet und im Anschluss weitere Bekenntnisformeln gemeinsam mit dem Priester. Schließlich endet das Ritual mit Segenssprüchen durch den Priester, der den Initiierten mit Reis, Granatapfelkernen und Kokosraspel als Zeichen für Glück und Wohlstand bewirft. Die neuen Kleidungsstücke sind das Zeichen für die Zugehörigkeit zum Zoroastrismus. Einzelne Elemente wie das Bußgebet (Patet) werden für Rituale der Umkehr bei Rekonvertiten verwendet.

Anders verhält es sich mit Bewegungen innerhalb solcher traditioneller Religionen, wo die Zugehörigkeit durch ein Ritual markiert wird. Hier kann man von Konversion im additiven Modus sprechen: Die Angehörigen dieser Bewegungen grenzen sich einerseits von der traditionellen Religion durch das Initiationsritual ab; andererseits werden solche Konvertiten nicht als einer fremden Religion zugehörig oder als „unrein" wahrgenommen, sondern sie verpflichten sich auf zusätzliche Praktiken.

Im Tantrischen Buddhismus zum Beispiel kann zusätzlich zur „dreifachen Zuflucht" die „Zuflucht" zu einem Guru formuliert werden.[10] Auch in der chinesischen Religion gibt es Erneuerungsbewegungen, deren Zugehörigkeit jedoch weniger rituell, sondern vielmehr durch besondere religiöse Praktiken und Erfahrungen begründet wird.[11] Diese Erneuerungsbewegungen haben und hatten durchaus politische Implikationen, wie zum Beispiel die sogenannte Boxer-Bewegung: Unter diesem Namen war die religiöse Geheimgesellschaft „Rechtschaffene und harmonische Fäuste" wegen ihrer traditionellen gymnastischen Übungen im Westen bekannt; sie lehnte sich um 1900 gegen die britische Kolonialregierung auf und wurde zerschlagen.

Mit diesem additiven Modus der Konversion ist auch die gleichzeitige Zugehörigkeit zu mehreren Religionen im Rahmen der sogenannten Patchwork-Religiosität vergleichbar. Dabei geht es solchen Konvertiten weniger um Mitgliedschaft als um eine flexible Partizipation an den religiösen Praktiken einer Kerngruppe. Diese neuere Organisationsform, die Marcus Hero das „Prinzip Access" nennt,[12] kommt erst in letzter Zeit in den Blick der Forschung. Es bezieht sich auf Phänomene wie die Teilnahme von Nichtmitgliedern an Meditationsgruppen der Osho-Bewegung genauso wie die Inanspruchnahme kirchlicher Angebote in sogenannten City-Kirchen oder nicht zuletzt auf Seminarbesuche zu Heilungspraktiken. Rituelle Formen, die die Zugehörigkeit kennzeichnen, wurden noch nicht beschrieben.

Schließlich diskutieren Religionswissenschaftler neuere religiöse Phänomene wie Neopagane Bewegungen und auch „erfundene Religionen" (Invented Religions) in der Fachliteratur. Wenn neue Mitglieder mit Initiationsritualen aufgenommen werden, liefern antike oder mittelalterliche Quellentexte, aber auch zeitgenössische Belletristik die Anregungen, eigene rituelle Formen zu entwickeln – zumal die historischen Quellen viele Interpretationsspielräume zulassen. Dabei variieren die Rituale für Konvertiten von Gruppe zu Gruppe, da sie stark an den jeweiligen subjektiven Erfahrungen der Mitglieder orientiert sind. Das nehmen die Angehörigen dieser Bewegungen aber weniger als eine

„Erfindung" ihrer Religion wahr. Vielmehr empfinden sie ihre kreative Umsetzung von „ursprünglichen" religiösen Formen als eine Übertragung des eigentlichen Kerns dieser Rituale in ihren eigenen Erfahrungshorizont. Über die Richtigkeit einer solchen Übertragung diskutieren verschiedene Gruppen durchaus lebhaft – meist über das Internet in Online-Foren, wobei sie auch religionswissenschaftliche Fachliteratur rezipieren.[13]

Konversionsrituale gibt es nicht? An allen hier beschriebenen Ritualen sind der Konvertit, ein Ritualexperte und Mitglieder der (neuen) Religionsgemeinschaft mehr oder weniger aktiv beteiligt: Die Religionsmitglieder bezeugen die Konversion oder sind Rollenmodelle für den Konvertiten. Die Ritualexperten sind teilweise bei der Unterweisung des Konvertiten engagiert, stellen einen Bezug zum religiösen Heilsgeschehen her oder bezeugen die Konversion. Für Konvertiten können die Rituale sehr unterschiedliche Funktionen haben: Je nachdem wie ein Mensch in einer Religion Anteil an den „Heilsgütern" erhält, sind verschiedene Aspekte der Konversion betont: Wo die Religion eng mit der ethnischen Zugehörigkeit verbunden ist, sind Konvertiten eher unerwünscht. Wo eine Religion das Heil für alle Menschen bereithält, wird proselytisiert – bis dahin, dass die Konversion eng mit der Proselytisierungspraxis verbunden wird. Wo es in der Religion vor allem um die intellektuelle Auseinandersetzung und Zustimmung zu den Inhalten geht, wird dies auch im Rahmen des Initiationsrituals besonders betont: Vor der Einführung als Mitglied durchläuft der Konvertit Schulungen und muss die richtige Einstellung mit einem Bekenntnis belegen. Wo es vor allem um die richtige religiöse Praxis geht, bekommt das Bekenntnis im Konversionsritual einen geringeren Raum, und die Ausübung der Religion im Alltag nach der Initiationshandlung wird wichtiger.

Rituale zur Konversion machen innerhalb der Religionsgemeinschaft öffentlich, dass der Konvertit nun als ein konvertiertes Mitglied mit entsprechenden Rechten und Pflichten behandelt wird und sich angemessen verhalten muss. Dementsprechend orientieren sich Rituale zur Konversion sowohl an Initiationsritualen, die dem Geburtszeitpunkt nahe liegen, als auch an solchen Ritualen, die den Übergang vom Kind zum vollwertigen, erwachsenen Mitglied markieren. Über diese funktionale Perspektive der Mitgliedschaft hinaus kennzeichnet das Konversionsritual aus Sicht der Religionsgemeinschaft, dass der Konvertit nun vollständig Anteil an oder Zugang zu den „Heilsgütern" der jeweiligen Religion hat.

Obwohl hier viele Rituale zu Konversionen beschrieben wurden, gibt es kaum spezifische Konversionsrituale. Zumeist werden biografische Übergangsrituale – Initiationsrituale – an den erwachsenen Religionswechslern nachgeholt oder bei Rekonvertiten verkürzt wiederholt. Doch religionsgeschichtlich gibt es auch eine umgekehrte Reihenfolge: Eigentliche Konversionsrituale wurden zu Ritualen der Lebensübergänge für geborene Mitglieder, wie die christliche Taufe oder das Initiationsritual im Sikhismus (Amrik Sanchar).

Für den Ritualexperten und die bezeugenden Religionsmitglieder macht es im Ritualvollzug keinen Unterschied, ob es hier um den Zugang zu allen religiösen Rechten und Pflichten von geborenen Mitgliedern geht oder um den Beitritt im Erwachsenenalter. Doch für den zu Initiierenden bedeutet das Ritual für ein geborenes Mitglied die Fortsetzung des Bisherigen auf neue Weise, während es für den Konvertiten den Bruch mit dem Bisherigen und den Beginn von etwas Neuem markiert.

Gibt es nun vielleicht doch Konversionsrituale? Diese Frage lässt sich nur aus der Sicht des Konvertiten beantworten: Die hier beschriebenen Rituale ermöglichen den Konvertiten die Teilhabe am „Heil" und den Zugang zu den Rechten und Pflichten eines vollwertigen Angehörigen einer Religionsgemeinschaft, den sie nicht notwendig durch ihre Familienzugehörigkeit haben. Diese Rituale sind für Konvertiten tatsächlich Konversionsrituale.

---

[1] So z.B. Friedrich Lotter, „Konvertiten", in: Julius H. Schoeps (Hg.), *Neues Lexikon des Judentums*. Gütersloh 2000, S. 480; und Lotter, „Proselyten" (wie oben), S. 677 f.

[2] Jonathan Magonet, „Wer ist Jude? Konversion und jüdische Identität heute", in: Walter Homolka, Esther Seidel (Hg.), *Nicht durch Geburt allein. Übertritt zum Judentum*. München 1995, S. 136–167.

[3] Lionel Blue, „Insider und Outsider. Geschichten und Erfahrungen eines Rabbiners", in: Walter Homolka, Esther Seidel (Hg.), *Nicht durch Geburt allein. Übertritt zum Judentum*. München 1995, S. 203 f.

[4] Ronald C. Wimberley, Thomas C. Hood, C. M. Lipsey, Donald Clelland, Marguerite Hay, „Conversion in a Billy Graham crusade. Spontaneous event or ritual performance?", in: *The Sociological Quarterly*, 16. Jg. 1975, S. 162–170.

[5] Vgl. Yasin Dutton, „Conversion to Islam. The Qur'anic paradigm", in: Christopher Lamb und M. Darrol Bryant (Hg.), *Religious conversion. Contemporary practices and controversies*. London 1999, S. 151–165.

[6] Beschreibung gekürzt, nach Carmen Becker, „Muslims on the path of the salaf al-salih", in: *Information, Communication and Society*, Jg. 14, Heft 8. 2011, S. 1192 f.

[7] Doris R. Jakobsh, „Conversion in the Sikh tradition", in: Christopher Lamb, M. Darrol Bryant (Hg.), *Religious Conversion. Contemporary Practices and Controversies*. London 1999, S. 170.

[8] Marc Galanter, *Cults. Faith, Healing, and Coercion*. New York 1999, S. 126–132.

[9] Jacob de Roover und Sarah Claerhout, „Conversion of the world. Proselytization in India and the universalization of Christianity", in: Rosalind I. J. Hackett (Hg.), *Proselytization Revisited. Rights Talk, Free Markets and Culture Wars*. London 2008, S. 53–76.

[10] Christopher Lamb, „Conversion as a process leading to enlightenment. The Buddhist perspective", in: Christopher Lamb, M. Darrol Bryant (Hg.), *Religious Conversion. Contemporary Practices and Controversies*. London 1999, S. 79.

[11] Jordan Paper, „Conversion from within and without in Chinese religion", in: Christopher Lamb, M. Darrol Bryant (Hg.), *Religious Conversion. Contemporary Practices and Controversies*. London 1999, S. 111 f.

[12] Markus Hero, „Das Prinzip ‚Access'. Zur institutionellen Infrastruktur zeitgenössischer Spiritualität", in: *Zeitschrift für Religionswissenschaft*, Jg. 17, Heft 2. 2009, S. 189–211.

[13] Vgl. Maria Beatrice Bittarello, „Re-crafting the past. The complex relationship between myth and ritual in the contemporary Pagan reshaping of Eleusis", in: *Pomegranate*, Jg. 10, Heft 2. 2008, S. 230–255.

Nahida Remy | Nahida Ruth Lazarus
Konfessionslos – Jüdin

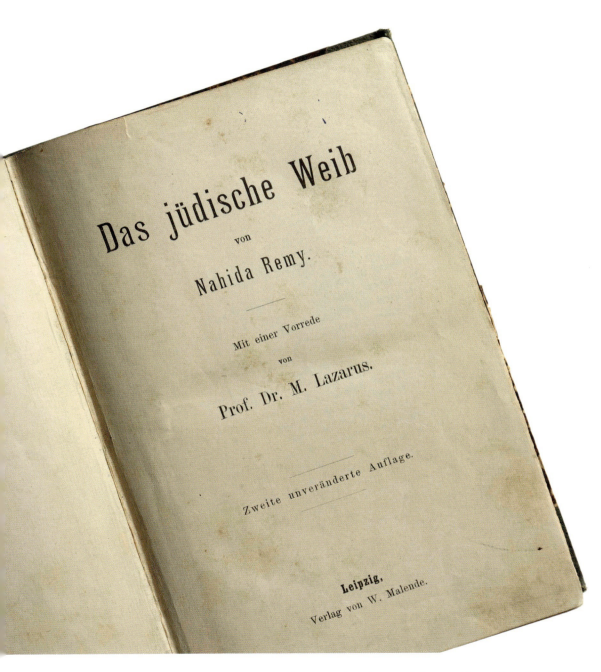

Nahida Remy, Das jüdische Weib. Leipzig 1892; Jüdisches Museum Hohenems (Foto: Robert Fessler)

Tagebuch von Nahida Lazarus, 1895; Moritz Lazarus Archive, The National Library, Jerusalem, ARC Ms. Var. 298/133a

Nahida Ruth Lazarus wurde am 3. Februar 1849 als uneheliches Kind geboren. Die Beziehung der Eltern, der Schriftstellerin Nahida Sturmhoefel und des Kunsthistorikers Max Schasler, scheiterte noch vor der Geburt ihrer Tochter. Mit der Mutter lebte das Kind in Frankreich, Italien, Sizilien und kehrte 14-jährig nach Deutschland zurück. Da war Nahida noch nicht konfirmiert und blieb es, weil das Mädchen nicht an den dreieinigen christlichen Gott glauben konnte. So jedenfalls beschrieb sie selbst später, in Vorträgen und ihrem 1897 erschienenen Buch „Ich suchte Dich!", ihre „Gottessuche", die sie schließlich zum Judentum führte.

Tatsächlich konvertierte Nahida aus Liebe zu Moritz Lazarus. Die beiden hatten sich 1882, kurz nach dem Tod von Nahidas erstem Ehemann Max Remy, kennengelernt. Auf Anregung des jüdischen Gelehrten, dessen Lehre von der „Völkerpsychologie" damals Aufsehen erregte, lernte Nahida Hebräisch und schrieb 1892 „Das jüdische Weib" und ein Jahr später die „Culturstudien über das Judentum". Diese Bücher und viele Vorträge machten die Schauspielerin, Dramatikerin und Journalistin weithin bekannt. Als Moritz Lazarus' langjährige Lebensgefährtin Sara Lebenheim 1894 starb, beschlossen Nahida Remy und Moritz Lazarus zu heiraten. Am 12. Februar notierte Nahida in ihrem Tagebuch: „Ich treibe jetzt wieder ein wenig hebräisch, um mich wieder hineinzuleben."

Hebräischkenntnisse musste sie vor dem Beit Din, dem Rabbinatsgericht in Freiburg, wo Konversion und Heirat schließlich erfolgten, aber nicht nachweisen. Rabbiner Dr. Adolf Lewin beließ es bei dem einfachen Bekenntnis, das sie schriftlich formulierte. „Entgegen der herrschenden Glaubenslehren habe ich Herz und Verstand nie zu

einem theilbaren Gott, zu einem Gott mit Nebengöttern wenden können. Für einen dreieinigen Gott habe ich nie Verständnis gehabt." In Anwesenheit von Moritz Lazarus wurde sie am 31. März 1895 ins Judentum aufgenommen und vollzog die Aufnahme rituell mit einem Tauchbad in der Mikwe vor Zeugen.

Moritz Lazarus starb 1903 in Meran, wo das Paar seit 1897 lebte. In den kommenden Jahren bemühte sich Nahida Lazarus, durch die Veröffentlichung seiner nachgelassenen Schriften, von Wiederauflagen und biografischen Werken das Andenken an ihren Mann wachzuhalten. Dem neuen Stadtmuseum in Meran schenkte sie Lazarus' Miniatur-Tora, die dieser auf Reisen stets bei sich getragen hatte.

Nahida Lazarus vereinsamte zunehmend und verarmte während Weltkrieg und Inflation. Das mag auch ihre Entfremdung von der Meraner Jüdischen Gemeinde und ihre zuweilen judenfeindlichen Ausfälle in

Ich weiss nun, Religion ist Glaube an Gott u. ein Thun, das diesem Glauben entspringt.
Noch ein Wort über:

Die heilige Schrift.

ist das durch göttlichen Geist offenbarte Lehrbuch der Menschheit, — dessen erhabene Gebote trotz Tausend- u. tausendjähriger Lehrzeit noch nicht von den Völkern voll begriffen u. befolgt werden. — Ein Lehrbuch, das jedoch zu einer Zeit entstand, da die Menschen auf ganz niedriger Entwicklungsstufe standen, daher in der h. Schrift Einzelheiten vorkommen wie die Verbote der Duldung anderer Völker od. Opfer- Priester- Tempelgesetze, "welche jetzt nicht mehr bei uns anwendbar sind". (Herxheimer 3)
Auch muss die Schöpfungsgeschichte in der Bibel bildlich verstanden werden, wen es heisst "Hand Gottes" — so ist damit gemeint Allmacht Gottes, "Auge Gottes", Gottes Gegenwart. —

23 März 95. Nahida Remy.

Miniatur-Tora von Moritz Lazarus, die Nahida Lazarus nach seinem Tod dem Stadtmuseum Meran zum Geschenk machte;
Jüdisches Museum Meran (Foto: Ulrich Egger)

Bekenntnis von Nahida Lazarus, anlässlich ihrer Konversion niedergeschrieben am 23. März 1895;
Moritz Lazarus Archive, The National Library, Jerusalem, ARC Ms. Var. 298/135

dieser Zeit erklären. Das deutsche Reformjudentum, mit dem sie sich verbunden gefühlt hatte, spielte im nun italienischen Meran eine zusehends geringere Rolle. 1919 dachte sie offenbar daran, wieder aus dem Judentum auszutreten. „Was habe ich mit der hiesigen Judengemeinde zu schaffen?", so schreibt sie am 10. Januar 1919 in ihr Tagebuch. „Nichts, rein gar nichts. Sie ist mir, wie alles Jüdische, antipathisch. (Abgesehen von echtem, d. h. biblischen Judentum). Ich bin längst durchaus konfessionslos. Ich war es ja von Kindheit an!" Und am 13. Januar formuliert sie einen Briefentwurf an die Meraner Gemeinde: „Teile Ihnen höflich mit, dass Ihre Cultussteuerforderung an mich auf einem Irrtum beruht, den ich endlich aufklären muss. Seit 1903 bin ich konfessionslos, habe auch schon vorher nie zur hiesigen oder sonstigen Judenschaft gehört. Der bewilligte Beitrag von 90 Kronen ist nur ein freiwilliger. Nie habe ich die geringste Cultushandlung oder dergleichen beansprucht, nie Ihren Tempel besucht, bin nie zu Ihren Angelegenheiten oder Veranstaltungen irgend welcher Weise – religiöser, patriotischer oder geselliger Art beteiligt worden. Damit haben Sie selbst den Beweis geliefert, dass ich nicht zu Ihrer Gemeinschaft gehöre. Nun als Sie Geld brauchen, haben Sie sich der Witwe Max Lazarus' erinnert..."
Doch der Brief wurde nicht abgeschickt. Nahida Ruth Lazarus starb am 12. Januar 1928 in Meran und wurde dort auf dem jüdischen Friedhof, im gemeinsamen Grab mit Moritz Lazarus, beerdigt. *Dagmar Reese*

Nahida Ruth Lazarus, *Ich suchte Dich! Biographische Erzählung*, Berlin 1898; Jüdisches Museum Hohenems (Foto: Robert Fessler)

Tagebuch von Nahida Lazarus, 1919–1920; Moritz Lazarus Archive, The National Library, Jerusalem, ARC Ms. Var. 298/133

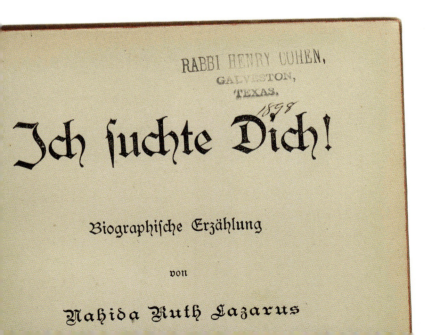

Freitag 10. Jan.
Die jüd. Gemeinde (d.h. Vorstand) fordert schon wieder die restierende "Kultussteuer" ein. — Ich bin ja gründlich abgeneigt sie zu zahlen. Was habe ich mit der hiesigen Judengemeinde zu schaffen? Nichts, rein gar nichts. Die ist mir, wie alles Jüdische, antipathisch. (Abgesehen von echtem, d.h. biblischem Judentum). Ich bin längst durchaus konfessionslos. Ich war es ja von Kindheit an! —

Sonab. 11. Jan.
Und in Erziehung, Lebensgewohnheit, Neigung ganz u. gar unjüdisch. Die Zeit, da ich die Studien zu m. "Jüd. Weib" u. "Kulturstudien" etc. trieb, war von Lazarus in hohem Grade optimistisch beeinflusst. Das ist völlig vorbei.

Sontag 12 Jan.
Ist es nicht Feigheit, dass ich in Vielen die Meinung beharren lasse, ich sei Jüdin? — Alles in mir wehrt sich dagegen. — 1895 legte ich das nötige Bekenntnis ab, um L.A. heiraten zu können, im guten Glauben u. Willen mit ihm ein jüdisches Haus zu begründen; — aber von Jahr zu Jahr wurde ich reifer, sah schärfer, kritisierte aufgefangenes — u. nur die Sabbatgesänge mit meinem Heissgeliebten berührten mich noch sympathisch; — als er die Augen geschlossen u. die Gesänge aufhörten — versank alles Jüdische mit ihm ins Grab. —

Maria Anna von Preußen
Protestantin – Katholikin

Wilhelm Rauscher: Monstranz, Fulda zwischen 1901 und 1907, Silber, vergoldet, Perlen, Email, Türkis (enthält eingearbeiteten Privatschmuck Maria Annas); Geschenk Maria Anna von Preußen an das Priesterseminar Fulda, Dommuseum Fulda

Kaiser Wilhelm II. an Maria Anna von Preußen, 12. März 1902, beglaubigte Abschrift an deren Schwiegertochter, Prinzessin Margarethe; Archiv der Hessischen Hausstiftung, Schloss Fasanerie

Prinzessin Maria Anna wurde am 17. März 1836 in Berlin als Tochter von Prinz Carl von Preußen und Prinzessin Marie von Sachsen-Weimar-Eisenach, Schwester von Kaiserin Augusta, geboren. Standesgemäß wurde sie 1853 mit Prinz Friedrich Wilhelm (II.) von Hessen-Kassel verheiratet, dem Thronerben im hessischen Kurfürstentum. Da Kurhessen jedoch 1866 von Preußen annektiert wurde, blieb der Thron leer und Friedrich Wilhelm unterzeichnete einen Ausgleichsvertrag, der ihm und seiner Frau ermöglichte, auch als Privatpersonen einen fürstlichen Haushalt zu führen.

In Schloss Philippsruhe bei Hanau, in das Friedrich Wilhelm und Landgräfin Anna, wie sie genannt wurde, 1880 eingezogen waren, empfing das Ehepaar bedeutende Künstler seiner Zeit, unter ihnen Johannes Brahms und Clara Schumann. Ab 1882 wurde Landgräfin Anna von einer Reihe von Schicksalsschlägen heimgesucht. Innerhalb von sechs Jahren starben ihr Ehemann, ihre 10-jährige Tochter Marie-Polyxene, ihr ältester Sohn Friedrich sowie ihr Schwiegersohn Leopold von Anhalt. Maria Anna, die seit Jahren mit dem Mainzer Bischof Wilhelm von Ketteler bekannt war und sich zusehends mehr für die katholische Kirche interessierte, fand Trost im Glauben. Ihren Wohnort verlegte sie nach Schloss Adolphseck nahe dem katholischen Fulda, wo sie sich immer mehr in die katholische Glaubenslehre vertiefte. Obwohl die europäischen Herrscherhäuser mit Konversionen ihrer Mitglieder immer großzügig waren, sofern sie dynastischen Interessen dienten, reagierte Kaiser Wilhelm II. drastisch, als er von dem bevorstehenden Glaubenswechsel Maria Annas erfuhr. Am 7. August 1901 überbrachte ein Leibgendarm des Kaisers ein Handschreiben, mit dem sie aus der Familie der Hohenzollern ausgestoßen wurde.

Maria Anna ließ sich dennoch nicht von ihren Plänen abbringen und konvertierte am 10. Oktober 1901 in der Kapelle des Fuldaer Priesterseminars zum katholischen Glauben. Und schon im April des folgenden Jahres fuhr sie nach Rom, wo sie Papst Leo XIII. in Privataudienz empfing. In Fulda wurde sie auch mit dem Goldschmied Wilhelm Rauscher bekannt, den sie in der Folge des Öfteren mit der Anfertigung von liturgischen Gerätschaften betraute. 1905 ließ sich Landgräfin Anna als Mitglied in den Dritten Orden der Franziskaner aufnehmen, in dessen Schwesterntracht man sie später auf ihren Wunsch hin begrub. Ihre letzten Lebensjahre verbrachte Landgräfin Anna in Frankfurt am Main, wo sie am 12. Juni 1918 starb. Ihrem Willen gemäß wurde sie im Dom zu Fulda bestattet. Kurz vor ihrem Tod hatte sie Kaiser Wilhelm noch einmal besucht und sein Bedauern geäußert, sie aus der Familie ausgestoßen zu haben. *HS*

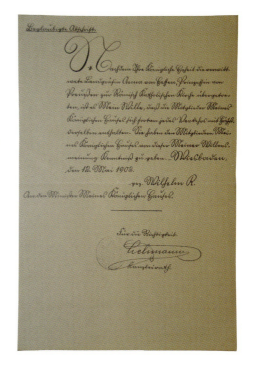

Judentum und Konversion in der Spätantike
Einige Beobachtungen
Gerhard Langer

Redet man von Konversion im Zusammenhang mit dem Judentum, so tauchen nicht selten zuerst Assoziationen wie die spanische Reconquista, die Zwangstaufen oder auch die große Konversionswelle im ausgehenden 19. Jahrhundert auf. Jedes Mal handelt es sich um eine Bewegung weg vom Judentum hin zur dominanten Kultur, dem Christentum. Der umgekehrte Weg, von der beherrschenden Gruppe zur Minderheit, kommt weniger in den Blick, erscheint vielleicht noch als ein Phänomen der Moderne, unter Intellektuellen und Künstlern, oder aber als Folge von persönlichen Beziehungen. Im Allgemeinen gilt das Judentum jedoch nicht als Kultur, die sich um Zugang von außen besonders bemüht oder gar missionarisch tätig ist. Aber war das immer so?

Schon allein der Begriff der Konversion verlangt nach Klärung. Wenn man darunter versteht, dass eine Person von einer fest und klar definierten religiösen Gemeinschaft in eine andere, ebenso fest und klar definierte Gemeinschaft wechselt, so müssen Kriterien dafür existieren, was unter fest und klar zu verstehen ist. Kann man das Judentum in der Spätantike als eine solche Gemeinschaft beschreiben, die in sich geschlossene Strukturen aufweist, die sich deutlich von anderen abheben und, mehr noch, das Eigene zu definieren verstehen?

Es mag einem einfallen, dass Juden Monotheisten sind. Aber nicht jeder, der an einen Gott glaubt, ist schon Jude. Man mag weiter an eine Reihe inhaltlicher Regelungen denken, an Speisegebote, Feste, an kulturelle Bräuche, die es anzunehmen gilt. Aber ist nun ein Mensch, der die Kaschrut hält, am Sabbat nicht arbeitet und an einen Gott glaubt, deshalb jüdisch? Besaß das antike Judentum überhaupt einen Katalog von eindeutig als jüdisch zu definierenden Regeln?

Die Antwort ist verhalten, aber doch eindeutig positiv. Es ist anzunehmen, dass es einen gemeinsamen Grundkonsens und allgemein anerkannte Elemente gab, die auf der hebräischen Bibel basieren und die man als jüdisch bezeichnen kann, eine Art „mainstream Judaism"[1], aber es existierte keine Dogmatik oder gar eine kontrollierende oder inquisitorische Behörde.

Was sagen die Quellen dazu?

Für Philo von Alexandrien[2] gehört es zu den entscheidenden Elementen einer Zuwendung zum Judentum, alle Götter abzuleugnen, an den einen Gott Israels zu glauben und sich in Israels *politeia* zu integrieren (*De specialibus legibus* 1.51 u. ö.). Es ist erstaunlicherweise nicht von Beschneidung die Rede, auch nicht von der Annahme aller Gebote. Philo spricht von den sich dem Judentum zuwendenden Menschen, den sogenannten

Proselyten, in seinem Werk *De specialibus legibus* 1.52 folgendermaßen:

„Sie haben ihre Vaterländer und ihre Freunde und ihre Verwandten verlassen um der Tugend und der heiligen Bestimmungen willen. Entziehe ihnen nicht den Anteil an einer anderen Bürgerschaft und Haus/Verwandtschaft und Freundschaft, sondern es soll Plätze geben, die zum Schutz dienen, immer bereit für jene, die zur Gottesfurcht finden; denn die größte Anziehung und das untrennbarste Band anhänglichen guten Willens, das uns eint, ist die Ehrfurcht vor dem einen Gott."

Die Wortwahl erinnert an Abrahams von Gott gewollten Aufbruch aus Ur in Chaldäa, wie ihn die Bibel in Genesis 12 beschreibt. Nicht umsonst gilt er in der jüdischen Tradition als der „Vater" der Proselyten. Es ist ein Aufbruch in ein Ungewisses, das gleichzeitig unter dem Schutz Gottes steht. Die Proselyten, so die klare Anweisung in *De specialibus legibus*, sollen ihrerseits eine neue Heimat, neue Verwandte und Freunde finden. Entscheidendes Moment der Einigung ist die gemeinsame Gottesfurcht, gemeinsamer Antrieb der Zuwendung zum Judentum sind Tugenden und göttliche Bestimmungen. Kulturelle Werte und Praktiken und ein *way of life* sind darin inbegriffen. Von einem öffentlichen und sichtbaren Akt der Konversion ist nicht die Rede.

A Jewish way of life Der jüdisch-römische Historiker Flavius Josephus[3] sieht im 1. Jahrhundert n. d. Z. sowohl förderndes Verhalten gegenüber Juden als auch die Annahme ihrer Gebräuche und Praktiken als entscheidend für einen Übertritt an, was in der Folge zur Beschneidung führen kann (*Vita* 113; 149). Gleichzeitig kennt Josephus auch den wohlwollenden Herrscher, der gerecht und tolerant ist, ohne deshalb Jude zu werden.

In seiner Abhandlung *Contra Apionem* (2:209 f.) meint er, dass die Liebe zu den Menschen auch bedeutet, jene, die sich dem Judentum anschließen wollen, nicht zurückzuweisen, „weil nicht nur die Herkunft, sondern auch die Auswahl der Lebensweise eine Verwandtschaftsbeziehung schaffen". Wieder ist es das Bild der Familie, der Verwandtschaft. Der Mensch, der sich zum „Jewish way of life" bekennt, tritt in die jüdische Familie ein.

In seinem Werk zum Jüdischen Krieg, *De bello iudaico*, ist von einer Anziehung des Judentums vor allem auf Frauen, zum Beispiel in Damaskus, die Rede (2.560), und er erwähnt eine große Anzahl von Griechen in Antiochien, die ein Teil der Juden wurden (7.45), vermutlich also konvertierten.

Die „Auswahl der Lebensweise", der *way of life*, kann als Übernahme der Gebräuche und Riten, von Habitus und Gewohnheiten verstanden werden, die religiöse Vollzüge beinhalteten. Menschen, die verschiedene Bräuche und Rituale der Juden feierten, werden von außen kaum von Juden unterschieden worden sein. Plutarch meinte – wenn auch in einer Anekdote –, dass jeder, der sich des Genusses von Schweinefleisch enthielte, ein Jude genannt werden könne.[4] Und der Philosoph Epiktet meinte: „Warum handelst du wie ein Jude, wenn du ein Grieche bist? … wenn man einen Menschen sieht, der vor zwei Wegen steht, sind wir in der Lage zu sagen: Er ist kein Jude, er handelt nur in dieser Weise. Aber wenn er die Denkweise des Menschen annimmt, der ein Tauchbad genommen und seine Wahl getroffen hat, dann ist er sowohl faktisch ein Jude als er auch einer genannt wird."[5]

Von Konversion spricht auch der antike Historiker Strabo nicht, der darüber berichtet, dass die Idumäer zwar Nabatäer wären, aber sich zur Zeit der Hasmonäer den Judäern angeschlossen hätten und mit ihnen die Bräuche teilten.[6] Was Strabo als friedlichen „Anschluss" bezeichnet, beschreiben Josephus (*Antiquitates* 13.9.257 f. u. ö.) und Ptolemäus[7] als erzwungene Aktion. Die Wortwahl des Josephus ist dabei bemerkenswert: Er verknüpft den weiteren Aufenthalt der von Hyrkanus besiegten Idumäer mit der Beschneidung und der Übernahme der Gesetze der Juden. Die Idumäer seien so sehr an das Land ihrer Väter gebunden gewesen, dass sie sich der Beschneidung gebeugt und die Lebensweise der Juden übernommen hätten. Der *Jewish way of life* zeugt davon, dass es nicht einfach um die Beschneidung ging, sondern auch die Übernahme von kulturellen Verhaltensweisen damit verbunden war. Es bleibt zu fragen, ob es sich um eine Konversion im klassischen Sinn des Wortes handelte. Nach mancher Ansicht[8] seien die Idumäer – über Esau – als Stammverwandte der Juden betrachtet worden, die im Zuge eines rituellen Aktes sozusagen wieder in die Familie integriert worden wären. Solchen Überlegungen liegt zugrunde, dass man das antike Judentum durchaus als eine ethnische und lokal fixierbare Gruppe bezeichnen könnte, wie dies Shaye J. D. Cohen[9] plausibel gemacht hat. Demnach ist zumindest in den Anfängen des Judentums „Jude" identisch mit „Judäer" und damit nicht nur eine religiöse, sondern vor allem eine ethnische und geografische Größe.

Auch wenn die „Konversion" der Idumäer nun vielleicht weniger ein religiöser als ein politischer Akt unter Rücksichten auf „ethnische Verwandtschaften" gewesen sein mag, so dokumentieren doch bereits vor der Zeitenwende textliche Zeugnisse den Wunsch nach Übertritt zum Judentum, der anders motiviert ist.

Das Buch Judit, das im 2. Jahrhundert v. d. Z. entstand, beschreibt, wie der Ammoniter Achior sich dem Judentum zuwandte, nachdem er den Kopf des Holofernes gesehen hatte und damit erleben konnte, wie Judit mithilfe des jüdischen Gottes das feindliche Heer besiegte. Achiors „Konversion" wird bereits mit Elementen angereichert, die sich später in der rabbinischen Literatur finden. Die Anerkennung des Gottes Israel, die Beschneidung und die Zugehörigkeit zum Haus Israel sind dabei maßgeblich.

Das 2. Makkabäerbuch 9 schlachtet hingegen die Niederlage des Griechen Antiochus, des Erzfeindes der Makkabäer, propagandistisch aus und lässt in ihm – in seiner Verzweiflung über seinen schaurigen Krankheitsverlauf – sogar den Entschluss aufkommen, jüdisch zu werden.

Konvertitenerzählungen im Altertum Nicht immer wurden Konversionen so drastisch geschildert, allerdings doch des Öfteren dramatisch. Flavius Josephus befleißigte sich eines novellenartigen Stils, als er in den *Antiquitates Judaicae* 20 die Konversion der Königin Helena von Adiabene und ihrer Söhne Izates und Monobazus schilderte. Unter anderem ist hier nicht nur von der Faszination die Rede, die der jüdische Lebenswandel auf Nichtjuden ausübte, sondern auch von der Gefahr, der sich Menschen und vor allem Staatenlenker aussetzten, die sich zum Judentum bekannten. Helena warnt darum Izates vor der Beschneidung und bekommt darin Unterstützung von einem Juden namens Ananias, der betont, dass er auch ohne Beschneidung Gott verehren könne. Aber Izates entscheidet sich schließlich auf Zureden eines Juden aus Galiläa doch für die Beschneidung, da nur durch sie die Gebote Gottes nicht nur gelesen würden, sondern auch nach ihnen gehandelt werde. Studium der Tora, Beschneidung und Lebenswandel sind hier entscheidende Elemente.

Bei Josephus können „Annahme der jüdischen Gebräuche" und Beschneidung dasselbe aussagen. Beschneidung wird dabei zum maßgeblichen „Wendepunkt" der Konversion. In seiner Schrift gegen Apion erläutert er am Beispiel dreier Konversionen, dass der Konvertit sein früheres Leben aufgibt, exklusive Loyalität gegenüber dem Judentum einnimmt und als Ergebnis dafür den jüdisch Geborenen gleichgestellt wird (*Contra Apionem 2*).

Josephus nennt in den *Antiquitates* weitere Konvertiten, etwa einen König Azizus von Emesa, der aus heiratspolitischen Gründen konvertiert (20.139), den seine Frau aber für einen Einflussreicheren verlassen wird, und einen König Polemo aus Kilikien, der eine Berenike heiraten möchte (20.145–146), die ihn ebenfalls verlässt, worauf er wieder das Judentum aufgibt. Heiratspolitische Konversionen haben einen negativen Beigeschmack.

Eine Ausnahme ist hier die antike Novelle *Joseph und Aseneth*[10], deren Verfasser unbekannt ist. Der biblische Josef bekommt nach Gen 41,45 eine ägyptische Priestertochter zur Frau, über die sich die Bibel im Weiteren ausschweigt. *Joseph und Aseneth* schließt diese Lücke und macht sie zu einer frommen und gottesfürchtigen Konvertitin. Sie nimmt Abschied von ihrer Vergangenheit, geht in Sack und Asche und vernichtet die Götterbilder.

Konversion, wie sie uns hier vor Augen tritt, ist kein einmaliger Akt, sondern ein länger währender Prozess. Bei Aseneth wird die Bereitschaft dazu durch die Begegnung mit Joseph ausgelöst.

Ähnliches lesen wir in einem rabbinischen Text[11], in Sifre Numeri 115[12]:

„Geh und lerne [dies] von dem Schaufäden[gebot]. Eine Begebenheit über einen Menschen, der sorgfältig in bezug auf das Schaufädengebot war. Er hörte, dass es eine Dirne in einer Hafenstadt gebe, die 400 Goldstücke als Lohn nähme. Da sandte er ihr 400 Goldstücke, und sie setzte für ihn eine Zeit fest. Als seine Zeit gekommen war, ging er und setzte sich auf die Tür[schwelle] ihres Hauses. [Da] ging ihre Magd hinein und sagte zu ihr: Siehe, jener Mann, dessen Zeit du festgesetzt hast, sitzt auf der Tür[schwelle] des Hauses. Sie sagte zu ihm. Er möge eintreten. Als er eingetreten war, machte sie ihm sieben Silberbetten und das oberste aus Gold zurecht. Und sie befand sich auf dem obersten. Und zwischen jedem einzelnen Bett waren Bänke aus Silber und die oberste war aus Gold.

Als sie zur Sache kamen, kamen seine vier Schaufaden [in sein Blickfeld,] und sie schienen ihm wie vier Zeugen zu sein und schlugen ihm ins Gesicht. Sofort glitt er herab und setzte sich auf den Boden. [Da] glitt auch sie herab und setzte sich auf den Boden. Sie sagte zu ihm. Beim Kapitol Roms! Ich lasse dich nicht, bis du mir gesagt hast, welchen Makel du an mir gesehen hast! Er sagte zu ihr: Beim Tempeldienst Ich habe an dir keinerlei Makel gesehen, denn auf der ganzen Welt gibt es nichts, das deiner Schönheit gleicht. Allein, der HErr, unser Gott hat uns ein leichtes Gebot auferlegt und darin zweimal Ich bin der HErr euer Gott; Ich bin der HErr euer Gott geschrieben.

Ich bin der HErr, euer Gott, ich werde einst den Lohn auszahlen. Ich bin der HErr, euer Gott, einst, um zu strafen.

Sie sagte zu ihm. Beim Tempeldienst! Ich lasse dich nicht, bis du mir deinen Namen aufgeschrieben hast, den Namen deiner Stadt und den Namen deines Lehrhauses, in dem du Tora gelernt hast. Und er schrieb für sie seinen Namen auf, den Namen seiner Stadt, den Namen seines Lehrers und den Namen seines Lehrhauses, in dem er Tora gelernt hatte.

Sie stand auf und verteilte ihr ganzes Geld. Ein Drittel an die Regierung, ein Drittel an die Armen und ein Drittel nahm sie mit sich. Und sie kam und stellte sich in das Lehrhaus R. Chijjas. Sie sagte zu ihm. Rabbi, mache mich zur Proselytin. Er sagte zu ihr: Vielleicht hast du deine Augen auf einen der Schüler gerichtet! Da reichte sie ihm das Schriftstück, das sie in ihrer Hand hatte. Er sagte zu ihm: Steh auf, nimm deinen Kauf in Besitz. Jene Polster, die sie dir verbotenerweise zurechtgemacht hatte, möge sie dir [nun] erlaubterweise zurechtmachen.

Dies ist der Lohn in dieser Welt. Aber den Lohn in der kommenden Welt – ich weiß nicht, wieviel!"

Die Erzählung ist durchaus mit einer Prise Humor versehen, darf aber nicht darauf reduziert werden. Vielmehr findet man eine Frau vor, die in ihrer Absicht, sich dem Judentum zuzuwenden, selbstsicher und überzeugend auftritt und auch erreicht, was sie will. Während Joseph in der Aseneth-Novelle als tugendhafter Held erscheint, der seine zukünftige Frau nicht küsst, sondern ihre Jungfräulichkeit und Keuschheit beschwört, begegnet uns hier ein triebhafter Gelehrtenschüler, der große Kosten auf sich nimmt, um Sex mit einer Prostituierten zu haben. Diese erweist sich als schnell entschlossene Frau, die auf himmlische Zeichen reagiert und radikal ihr Leben ändert. Bei Aseneth wie der Prostituierten ist die Konversion mit einer Beziehungsgeschichte verbunden. Die rabbinische Tradition beurteilt Konversionen um des ökonomischen, gesellschaftlichen oder politischen Vorteil willen oder aufgrund einer Beziehung negativ (vgl. bJevamot 24b). Eigentlich sollte der Wunsch nach Konversion „um des Himmels willen" geschehen. Umso mehr fällt die Beispielerzählung über die Prostituierte und den Gelehrtenschüler auf, an deren Ende eine Ehe steht.

Die Rabbinen nennen Konvertiten Gerim, ein Sprachgebrauch, der auf die Bibel zurückgeht, wo dieser Begriff einen Fremden im Land bezeichnet, einen Menschen, der in Israel Arbeit, Unterstützung und Versorgung sucht. Während die Bibel darin noch keinen „Glaubenswechsel" andeutet, wird Ger in späterer Zeit zum Grundbegriff des Menschen, der seine Herkunftskultur verlässt und Jude wird. Der Akt des Übertritts wird noch heute davon abgeleitet als Giur bezeichnet.

In jedem Fall hat Konversion mit einer radikalen Veränderung zu tun, mit der Abkehr von bisher Vertrautem und dem Zuwenden zu einer neuen Identität. Die Trauerriten Aseneths verbinden diese Abkehr vom Alten mit Symbolen des Sterbens, auf das neues Leben folgt. Oft zitiert ist daher auch der Ausspruch in der Mischna Pesachim 8.8: Die Schule Hillels sagt, wer sich von seiner Vorhaut trennt, gilt wie der, der sich vom Grab trennt.

Konversionsrituale Konversionen sind üblicherweise von rituellen Handlungen begleitet. Dies gilt auch in der rabbinischen Literatur:

In der Mekhilta, dem Midrasch zu Exodus (Mekhilta de-Rabbi Jischmael Amalek 2; Mekhilta de-Rabbi Schimon bar Jochai 12.48), werden die notwendigen Vorgehensweisen genannt: Beschneidung, Tauchbad und ein Opfer. Der Vorgang der Beschneidung wird diskutiert (Sifre Num 108). In Bezug auf Frauen erwähnt Mekhilta Pischa 15 Valeria und ihre Magd beim Tauchbad. In der Mekhilta Nezikin 18 heißt es, dass Abraham erst mit 99 Jahren beschnitten wurde, um die Proselyten zu ermutigen.

Eine detaillierte Beschreibung von Konversion findet sich in bJevamot 47ab und in einer Variante auch im kleinen außertalmudischen Traktat Gerim. Der Ritus umfasst Fragen an den Anwärter, in denen ihm verdeutlicht wird, dass die Zugehörigkeit zu Israel mit Gefahren der Verfolgung verbunden ist. Danach werden ihm leichtere und schwerere Gebote – ohne ins Detail zu gehen – vorgelegt, und er wird über die Bestrafung für die Übertretung von Geboten aufgeklärt. Stimmt er zu, folgt die Beschneidung. Ist die Wunde abgeheilt, folgt ein Tauchbad, bei dem wiederum leichtere und schwerere Gebote vorgetragen werden. Steigt er aus dem Tauchbad auf, gilt er als vollwertiger Israelit. Analoges gilt für Frauen, natürlich ohne Beschneidung. Das Ritual zeigt sehr schön die inhaltliche Verbindung von Verpflichtung auf die Tora, Zugehörigkeitszeichen und Zugehörigkeitszuspruch.

Konversion stellt genealogische Identitätsmodelle auf den Kopf. Die rabbinischen Belege reflektieren darüber.[13] So wird nach jBikkurim 1,4,64 die Darbringung von Erstlingsfrüchten durch Konvertiten dadurch erlaubt, dass man Abraham als ihren Vater deklariert. Der aber sei nach seiner Beschneidung zum „Vater aller Völker" geworden. Abraham fungiert hier und an einer Reihe von anderen Stellen[14] als „mythologischer" Vater der Konvertiten und schlägt somit die Brücke von der genealogischen zur kulturellen Zugehörigkeit.

In bSchabbat 146a heißt es, dass die Schlange im Paradies in Eva Schmutz hinterließ, der erst durch die Gabe am Sinai von den Israeliten abgewaschen wurde. Diese „rabbinische" Variante der Sündenfallgeschichte zielt deutlich darauf ab, die Gabe der Tora als entscheidendes Kriterium für Israels Reinheit und die Tora als Mittel zur Bewältigung von Schuld zu sehen. Hier stellt sich die Frage, wie es denn mit den Proselyten aussieht. Es heißt diesbezüglich, dass diese zwar nicht persönlich, aber in Form ihres Mazal, ihres Schicksalssterns oder Genius, am Sinai anwesend waren und dadurch ebenfalls von der Erbsünde befreit wurden. Der genealogisch – in weiblichen Bildern – definierte „Körper" Israel wird durch den offenbarungstheologisch definierten „Körper" mit dem Akt der Gabe der Tora abgelöst. An ihm haben nun auch die Konvertiten teil.

Was für Abraham gilt, gilt mindestens ebenso für Sara. Sehr eindringlich wird die Kraft, die von Sara ausgeht, im Midrasch Pesiqta Rabbati 43.4 (mit Vorläufern in Genesis Rabba 53.9 u. ö.) geschildert:

„Als die Zeit herannahte, da Sara den Isaak gebären sollte, sagten die Völker der Welt: Er ist eigentlich das Kind ihrer Magd und sie macht uns glauben, dass sie ihn säugt. Abraham reagierte darauf und sagte zu Sara: Steh nicht einfach da! Dies ist nicht die Zeit für Bescheidenheit. Zur Heiligung des Namens steh auf und entblöße dich! Sara stand auf und entblößte sich, und ihre Brustwarzen spritzten Milch wie zwei Wasserhähne, wie es heißt: ‚Wer, sagte sie, hätte Abraham zu sagen gewagt, Sara werde noch Kinder stillen? Und nun habe ich ihm noch in seinem Alter einen Sohn geboren' [Gen 21,7]. ... Als die Völker der Welt Saras Milch sahen, brachten sie ihre Kinder zu Sara, um sie zu säugen, und bestätigten damit die Wahrheit des Wortes, dass Sara Kinder stillen würde. Nun brachten einige ihre Kinder mit ehrlicher Absicht zu Sara zum Säugen, andere wiederum, um sie zu prüfen. Weder die einen noch die anderen litten irgendwelchen Mangel. Nach R. Levi wurden jene, die sie in ehrlicher Absicht brachten, Proselyten. Die Schrift sagt über sie:

‚Sara werde noch Kinder stillen'. Wie ist der Ausdruck ‚werde Kinder stillen' zu verstehen? Dass diese Kinder der Völker der Welt Kinder Israels wurden. Und nach den Rabbanan wurden jene Kinder, die gebracht wurden, um Sara zu prüfen, Hochangesehene in der Welt, befördert zu großem Amt. Demnach stammen alle Nichtjuden in der Welt, die Konversion annahmen und alle Nichtjuden in der Welt, die Gott fürchten, von den Kindern ab, die Milch von Sara saugten."

Sara verströmt also segensreiche Milch, die sowohl Gottesfürchtige als auch Proselyten erstehen lässt. Sara ist die „Mutter" beider, fungiert hier vielleicht, wie Levinson annimmt, als eine an Isis, der „Mutter allen Lebens" erinnernde Figur.

Unter den Gottesfürchtigen sind Menschen zu verstehen, die den Schritt der Konversion nicht unternehmen, aber immerhin mit großer Sympathie Israel gegenüber reagieren. Dies kann sich in Form von Förderung jüdischer Einrichtungen äußern oder auch in einer Teilnahme an Gottesdiensten und Versammlungen. Die Grenze zwischen Gottesfürchtigen und Konvertiten mag in der Praxis fließend gewesen sein.

bSota 10a zeigt, dass Schlagfertigkeit ausreicht, um als Konvertitin anerkannt zu werden. Dort stellt Juda Tamar, als sie sich ihm als Hure darbietet, einige Fragen, die sie souverän beantwortet. Darunter, ob sie am Ende eine Heidin sei. Sie antwortet: „Ich bin eine Proselytin." Er akzeptiert die Antwort ohne Weiteres.

Skepsis gegenüber Proselyten Es gehört gewissermaßen zur Natur der Sache, dass eine Gruppe auf Neuzugezogene nicht nur mit heller Freude, sondern ebenso mit Skepsis reagiert. So finden sich auch innerhalb der rabbinischen Literatur gegenüber Konvertiten gelegentlich kritische Töne. Bereits der Midrasch Mekhilta de-Rabbi Jischmael zum Buch Exodus (Nezikin 18) äußert sich negativ über Proselyten, indem ihnen vorgeworfen wird, gestern noch die Götter Bel, Kore und Nebo verehrt und Schweinefleisch zwischen den Zähnen gehabt zu haben. Nach Sifre Zuta 5.8 verleiten Proselyten zur Sünde und Mekhilta Kaspa 2 beschäftigt sich mit Konvertiten, die rückfällig werden. Diese Vorbehalte findet man auch in anderen Midraschim und im Talmud und über längere Zeitepochen.

Rabbi Chelbo soll gesagt haben: „Schwer sind die Proselyten für Israel wie ein Aussatz" (bJevamot 47b) oder sogar „Unheil nach Unheil kommt über jene, die Proselyten aufnehmen" (bJevamot 109b). In bJevamot 24b heißt es, dass man in der messianischen Zeit, wenn Israel als von Gott geliebtes Volk allen offenbar werde, keine Proselyten mehr annehme, ebenso wenig wie man in den großen, politisch erfolgreichen Tagen unter David und Salomo Proselyten angenommen habe. Dies deutet erneut darauf hin, dass man Konversionen aus politischen oder ökonomischen Motiven nicht akzeptiert. Die „Fangemeinde" ist naturgemäß am größten, wenn es um Sieger und ums Gewinnen geht, um Stars. Israel soll davon verschont bleiben. Es brauche keine „Groupies", sondern echte Gläubige. Dass die Praxis oftmals anders ausgeschaut haben mag und es sehr wohl politisch und vor allem familiär bedingte Konversionen gab und gibt, bleibt dahingestellt.

Kritisch erwähnen die Rabbinen unter anderem die Gefahr, dass Konvertiten noch vom Götzendienst in Versuchung geführt werden könnten, sei es aus Furcht oder unter sozialem Druck durch ihre Herkunftsgesellschaft (bGittin 45b; Genesis Rabba 70.5). Es heißt, Konvertiten äßen am Jom Kippur, der ja ein unbedingter Fasttag ist. In Pesiqta

Rabbati 22.5 ist davon die Rede, dass man einem Konvertiten nicht bis in die 22. Generation trauen solle, weil er immer in der Gefahr stehe, zu den alten Wegen zurückzukehren. Hier wird die Nachhaltigkeit einer Konversion problematisiert. Der Wandel muss aber nachhaltig sein, er ist ein stetiger Prozess, der im Grunde nicht mit der Beschneidung oder dem Tauchbad an ein Ende kommt. So verstehen sich kritische Stellungnahmen als Misstrauen in Bezug auf diese Nachhaltigkeit.

Mahnungen zur Akzeptanz Gegenüber einer solchen Skepsis gibt es aber auch Mahnungen, Proselyten als gleichwertig und vertrauensvoll anzuerkennen, da sie vollwertige Mitglieder Israels seien. Sifre Zuta 10.29 schärft ein, Proselyten gut zu behandeln. Numeri Rabba 8 bemüht sich intensiv, aus verschiedenen Bibelversen die Gleichwertigkeit der Konvertiten mit den angestammten Israeliten abzuleiten.

Die biblische Rut (vgl. Rut Rabba u. ö.) wird gern als die klassische Konvertitin gesehen. Der Zahlenwert ihres Namens (resch = 200; waw = 6; taw ist 400) beträgt 606. Da sie bereits die sieben noachidischen Gebote gehalten hat, zu denen alle Menschen verpflichtet sind, ergibt sich 613, was die traditionelle Anzahl aller jüdischen Ver- und Gebote ausmacht.

Mehrfach wird die Konversion von Sklaven thematisiert. Nach bAvoda Zara 13b bringt man einen Sklaven unter die Flügel der Schechina – ein klassischer Begriff für Konversion – und rettet ihn vor den Nichtjuden. In bJevamot 48b heißt es, dass Sklaven, die sich nicht beschneiden lassen wollten, wieder an Nichtjuden verkauft werden sollten. Sklaven sollen konvertieren, weil sie mit den rituellen und Speisegeboten vertraut sein sollen. In Grenzregionen sollen sie auch deshalb beschnitten werden, weil die Gefahr der Denunziation der Juden an Nichtjuden bestünde. Die christliche Gesetzgebung (zum Beispiel Codex Theodosianus 16) verbietet schließlich die Beschneidung von Sklaven, weiterhin überhaupt den Erwerb nicht jüdischer Sklaven und fördert auf der anderen Seite die Konversion jüdischer Menschen zum Christentum.

Während Talmud Bava Qamma 38a feststellt, dass sogar ein Nichtjude, der sich mit der Tora beschäftigt, einem Hohepriester gleichgestellt wird, meint Deuteronomium Rabba 1.21, dass ein Nichtjude, der den Sabbat hält, solange er noch unbeschnitten ist, den Tod verdiene. In Talmud Pesachim 87b wird gesagt, dass Israel unter anderem deshalb unter die Völker zerstreut wurde, damit Proselyten sich ihnen anschlössen. Es wäre jedoch trotzdem verfehlt, daraus zu schließen, dass es die Aufgabe der Diaspora wäre, Nichtjuden aktiv zu missionieren.

Judentum und Mission Die rabbinische Literatur zeigt wohl auch deshalb wenig Interesse an aktiver Mission, weil es genauso außerhalb des Judentums die Möglichkeit des „Heils" gibt. Um etwa an der so wichtigen „kommenden Welt" Anteil zu haben, wird vor allem ein Leben in Gerechtigkeit gefordert, das sich nicht gegen Juden richtet. Der Gerechte unter den Völkern ist keineswegs nur eine moderne Kategorie von nicht jüdischen Rettern von Juden während der Schoa, sondern hat seine Wurzeln bereits in der Antike. Zusätzlich ist hier die Vorstellung der sogenannten Noachidischen Gebote zu nennen. Sie betreffen nach tAvoda Zara 8.4 die Rechtspflege, Götzendienst, Gotteslästerung, Unzucht (Inzest), Blutvergießen, Raub und das Essen eines Glieds von einem lebenden Tier.

Diese Aufzählung wird noch ergänzt durch Einzelmeinungen und findet sich mit leichten Umformulierungen und Umstellungen auch in bSanhedrin 56ab und Genesis Rabba 34.8.[15] Bei aller Differenz im Einzelnen ist hier die Grundeinstellung festzuhalten, auch den Völkern eine in der biblischen Überlieferung verankerte Tora quasi als „Grundrechtskatalog" zuzuweisen. Der Mensch ist daher nie im rechtsfreien Raum, er hat seine Grundrechte und Pflichten von Beginn seiner Existenz an. Aber er muss dazu keineswegs zum Judentum konvertieren.

So stellt auch die rabbinische Literatur gerechten Herrschern ein Leben in der kommenden Welt in Aussicht, etwa Kaiser Antoninus (Caracalla).[16] Bösen und judenfeindlichen Herrschern und deren Handlangern steht hingegen die Konversion als ein Ausweg im Raum, der mehrfach genutzt wird (zum Beispiel bAvoda Zara 10b). Kaiser Nero oder Nebusaradan sollen konvertiert sein (bGittin 56a). In Märtyrerlegenden ist von der Konversion der Henker die Rede (zum Beispiel bAvoda Zara 18a). Diese Belege schildern keine historischen Tatsachen, wohl aber ein Grundprinzip. Judentum stellt keinen Anspruch auf die missionarische Durchdringung der Welt, um den Menschen durch ihre Konversion den alleinigen Zugang zu einem Anteil an der kommenden Welt zu ermöglichen, aber die rabbinische Bewegung macht klar, dass nur eine Konversion Menschen zu Juden macht und damit an den nur Israel wirklich zugänglichen Geschenken Gottes Anteil gibt, nämlich in erster Linie der Tora, die als Bauplan der Welt ebenso gedacht ist wie als Grundprinzip der Welterhaltung und als Mittel, um sich Gott zu nähern.

Es würde die Grenze eines solchen Essays sprengen, weitergehende Analysen zur Frage anzustellen, inwieweit die rabbinische Bewegung ihre Einstellung zur Konversion und dem spezifisch jüdischen „Wahrheitsanspruch" an der massiven Erstarkung des Christentums ausrichtete. Aber es ist doch mehr als wahrscheinlich, dass die Ausformung des Jüdischen von der gleichzeitig sich ausbildenden christlichen weltumspannenden und exklusivistischen Erlösungslehre nicht unbeeinflusst blieb. So verwundert nicht, wenn am Ende der Konversionszeremonie im Traktat Gerim 1.1 dem frischgebackenen Juden gesagt wird: „Glücklich bist du, denn du hast dich dem angeschlossen, der sprach und die Welt wurde, gelobt sei Er. Die Welt wurde nur um Israels willen geschaffen, und nur die Israeliten werden Kinder Gottes genannt, und nur die Israeliten sind vor Gott Geliebte."

Konversion ist demnach eine fixe Größe in der rabbinischen Literatur, ohne dass man daraus Rückschlüsse auf die Häufigkeit oder Intensität der Konversionsbemühungen ziehen könnte. Diese Quellen dokumentieren eines: Es hat Konversionen gegeben, und es hat einen Graubereich zwischen Nichtjuden und Juden gegeben, eine Zone, in der einiges möglich war. Sie wird mit dem Stichwort „gottesfürchtig" umschrieben und bleibt ebenso schillernd wie der moderne Begriff „Philosemiten".

Sicher müssen wir auch geografische Unterschiede ins Kalkül ziehen. Für Israel ist eine stärkere Offenheit gegenüber Nichtjuden vor allem an den Küstenstädten dokumentiert/bekundet, ebenso finden sich Belege für die Dekapolis und schließlich mehrfach in der Diaspora. Sichere inschriftliche Beweise für Konversionen sind selten: Schon vor einigen Jahren hat Paul Figueras 15 Belege zusammengestellt. Auch wenn inzwischen welche dazugekommen sind, so bleiben sie dennoch überschaubar.

Die Stifterinschriften von Aphrodisias in Kleinasien aus dem 4. Jahrhundert zählen zweifellos zu den bedeutendsten Beispielen einer Evidenz von Nichtjuden als Förderer von Juden und erwähnen auch Konvertiten. Allein 52 Namen von „Gottesfürchtigen", die in Verbindung zur Synagoge stehen, zwei weitere als Mitglieder des „Dekanats", des offensichtlichen Leitungsgremiums, werden dort, im unvollständigen Teil B der Inschrift, genannt. Ihnen stehen 69 Juden gegenüber, davon 16 im Leitungsgremium. Neun der Gottesfürchtigen gehören dem Stadtrat an. Nimmt man eine ungefähre Größe von hundert für den Rat einer Stadt als Norm an, wären zehn Prozent davon als Förderer der Juden aufgetreten. Die restlichen sind ohne erkennbare Ordnung genannt. Sie üben verschiedene Berufe aus, vor allem Handwerker, aber es gibt auch einen Kassenwart, einen Geldverwalter, einen Athleten, einen Tänzer, einen Wurstmacher und vielleicht auch einen Boxer. Die Berufe unterscheiden sich von denen der jüdischen Namensträger, die mehrfach als Kleinkaufleute und Kleinhändler auftreten, auch als Zuckerbäcker oder Schäfer. In dem jüngeren Teil A, der Vorderseite der Stele, erscheinen drei Proselyten und zwei Gottesfürchtige, die an der Stiftung einer Grabstätte beteiligt waren. Sie gehören ausdrücklich einer Vereinigung von Wissensliebenden an, die sich möglicherweise zum Studium oder/und Gebet versammelt hat. Die Gottesfürchtigen erscheinen als Wohltäter und Sponsoren, aber wohl nicht nur. Ihre Integration in die Gemeinde scheint zumindest punktuell nicht ausgeschlossen. Sie sind dennoch von den Konvertiten zu unterscheiden.

Konversionen und Politik Zwei Phänomene der politisch motivierten Konversion zum Judentum gilt es dennoch zu betrachten, nämlich die Episode um Yusūf Dhū Nuwas (517–525), den letzten König des himjaritischen Königtums von Jemen, und natürlich die Konversion des Chasarenreichs, um die sich so viele Mythen ranken.

Von allen Konversionen ist zweifellos die des chasarischen Großreichs am faszinierendsten und auch wohl am geheimnisvollsten.[17] Das Gebiet des Turkvolks erstreckte sich zwischen Schwarzem und Kaspischem Meer, im Norden reichte es in seiner großen Zeit bis an den Oberlauf der Wolga. Es ist schwierig, hinter die tatsächlichen Fakten zu kommen. Sehr wahrscheinlich ist aber davon auszugehen, dass während der ersten Hälfte des 9. Jahrhunderts unter der Herrschaft des Königs Bulan die Chasaren offiziell zum Judentum konvertierten, wohl vor allem aus politischen Erwägungen der Unabhängigkeit von den umgebenden christlichen und muslimischen Einflusssphären. 837 und 838 wurden bereits Münzen geprägt, welche an die Konversion erinnern.

Die älteste schriftliche Quelle, in der über die Konversion der Chasaren berichtet wird, ist 864 Stavelots Expositio in Matthaeum Evangelistam. Abd al-Jabbar ibn Muhammad al-Hamdani erzählte um 1010 von einem jüdischen Missionar, der dafür verantwortlich zeichne, dass das gemischtreligiöse Chasarenreich sich zum Judentum bekannte (*Kitab Tathbit Dala´it Nubuwwat Sayyadina Muhammad – Das Buch der Einrichtung von Beweisen für die Prophetie unseres Meisters Muhammed*). Dort heißt es auch, dass die Chasaren ohne Gewalt konvertiert wären und es auf sich genommen hätten, die Tora zu halten, die Beschneidung einzuführen und auch die rituellen Gebote zu befolgen, wozu er etwa Reinigung nach dem Samenerguss zählt, das Arbeitsverbot am Sabbat und an den Festen, das Verbot, unreine Tiere zu essen.

Eine andere Quelle stellt der sogenannte Schechterbrief dar, der um 949 geschrieben wurde. Er gehört zu jenen Fundstücken, die in der Kairoer Ben-Esra-Synagoge, wo in einem Hohlraum unter dem Dach 1890 rund 200000 Schriftstücke entdeckt wurden, und befindet sich heute in Cambridge, in der Taylor-Schechter Collection. Dieser Brief beschreibt, wie Chasaren und Juden untereinander heirateten und ein Volk wurden. Ein jüdischer Krieger habe eine wichtige Schlacht gegen die Feinde der Chasaren gewonnen und sei dadurch zum obersten Heerführer ernannt worden. Er gilt als Begründer der jüdischen chasarischen Könige. Der Brief erzählt auch von einem Wettstreit zwischen jüdischen, christlichen und muslimischen Gelehrten an seinem Hof. Die jüdische Seite gewinnt vor allem, weil sie die Schöpfung der Welt durch Gott und die Rettung der Israeliten durch diesen beinhalte, was sie als Grundlage aller drei Religionen in ihrer Anciennität bestärkte. Viele Juden seien in der Folge in das Land der Chasaren gereist und ein jüdischer Gelehrter sei als Kagan, als Richter und Herrscher, eingesetzt worden.

Berühmt geworden ist auch die Chasarenkorrespondenz des Chasdai ibn Schaprut. Dieser mächtige Arzt und Wesir der Kalifen Abd-al-Rachman III. (911–961) und Hakam II. (961–976) hörte über das sagenumwobene jüdische Reich der Chasaren und wollte mit ihm in Kontakt treten. Er bediente sich deshalb eines Kuriers namens Isaak bar Natan, dem es allerdings aufgrund politisch motivierter Behinderungen nicht gelang, das Chasarenreich zu erreichen und den Brief an seinem Bestimmungsort abzuliefern. Einer zweiten Mission um 953, geleitet von zwei zentraleuropäischen Juden namens Saul und Joseph, gelang die Begegnung mit einem blinden chasarischen Intellektuellen namens Amram. Um 954 schrieb der Sekretär Chasdais, Jakob ibn Saruq, jenen Brief, der die Chasaren erreichen sollte und der viele Fragen enthielt, die Land, Armee, Herrschaft und jüdisches Leben betrafen. Darin klagte Chasdai auch über das Leben in der Diaspora und offenbarte, wie sehr er sich nach einem eigenen Land und Königreich sehne. Einem deutschen Juden namens Isak ben Eliezer gelang es schließlich, diesen Brief ins Reich der Chasaren zu bringen. Die Antwort des Königs Joseph – deren Echtheit allerdings immer wieder bestritten wird – dürfte Chasdai um 955 erreicht haben. Darin beschreibt er die Konversion und das Vorgehen gegen Andersgläubige und berichtet davon, dass im Kaukasus von Bulan ein Heiligtum errichtet worden sei, das den Vorgaben des biblischen Zeltmodells entsprach. Ebenso habe er eine Synagoge bauen lassen. Bulans Nachfolger schließlich habe jüdische Gelehrte eingeladen, um die Chasaren in Tora, Talmud, Mischna und Gebet zu unterrichten. Die chasarischen Herrscher in der Folge trugen auch jüdische Namen: Obadja, Hiskija, Menasse, Isaak, Menasse II., Benjamin, Aaron und Joseph.

Indirekt wird die Konversion der Chasaren auch durch die Mission Kyrills im *Leben des Konstantin* bestätigt, der um 860 Streitgespräche mit den führenden Größen des Reiches führte und ihre Kenntnis der Tora bestätigte. Zwar gelang es Kyrill angeblich, 200 Adelige und einiges Landvolk zum Christentum zu bringen, doch blieb der Hof von seiner Mission unbeeindruckt. Ob die hier genannte Disputatio mit der des Schechterbriefes identisch ist, bleibt schwer zu entscheiden, auch wenn es gelegentlich angenommen wird.

Am bekanntesten ist sicherlich Jehuda ha Levis Bericht über die Konversion, die im Hebräischen den Titel *Sefer ha-Kuzari* bekam. Er schrieb 1140 ausführlich über Ereignisse, die er 400 Jahre zurückdatierte. Auch wenn der genaue Zeitpunkt der Konversion der chasarischen Herrscher unklar bleibt, ist jedoch ein so früher Ansatz sehr unwahrscheinlich. Ebenso unklar ist, inwieweit das Judentum über die entscheidenden politischen Ebenen hinaus die breite Bevölkerung erreichte. Hierzu wurden viele divergierende Thesen aufgestellt. Wahrscheinlich ist, dass die Initiative tatsächlich von den führenden Kreisen ausging und über die Zeit eine Entwicklung festgestellt werden kann. Immerhin schrieb Ibn Fadlan um 922, dass die Chasaren und ihre Könige alle Juden seien. Und Ibn al-Faqih erklärte: „Alle Chasaren sind Juden. Aber sie wurden erst kürzlich judaisiert." Weniger schmeichelhaft heißt es in al-Muqadassis *Descriptio Imperii Moslemici* um 985: „Schafe, Honig und Juden gibt es in großen Mengen in dem Land."

Nichtjuden über jüdische Konvertiten Konvertiten zum Judentum sind schon früher eine anerkannte Realität. Juvenal[18] betrachtet sie mit Spott und sieht in der Konversion die Abkehr von allen anderen Göttern, die Beschneidung und die Feindschaft gegenüber allen Nichtjuden als gegeben an. Seine Satire überzeichnet böse, offenbart aber einen Weg, der von der Einhaltung des Sabbats, der Abstinenz von Schweinefleisch endlich zur Beschneidung führt. Das jüdische *ius*, also die Tora, ist dem Mose in einem geheimen Buch übergeben. Er schreibt:

„Manche, denen ein den Sabbat ehrender Vater zuteil wurde, beten nichts an außer den Wolken und der Gottheit des Himmels, glauben, von menschlichem Fleisch unterscheide sich nicht das eines Schweines, dessen sich der Vater enthielt, und lassen bald auch ihre Vorhaut beschneiden. Gewohnt aber, die römischen Gesetze geringzuschätzen, lernen sie das jüdische Recht genau, beachten und fürchten es, ganz wie Moses es ihnen in geheimer Rolle überlieferte: niemandem die Wege zu zeigen außer dem Anhänger desselben Kults, allein die Beschnittenen hin zur gesuchten Quelle zu führen. Doch liegt die Schuld beim Vater, der an jedem siebten Tag müßig war und keinen Teil des Geschäftslebens anrührte."[19]

Eine Unterscheidung zwischen Sympathisanten des Judentums und Proselyten macht auch Petronius, der meint, dass die Juden ruhig ihren Schweinegott anbeten mögen, aber vor der Beschneidung halt machen sollen oder „in die griechischen Städte auswandern".[20]

Wenig schmeichelhaft äußert sich Tacitus, indem er meint: „Die Juden richten die Beschneidung der Genitalien ein um in ihrer Unterschiedenheit erkannt zu werden. Jene, die ihre Lebensweise annehmen übernehmen die gleiche Vorgehensweise, und werden vor allem angeleitet, die Götter die verachten, ihr angestammtes Land zu verleugnen, und ihre Eltern, Kinder und Brüder von geringem Wert zu schätzen."[21]

Drastischer, aber nicht weniger aufschlussreich ist das Beispiel von Martial: „Der Gestank von dem Bett eines trockengelegten Sumpfes, von dem rauhen Dunst einer schwefeligen Quelle, der faule Dampf von einem Seewasserfischteich, von einem alten Ziegenbock inmitten seiner Liebschaft, von einem Militärstiefel eines abgeplagten Veteranen, von einer zweifachen Wollfärbung mit Purpur, von einem (übelriechenden) Atemzug von Frauen, die den Sabbat feiern ..."[22] Die Feier des Sabbat, hier vor allem durch Frauen, wird wohl nicht zufällig als besonders „attraktives" Beispiel judaisierender Tendenzen bezeichnet, die typisch für das verluderte Rom seien.

Das im dritten Jahrhundert entstandene gnostische Philippusevangelium (NHC II,3) beginnt gar mit den Worten: „*Spruch 1:* (51.29) Ein hebräischer Mensch pflegt einen Hebräer zu erschaffen. (30) Und man nennt ihn folgendermaßen: ‚Proselyt'. Ein Proselyt aber pflegt keinen Proselyten zu erschaffen. ... sie sind aber wie ..., und sie erschaffen andere ihnen gleich, (52.1) während ... damit zufrieden sind, daß sie existieren."[23]

In den Augen der Nichtjuden wird Konversion also sehr wohl als Phänomen im Judentum erachtet, auch wenn wir aus diesen Erwähnungen keine Rückschlüsse über Häufigkeit und Intensität dieser Vorgänge ziehen können.

Feststellungen wie die in den Iulius Paulus zugeschriebenen *Sententiae,* wonach römische Bürger, die beschneiden oder sich beschneiden lassen, auf eine Insel verbannt und mit der Konfiszierung ihres Besitzes bestraft werden, zeugen in jedem Fall von der Aufmerksamkeit, die man diesem Umstand zollt, der demnach nicht allzu selten gewesen sein mag. Ärzte, die den Eingriff vornehmen, werden mit dem Tode bedroht (*Sententiae* 5.22.3–4).

Klagen wie die Ephraems des Syrers über die jüdischen Missionare, die „so viele Heiden" verführten, mögen übertrieben sein (*Opera Syriaca* 1.558), zeugen aber auch vom ungebrochenen Anreiz der jüdischen Kultur im 4. Jahrhundert. Das Konzil von Orléans 542 formuliert dazu deutlich: „Wenn sich ein Jude untersteht, einen Proselyten ... zum Juden zu machen, oder einen, der Christ ist, zum jüdischen Aberglauben zu verleiten, oder wenn ein Jude glaubt, mit seiner christlichen Sklavin sexuellen Umgang haben zu sollen, oder einen von christlichen Eltern geborenen Sklaven unter dem Versprechen der Freiheit zum Juden macht, soll er mit dem Verlust der Sklaven bestraft werden."[24]

Die christlich-römische Gesetzgebung der Codices Theodosianus und Justinianus (5. und 6. Jahrhundert) mit darin enthaltenen Beschneidungs- und Übertrittsverboten, dem Verbot, christliche Sklaven zu erwerben, einer Erklärung der Ungültigkeit von Testamenten christlicher Konvertiten zum Judentum und natürlich einem Eheverbot zwischen Juden und Christen sind insgesamt im Vergleich mit den Gesetzen gegen christliche Häretiker noch als moderat zu bezeichnen und müssen auf ihre praktische Umsetzung befragt werden.

Zulauf zum Judentum Auch wenn aktive Mission wohl eher die Ausnahme war, so schottet sich das Judentum der Spätantike keineswegs gegen die Außenwelt ab, sondern öffnet sich durchaus verschiedenen Ideen und Anschauungen der es umgebenden Kulturen. Ebenso zeigt es sich durchlässig für Menschen, die über bloße Sympathie und Unterstützung hinaus eine jüdische Lebensweise annehmen und konvertieren wollen. Das Judentum ist zu keiner Zeit eine „Geheimgesellschaft". Wo es die Möglichkeit bekommt, sich relativ frei zu entfalten, erhält es auch Zulauf. In Zeiten, wo es politisch unabhängig bestehen kann, wird es auch für Kulturen attraktiv, die ihre Souveränität jenseits von christlichem oder muslimischem Einfluss wahren wollen, wie die Chasaren. Die Beurteilung von Konvertiten ist – wie in allen Kulturen, die Konvertiten aufnehmen – gemischt und pendelt zwischen voller Akzeptanz und Skepsis. Konversion um irgendeines Vorteils willen oder aus privaten Gründen wie Beziehungen gelten als suspekt, kommen aber zweifellos vor. Was den in der rabbinischen Literatur beschriebenen Akt der Konversion betrifft, fällt auf, dass er erstaunlich nüchtern verläuft. Triumphalismus fehlt weitgehend, nur langsam führt man die Anwärter in die jüdische Lebensweise ein. Fast prophetisch klingt es demnach im Traktat *Gerim*:

„Wenn jemand ein Proselyt zu werden wünscht, wird er angenommen, aber sie fragen ihn: Warum möchtest du ein Proselyt werden? Siehst du nicht, dass dieses Volk erniedrigt, unterdrückt und entwürdigt wird, mehr als alle anderen Völker, dass Krankheiten und Leiden über sie kommen und dass sie ihre Kinder und Enkel begraben, dass sie geschlachtet werden, wenn sie beschneiden, Tauchbad und andere Vorschriften der Tora befolgen und nicht wie andere Völker aufrechten Hauptes gehen können?"

---

[1] Vgl. Günter Stemberger, „Was there a 'Mainstream Judaism' in the Late Second Temple Period?", in: *Review of Rabbinic Judaism*. 4, 2001, S. 189–208.

[2] Werkausgabe Leopold Cohn, Paul Wendland, Siegfried Reiter (Hg.), *Philonis opera quae supersunt*. 7 Bde., Berlin 1896–1930, 1962–1963 (Repr.).

[3] Werke: *De bello Iudaico*. Griechisch – deutsch, hrsg. und mit einer Einleitung sowie mit Anmerkungen versehen von Otto Michel und Otto Bauernfeind, Darmstadt 1959–1969; *Jüdische Altertümer*. Übersetzt und mit Einleitung und Anmerkungen versehen von Heinrich Clementz. Mit Paragrafenzählung nach Flavii Josephi Opera recognovit Benedictus Niese (Editio minor), Wiesbaden 2004; *Contra Apionem, Buch I*. Einleitung, Text, textkritischer Apparat, Übersetzung und Kommentar von Dagmar Labow, Stuttgart 2005; Folker Siegert (Hg.), *Über die Ursprünglichkeit des Judentums (Contra Apionem)*. Erstmalige Kollation der gesamten Überlieferung (griechische, lateinische, armenische), literarkritische Analyse und deutsche Übersetzung, Göttingen 2008; Heinz Schreckenberg, Manuel Vogel, Folker Siegert (Hg.), *Aus meinem Leben. Vita*, Tübingen 2001.

[4] Menachem Stern, *Greek and Latin Authors on Jews and Judaism* (Publications of the Israel Academy of Sciences and Humanities. Fontes ad res Judaicas spectantes). Bd. I, 263.

[5] Arrianus 19–21 (Stern, *Authors*, I, 543).

[6] Stern, *Authors*, I, 115.

[7] Stern, *Authors*, I, 146.

[8] Vgl. etwa Matthew Thiessen, *Contesting Conversion. Genealogy, Circumcision, and Identity in Ancient Judaism and Christianity*, Oxford/New York 2011.

[9] Shaye J. D. Cohen, *The Beginnings of Jewishness. Boundaries, Varieties, Uncertainties* (Hellenistic Culture and Society 31), Berkeley/London 1999.

[10] *Joseph and Aseneth*. Eingel., ed., übers. u. m. interpretierenden Essays versehen von Eckart Reinmuth, Stefan Alkier, Brigitte Boothe, Uta B. Fink, Christine Gerber, Karl-Wilhelm Niebuhr u. a., Tübingen 2009.

[11] Zum Thema Konversion im rabbinischen Judentum verweise ich grundsätzlich auf die Arbeit von Gary G. Porton, *The Stranger within Your Gates. Converts and Conversion in Rabbinic Literature*, Chicago 1994.

[12] Übersetzung nach Dagmar Börner-Klein, *Der Midrasch Sifre Numeri. Übersetzt und erklärt*. Stuttgart 1997.

[13] Vgl. dazu Joshua Levinson, „Bodies and Bo(a)rders: Emerging Fictions of Identity in Late Antiquity", in: *The Harvard Theological Review* 93/4 (2000), S. 343–372.

[14] Vgl. Genesis Rabba 39.16; Sifre Deuteronomium 32 etc.

[15] Zum gesamten Themenkomplex vgl. Klaus Müller, *Tora für die Völker. Die noachidischen Gebote und Ansätze zu ihrer Rezeption im Christentum* (SKI 15). Berlin 1994.

[16] Im Zuge einer komplexen Textgeschichte kommt es nach jMegilla 1.13(10), 72b auch zur Erwähnung einer Konversion von Antoninus.

[17] Vgl. dazu Kevin Alan Brook, *The Jews of Khazaria*. Northvale (NJ) 1999.

[18] Satiren 14.96–106 (Stern, *Authors*, II, 301).

[19] Übersetzung Joachim Adamietz, *Iuvenalis, Decimus Iunius, Satiren, Lateinisch – deutsch*. München u. a. 1993, S. 283.

[20] Stern, *Authors*, I, 195.

[21] Historien 5.5.2 (Stern, *Authors*, 281).

[22] Epigrammata IV, 4, zitiert nach Bernd Wander, *Gottesfürchtige und Sympathisanten, Studien zum heidnischen Umfeld von Diasporasynagogen* (WUNT 104), Tübingen 1998, S. 176.

[23] Online: http://www.der-glaube.de/pdf/Das_Philippusevangelium.pdf.

[24] Zitiert nach Karl Leo Noethlichs, *Die Juden im Imperium Romanum (4.–6. Jahrhundert)* (Studienbücher Geschichte und Kultur der Alten Welt). Berlin 2001, S. 170.

Kauthar
Protestantin – Muslimin

Konfirmationskreuz; Privatbesitz von Kauthar | Koran; Privatbesitz von Kauthar (Fotos. Robert Fessler)

Als Teenager wurde Kauthar, so ihr arabischer Name, den sie beim Übertritt gewählt hat, evangelisch konfirmiert. Doch als junge Frau hatte sie bereits das Gefühl, irgendwann zum Islam übertreten zu wollen. Persönliche Erzählungen, der Gebetsruf aus Moscheen und Bilder von Mekka hatten sie dazu inspiriert. Sie studierte Islamwissenschaft, unter anderem mit dem ausgestellten Koran, und heiratete einen marokkanischen Muslim.

Während einer Reise nach Marokko hatte Kauthar (arab. „Der Überfluss") die Schahada, das islamische Glaubensbekenntnis, gesprochen, als sie vor dem Eintreten in eine Moschee während der Gebetszeit dazu aufgefordert worden war. Sie betete bereits fünfmal täglich, verzichtete auf Schweinefleisch und Alkohol, und doch dauerte es noch drei Jahre, bis sie in Kairo vor einem Imam der Al-Aksa-Moschee offiziell zum Islam übertrat.

Kauthar trägt in Deutschland in ihrem Alltag kein Kopftuch. Nur auf Reisen in arabische Länder oder wenn sie ihr Gebet verrichtet, bedeckt sie Haare, Arme und Beine, wie es im Koran für Frauen und Männer geboten ist. Auch wenn das für sie einen Konflikt in ihrem alltäglichen Muslimasein in Deutschland bedeutet, hat sie sich entschieden, ihr Kopftuch nicht in der Öffentlichkeit zu tragen.

Kauthar ist bis heute nicht aus der evangelischen Kirche ausgetreten, weil ihre Eltern nicht wissen, dass sie konvertiert ist. Sie möchte deswegen auch nicht, dass ihr bürgerlicher Name oder ihr Gesicht in der Ausstellung zu erkennen sind. *RLK*

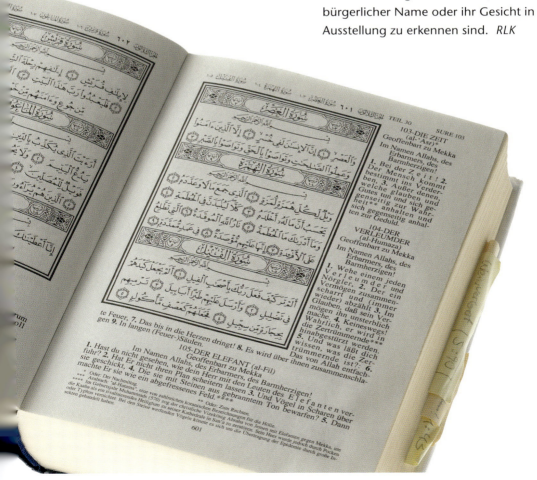

بسم الله الرحمن الرحيم

الأزهر
مكتب الإمام الأكبر
شيخ الأزهر

شهادة
باعتناق الدين الإسلامي

بعد حمد الله والصلاة والسلام على خير رسله وأفضل خلقه محمد ﷺ
تشهد مشيخة الأزهر الشريف أن الآنسة / ....
السيدة /
والتى كانت تعتنق قبل اليوم الديانة .المسيحية..... ومذهبها فيها ..يروتستانت...
قد حضرت اليوم أمامنا وتقدمت راغبة فى اعتناق الدين الإسلامي بعد أن فهمنا
صدق رغبتها وإخلاص نيتها من مناقشتها، ووقفت منا على خصائص الدين
الإسلامي الحنيف إجمالاً ونَطَقَتْ قائلة :

أشهد أن لا إله إلا الله وأشهد أن محمداً رسول الله
وأن عيسى موسى عبد الله ورسوله
وأننى برئتُ من كل دين يخالف دين الإسلام

فأفهمناها بأنها قد أصبحت فى عداد المسلمين لها ما لهم وعليها ما عليهم. وقد
اخترنا لها من الأسماء بعد إسلامها اسم / ....اسماعيل...
وحررت هذه الشهادة كدليل على إسلامها لمن يهمه الأمر والله وحده المسئول أن
يهديها ويشرح صدرها بالإسلام وهو نعم الهادي إلى سواء السبيل .

١١. من صفر. سنة ١٤٢٩ هـ.
١٨. من فبراير سنة ٢٠.. م.

المشهرة   المختص   الإمام الأكبر
كوثر   شيخ الأزهر

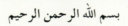

بسم الله الرحمن الرحيم

IN THE NAME OF ALLAH, THE BENEFICENT, THE MERCIFUL

AL-AZhar
Office of the Grand Imam,
Sheikhul-Azhar

CERTIFICATE OF EMBRACING THE ISLAMIC FAITH

Praise be to Allah; peace and blessings be upon His Prophets and Messengers and upon the final Prophet and Messenger Muhammad (P.B.U.H.). Al-Azhar Administration hereby certifies that: Miss, Mrs. ~~[redacted]~~ .... of *Germany* nationality, who had been previously an adherent to *christianity*, *protestant*, has presented herself today, expressing her desire to authenticate her embracing the Islamic Faith.

we have discussed several points with her to make sure that sincerity is deeply rooted in her desire. We have further explained to her in general the principles and the essence of Islam, its pillars, the lawful and the unlawful in accordance with Islamic legislation (Shari'ah).

She, henceforth, reiterated her acknowledgement of the Islamic Faith, saying :

أشهد أن لا إله إلا الله وأشهد أن محمداً عبده ورسوله

" I bear witness that there is no god but Allah and I bear witness that Muhammad is His servant and Messenger".
I also acknowledge that Moses, Jesus and all other Prophets are servants and Messengers of Allah. I renounce all religions other than Islam. Furthermore, I hereby and henceforth adhere to Islam as my Faith and Shari'ah".
Having realized that she has adopted Islam by her own free will, we have informed her of the rights and obligations of a Muslim. She has chosen a Muslim name as :

...... *Kawthar* ......

This certificate has been issued to the above mentioned, in order to authenticate her adoption of Islam and her decision to act in conformity with its provisions. May Allah, the Almighty, guide her permanently along the straight path. Verily Allah is the best Guid.

Declared by: Authenticator

Dated : 11 / 12 / 1429 A.H
         18 / 12 / 2008 A.D

Grand Imam
Sheikhul-Azhar

Beim Übertritt zum Islam getragenes Kopftuch; Privatbesitz von Kauthar (Foto: Robert Fessler)

Chava Esther Grossmann
Jüdin – Jüdin

Die Tochter von Jennifer und Ricky Grossmann wird nur in der jüdischen Reformgemeinde als Jüdin anerkannt, da ihre Mutter selbst keine jüdische Mutter hat. Ihre Eltern bringen sie deshalb zur Mayyim Hayyim Mikwe in der Nähe von Boston. Durch Eintauchen in das Wasser „konvertiert" sie zum Judentum, denn nach den Religionsgesetzen in ihrer traditionellen Auslegung wird sie nur so als vollwertiges Mitglied der jüdischen Gemeinschaft akzeptiert.

In jüdischen Reformgemeinden finden häufig auch Juden einen Platz, die nach strengen, traditionellen Maßstäben nicht als Juden gelten, weil sie keine jüdische Mutter haben. Über die Auslegung dieser Regel kommt es immer wieder zu Auseinandersetzungen, auch dann, wenn Konvertiten, die ihren Übertritt unter Reformrabbinern vollzogen haben, Mitglied in anderen Gemeinden werden oder als Juden nach Israel einwandern wollen. Ähnliches gilt auch für Rekonvertiten zum Judentum, die sich aufgrund jüdischer Vorfahren zum Judentum hingezogen fühlen und sich wieder mit ihrer Familiengeschichte verbinden wollen. *HS / HL*

Stills aus dem Film *Baby Conversion to Judaism at the Mikveh Mayyim Hayyim*, Video, 3:42 Min.; Youtube, Regie: Jennifer Kaplan, USA 2010

Auf der Suche nach der wahren Religion
Übertritte von Juden zum Islam im Mittelalter
Stefan Schreiner

Religionswechsel, Übertritte von einer Religion zu einer anderen und damit Annahme einer neuen religiösen Identität und zugleich einer neuen Religionszugehörigkeit, gibt es, aus welchen Gründen auch immer, solange Religionen, d.h. sie praktizierende Menschen, nebeneinander leben. Das Nebeneinander von Judentum, Christentum und Islam, von Juden, Christen und Muslimen, bildet da keine Ausnahme. Übertritte von Juden zum Christentum oder zum Islam kennt die Geschichte ebenso wie Übertritte von Christen zum Judentum[1] oder zum Islam sowie Übertritte von Muslimen zum Judentum oder zum Christentum; und daran hat sich bis heute nichts geändert, wenn sich auch die Gründe für einen Religionswechsel gewandelt haben, abhängig von Ort und Zeit und den vorherrschenden Bedingungen, abhängig aber auch von den Menschen, die sich zu einem solchen Schritt/dazu entschließen.

Dabei bedeutet Religionswechsel Abkehr von einer Religion und Religionsgemeinschaft, das, was man Apostasie nennt (griech. / lat. *apostasia*, hebr. *schemad*, arab. *ridda*), bei – in der Regel – gleichzeitiger Hinwendung zu einer anderen Religion und Religionsgemeinschaft, der Konversion (griech. *proselytismos*, lat. *conversio*, hebr. *giyyur*). Im Islam gibt es dafür keinen Begriff und dies hat durchaus (s)einen Grund. Rechtlich wird nach islamischer Auffassung die Religionszugehörigkeit eines Menschen zunächst durch jene seiner Eltern bestimmt: So wie jedes Kind Jude oder Jüdin ist, das von einer jüdischen Mutter geboren wurde, so ist jedes Kind Muslim oder Muslimin, das von einem muslimischen Vater gezeugt wurde, auch wenn es diese Religion rechtlich erst mit Erreichen seiner Volljährigkeit beziehungsweise Religionsmündigkeit annimmt.[2] Islamisch-theologisch hingegen ist jeder Mensch von Geburt ein *Muslim*: „ein dem Einen Gott zugewandter Mensch"; denn „jeder wird seiner schöpfungsmäßigen Anlage gemäß geboren.[3] Alsdann machen seine Eltern aus ihm einen Juden, einen Christen oder einen Zoroastrier", wie es in einem in mehreren Varianten überlieferten Hadith heißt.[4]

So gesehen ist ein Übertritt zum Islam letztlich kein Religionswechsel, sondern die Aktualisierung der schöpfungsmäßigen Anlage respektive die Rückkehr zur natürlichen, angeborenen Religion. Anders als Judentum und Christentum, die für Konversion ein geordnetes Verfahren vorsehen, kennt die islamische Überlieferung ein solches nicht. Um als Muslim oder Muslimin zu gelten, genügt es, das islamische Glaubensbekenntnis *(Schahada)* aus Überzeugung zweimal vor zwei Zeugen auf Arabisch zu sprechen. Die grundsätzliche Problematik des Religionswechsels steht hier allerdings nicht zur Diskussion, sondern zum einen die Übertritte von Juden zum Islam im Mittelalter und zum anderen die Rolle, die jüdische Konvertiten in der Geschichte des Islam – und nicht nur in dessen Frühzeit – gespielt haben.[5]

Jüdische Stämme Dass es neben christlichen vor allem jüdische Konvertiten waren – auch wenn der Begriff nicht sachgerecht ist, sei er aus Gründen der Konvention gleichwohl hier weiter verwendet –, die nicht nur, aber insbesondere in der Frühzeit des Islam eine wesentliche Rolle gespielt haben, kann nicht überraschen. War doch die Arabische Halbinsel zur Zeit des Auftretens des arabischen Propheten und der Entstehung des Islam kulturell und religiös in nicht unerheblichem Maße von der Präsenz jüdischer beziehungsweise zum Judentum übergetretener arabischer Stämme geprägt, die nach dem Übertritt der Kinda und der Himyar zum Judentum[6] unter König Tubba Abu Karib As'ad, der etwa von 385 bis 420 regierte, sogar ein eigenes jüdisches Königreich im Südwesten der Arabischen Halbinsel hatten. An den letzten jüdischen König der Himyar, Yusuf As'ar Yath'ar (Zur'a ibn Tibban As'ad), der von 517 bis 525 regierte und unter dem Namen Dhu Nuwas, „der mit den Schläfenlocken" bekannt ist, erinnert bis heute übrigens die Josef Dhu Nuwas-Street in Jerusalem. Allein in Yathrib, das später Medina(t an-Nabiy), „die Stadt des Propheten", genannt wurde, waren zahlreiche jüdische beziehungsweise zum Judentum übergetretene Stämme ansässig; nicht weniger als siebzehn von ihnen werden sogar namentlich in der arabischen Literatur erwähnt.

Jüdische Konvertiten der islamischen Frühzeit Auch wenn die meisten jüdischen Konvertiten, die in seiner Frühzeit zum Islam übertraten, namenlos geblieben sind, hat die Überlieferung doch zumindest von einigen mehr als ihre Namen bewahrt. Zu diesen frühen Konvertiten gehörten Abu l-Yaqzan Ammar b. Yasir (um 570–657),[7] dessen Eltern Yasir b. Amir b. Malik und Sumaiya bint Chabbab die ersten aus dem Kreis der späteren „Gefährten des Propheten" waren, die den Islam angenommen und die Auswanderung von Mekka nach Yathrib im Jahre 622 mitgemacht haben; ferner Hudhayfa b. al-Yaman (gest. 656), ebenfalls einer der ersten Konvertiten zum Islam und Überlieferer zahlreicher Hadithe eschatologischen Inhalts,[8] und Abu Malik Abd Allah b. Sam aus dem Stamm der Kinda,[9] sowie Shallum b. Hushi'el (auch Salman al-Farsi genannt), der Sohn des Exilarchen Hushi'el b. Efrajim b. Josef (gest. 608) und Bruder des sassanidischen Heerführers Nehemia b. Hushi'el (ca. 585–614), der Ende 622 Muhammad in Yathrib besuchte und zum Islam übertrat.

Zu nennen sind darüber hinaus: Abu Ishaq Ka'b b. Mati' al-Himyari (ca. 555–652), ein angesehener Rabbiner aus dem Jemen, daher auch „Ka'b der Rabbiner" oder „Ka'b von den Rabbinern" genannt, der um 636 den Islam annahm, bald darauf den Kalifen Umar b. al-Chattab (regierte 634–644) auf seinem Zug nach Jerusalem begleitete und ihm als Berater hinsichtlich der dortigen heiligen Stätten diente; ferner al-Husain b. Salam b. al-Harith (gest. 663) von den Banu Qainuqa', ein auch von Nichtjuden hoch verehrter Rabbiner in Yathrib, der zwischen 622 und 630 zum Islam übertrat und sich danach Abd Allah („Diener Gottes") b. Salam nannte; und schließlich Sind b. Ali-Musa (gest. nach

864), ein angesehener Mathematiker und Astronom aus Mansura (Sindh), der in Bagdad studiert und sich als Übersetzer der ersten in der islamischen Welt eingeführten astronomischen Tafel verdient gemacht hatte.

Zu ihnen kommen später: Ya'qub b. Killis (930–991), der in eine Bagdader jüdische Familie geboren wurde, 943 über Syrien nach Ägypten gekommen war, 967 zum Islam übertrat und von 979 bis 991 unter al-Aziz bi-'llah, dem fünften Kalifen der Fatimiden-Dynastie (regierte 975–996), den Posten des Wesirs am Fatimiden-Hofe innehatte – unter seiner Ägide wurde 988 die bis heute berühmte theologische Hochschule der al-Azhar-Universität in Kairo gegründet;[10] der aus Balad am Tigris gebürtige Abu 'l-Barakat (Netan'el) Hibbat Allah b. Malka (ca. 1080–1164), Arzt und Philosoph in Bagdad, der im schon vorgerückten Alter als Leibarzt am Hofe der Seldschukensultane zum Islam übertrat und einer der originellsten muslimischen Denker werden sollte;[11] ferner Samau'al b. Yahya al-Maghribi (ca. 1130–1180), Mathematiker, Astronom und Mediziner, sowohl väterlicher- als auch mütterlicherseits Spross angesehener jüdischer Gelehrtenfamilien – sein Vater war als Rabbiner aus Marokko nach Bagdad gekommen –, der 1163 in Bagdad zum Islam übertrat; Abu Ishaq Ibrahim b. Sahl (1212–1251), der in eine jüdische Familie in Sevilla geboren wurde, nach seinem Übertritt zum Islam als besonders frommer Muslim lebte und als der bedeutendste muslimische Dichter Andalusiens gefeiert wurde; der Schriftsteller Abu Muhammad Abd al-Haqq al-Islami (14./15. Jh.) aus Ceuta[12] und der aus dem iranischen Hamadan gebürtige Absolvent der dortigen Jeschiwa Raschid ad-Din Abu t-Tibb Fadlallah b. Imad ad-Daula (ca. 1247–1318), Verfasser einer mehrbändigen Weltgeschichte, der als Leibarzt am Hofe Abaqas (1265–1282) begann, 1277 oder 1278 – vielleicht auch erst zwischen 1294 und 1298 – zum Islam übertrat und als Leibarzt und Wesir am Hofe Ghazan Hans (1295–1304) in Tebriz Karriere machte.[13]

Die Gründe, die die Genannten und gleich ihnen viele andere zum Religionswechsel veranlassten, sind dabei ebenso verschieden wie die Anlässe und die Umstände, aus oder unter denen sie diesen vollzogen haben. Shlomoh Dov Goitein (1900–1985) hat zwar sicher recht, wenn er sagt, dass „(religiöse) Minderheiten zumindest teilweise dazu neigen, sich der Mehrheitsreligion anzuschließen oder von ihr absorbiert zu werden", und hinzufügt, dass „die Juden des Mittelalters keine Ausnahme von der Regel darstellen".[14] Es wäre indessen zu kurz gegriffen, die Übertritte zum Islam allein darauf zurückzuführen.

Gewiss ist nicht zu bestreiten, dass es sowohl im christlichen als auch im islamischen Teil der damaligen Welt Zeiten und Regionen gab, in denen die Herrscher zum Mittel der Zwangskonversion griffen, um Andersgläubige ihrem Herrschaftsanspruch zu unterwerfen, im christlichen Herrschaftsbereich – dort hatte man in der Folge Augustins in Lukas 14,23 (*cogite intrare*, „zwingt sie einzutreten") eine Rechtfertigung des Zwangs zur Konversion gesehen,[15] weit mehr noch als unter islamischer Herrschaft.[16] Hier waren es im Wesentlichen zwei Perioden, Goitein nennt sie „Ausnahmen",[17] in denen Juden – und Christen – zum Islam überzutreten gezwungen wurden, wenn sie nicht ihr Leben riskieren wollten: so unter al-Hakim bi-Amri 'llah (regierte 996 bis 1021), dem sechsten Kalifen der Fatimiden in Ägypten, und unter der Berber-Dynastie der Almohaden, der „Bekenner der Einheit Gottes", die von 1147 bis 1269 über den Nordwesten Afrikas und al-Andalus herrschte.

Dhimma – Duldung gegen Steuer Im Allgemeinen jedoch galt unter islamischer Herrschaft gegenüber Juden und Christen als „Leuten der Schrift" die – gewöhnlich als utilitaristisches Prinzip gedeutete – *dhimma*, die Duldung gegen Zahlung einer Steuer, die nach dem Koran (Sure 9,29) von nicht muslimischen „Schutzbefohlenen" zu entrichten ist. Die *dhimma* machte sie rechtlich zwar zu „Bürgern zweiter Klasse", schützte sie aber zugleich auch vor Zwangskonversion zum Islam und verbot ihnen nach islamischem Recht darüber hinaus den Religionswechsel zwischen Judentum und Christentum und bewahrte damit Juden vor christlicher Mission.

So wie es christliche Theologen gab, die der Zwangstaufe die theologische Legitimität absprachen, so betrachteten auch manche muslimische Rechtsgelehrte die Zwangskonversion zum Islam als schariarechtlich ungültig: Als Mose b. Maimon (1138–1204), der „in Marokko zum Islam übergetreten …", in Fustat (Ägypten) aber wieder „vom Islam abgefallen …",[18] zum Judentum zurückgekehrt und wegen Apostasie vom Islam angeklagt worden war, wies der Qadi Abd ar-Rahim b. Ali al-Fadil (1135 – 1200) die Anklage mit den Worten ab: „Wenn jemand gezwungen wurde, ist dessen Übertritt zum Islam rechtlich nicht gültig …"[19] Denn, so heißt es im Koran (Sure 2,256): „Es gibt keinen Zwang in der Religion …"

Hatten doch selbst die Befürworter von Zwangskonversion Zweifel, ob eine solche wirkliche Abkehr von der einen und Hinwendung zur anderen Religion bewirken konnte oder nicht vielmehr nur zum Schein erfolgte, wie das Beispiel zahlreicher *anusim*, „zwangskonvertierter" Juden, belegt, die äußerlich zum Islam übergetreten waren, insgeheim aber ihrer angestammten Religion die Treue hielten, ganz so, wie es ihnen Mose b. Maimon in seinem *Traktat über die Apostasie* und dessen Vater Maimon b. Josef (ca. 1110–1165) in seinem *Trostbrief* geraten hatten.

Es war indessen nicht immer und nicht nur äußerer Zwang, der Juden – und Christen – zum Religionswechsel nötigte. Der jüdische Philosoph Sa'd b. Mansur b. al-Hasan Ibn Kammuna (ca. 1215–1285), der in den 1280er-Jahren in Bagdad an Religionsgesprächen teilgenommen und im Anschluss daran sein „Buch der Kritik der Untersuchungen der drei Religionen" geschrieben hat, nennt als mögliche Motive eines Übertritts zum Islam: „Daher finden wir bis auf den heutigen Tag nicht, dass irgendjemand zum Islam übertreten würde, ohne dass er (1) entweder von Furcht getrieben wäre, (2) oder nach einer angesehenen sozialen Stellung strebte, (3) oder von einer schweren Steuer betroffen würde (?),[20] (4) oder sich aus verachteter sozialer Lage zu befreien suchte, (5) oder von Gefangenschaft betroffen würde (?), (6) oder eine Muslimin liebte,[21] (7) oder etwas Ähnliches vorläge. Niemals aber haben wir gefunden, dass ein Mann, der in seiner Religion und der des Islam bewandert und dabei in geachteter sozialer Stellung, wohlhabend und gottesfürchtig war, zum Islam übertrat, ohne dass eine der genannten Ursachen oder etwas Ähnliches vorlag."[22]

Beispiele für Religionswechsel aus derartigen Karrieregründen liefern die oben genannten Ya'qub b. Killis, Abu 'l-Barakat, Raschid ad-Din und nicht zuletzt die von Goitein gesammelten Zeugnisse aus der Kairoer Geniza.[23]

Freilich waren es nicht nur pragmatische Gründe, die zum Religionswechsel führten. Auch wenn die Zahl diesbezüglicher Selbstzeugnisse vergleichsweise gering ist, darf doch nicht übersehen werden, dass Religionswechsel auch das Ergebnis einer ernsten Suche nach der wahren Religion gewesen sein können, also aus Überzeugung geschehen sind. Einen eindrucksvollen Beleg dafür liefert die autobiografische Schrift Geschichte von Samau'als Übertritt zum Islam des ebenfalls schon genannten Samau'al al-Maghribi, die eines der seltenen Beispiele autobiografischer Literatur des Mittelalters ist. Bald nach seinem Übertritt zum Islam 1163 hat er darin dargelegt,[24] dass der Grund seines Religionswechsels aus intensivem Studium islamischer theologischer Werke gewonnene Erkenntnis war und eine darauf gegründete rationale Entscheidung,[25] für die er zudem eine göttliche Bestätigung „in einer Vision des Propheten, in einem Traum, in der Nacht auf Freitag, den neunten Dhu 'l-Hidjdja des Jahres 558 [= 1163]" erhalten hatte.[26]

Manche Konvertiten haben im Laufe der Geschichte des Islam freilich eine durchaus ambivalente Rolle gespielt.

So ist es zum einen jüdischen – und zum Teil auch christlichen[27] – Konvertiten vor allem der Frühzeit zu verdanken, dass sie das in den Islam eingebracht haben, was später unter dem Begriff der *Israiliyyat* zusammengefasst worden ist. Nach Bernard Lewis handelt es sich dabei um eine aus biblischen und nachbiblischen, jüdischen und christlichen Erzählungen und Berichten, von denen nicht wenige auf den rabbinischen Midrasch zurückgehen, bestehende „Sammlung von frühem islamischem religiösem Material, das weder zum Koran gehört noch zum akzeptierten und authentisierten Hadith, sondern zu deren Ergänzung benutzt wird"[28] und zumeist in Form sogenannter Prophetenerzählungen weitergegeben wird.[29] Wie aber das Beispiel des jemenitischen Erzählers und Überlieferers von *Israiliyyat* Abu Abd Allah Wahb b. Munabbih (ca. 654–728) zeigt, der in San'a als Richter amtierte, wurden diese Schriften nicht nur von jüdischen und christlichen Konvertiten gesammelt und tradiert.

Polemiker Zum anderen haben manche Konvertiten nach ihrem Religionswechsel den zweifelhaften Ruhm eines Polemikers erworben. Wenn auch längst nicht in dem Ausmaß, in dem sich jüdische Konvertiten zum Christentum vom Mittelalter bis in die Neuzeit mit antijüdischen Schriften hervorgetan haben, und schon gar nicht mit dieser Intensität, sind es zwar nicht nur, aber doch vor allem jüdische Konvertiten, die nach ihrer Hinwendung zum Islam antijüdische Polemiken verfasst haben.[30] Es kann dies auch kaum überraschen; verfügten doch nur sie über hinreichende Insiderkenntnisse, um wirkungsvoll polemisieren zu können,[31] wie die bereits genannten Abu Muhammad Abd al-Haqq al-Islami und Samau'al al-Maghribi belegen.

Letzterer hat mit seinem Traktat „Die Juden zum Verstummen bringen" eine der vergleichsweise wenigen, dafür aber höchst einflussreichen muslimischen antijüdischen Polemiken geschrieben,[32] und Abu Muhammad Abd al-Haqq al-Islami gab mit seinem zwischen 1393 und 1396 verfassten Pamphlet „Das zur Antwort an die jüdischen Rabbiner gezückte Schwert" dem muslimischen Gelehrten und Politiker Muhammad Abd al-Karim b. Muhammad al-Maghili (ca. 1425–1504) Anregungen für dessen antijüdische Politik, die in die Vertreibung der Juden aus Tlemcen und die Zerstörung der dortigen Synagoge mündete.[33]

Dass nicht alle Konvertiten erbitterte Polemiker waren, beweist Raschid ad-Din, von dem ebenfalls schon die Rede war. In den zweiten Band seiner in einer arabischen Version und mehreren persischen Handschriften überlieferten „Weltgeschichte" hat er eine „Geschichte der Kinder Israel" eingefügt, die nicht nur frei ist von antijüdischer Polemik, sondern zugleich ein eindrucksvolles Zeugnis von der profunden jüdischen Bildung des Autors ablegt.[34]

Vor dem Hintergrund dieser ambivalenten Erfahrungen versteht sich, dass Konvertiten oft nicht den besten Ruf hatten, und dies nicht allein bei denen, deren Religion sie den Rücken gekehrt, sondern ebenso oft auch bei denen, deren Religion sie sich zugewandt haben. War es Letzteren immer wieder eine Frage, wie glaubwürdig der vollzogene Religionswechsel war, sahen die, deren Religion sie den Rücken gekehrt haben, in den Apostaten Verräter, die ihrer Tat entsprechende Strafe verdient haben. Doch dies ist bereits ein anderes Thema.

---

[1] Diakon Bodo (ca. 814–876) am Hofe Ludwigs I. des Frommen (778/814–840), der sich nach seinem Übertritt zum Judentum – den u. a. Hermannus Contractus (1013–1054) in seinem *Chronicon* unter dem Jahr 838/839 berichtet: *Puoto* [alias Bodo] *diaconus palatii in Judaismum lapsus* – R. El'azar nannte, eine Jüdin heiratete und sich 840 in Saragossa niederließ (und den dortigen muslimischen Herrscher zu einer Christenverfolgung veranlasste), war weder der erste noch der letzte Christ, der im Mittelalter zum Judentum übertrat.

[2] Während in Islam und Judentum die aus dem Alten Orient überkommene Vorstellung weiterlebt, der zufolge religiöse Identität und Religionszugehörigkeit zunächst durch Geburt bzw. Abstammung bestimmt werden, ist es nach christlicher Auffassung ein als Wiedergeburt gedeuteter Initiationsritus (Taufe), der eine geburts- und abstammungsunabhängige religiöse Identität begründet und Religionszugehörigkeit bestimmt: Christ ist man nicht durch Geburt, man wird es durch „Wiedergeburt" (vgl. Johannes 3,3–8; Römer 6).

[3] Koran, Sure 30,30.

[4] Zum Beispiel Muslim b. al-Hadjdjadj, *Sahih*, Buch 33: *al-Qadar*, Nr. 6423; al-Buchari, *Sahih*, Buch 23: *al-Djana'iz*, Nr. 441.

[5] Übertritte von Juden zum Islam enden freilich nicht mit dem Mittelalter, sie gibt es bis heute, und es sind bis heute immer wieder auch jüdische Konvertiten, die nicht zuletzt Anteil an der Gestaltung der Beziehungen zwischen Islam und Judentum haben.

[6] Michael Lecker, „Judaism Among Kinda and the Ridda", in: *Journal of the American Oriental Society* 115 (1995), S. 635–650.

[7] Isaac Hasson, Ammar b. Yasir, in: *Encyclopaedia of Islam – THREE,* Leiden: Brill Online 2012 http://referenceworks.brillonline.com/entries/encyclopaedia-of-islam-3/ammar-b-yasir-COM_23638 (gefunden am 30. Mai 2012).

[8] Michael Lecker, „Hudhayfa b. al-Yaman and 'Ammar b. Yasir, Jewish converts to Islam", in: *Quaderni di Studi Arabi* 11 (1993), S. 149–162.

[9] Michael Lecker, „Abu Malik Abdullah b. Sam of Kinda, a Jewish Convert to Islam", in: *Der Islam* 71 (1994), S. 280–282.

[10] Mark Cohen, Sasson Somekh, „In the Court of Ya'qub b. Killis: A fragment from the Cairo Genizah", in: *The Jewish Quarterly Review* 81 (1990/1), S. 283–314.

[11] Shlomoh Dov Goitein, *A Mediterranean Society. The Jewish Communities of the World as Portrayed in the Documents of the Cairo Geniza*, 6 Bde., Berkeley/Los Angeles/London 1976–1993 (²1999), Bd. II: *The Community*, S. 273–311, Kap. VIII A: *Interfaith Relations*, dort S. 302 f.

[12] Esperanza Alfonso, „Abd al-Ḥaqq al-Islami", in: *Encyclopedia of Jews in the Islamic World*, 5 Bde., Leiden/Boston 2010, Bd. 1, S. 6–7.

[13] Stefan Schreiner, „Das Zehnwort vom Sinai nach Rashid ad-Din's ‚Geschichte Der Kinder Israel'", in: ders., *Die jüdische Bibel in islamischer Auslegung*, Friedmann Eissler, Matthias Morgenstern (Hg.), Tübingen 2012 (= Texts and Studies in Medieval and Early Modern Judaism, Bd. 27), S. 93–158, dort S. 95 f.

[14] Goitein, A Mediterranean Society (wie Anm. 11), Bd. II, S. 299.

[15] So in Augustins Brief an Bischof Vincentius von Cartenna (Epistula 93,11,5).

[16] Vgl. dazu insbesondere Mark R. Cohen, *Under Crescent and Cross. The Jews in the Middle Ages*, Princeton, NJ 1994 (dt. gekürzt: *Unter Kreuz und Halbmond. Die Juden im Mittelalter*, aus dem Engl. von C. Wiese, München 2005).

17 Goitein, A Mediterranean Society (wie Anm. 11), Bd. II, S. 300.

18 Ahmad b. al-Qasim b. Abi Usaibi'a (gest. 1270?), Uyun al-anba fi tabaqat a.-atibba, August Müller (Hg.), 2 Bde., Königsberg/Kairo 1882–1884 (repr. Frankfurt am Main 1995), Bd. II, S. 118.

19 Ibn al-Qifti (1172–1248), Ta'rih al-hukama', Julius Lippert (Hg.), Leipzig 1903 (repr. Frankfurt am Main 1999), s.v. Musa b. Maimun, S. 317 ff., dort S. 319.

20 Gemeint ist damit wohl die bereits erwähnte *djizya* (Kopfsteuer), die nach Koran Sure 9,29 nicht muslimische Schutzbefohlene *(dhimmi)* unter islamischer Herrschaft zu entrichten haben.

21 Nach islamischem Recht darf ein Muslim eine Jüdin oder eine Christin heiraten, nicht aber eine Muslimin einen Juden oder einen Christen, es sei denn, er tritt zum Islam über.

22 *Sa'd b.Mansur Ibn Kammuna's Examination of the Inquiries into Three Faiths. A Thirteenth-Century Essay in Comparative Religion*, Moshe Perlmann (Hg.), Berkeley/Los Angeles 1967 (= Univ. of California Publ., Near Eastern Studies no. 6), S. 102 (arab.); engl.: Moshe Perlmann, *Ibn Kammuna's Examination of the Three Faiths. A Thirteenth-Century Essay in Comparative Religion*, Berkeley/Los Angeles/London 1971, S. 149.

23 Goitein, A Mediterranean Society (wie Anm. 11), Bd. II, S. 300–305.

24 In: Samau'al al-Maghribi: *Ifham al-Yahud / Silencing the Jews*, arab. und engl., Moshe Perlmann (Hg.), in: *Proceedings of the American Academy for Jewish Research* 32 (1964), S. 75–88 (engl.), S. 94–119 (arab.).

25 Vgl. dazu auch das Selbstzeugnis von Muhammad Asad (*alias* Leopold Weiss), *Der Weg nach Mekka*, Düsseldorf 2009, S. 76 und 232 ff.

26 Samau'al al-Maghribi: *Ifham al-Yahud* (wie Anm. 21), S. 81 (engl.), S. 109 (arab.).

27 Vor mehr als hundert Jahren bereits hat Carl Heinrich Becker gezeigt, wie christliche Konvertiten nicht unwesentlichen Anteil an der Entstehung und Entwicklung der islamischen Theologie gehabt haben; s. Carl Heinrich Becker, „Christliche Polemik und islamische Dogmenbildung", in: *Zeitschrift für Assyriologie* 25 (1911), S. 175–195 = ders., *Vom Werden und Wesen der islamischen Welt: Islamstudien*, 2 Bde., Leipzig 1924–1932, Bd. I, S. 432–449.

28 Bernard Lewis, *Die Juden in der islamischen Welt – Vom frühen Mittelalter bis ins 20. Jahrhundert*, München 1987, S. 69. Vgl. dazu ferner G. Newby, *Tafsir Israiliyyat* – The Development of Qur'an-Commentary in Early Islam and its Relationship to Judaeo-Christian Traditions of Scriptural Commentaries", in: *Journal of the American Academy of Religion* 47 (1979), S. 685–697.

29 Roberto Tottoli, *Biblical Prophets in the Qur'an and Muslim Literature,* London 2002 (= Routledge Studies in the Qur'an); Rachel Milstein, Karin Ruhrdanz, Barbara Schmitz, *Stories of the Prophets: Illustrated Manuscripts of Qisas al-Anbiya'.* Costa Mesa, CA 1999 (= Islamic Art & Architecture Series, No. 8). Auf Deutsch zugänglich: Abu Ishaq Ahmad b. Muhammad b. Ibrahim ath-Tha'labi, *Islamische Erzählungen von Propheten und Gottesmännern. Qisas al-anbiya' oder Ara'is al-madjalis.* Übers. und kommentiert von Heribert Busse, Wiesbaden 2006 (= Diskurse der Arabistik; Bd. 9).

30 Moritz Steinschneider, *Polemische und apologetische Literatur in arabischer Sprache zwischen Muslimen, Christen und Juden, nebst Anhängen verwandten Inhalts*, Leipzig 1877 (= Abhandlungen für die Kunde des Morgenlandes; Bd. 6/3) [repr. Hildesheim 1966].

31 Goitein, A Mediterranean Society (wie Anm. 11), Bd. II, S. 303 f.

32 Samau'al al-Maghribi: *Ifham al-Yahud* (wie Anm. 21), S. 33–74 (engl.), S. 12–93 (arab.); Samau'al al-Maghribi: *Ifham al-Yahud. The early recension,* Ibrahim Marazka, Reza Pourjavady, Sabine Schmidtke (Hg.), Wiesbaden 2006 (Abhandlungen für die Kunde des Morgenlandes, Bd. 57,2).

33 Esperanza Alfonso, „Abd al-Karim al-Maghili; un paralelo magrebi a los acontecimientos de 1066 en Granada", in: Judit Targarona Borrás, Ángel Sáenz-Badillos (Hg.), *Jewish Studies at the Turn of the Twentieth Century: Proceedings of the 6. EAJS Congress: Toledo, July 1998*, 2 Bde., Leiden 1999, Bd. I, S. 370–378; John Hunwick, *Jews of a Saharan Oasis: Elimination of the Tamantit Community,* Princeton, NJ 2006.

34 Dt. Übersetzung der persischen Version: Karl Jahn, *Die Geschichte der Kinder Israels des Rashid ad-Din. Einleitung, Übersetzung Kommentar*, Wien 1973 (= Österreichische Akademie der Wissenschaften, phil.-hist. Kl., Denkschriften, 114), S. 21–101; zur Sache siehe Schreiner, Das Zehnwort vom Sinai (wie Anm. 13).

Johannes von Oppido | Obadja
Christ – Jude

Der um 1073 geborene Johannes von Oppido war ein normannischer Priester aus Unteritalien. Seine nach 1122 selbst verfasste Lebensbeschreibung ist die wesentliche Quelle zu seiner Biografie. Im Zuge seiner Ausbildung zum Priester kam Johannes in Kontakt mit der Tora, die ihn stark beeindruckte. Er beschloss für sich auch die jüdischen Traditionen und Gebräuche anzunehmen und wählte Andreas II., Erzbischof von Bari, zu seinem Vorbild. Andreas von Bari war zum Judentum konvertiert und deshalb nach Ägypten ausgewandert. Nach seiner eigenen Konversion 1102 – Johannes nahm den Namen Obadja (ha-Ger) an – zog er nach Konstantinopel, wo er unter anderem Polemiken gegen das Christentum veröffentlichte. Er musste weiterziehen und landete am Ende seines Lebens in Kairo, wo er auch seine Lebenserinnerungen schrieb.
Von Obadja sind die ersten Melodien zu hebräischen Texten erhalten, er vertonte Texte für den liturgischen Gebrauch in der Synagoge, die er mit Neumen notierte, also grafischen Symbolen über dem Text, die seit dem 9. Jahrhundert vor allem für die Melodien-Notation von gregorianischen Gesängen verwendet wurden. Seine Autobiografie sowie seine musikalischen Werke wurden in der Kairoer Genisa – einem Aufbewahrungsraum für liturgisch nicht mehr verwendete Schriften – gefunden. *HS*

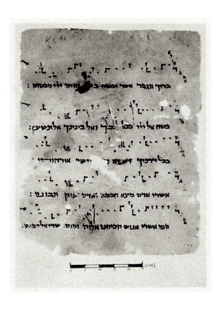

Abbildung der Notenhandschrift Obadjas aus der Genisa von Kairo, 12. Jh., mit Neumen von rechts nach links

Teresa von Ávila
Katholikin (Marranin) – Katholikin

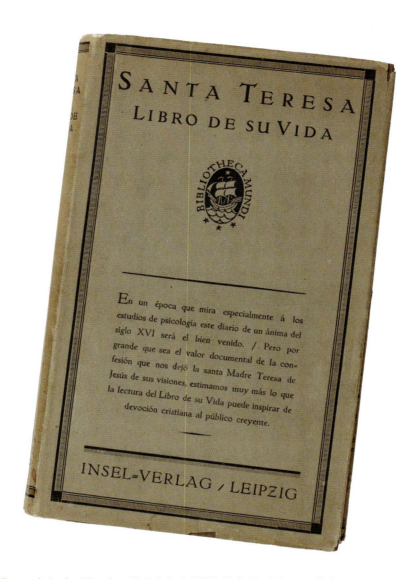

Santa Madre Teresa de Jesús, *Libro de su Vida*. Leipzig 1921; Jüdisches Museum Hohenems (Foto: Robert Fessler)

Teresa Sánchez de Cepeda y Ahumada wurde 1515 in der spanischen Provinz Ávila geboren. Väterlicherseits hatte sie marranische Wurzeln: Ihr Großvater war 1485 zum Christentum übergetreten. Dies war in der Geschichte der spanischen Juden vergleichsweise spät, denn schon in den Jahrzehnten zuvor war der Druck auf die Gemeinden gestiegen und die soziale Ausgrenzung immer stärker geworden. Zehntausende hatten schon den gleichen Schritt vollzogen wie Teresas Großvater. Zunächst genügte es, dem Druck durch einen formalen Übertritt nachzugeben, und so entwickelten sich verschiedene Formen, die neue Religion in das eigene Leben zu integrieren. Das Spektrum reichte von den „Judaisantes", die die Taufe nur formal absolviert hatten und verbotenerweise ihr Judentum im Verborgenen weiter praktizierten, über aufstiegswillige Neuchristen bis zu geharnischten Judenfeinden, die ihre neue religiöse Überzeugung demonstrativ unter Beweis stellen wollten.

Dies führte zu erheblichen Spannungen innerhalb der jüdischen Gemeinden, nicht zuletzt, da die im Judentum Verbliebenen vom gesellschaftlichen Aufstieg der „Conversos" ausgeschlossen waren. Deren Karrieren führten unter den spanischen Christen jedoch dazu, dass sie ihre traditionelle Judenfeindschaft auch auf die Marranen richteten. Die Doktrin der „Reinheit des Blutes", der *limpieza de sangre*, wurde zum Instrument, auch Marranen nach rassistischen Kriterien den Zugang zu öffentlichen Ämtern zu verwehren und damit christliche Nachkommen von Juden oder Mauren auszuschließen. Ab 1478 wurde die Inquisition zum zentralen Verfolgungsinstrument.

Doch auch damit nicht genug: Da die „Conversos" nach wie vor unter dem Einfluss von Juden stehen würden, erließen Isabella von Kastilien und Ferdinand II. von Aragon nach der vollständigen christlichen Eroberung der spanischen Halbinsel 1492 das Alhambra-Edikt, mit dem alle spanischen Juden entweder zur Taufe gezwungen oder aus dem Land vertrieben wurden. Mitten in diesen Entwicklungen wollte auch Teresas Vater die jüdischen Wurzeln seiner Familie verstecken und benannte sich nach seiner ersten Frau de Cepeda. Teresa stammte aus seiner zweiten Ehe. Mit sechzehn Jahren kam sie in ein Augustinerinnenkloster, in dem sie über ein Jahr blieb, das sie aber wegen einer Krankheit wieder verlassen musste. Die letzten Jahre ihrer Jugend verbrachte sie bei einem Onkel, der sie weiterhin in der christlichen Religion unterwies. Um 1536 trat Teresa in den Karmel von der Menschwerdung in Ávila ein: Dieser Schritt war ihr sehr schwergefallen, und erst im Nachhinein unterrichtete sie den Vater davon, der ihre Entscheidung akzeptierte. Der Orden der Karmelitinnen war erst in der zweiten Hälfte des 15. Jahrhunderts gegründet worden und hielt es – wie ihr männliches Pendant, der „Orden der Brüder der allerseligsten Jungfrau Maria vom Berge Karmel" – mit seinen Vorschriften der Armut und eines Lebens in Gebet und Gemeinschaft nicht mehr so genau. Teresa de Jesús, so ihr Ordensname, erkrankte schwer und wurde anscheinend medizinisch falsch behandelt. Es wird überliefert, dass sie drei Jahre lang bewegungsunfähig gewesen sei. Während ihrer langsamen Genesung erlernte sie das „innere Gebet" und nahm wieder am Klosterleben teil.

1554 sah sie eine Darstellung des leidenden Christus, ein Moment, der ihr Leben verändern sollte. Teresa von Ávila predigte hinfort die totale Selbstaufgabe und ein Leben in Christus, was auch seitens ihres Klosters nicht unwidersprochen blieb. Dennoch erhielt sie die päpstliche Erlaubnis, in Ávila den Orden der „Unbeschuhten Karmelitinnen" zu gründen, der auch „Teresianischer Karmel" genannt wurde und die ursprüngliche Ordensvorschrift des einsiedlerischen Lebens mit den Regeln einer Klostergemeinschaft verband. Dies führte zu heftigen Auseinandersetzungen innerhalb des Ordens.

Teresa starb 1582 und galt als bedeutende Mystikerin. 1614 wurde sie seliggesprochen, 1622 heilig. 1970 erhob Papst Paul VI. Teresa von Ávila zur Kirchenlehrerin. *HS*

Isaac Wolff | Franz Rosenzweig
Jude – Katholik

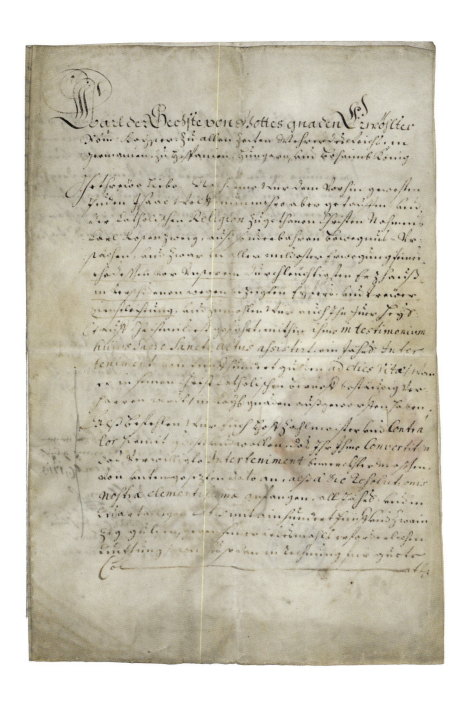

Urkunde Kaiser Karl VI. über jährliche finanzielle Zuwendung an Isaac Wolff/Franz Rosenzweig, 1713; Wiener Stadt- und Landesarchiv, Bürgerspitalurkunden, Sign. 1021

Die Judenpolitik Kaiser Karl VI. war wie jene seiner Vorgänger von Diskriminierungen und Vertreibungen der kleinen religiösen Minderheit gekennzeichnet. Einzelnen jüdischen Großkaufleuten gelang es, sich zu etablieren, weil sie für den Kaiser und den Hof wichtige Dienste leisten konnten, vor allem Heereslieferungen oder Finanzbeschaffung für die Hofhaltung.

Über Isaac Wolff aus Jägerndorf ist fast nichts bekannt, außer dass er für den Kaiser die „Appaltierung des Fleischkreuzers" in den böhmischen und mährischen Städten durchgeführt, also die Einführung einer neuen Steuer in den betreffenden Gegenden durchgesetzt hat. In der Urkunde wird sein besonderer Eifer für den Kaiser genannt, vielleicht hatte Wolff zuvor schon mehr für Karl VI. getan, ihm ein Darlehen verschafft oder andere Dienste geleistet. Jedenfalls garantiert ihm Karl mit dieser Urkunde eine jährliche Zuwendung von 500 Gulden, die ihm immer am Jahrestag seiner Taufe auszuhändigen sei. Der enorm hohe Betrag lässt darauf schließen, dass der nunmehr auf den Namen „Franz Rosenzweig" Getaufte ihn nicht nur als Belohnung für seine Bekehrung zum Christentum erhielt, sondern auch für seinen wirtschaftlichen Wert für die Krone, möglicherweise auch als Kompensation für wirtschaftliche Verluste, die er aufgrund seiner Konversion erlitten hatte.

Am Rande der Urkunde ist ein Vermerk zu lesen, angebracht vielleicht durch einen Beamten der kaiserlichen Verwaltung, der die Vorbehalte vieler Zeitgenossen gegen die Konversion von Juden zum Christentum gut verdeutlicht: „Wie aus einem Wolf ein Rosenzweig wird!" HS

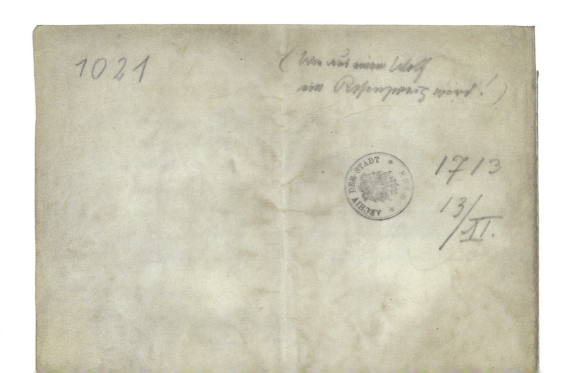

Zwang, Not und Seelenheil
Jüdische Konversionen im mittelalterlichen Aschkenas
Martha Keil

Drei Quellen als Einstiege in ein auch und gerade im Mittelalter höchst brisantes Thema:

Szene Nummer eins: Am 3. März 1374 versprechen die zwölf Vorstände der jüdischen Gemeinde von Regensburg, unter ihnen bemerkenswerterweise auch eine Frau, ihre Auswanderungspläne aufzugeben und während der nächsten zwölf Jahre in der Stadt zu bleiben. Dies bekräftigten sie mit einem feierlichen Eid auf die Torarolle und nahmen, wie in Eidformularen üblich, bei einem allfälligen Meineid Strafen und Flüche auf sich, darunter den folgenden:

„Und sol auch dann unser kheiner nymmer ein jud sein noch heizzen, wir noch alle unser erben noch geslaechtt. Und was wir dann fleyschs ymmer verzirn, wir, unsere chint und nachkommen, daz daz sweynein fleichs sey, und allen den wein, den wir trinchen, dieweil wir leben, unserew chind und nachkomen, daz daz sey christenwein."[1]

Die Konversion zum Christentum und die daraus resultierende Mahl- und Trinkgemeinschaft mit unreinen Nahrungsmitteln bedeutete den Schwörenden demnach die schlimmste Selbstverfluchung – oder, eine andere Lesart: Sie bedienten für ihre Verhandlungspartner bewusst das Bild vom Juden, der das Christentum hasst. Menschen dieser Glaubenshaltung konnten der Taufe allenfalls unter Zwang und Bedrohung zugeführt werden.

Szene Nummer zwei: Eine der am besten rezipierten Handschriften über mittelalterliche Kampfkunst ist die Ringerlehre eines gewissen Meister Ott, von dem wir weder Lebensdaten noch Herkunftsort kennen. Im ältesten Manuskript von 1443 und in einem weiteren wird Otts *Ringkunst* mit folgender Angabe eingeleitet: „dye stuck [Teile] dann gemacht hat Ott der eyn tauffter Jud ist gewesen". Eine andere Abschrift überliefert eine weitere biographische Angabe: „Hÿe heben sich an die ringen die do gesatz hat maister Ott dem got genädig seÿ, der hochgeboreñ fürsten von Österreich ringer gewesen ist."[2] Der Segenszusatz findet sich bei sämtlichen – allesamt christlichen – Namen dieser Sammlung, Otts religiöse Herkunft scheint nicht mehr erwähnenswert. Seine Aufnahme in die christliche Gesellschaft, sein „Ankommen in ein neues Zuhause"[3], scheint vollkommen gelungen.

Szene Nummer drei: 1474 sagte der „tauft christjud Hans Veyol" vor dem Stadtgericht von Regensburg aus, „das er zu Oesterreich in der Newenstat", in der Wiener Neustadt, im Haus eines Juden gespielt und denselben um zwei Röcke erleichtert habe. Des Weiteren habe er sich einmal in Regensburg und einmal in Ungarn taufen lassen, „darumb das im vil gelts werden sollte". Ganz dem negativen Typus des *mosser meschummad,* des getauften Denunzianten, entsprechend, beschuldigte er den Regensburger Rabbiner Israel Bruna, er wolle ein Christenkind kaufen, woraufhin dieser verhaftet wurde und auch nach Veyols Widerruf als 74-jähriger gebrechlicher Mann weitere zwei Wochen im Kerker bleiben musste. Hans Veyols unrühmliche Karriere endete mit dem Tod durch Ertränken.[4]

Die drei Quellen werfen Schlaglichter auf strittige Fragen zum Phänomen Konversion im Mittelalter: freie Wahl oder Zwang, Inklusion oder Exklusion, Neubeginn oder Scheitern.

Konversion und Zwangstaufe Statistiken aus der Zeit gibt es nicht, doch es scheint die Annahme berechtigt, dass im Gegensatz zur Moderne im Mittelalter weit häufiger ein Religionswechsel durch Zwangstaufe unter lebensbedrohlichen Umständen erfolgte als durch freiwillige Konversion. In der Wahrnehmung der Zeitgenossen vermischten sich diese beiden Phänomene jedoch zuweilen.[5] Beide Religionen, das Christentum als Religion der Machtträger offen, das Judentum als einzige nicht christliche Minderheit nur im inneren Diskurs, deuteten Konversionen zur eigenen Religion als Bestätigung des einzig wahren Glaubens und Apostasie als Verrat und Ehrverlust für das Individuum, dessen Familie und die gesamte Gemeinschaft. In letzter Konsequenz stellte religiöse Abtrünnigkeit das jeweilige Heilsgeschehen infrage. In beiden Religionen stand darauf theoretisch die Todesstrafe, die wiederum nur bei entsprechender Machtposition vollstreckbar war.

Die im aschkenasischen Raum verwendete hebräische Bezeichnung für Konvertiten drückt den zum Negativen veränderten Status der Person aus: *Meschummad*, landläufig mit „Getaufter", jiddisch „geschmatteter" übersetzt, bedeutet wörtlich „Vernichteter". Das eher neutrale *mumar*, „Gewendeter" oder „Abgewendeter", entspricht mehr dem lateinischen *conversus*. Einige bedeutende Rabbiner, allen voran Raschi (gest. 1105 Troyes), wandten den talmudischen Grundsatz (bSanhedrin 44a) „Ein sündiger Jude bleibt ein Jude" an und interpretierten die Annahme der Taufe als schwere, aber bußfähige Sünde. Strengere Gelehrte sahen sie als Tod der Seele. Rabbi Gerschom ben Jehuda Meor ha-Gola von Mainz (gest. 1028 oder 1040) saß über seinen zwangsgetauften Sohn vierzehn Tage Schiwe, hielt also die üblichen sieben Trauertage doppelt so lange ein wie nach einem Verlust durch Tod. Meir von Rothenburg (gest. 1293) entschied dagegen, dass man über Apostaten nicht Schiwe sitze, sie hätten diese Ehre verwirkt.[6]

Juden und Christen versuchten, der Apostasie vorzubeugen, indem sie sich um möglichst große Abgrenzung voneinander bemühten, was angesichts der intensiven Geschäfts- und Alltagsbeziehungen in einer mittelalterlichen Stadt nicht konsequent gelang. Beide Seiten warnten vor einem zu engen persönlichen Umgang, dem Gespräch mit Gebildeten und insbesondere vor den Dienstboten und Ammen, die die Kinder außer mit verbotener materieller , also nicht koscherer, auch mit geistig-seelischer Nahrung füttern könnten. Dass diese Befürchtungen nicht grundlos waren, zeigt – oder reflektiert – die von Abt Johann von Viktring (1270–1347) überlieferte Erzählung von einer christlichen Amme im Haus eines Juden, die dessen Tochter nach Friesach in Kärnten entführte, wo sich das Mädchen taufen ließ.[7]

Die rabbinischen Quellen vermitteln zwei unterschiedliche Haltungen: Zwangsgetauften wurden ein gewisses Verständnis und Mitgefühl entgegengebracht, sofern sie innerhalb eines angemessenen Zeitraums zurückkehrten. In bewusster Lebensentscheidung Getauften begegnete die jüdische Gesellschaft hingegen mit Verachtung und grenzte sie möglichst aus dem sozialen Leben aus – so zumindest der geforderte Idealfall, der der Lebensrealität nicht immer standhielt. Die starke Abneigung wurde durch die Tatsache geschürt, dass sich die freiwilligen Neuchristen oft gezwungen sahen, der nicht selten misstrauischen neuen Lebenswelt ihren Glaubenseifer zu beweisen. Es gibt kaum eine Zwangsdisputation, eine Beschuldigung der Hostienschändung oder gar des Ritualmords, an der nicht ein Konvertit beteiligt war, wobei hier nach der sozialen Herkunft differenziert werden muss: Gebildete Getaufte, unter ihnen sogar Rabbiner, wie zum Beispiel Nicholas Donin 1240 in Paris oder Peter Schwarz 1474 in Regensburg, waren beflissen, ihren neuen Brüdern die „jüdischen Geheimlehren" zu erschließen und ihre früheren Glaubensgenossen von der „wahren" Auslegung der biblischen Schriften zu überzeugen. In einer positiven Sichtweise kann man, wie Martin Przybilski, eine solche Haltung als Konsequenz der „hybriden Natur" der Konvertiten mit ihrem Zugriff auf zwei Kulturen und entsprechenden Vermittlungsfähigkeiten interpretieren.[8] Doch führten solche Persönlichkeiten oft die christliche Seite von religiösen Disputationen an, die in Bücherverbrennungen oder sogar Pogrome eskalieren konnten. Die gefährlichen Verleumdungen kamen in den meisten Fällen von Konvertiten der Unterschichten, deren mörderische Aussagen oft unter Folter getätigt wurden. Dass auch bei ihnen von einer „hybriden Identität" gesprochen werden kann, ist zu bezweifeln; Christoph Cluse spricht sich in beiden Fällen klar gegen eine solche Konstruktion aus und sieht die ambivalenten Verhaltensweisen von Getauften als Folge der von den Christen verweigerten Inklusion.[9]

Die Zwangstaufen, ab dem Ersten Kreuzzug 1096 Begleiterscheinung jedes Pogroms, lösten in Sefarad und in Aschkenas unterschiedliche Reaktionen aus: Spanische Juden betrachteten die Taufe in der Regel als reine Äußerlichkeit, unterzogen sich ihr zur Lebensrettung und kehrten bei nächster Gelegenheit entweder zurück oder praktizierten heimlich weiter ihre jüdische Lebensweise. Bei den Aschkenasen trat ein Phänomen der Massenpsychose ein, das weder in der Tora noch im Talmud eine gesetzliche Grundlage hat, jedoch Vorbildern an großer Gottesfurcht nacheiferte: der Selbstmord oder Mord zur „Heiligung des göttlichen Namens", Kiddusch ha-Schem. Beeinflusst von der christlichen Märtyrerverehrung fanden diese tragischen rituellen (Selbst-)Mörderinnen und Mörder die höchste Wertschätzung und durch die Chroniken und Memorbücher bis in die Gegenwart eine Verankerung im kollektiven Gedächtnis.[10] Diejenigen, welche das Leben wählten, waren für viele Rabbiner zweite Wahl, was etwa das „Buch der Frommen" im ersten Drittel des 13. Jahrhunderts zum Ausdruck bringt, wenn es freiwillige Apostasie als Strafe für den verweigerten Kiddusch ha-Schem der Vorfahren interpretiert.[11]

Trotzdem bringt neben *meschummad*, „Vernichteter", auch eine weitere gängige Bezeichnung für Getaufte eine gewisse Passivität, Wehrlosigkeit und damit Unschuld zum Ausdruck: *annuss* bedeutet der „Überwältigte", „Gezwungene", mit einer sexuellen Konnotation, die bei Frauen die Deutung erschwert, ob die Quelle nun von einer Vergewaltigten oder einer Zwangsgetauften spricht oder womöglich beides zutrifft. Im Unterschied zu den Sefarden, die zwischen *annussim*, „Gezwungenen", und *posch'im*, „Sündern", also freiwillig Übergetretenen, unterschieden, empfanden die Aschkenasen im Mittelalter bezüglich der Taufe immer einen Aspekt von Zwang.[12]

Dass die zwangsgetauften Juden und Jüdinnen möglichst rasch zum Judentum zurückkehrten, bestätigte wiederum die allgemeine Beurteilung neu getaufter Juden durch Christen. Man misstraute ihrer ehrlichen Glaubensentscheidung in einer solchen Dimension, dass einige Forscher sogar von einem frühen Rassenantisemitismus sprechen. Mit der *limpieza de sangre,* der im 15. Jahrhundert in Spanien entstandenen Lehre von der „Reinheit des Blutes", läge tatsächlich ein solcher biologistischer Denkansatz vor. Von Hofbeamten und Angehörigen des höheren Klerus wurde der Nachweis gefordert, nicht von Juden oder Mauren abzustammen. Doch ist vor einer Rückprojektion aus dunklen späteren Zeiten zu warnen: Man glaubte bereits im Mittelalter an die unveränderliche Natur, etwa die der Frau, deren triebgesteuertes Wesen nach Auffassung der Theologen selbst die Taufe nicht mäßigen konnte. Auch am *genus Judaicus* hingen angeblich bestimmte unveränderliche Eigenschaften wie beispielsweise, es überrascht nicht, die Geldgier, die durch kein Weihwasser abzuwaschen sei.[13]

Ein weiteres Argument für die Zweifel der Christen an einer aufrichtigen jüdischen Konversion war die von Kirche und Herrschern verhängte *servitus perpetua,* die ewige Knechtschaft zur Strafe für die Kreuzigung Jesu. Auch die vermögendsten Juden fristeten ihr Leben in einem rechtlich, sozial und ökonomisch prekären Zustand, der jederzeit in blankes Elend umschlagen konnte. Nur die Taufe konnte scheinbar dieses gedrückte Dasein beenden – war da religiöse Erweckung tatsächlich glaubhaft?

Religiöse Überzeugung, Karriere oder Not? Was konnten nun, abgesehen von der wahrhaftigen religiösen Bekehrung, Motive für eine freiwillige Taufe sein? Bei allen in den Quellen erfassbaren Fällen, auch denen, für die keine Selbstaussagen vorliegen, ging der Taufe eine Krise voraus: eine religiöse, spirituelle oder intellektuelle, wie bei den bekannten Konvertiten Petrus Alfonsi (getauft 1106 in Aragon) und Hermann, dem Prämonstratensermönch (getauft um 1130 in Mainz), die an der rationalen Bibelauslegung, unlogischen talmudischen Erzählungen, dem abstrakten Gottesbild oder dem relativ nüchternen Kultus verzweifelten.[14] Soziale und emotionale Krisen wie Spannungen oder gar der Bruch mit der jüdischen Gemeinde und besonders bei Frauen eine unglückliche Ehe waren ebenfalls Beweggründe für eine Taufe.[15] Wirtschaftliche Motive bei vermögenderen Juden konnten enttäuscht werden, denn mit der Taufe waren nicht automatisch beruflicher Aufstieg und soziale Sicherheit verbunden. Konvertiten durften ihr Erbe nicht antreten und verloren somit Startkapital für ihr neues Leben. Dies lag, wie sowohl Privilegien als auch Gemeindeordnungen zeigen, im gemeinsamen Interesse der christlichen Obrigkeit und der jüdischen Gemeinden. Das Verbot, unter Brüdern, also von Jude zu Jude und eben auch von Christ zu Christ, Geld auf Zinsen zu leihen, machte von einem Tag auf den anderen das Darlehensgeschäft unmöglich. Das war auch der Grund, warum sich die christlichen Herrscher eher selten als wahre Streiter ihres Glaubens erwiesen: Sie hatten kein Interesse, ihre besten und jederzeit erpressbaren Steuerzahler zu verlieren. Daher übernahmen viele Privilegien das kirchliche Verbot von Zwangstaufen und die Zusicherung, nach einer solchen straffrei zum Judentum zurückkehren zu dürfen.

Womit ein jüdischer Geldleiher nach der Konversion seinen Lebensunterhalt bestritt, verraten die Quellen meist nicht. Ein prominenter Geldleiher aus Friesach ließ sich vermutlich im Sommer 1368, vielleicht an dessen Namenstag, dem 30. Juni, auf den Namen Paul taufen. Am 16. Juli 1368 stellte er dem Grafen Otto von Ortenburg eine Verzichtserklärung auf zwei offene Darlehen aus, in der er seinen alten und seinen neuen Namen nennt: „Ich paul, Haeslein des juden von Friesach bruder, vor do ich jud was Freudmann gehaizzen." Als Grund für den Verzicht auf die große Summe von 800 Mark Agleier gab er religiöse Motive an: „… lauterleich durch got und unser vrawn Marie der reinen magt willen."[16] Wo, wovon und wie Paul nach seiner Taufe lebte, wissen wir nicht. Getaufte Juden in der Dienerschaft der Grafen von Hanau und der Grafen von Waldeck in der Umgebung von Frankfurt am Main sind mehrmals in den Quellen verzeichnet. Hier fand sichtlich eine Verbindung durch Finanzgeschäfte Fortsetzung in einem persönlichen Dienstverhältnis.[17]

Die Suche nach einem neuen Beruf belegt ein Eintrag im Stadtbuch von Frankfurt am Main vom 19. März 1458: Bürgermeister und Rat zu Gelnhausen verwendeten sich beim Frankfurter Rat für den getauften Juden Adolf von Bracht – diese Angabe macht der Frankfurter Stadtschreiber auf der Rückseite ihres Briefs –, der als Kutscher von einspännigen Pferdewagen in Frankfurter Dienste treten wollte.[18]

Die einzige Berufsgruppe, die sofort von einer Konversion profitierte, waren die Ärzte. Insbesondere unter den Leibärzten von Adeligen, Bischöfen, ja sogar Kaisern finden sich auffallend viele Juden, die meist in Padua studiert hatten, eine Weile am Hof lebten und sich nach einiger Zeit taufen ließen, vielleicht auch, um die akademischen Weihen und den damit verbundenen niederen Adel erhalten zu können: Josua-Bruno, Arzt des Erzbischofs Bruno von Trier 1124; Seligman-Sigmund, Arzt des Herzogs Sigismund des Münzreichen von Tirol 1452–1476 – man erkennt unschwer die jeweiligen Taufpaten – und Caspar *Judeus baptisatus*, Arzt von Albrecht V., 1421. Das war zur Zeit der mörderischen Wiener Gesera, in deren Verlauf die Juden des Herzogtums Österreich zwangsgetauft, vertrieben oder hingerichtet wurden. Jakob ben Jechiel von Loans (gest. 1493), Leibarzt von Kaiser Friedrich III., blieb zu dessen Missfallen Zeit seines Lebens Jude. Friedrich III. verlieh ihm zwar trotzdem die Promotion und den niedrigen Adel, Jakob durfte aber die Insignien Hut, Mantel und Gürtel nicht tragen und war somit seinen christlichen Kollegen untergeordnet.[19]

Der enge Kontakt zum Hof wird auch beim eingangs vorgestellten Ott dem Ringer ein Beweggrund für die Taufe gewesen sein – leider wissen wir weder seinen jüdischen Namen und seine Lebensdaten noch an welchen Höfen er diente. Eine weitere Fechtordnung wurde ebenfalls von einem darüber hinaus unbekannten Juden verfasst, von „Meister lewen, dem juden". Ein getaufter Georg Büchsenmacher stand 1364 in den Diensten des Erzbischofs Pilgrim von Salzburg.[20] Dies sind seltene Beispiele für Karrieren, die offensichtlich denjenigen möglich waren, die aufgrund ihrer besonderen Fähigkeiten in ihrem – christlichen – Wirkungsfeld bereits gut integriert gewesen waren.

Für Angehörige der Mittel- und Unterschichten brachte die Taufe durch die Taufgeschenke zwar eine kurzfristige Verbesserung ihrer wirtschaftlichen Lage, jedoch konnten sie davon nur profitieren, wenn sie nicht in die Kriminalität abrutschten. Am untersten Ende der sozialen Leiter, bei den jüdischen Fahrenden, Bettlern und Kriminellen, sah eine Konversion völlig anders aus und verlief in einem gänzlich anderen Milieu. Hier finden wir zum Beispiel ein Motiv, das vermutlich zu Recht Zweifel an der Ehrlichkeit des Taufwunsches aufkommen ließ: die Milderung eines Todesurteils aufgrund einer Taufe in letzter Minute. 1478 wurde in Ilzstadt, heute ein Stadtteil von Passau, ein auf der Richtstätte konvertierter Jude mit dem Schwert hingerichtet statt mit glühenden Zangen gerissen und danach verbrannt; bei einer solchen Wahl fiel vermutlich die Entscheidung für die Taufe nicht allzu schwer.[21]

Schon die Art der Quellen, die am häufigsten Auskunft über getaufte Juden der Unterschicht geben, ist bezeichnend: Es handelt sich um Verhörprotokolle, fast immer unter „peinlicher Befragung", also Folter. Am 19. November 1475 gestand etwa der „Judentäufling Wolfcanus Israel" vor dem Stadtgericht in Regensburg unter Tortur, ein Christenkind getötet zu haben, und beschuldigte weitere 25 Juden der Mithilfe, die daraufhin für Jahre unter Arrest gesetzt wurden.[22] Im selben Jahr gestand „Reichart von Mospach, ein taufter Jud, der sich in der Judischait Ysack genennt hat": Er habe sich mit neun Jahren in Würzburg taufen lassen, sei durch Böhmen und Mähren gezogen. In „Rakoffnicht", vermutlich Rakovník in Böhmen, gab er sich für einen Juden aus, ließ sich dann wieder „taufen zu Johannes" – entweder auf den Namen oder am Johannistag, dem 21. Juni –, ging dann nach Holland, spielte dort wieder den Juden und ließ sich abermals taufen „für Gulden und Gewand". Es folgten – unter Folter – weitere Angaben über zeitlich dicht aufeinanderfolgende Glaubenswechsel. Zuletzt gestand er die unvermeidliche Hostienschändung und denunzierte einen Juden namens Salman, ein Kruzifix geschändet zu haben.[23]

Solche Fälle häuften sich im Laufe des 15. Jahrhunderts, als durch die Vertreibung der Juden aus den Städten und durch die Aufsplitterung in viele kleine, finanziell schwache Gemeinden die Versorgung der Armen nicht mehr gewährleistet war. Auch wenn wir den Details der grausam erpressten Geständnisse keinen Wahrheitsgehalt zumessen wollen, geben diese Protokolle doch einen Eindruck von den Lebensumständen des fahrenden Volks. Nachdem die Bindungen an die Gemeinden weitgehend zerrissen waren, boten die Vagantengruppen einen neuen sozialen Zusammenhalt, und nirgends sonst bestand ein derart enger Kontakt zwischen Juden und Christen, Männern und Frauen wie in diesen Gaunerbanden. Rudolf Glanz nannte das Taufjudentum einen „neuen gaunerischen Industriezweig", der es in Umkehrung der Ordnung für christliche Bettler attraktiv machte, sich als bekehrte Juden auszugeben.[24] Geldgeschenke und Spenden machten für Bettelarme die Taufe höchst lukrativ. Taufgeschenke sind zuweilen in landesfürstlichen Rechenbüchern verzeichnet, sie konnten bis zu zwanzig Gulden betragen. Aus diesen Aufzeichnungen lässt sich manchmal die Anzahl der Konvertierten erschließen, unter Ludwig IX. von Frankreich (1214–1270), mit gutem Grund „der Heilige", waren es jedes Jahr etwa zwanzig bis dreißig.[25]

Auswirkungen auf Familie und Gemeinde Von Glaubenswechsel und Vagantentum jüdischer Männer am meisten betroffen waren ihre Ehefrauen, die ohne Scheidebrief nicht die Auszahlung ihrer Eheverschreibungssumme einfordern und keine neue Ehe eingehen konnten. Rabbi Israel Isserlein bar Petachja von Wiener Neustadt (ca. 1390–1460) wurde als Rechtsgutachter für die Frau eines Pressburger Juden namens Elija konsultiert. „Sie [die

Pressburger Rabbiner] bezeugten, dass Elija zwei Mal getauft war und nicht, wie es sich gehört, Umkehr *(Teschuwa)* getan hat, wie diese Nichtsnutze, die herumstreunen und konvertieren und wieder zurückkehren, und sich einmal wie Juden, einmal wie Christen benehmen. Er ist jedenfalls ein Getaufter, und sie soll sicher nicht mit ihm verheiratet bleiben."[26] Da Elija nicht auffindbar war, blieb die bedauernswerte Frau im Zustand einer *aguna*, einer „verankerten" Frau, an ihn gebunden. Im Streit, in welchem Glauben die Kinder erzogen werden sollten, wurden zuweilen auch christliche Gerichte eingeschaltet, die die Herausgabe der über dreijährigen Kinder an den getauften Vater erwirken sollten.[27] Um ihre Kinder einer christlichen Erziehung zu entziehen, ergriffen die Frauen oft verzweifelte Maßnahmen, versteckten sie oder flohen mit ihnen außer Landes.

Es ist ein Gemeinplatz und war zu allen Zeiten das angestrebte Ideal, dass Konvertiten ihre Wurzeln ausreißen und mit ihrer Herkunftsfamilie und -gesellschaft vollkommen brechen. Insbesondere die jüdischen Quellen offenbaren jedoch fortbestehende Kontakte. Für die Geschäftspraxis bedeutsam war die Frage, ob für einen Apostaten weiterhin das Zinsverbot zwischen Juden galt. Rabbi Israel Isserlein von Wiener Neustadt entschied: „‚Von deinem Bruder darfst du keine Zinsen nehmen' (Deut. 23,20), und ein Meschummad wird nicht mehr Bruder genannt".[28] Auch hier gab es Gegenmeinungen, doch setzte sich diese pragmatische Haltung durch und ermöglichte so zumindest Geschäftskontakte mit früheren Gemeindemitgliedern. Überhaupt gewähren die *sche'elot,* die halachischen Anfragen an die Rabbiner, nebenbei und absichtslos Einblicke in die Kontaktzonen zwischen der jüdischen Gesellschaft und ihren Abtrünnigen, beispielsweise mit einem getauften Lautenspieler oder einemPartner für das Kartenspiel.[29] Die geforderte völlige Exklusion aus der früheren jüdischen Gemeinschaft ist in diesen Fällen nicht eingetreten. Die Verbundenheit mit der alten Religion konnte so weit gehen, dass ein Getaufter eine Kerze für den Versöhnungstag in der Synagoge spenden wollte. Doch das lehnte Rabbi Jakob Weil (gest. 1456 in Erfurt) ab, denn „die Kerzen brennen zur Heiligkeit des Tages und ein Meschummad beobachtet die Heiligkeit dieses Tages nicht, sondern entweiht ihn". Die Spende eines Mantels für die Torarolle wurde allerdings akzeptiert, was ob ihrer Nähe zum heiligsten aller Gegenstände doch erstaunt.[30]

Reuige Rückkehr Bei solchen Ansinnen liegt der Schluss nahe, dass die Betreffenden Zwangsgetaufte waren oder sich bereits auf dem geistigen Rückweg in ihre ursprüngliche Religion befanden. Unmittelbar nach einer Zwangstaufe, oft im Zuge eines Pogroms, verlief die Rückkehr zum Judentum, die *teschuwa,* was auch „Buße" oder „Sühne" bedeutet, meistens mit Billigung der örtlichen Kirchenbehörden, gestützt durch päpstliche Dekrete und kaiserliche Privilegien. Nach einem gewissen Zeitraum, wurde die Rückkehr zum Judentum als Ketzerei gewertet und konnte die höchst gefährliche Aufmerksamkeit der Inquisition erregen. Ansonsten wurde sie bestenfalls geduldet oder die Reuigen mussten ihren Wohnort verlassen und die *teschuwa* außerhalb der Reichweite der zuständigen Kirche vollziehen. Da auch den Helfern schwere Strafen drohten, schützte ein Ortswechsel ebenso die jüdische Herkunftsgemeinde.

Wie schon in ihrer Haltung zu Getauften – sind sie nun Brüder oder nicht? – verhielten sich die jüdischen Gemeinschaften auch gegenüber den Rückkehrern nicht einheitlich.

Rabbi Meir von Rothenburg vertrat die Meinung, dass bei einer Zwangstaufe kein Gebot zum Kiddusch ha-Schem bestehe, da die Taufe nicht mit der Herzensabsicht des Religionswechsels empfangen worden sei. Daher könne der zwangsgetaufte *meschummad* sofort wieder als Jude leben. Trotzdem sollte er sich einem Ritual unterziehen, „weil die Menschen ein Zeichen der Umkehr bräuchten".[31]

Tatsächlich sprach aber der Volksglaube, den Juden und Christen wie kaum einen anderen Bereich teilten, der Taufe magische Wirkung zu. Wie bei einer rituellen Verunreinigung verlangte der religiöse Brauch, der *minhag*, intensive Reinigung, ein dreimaliges Untertauchen – gleichsam eine retroaktive Taufe – und den Erhalt des alten oder leicht abgeänderten jüdischen Namens. Trotz seiner prinzipiellen Offenheit für Rückkehrer schrieb auch Rabbi Israel Isserlein ein strenges Ritual und eine lange Bußzeit vor, mit der Begründung der alten Tradition: „Der Minhag unserer Vorväter ist Tora."[32] Ein *ba'al teschuwa* musste sich das Haar scheren, strenge Fasttage halten und durfte im ersten Jahr außer an den Feiertagen weder Fleisch essen noch Wein trinken. „Weiters darf er sich im ersten Jahr keine neuen Kleider kaufen und zu keiner Feier gehen, nur bei Hochzeiten darf er aus der Entfernung zusehen. Er darf nicht auf Federkissen liegen, nicht spielen und keinem Vergnügen nachgehen. Von den Priestern muss er sich fernhalten, darf kein Wort von Gebeten [*tefilot* oder *tiflut*, Frivolität; ein häufiges polemisches Wortspiel] hören, und er darf nicht mit Christen disputieren. Die ganze Zeit über soll er in seinem Herzen bereuen und in jeder Sekunde Buße tun, dass er den Schabbat entweiht, Verbotenes gegessen und Christinnen beschlafen hat. Und wenn ihn die Leute schmähen und ‚Büßer' nennen, soll er nichts entgegnen."[33]

In seiner Strenge ist dieses Ritual mit der Buße für Mörder und Ehebrecher vergleichbar. Trotz aller Rationalisierung und des Pragmatismus im Umgang mit Zwangsgetauften bringt es doch einen tiefen Bruch zum Ausdruck: Sünde und Unreinheit, die durch die Überschreitung der Grenze zur christlichen Sphäre entstanden waren, mussten durch bewusste Distanzierung wieder ausgeglichen werden. Wie groß die Zahl derer war, die sich dieser Buße unterwarfen, ist nicht zu ermitteln. Dass sie sich darin einer ähnlichen Symbolsprache bedienten wie die Religion, die sie gerade wieder verließen, war ihnen vermutlich nicht bewusst.

---

[1] *Regensburger Urkundenbuch, II. Band Urkunden der Stadt 1351–1378*, bearbeitet von Franz Bastian und Josef Widmann. München 1956 (Monumenta Boica 54), S. 411, Nr. 1038.

[2] Markus J. Wenninger, „Von jüdischen Rittern und anderen waffentragenden Juden im mittelalterlichen Deutschland", in: *Aschkenas. Zeitschrift für Geschichte und Kultur der Juden* 13/1 (2003), S. 35–82. *Die deutsche Literatur des Mittelalters – Verfasserlexikon* 7: „Oberdeutscher Servatius" – Reuchart von Salzburg 2. Aufl. Berlin 1989; Sp. 196–199.

[3] Martin Przybilski, „Leben auf der Grenze. Die mentale Landkarte des jüdischen Konvertiten in der Literatur des europäischen Hoch- und Spätmittelalters", in: Ulrich Knefelkamp und Kristian Bosselmann-Cyran (Hg.), *Grenze und Grenzüberschreitung im Mittelalter*. Berlin 2007, S. 188–199.

[4] *Urkunden und Aktenstücke zur Geschichte der Juden in Regensburg 1453–1738*. Bearb. von Raphael Straus, mit einem Geleitwort von Friedrich Baethgen. München 1960, S. 40, Nr. 149.

[5] Ulrich Horst, Barbara Faes de Mottoni, „Die Zwangstaufe jüdischer Kinder im Urteil scholastischer Theologen", in: *Münchener Theologische Zeitschrift* 40/3 (1989). S. 173–199.

[6] Elisheva Carlebach, *Divided Souls. Converts from Judaism in Germany, 1500–1750*. New Haven/London 2001, S. 14.

7 Wilhelm Wadl, *Geschichte der Juden in Kärnten im Mittelalter. Mit einem Ausblick bis zum Jahre 1867*. 2. Aufl. Klagenfurt 1992, S. 185.

8 Przybilski, Leben auf der Grenze, S. 188, 198.

9 Christoph Cluse, „Konversion, Inklusion, Exklusion. Zur narrativen Identität des ‚Taufjuden' in Spätmittelalter und früher Neuzeit", in: Iulia-Karin Patrut und Herbert Uerlings (Hg.): Inklusion/Exklusion als kulturwissenschaftliche Analysekategorie (beim Herausgeber; ich danke dem Autor herzlich für die Überlassung des Manuskripts).

10 Eva Haverkamp (Hg.), *Hebräische Berichte über die Judenverfolgungen während des ersten Kreuzzugs. MGH Hebräische Texte aus dem mittelalterlichen Deutschland. Band 1.* Hannover 2005, S. 14–24.

11 Alfred Haverkamp, „Baptised Jews in German Lands during the Twelth Century", in: Michael A. Signer und John van Engen (Hg.), *Jews and Christians in Twelfth-Century Europe*. Notre Dame, Ind., 2001, S. 255–310, 262.

12 Carlebach, Divided Souls, S. 12.

13 Haverkamp, Baptised Jews, S. 265.

14 Przybilski, Leben auf der Grenze, S. 192–197.

15 Joseph Shatzmiller, „Jewish Converts to Christianity in Medieval Europe 1200–1500", in: Michael Goodich, Sophia Menache, Sylvia Schein (Hg.), *Cross Cultural Convergences in the Crusader Period. Essays presented to Aryeh Grabois on his Sixty-fifth Birthday*. New York u. a., 2. unv. Aufl. 1999, S. 297–318, 303, 306.

16 Haus-, Hof- und Staatsarchiv (HHStA), Allgemeine Urkundenreihe (AUR) 1368 Juli 16. Martha Keil, „‚Petachja, genannt Zecherl': Namen und Beinamen von Juden im deutschen Sprachraum des Spätmittelalters", in: Reinhard Härtel (Hg.), *Personennamen und Identität*. Graz 1997, S. 119–146, hier 144 f.

17 Z. B. Dietrich Andernacht, *Regesten zur Geschichte der Juden in der Reichsstadt Frankfurt am Main von 1401–1519*. Band 1/2, Hannover 1996, S. 481, Nr. 1863.

18 Dietrich Andernacht, *Regesten zur Geschichte der Juden in der Reichsstadt Frankfurt am Main von 1401–1519*. Band 1/1. Hannover 1996, S. 298, nr. 1142.

19 Markus Wenninger, „Zur Promotion jüdischer Ärzte durch Kaiser Friedrich III", in: *Aschkenas. Zeitschrift für jüdische Geschichte und Kultur* 5/2 (1995). S. 413–424, 422 f.

20 HHStA, AUR 1386 April 15 und HHStA AUR 1386 Oktober 4.

21 Manfred Agethen, „Bekehrungsversuche an Juden und Judentaufen in der frühen Neuzeit", in: *Aschkenas* 1 (1991), S. 65–94, S. 79.

22 Straus, Urkunden und Aktenstücke, S. 63, Nr. 208.

23 Straus 64 ff., Nr. 211; Gerd Mentgen, „Jüdische Proselyten im Oberrheingebiet während des Spätmittelalters. Schicksale und Probleme einer ‚doppelten' Minderheit", in: *Zeitschrift für die Geschichte des Oberrheins* 142 = N. F. 103 (1994), S. 117–139, 137.

24 Rudolf Glanz, *Geschichte des niederen jüdischen Volkes in Deutschland. Eine Studie über historisches Gaunertum, Bettelwesen und Vagantentum*. New York 1968, S. 69.

25 Shatzmiller, Jewish Converts, S. 317.

26 Israel bar Petachja, *Sefer Terumat ha-Deschen ha-schalem*. 1. Teil: Sche'elot u-Teschuwot, 2. Teil: Pesakim u-Khetawim, 3. Teil: Teschuwot Chadaschot (hg. von Schmuel *Abitan,* Jerusalem 1991), Pesakim u-Khetawim Nr. 138.

27 Straus, Urkunden und Aktenstücke, S. 21, Nr. 77, 1464 April 9, Landshut.

28 Israel bar Petachja, Terumat ha-Deschen Nr. 241, Bruna 242.

29 Josef Jossel bar Mosche, *Leket Joscher* (hg. von Jakob *Freimann,* Berlin 1903, repr. Jerusalem 1964, 2 Teile in einem Band), I, S. 65 (Lautenspieler); Israel me-Bruna, *Sefer Sche'elot u-Teschuwot* (hg. von M. Herschler, Jerusalem 1959/60), Nr. 135 (Kartenspieler).

30 Quellen und weitere Beispiele bei Jacob Katz, *Exclusiveness and Tolerance. Studies in Jewish-Gentile Relations in Medieval and Modern Times*. London 1961, S. 67–81.

31 Carlebach, Divided Souls, S. 29.

32 Israel bar Petachja, Sche'elot u-Tschuwot, Nr. 86.

33 Josef bar Mosche, Leket Joscher II, S. 49.

Christine H.
Katholikin – Protestantin

Die ursprünglich katholische Christine H. (Pseudonym) folgte einem Kommilitonen aus Liebe in eine evangelikale Gruppe. Seit der Trennung von ihrem Mann lebt sie als evangelisch-lutherische Christin, die von reformierten Theologen geprägt ist und einer unierten Kirche angehört. Nach dem Tod ihrer Eltern hängte sie deren Kruzifix in ihrem Schlafzimmer auf, wo sie es vom Bett aus immer sehen kann und nicht für diese Ausstellung entbehren möchte. Den Rosenkranz aber braucht sie in ihrem Alltag nicht mehr. *RLK*

Rosenkranz und Schächtelchen in Buchform, 1950er-Jahre, Holz, Metall; Privatbesitz von Christine H. (Foto: Robert Fessler)

Alexandra und Baruch Wolski
Katholikin (formal), Jude (formal) – Islam

Gebetsteppich; Privatbesitz von Baruch und Alexandra Wolski (Foto: Robert Fessler)

Baruch Wolski wurde 1976 in Wien in eine jüdische israelische Familie geboren, Alexandra 1974 im burgenländischen Oberwart in eine traditionell katholische Umgebung. Erste Kontakte mit dem Islam kamen über den gemeinsamen muslimischen Freundeskreis. Nach der Beschäftigung mit islamischer Philosophie folgte die Auseinandersetzung mit der Theologie. Alexandra und Baruch Wolski engagierten sich im Verein „Kanafani", in dem Muslime und Nicht-Muslime sich gegen Rassismus und Islamophobie einsetzten, und als Mitarbeiter der Zeitschrift der.wisch. zeitschrift für viel.seitige. Relativ unabhängig voneinander näherten sich beide zusehends dem Islam an. Nach der Geburt der Tochter begannen beide schrittweise mit muslimischer Lebenspraxis, also dem Einhalten der Fastenzeit, den Gebetsvorschriften usw. Schon vor der Konversion waren beide emotionell immer mehr in gegenwärtige Islam-Diskussionen involviert, geeint nicht zuletzt über die Ablehnung der zeitgenössischen fundamentalistischen Strömungen. Sie verorten sich selbst in einem traditionellen Islam, der sich aber auch lebendig fortentwickelt und in jeder Gegenwart seine spezifische Ausprägung erfährt. Die Konversionen erfolgten ohne Bruch mit Familie oder Freundeskreis. Als ihr Kind schwer erkrankte, wurden Bittgottesdienste gelesen – in der katholischen Pfarrkirche in Oberwart, in einer Tel Aviver Synagoge und in einer Wiener Moschee. HS

Verschiedene Ausgaben der Zeitschrift der.wisch. zeitschrift für viel.seitige; Privatbesitz von Baruch und Alexandra Wolski (Foto: Robert Fessler)

Zwischen Konversion und Verstellung:
Die Marranen von Spanien und Portugal in der Frühen Neuzeit
Yosef Kaplan

Das „Problem der Marranen" tauchte zum ersten Mal nach Pogromen in Andalusien im Jahr 1391 auf. Von dort aus griff es nach Kastilien, Valencia, Katalonien und schließlich auf fast ganz Spanien über. Tausende Juden wurden gezwungen zu konvertieren – zu dieser Zeit durchaus gegen den Willen der Herrscher von Kastilien und Aragon. Die zentral organisierten Regierungen dieser beiden Königreiche waren jedoch außerstande, die Pogrome zu verhindern, die vorwiegend ein Werk der Besitzlosen und der kleinen Leute waren, welche wiederum zumeist vom niedrigen Klerus angestiftet wurden. Der Mob gefährdete die Sicherheit jüdischen Lebens in ganz Spanien. Zahlreiche Juden wurden ermordet, weil sie sich nicht dem Willen ihrer Angreifer unterwarfen, die bei ihren Übergriffen „Tod oder Christentum!" schrien. Viele Juden kamen jedoch mit ihrem Leben davon, weil sie sich taufen ließen.

Zwar ist die genaue Anzahl derjenigen, die sich damals der Taufe unterzogen, unbekannt – aber es müssen viele Tausend gewesen sein. In manchen Orten wurden ganze jüdische Gemeinden ausgelöscht, um nie wieder zum Leben erweckt zu werden. Das war auch das Schicksal der jüdischen Gemeinde von Barcelona – einst eine der wichtigsten nicht nur von Katalonien, sondern von ganz Europa –, die nach den Pogromen von der Landkarte verschwand, wie die meisten Gemeinden des Königreichs Valencia. Andere, wie die von Toledo und Sevilla, wurden erheblich geschwächt, und parallel zu den dort weiter existierenden jüdischen Gemeinden bildeten sich Konzentrationen von Conversos. Solche Gemeinschaften entstanden bald auch in weiten Teilen Kastiliens und Aragons und wuchsen rasch. Die Propagandakampagne des Volkspredigers Vicente Ferrer, die wirtschaftlichen und kulturellen Beschränkungen, die den Juden von Kastilien 1412 auferlegt wurden, sowie der Tortosa-Disput von 1413 bis 1414, bei dem Vertreter der Juden von Aragon gezwungen wurden, gegen die Angriffe des Apostaten Hieronymus de Sancta Fide anzutreten, waren weitere Ereignisse, die nach den Pogromen von 1391 zu Konversionen zum Christentum führten und damit zur Schwächung jeder jüdischen Schicht, ob arm oder reich, ob Krämer oder Gelehrte. Neben den Zwangskonvertiten gab es viele andere, die aus Verzweiflung zum Christentum übertraten, aufgrund sozialer Vorteile oder auch aus echter religiöser Überzeugung. Natürlich hatte der Übertritt von Mitgliedern der Elite verheerende Folgen für die gesamte spanische Judenheit: Die Taufe von Höflingen und Rabbinern wurde als Verrat einer Führungsschicht interpretiert, die offensichtlich die harte geschichtliche Prüfung nicht bestand.

Von Rabbi Solomon Halevi, dem Rabbiner der Stadt Burgos, der auf eigenen Wunsch und aus freien Stücken ein paar Monate vor dem Ausbruch der Pogrome von 1391 getauft und unter seinem neuen Namen Pablo de Santa Maria zum Bischof seiner Heimatstadt ernannt wurde, bis zur Zeit von Abraham Senior, dem letzten Hofrabbiner der kastilischen Juden, der, kurz bevor der letzte Verbannte Spanien verließ, zum Christentum übertrat, zogen viele Juden das Taufbecken den Erniedrigungen vor, denen ihre Glaubensbrüder ausgesetzt waren. Einige dieser Konvertiten wurden zu fanatischen Propagandisten ihrer neuen Religion, während andere jeden religiösen Glauben ablehnten und vom Averroismus und einem radikalen Rationalismus angezogen wurden. Viele aber identifizierten sich weiterhin mit dem Glauben ihrer Väter und befolgten insgeheim die Gebote und Gebräuche des mosaischen Gesetzes so gut es ihre Möglichkeiten und Kenntnisse zuließen.

Diese Situation war traumatisch für das iberische Judentum, das während des 15. Jahr-hunderts mit einer großen Zahl von Menschen jüdischer Herkunft zurechtkommen musste, denen das Christentum auf die eine oder andere Weise oktroyiert worden war. Während die einen eine starke und lebendige Verbindung zum Judentum bewahrten, fühlten andere nur einen schwachen Bezug, und wieder andere wurden zu extrem heftigen Gegnern ihrer ehemaligen Religion, wobei sie mit verschiedenen Mitteln versuchten, andere dazu zu bringen, ihnen nachzufolgen und Christen zu werden.

Christliche Reaktionen Die Neuchristen bereiteten auch der alteingesessenen christlichen Gesellschaft viele Schwierigkeiten. Wie sollte man den vielen Tausend Konvertiten jüdischer Herkunft begegnen? Das Weihwasser konnte die ethnischen, sozialen, ökonomischen und kulturellen Merkmale dieser Menschen nicht abwaschen. Obwohl viele von ihnen darum bemüht waren, sich zu assimilieren und in der Bevölkerungsmehrheit aufzugehen, so bewahrte die Gemeinschaft der „Marranen", wie die Neuchristen nun genannt wurden, ihren eigenen Charakter, der sie deutlich erkennbar von der christlichen iberischen Gesell-schaft abhob. Um die Mitte des 15. Jahrhunderts hatten viele „Marranen" den Aufstieg geschafft und einen sozialen Status und öffentliche Funktionen erreicht, von denen sie vorher als Juden nicht einmal zu träumen gewagt hätten. Doch eben diese gesellschaft-lichen Erfolge weckten unter den alteingesessenen Christen erst recht Feindschaft gegen-über den Conversos. Die Altchristen fühlten sich durch eine junge, wirtschaftlich starke und in Staatsdiensten gut etablierte Minorität bedroht. Obendrein erweckten die Neu-christen religiös motiviertes Misstrauen. Viele von ihnen wurden der Illoyalität gegenüber dem Christentum und der ungebrochenen Treue zur jüdischen Religion verdächtigt. Dieses Problem gab in der Mitte des 15. Jahrhunderts Anlass zu vehementen öffentlichen Diskus-sionen und 1449 kam es in Toledo zu einem Pogrom gegen die Conversos. Viele ihrer Häuser wurden angezündet und einige der Neuchristen wurden des „Judaisierens" angeklagt. Die altchristliche Elite Toledos versuchte, sie aus ihren inzwischen wichtigen Positionen und hohen Stellen/Ämtern in der Stadt zu drängen. Ein Ergebnis dieser Bestre-bungen war die erste Formulierung von Statuten über die Reinheit des Blutes.

Sie sollten verhindern, dass Personen, die nicht rein christlicher Abstammung waren, ein Amt in Toledo übernehmen konnten. Obwohl die gewaltsamen Ausschreitungen gegen die Conversos vom König unterdrückt und mehrere der Rädelsführer bestraft wurden, begann damit eine Auseinandersetzung, die jahrzehntelang in Kastilien und später in Portugal über den Charakter und das Wesen der Conversos geführt wurde. Die einen meinten, dass ihr Übertritt rein äußerlich sei und dass sie sich in jeder Beziehung wie Juden verhielten – selbst nach ihrer Taufe. Andere hingegen – im Allgemeinen solche Mitglieder des Klerus, die selbst jüdischer Abstammung waren – verteidigten den Ruf der Conversos und versuchten nachzuweisen, dass die große Mehrheit dem Christentum gegenüber loyal war.

„Reinheit des Blutes" und religiöse Reinigung Nach der Mitte des 15. Jahrhunderts wurden die Statuten zur Reinheit des Blutes von mehreren Institutionen übernommen, um den Zugang der Neuchristen zu Stadträten, Universitäten, Bischofskirchen, religiösen Orden, Ritterorden und natürlich auch zur Verwaltung der Inquisition zu verhindern. Die Begründung für diese Rassendiskriminierung war, dass man sich nicht auf die Loyalität der Conversos verlassen könne und dass sie mit ihrem judaisierenden Verhalten ein Trojanisches Pferd innerhalb der christlichen Gesellschaft seien.

Allmählich verfestigte sich in der kastilischen Literatur ein stereotypes Bild des Neuchristen: Er erschien nun als eine Person, die weiterhin den jüdischen Geboten folgte, ihrer alten Religion treu blieb, ihre neue verleugnete, und deren Lebensweise von jüdischer Tradition durchdrungen war. Die abfälligen Bezeichnungen für die Conversos, wie *marranos* – „Schweine" – oder *tornadizos* – Wendehälse –, waren Ausdruck der Verachtung und Feindseligkeit vonseiten der altgläubigen Christen.

Die katholischen Monarchen, denen 1479 die Vereinigung der Königreiche von Kastilien und Aragon gelang, versuchten einen Staat zu schaffen, in dem eine einzige Religion unter einem einzigen Königshaus herrschte. Ihre Politik erforderte zuallererst eine Lösung des immer wieder beschworenen Problems der Conversos, da diese laut Kirche eine unmittelbare Bedrohung des christlichen Charakters Spaniens darstellten. Die neu gegründete nationale Inquisition, die ihre Aktivitäten in Sevilla 1481 aufnahm und sich von dort auf andere Städte ausbreitete, sollte die „Häresie der Judaisierenden" im Vereinigten Königreich ausrotten. Mit steigender Zahl der Prozesse gegen „Judaisierende" wuchs auch die Überzeugung der katholischen Könige, dass die Mehrzahl der Converso-Gemeinden vom Judaismus „infiziert" war.

Im Jahr 1483 ordneten die katholischen Könige die Vertreibung der Juden aus Andalusien an, um die dort ansässigen Conversos von sämtlichen unmittelbaren jüdischen Einflüssen abzuschneiden. Nach der Eroberung Granadas, der letzten Bastion des Islam auf spanischem Boden, trafen Ferdinand und Isabella im Januar 1492 die Entscheidung, die Juden aus ganz Spanien zu vertreiben, um ihnen jede Möglichkeit zu nehmen, auf die Conversos einzuwirken. Ihre Hoffnung war es, auf diese Weise ihr politisches Ziel der Errichtung eines christlichen Staates mit nur einer einzigen Religion zu erreichen.

Die drohende Vertreibung hatte eine weitere Welle von Konversionen zur Folge. Aus Furcht, in einer fremden, unbekannten Welt umherzuirren, entschlossen sich zahlreiche spanische Juden zu einer Konversion in letzter Minute. Einige der Vertriebenen kehrten nach dem Beitritt zur katholischen Kirche nach Spanien zurück.

Der größte Flüchtlingsstrom ergoss sich in das Gebiet des westlichen Nachbarn, nach Portugal, das auf dem Landweg erreichbar war. Chroniken aus jener Zeit berichten, dass etwa 120.000 Juden von Spanien nach Portugal auswanderten. Selbst wenn diese Zahl zu hoch sein mag, waren die demografische und die soziale Wirkung dieser Migration beträchtlich. Mit den bereits ansässigen Juden betrug ihre Zahl etwa ein Zehntel der Einwohner des Landes, damals ungefähr eine Million. Die meisten der Vertriebenen konnten gegen Zahlung von acht Crusados pro Person für höchstens acht Monate in Portugal bleiben, bis sie Schiffe fanden, mit denen sie die Iberische Halbinsel verlassen konnten. Für 100 Crusados erhielten etwa 600 wohlhabende Familien die Erlaubnis zu einer dauerhaften Niederlassung in Portugal, während eine Reihe von Personen mit gefragten Berufen nur einen symbolischen Betrag für eine Daueraufenthaltsgenehmigung entrichten musste. Der Masse der Vertriebenen jedoch, deren Aufenthalt nur befristet war, gelang es nicht, Portugal nach acht Monaten zu verlassen, und viele von ihnen wurden in die Sklaverei verkauft. Zahlreiche Kinder wurden ihren Eltern entrissen und getauft, und etwa 700 von ihnen wurden auf die Insel São Tomé an der westafrikanischen Küste verbracht. Doch es sollte noch schlimmer kommen.

Im Jahr 1495 bestieg Manuel den Thron von Portugal, und als er um die Hand der spanischen Prinzessin Isabella anhalten wollte, der Tochter der katholischen Könige Ferdinand und Isabella, sah er sich gezwungen, deren Bedingung zu erfüllen: die Vertreibung sämtlicher Juden aus seinem Königreich. Diese sollte nun auch die potenzielle Einflussnahme auf die spanischen Conversos von der anderen Seite der Grenze verhindern. Der am 5. Dezember 1496 verkündete Erlass traf die Juden in Portugal wie ein Blitz aus heiterem Himmel. Aber auch der König war nicht glücklich mit seiner Entscheidung. Er wusste diese weltläufige, urbane Bevölkerungsgruppe zum wirtschaftlichen Nutzen seines Königreiches sehr zu schätzen. Um sie zu halten und gleichzeitig den Forderungen des spanischen Königspaars zu genügen, beschloss er im Januar 1497, als sie gerade ihre Vorbereitungen trafen, das Land zu verlassen, die Zwangskonversion aller Juden. Wenige Einzelne waren von diesem Erlass ausgenommen – eine Handvoll Rabbiner und rabbinische Gelehrte, die eine Genehmigung zum Verlassen des Landes erhielten. Alle anderen wurden zur Konversion gezwungen, sowohl die alteingesessene jüdische Bevölkerung wie auch die aus Spanien geflohenen Neuankömmlinge.

Auf Druck der Könige von Spanien wurden die Juden im März 1498 schließlich auch aus dem Königreich Navarra im Norden vertrieben, was das Ende der jüdischen Präsenz auf der gesamten Iberischen Halbinsel bedeutete. Jene Juden, die nicht rechtzeitig geflohen waren, nahmen die christliche Religion an, einige aus freien Stücken wie in Spanien während der Vertreibung, andere unter Zwang, wie es das Schicksal der Juden in Portugal gewesen war.

Das Dasein der Conversos auf der Iberischen Halbinsel gegen Ende des 15. Jahrhunderts unterschied sich deutlich vom Leben der Conversos vor der Vertreibung in Spanien. Bis 1492 konnten sie in Kastilien und Aragon Kontakte zu der in ihrer Umgebung lebenden jüdischen Bevölkerung pflegen und sogar auf deren Hilfe bei der Aufrechterhaltung eines geheimen jüdischen Lebensstils rechnen. Nun waren die Conversos von der jüdischen Welt abgeschnitten.

Manche von ihnen verließen die Iberische Halbinsel während des 16. und speziell während des 17. Jahrhunderts, in gewissem Umfang sogar noch im frühen 18. Jahrhundert. Einige schlossen sich den sefardischen Gemeinden an, die im Osmanischen Reich und in Nordafrika bald nach der Vertreibung aus Spanien gegründet worden waren, um dort wieder als Juden zu leben. Wenn man ihre Anzahl auch nicht unterschätzen sollte, so vermitteln uns die erhaltenen Quellen, dass ihrer nicht allzu viele waren. Andere iberische Neuchristen zogen es vor, sich geografisch näher an ihrer ursprünglichen Heimat anzusiedeln, und zwar in Frankreich, den Niederlanden und in verschiedenen Orten in Nordwesteuropa. Sie wussten zwar, dass es Juden auch verboten war, in diesen Ländern zu leben, aber sie zogen es vor, dort zu bleiben, weit entfernt von den wachsamen Augen der spanischen und portugiesischen Inquisition. Einige dieser Conversos betrachteten sich durchaus als Christen, andere wiederum waren Atheisten oder Averroisten geworden und standen jeglichem religiösen Glauben gleichgültig gegenüber. Und doch bestanden viele von ihnen auf einer Beibehaltung von Verbindungen zum Judentum, befolgten insgeheim bestimmte Gebote und hielten religiöse Zeremonien ab. Conversos kamen auch nach Italien, wo sie in jeder Hinsicht als Christen weiterlebten. An Orten, wo es ihnen möglich war – etwa in Ferrara – kehrten einige von ihnen wieder zum Judentum zurück, wobei sie ihre christliche Vergangenheit sorgfältig verbargen, um Konflikte mit der katholischen Kirche zu vermeiden.

Conversos in Portugal Groß war die Verzweiflung der Vertriebenen auf dem Territorium Portugals, wo sie dem Dekret des Königs Manuel über die Zwangskonversion unterstanden. 1497 wurden sämtliche Juden Portugals auf königlichen Befehl zu Conversos. Fraglos war diese Gemeinschaft in ihrer jüdischen Identität in vieler Hinsicht von größerer Homogenität als die Gemeinschaft der Conversos in Spanien. Dabei lebten in Portugal nun zahlreiche Vertriebene, die sämtliche Prüfungen durchlitten hatten, denen die Juden in Spanien im 15. Jahrhundert ausgesetzt worden waren. Und nicht nur das – nun wurde ihnen das Christentum ohne jede Vorwarnung per Befehl von oben oktroyiert, ohne ihnen eine reale Möglichkeit zum Verlassen des Landes zu geben. Sie bewahrten ihre kollektive Identität als Neuchristen jüdischer Herkunft, lebten in ihren eigenen Wohngebieten und heirateten in der Regel unter ihresgleichen. Ihre innere religiöse Identität war weithin bekannt, und die portugiesischen Behörden zogen es aus Gründen der wirtschaftlichen und sozialen Opportunität vor, diesen Sachverhalt zu ignorieren, denn es war ohnehin klar, dass jeder Neuchrist vor Kurzem noch ein Jude gewesen war. Die jüdischen Zentren in Orten wie Lissabon, Porto oder Coimbra waren nun zu Ansiedlungen von Neuchristen geworden. An einigen Orten kam es zu Manifestationen von Hass, und 1506 brachen schwere Unruhen in Lissabon aus und Hunderte von Neuchristen wurden vom wütenden Mob ermordet. Der König bestrafte die für die Unruhen Verantwortlichen sowie die gesamte Stadt Lissabon.

Nahezu vierzig Jahre lang führten viele der Conversos in Portugal eine fast ungestörte geheime jüdische Existenz. David Hareubeni, der in den frühen Zwanzigerjahren des 16. Jahrhunderts ins Land kam und versuchte, König Manuel für seinen fantastischen Plan zur Eroberung des Landes Israel von den Muslimen zu gewinnen, fand eine geeinte, ihrem Judentum treu ergebene Gemeinschaft von Conversos vor, die die Verkündigung einer unmittelbar bevorstehenden Erlösung sehnsuchtsvoll erwartete, welche ihrer Knechtschaft und der Unterdrückung ihres wahren Glaubens ein Ende setzen sollte.

Im Jahr 1499 hatte König Manuel den Neuchristen verboten, Portugal zu verlassen. Dieses Verbot wurde ein paar Jahre später wieder aufgehoben, und Conversos, die ihr Land zu verlassen wünschten, konnten es tun. Einige nahmen die Gelegenheit wahr und ließen sich anderswo nieder, manche kehrten sogar zum Judentum zurück. Während des 16. Jahrhunderts wurde das Verbot, Portugal zu verlassen, mehrfach erneuert und wieder aufgehoben, und es ist bemerkenswert, dass nicht viele Conversos von der Möglichkeit Gebrauch machten, fortzugehen. Mit der Schaffung der portugiesischen Inquisition 1536, die binnen kürzester Zeit mit Entschlossenheit und Härte ans Werk ging, wendete sich ihr Schicksal jedoch zum Schlechteren.

Verfolgung und Assimilation Die Lage der Conversos auf der Iberischen Halbinsel war verzweifelt. Innerhalb der Grenzen des Vereinigten Königreiches wurde die innere Bindung, die viele zum Glauben ihrer Vorfahren empfanden, deutlich schwächer, und manche bemühten sich um tatsächliche Aufnahme in die alte christliche Gemeinschaft. In mehreren Städten gelang den Conversos die Assimilation ins städtische Patriziat, so etwa in Toledo. Einige gewannen Einfluss innerhalb der städtischen Verwaltungen oder als Mitglieder des gehobenen Klerus, während andere zu christlichen Theologen wurden, mit dem Ziel, den Katholizismus von seinen Fehlern und Abwegen zu befreien. Zu den prominentesten religiösen Repräsentanten der frühen Neuzeit gehörten Neuchristen jüdischer Abstammung, etwa der Humanist Luis Vives, der augustinische Theologe und spanische Lyriker Fray Luis de León, die Karmelitin und Mystikerin Teresa von Ávila sowie Diego Laínez, Loyolas Nachfolger als General des Jesuitenordens. Einige der bedeutendsten literarischen Autoren kamen aus konvertierten Familien: etwa Fernando de Rojas, Dramatiker und Verfasser des spanischen Klassikers *La Celestina,* oder der Romanschriftsteller Mateo Alemán, Autor des *Guzmán de Alfarache.* Sie hatten sich der christlichen Kultur gänzlich angepasst. Und dennoch – selbst diejenigen, die sich vom Judentum distanzierten und erfolgreich waren, stießen auf die Feindseligkeit der alteingesessenen christlichen Gesellschaft, welche die Nachkommen von Juden ablehnte und sie als Kryptojuden verdächtigte.

Mitte des 16. Jahrhunderts ließ die Verfolgung von Neuchristen jüdischer Herkunft durch die Inquisition nach, und das Problem „judaisierender" Conversos verlor an Bedeutung auf ihrer Tagesordnung. Die spanischen Inquisitoren waren nun mit anderen Fragen beschäftigt, nämlich mit der inneren Gärung, welche die christliche Welt durch das Erscheinen des Protestantismus in Bewegung versetzte, sowie mit Befürchtungen, die durch die Morisken geweckt wurden, jenen Muslimen, die Anfang des 16. Jahrhunderts per königlichem Befehl zum Übertritt ins Christentum gezwungen worden waren. Zahlreiche spanische Behörden und Institutionen erließen jedoch eine wahre Flut von Erlässen zur „Reinheit des Blutes". Vielfach wurden wasserdichte Nachweise einer reinen christlichen Abstammung „von allen vier Seiten" von jedem verlangt, der bei ihnen um Arbeit nachsuchte. Jüdische Vorfahren wurden als existenzielle Bedrohung der christlichen Ordnung angesehen.

Währenddessen wurde das Schicksal der Conversos in Portugal unerträglich, besonders ab Mitte des 16. Jahrhunderts. Das Königreich Portugal war zu einem Zentrum jener Conversos geworden, die sich noch immer einen Kern ihres Judentums bewahrt hatten. Die lusitanische Inquisition intensivierte ihre Überwachung der „judaisierenden Marranen", und viele wurden ergriffen, verhört, gefoltert und zum Tod auf dem Scheiterhaufen verurteilt. Die Härte der portugiesischen Inquisitoren übertraf die der Spanier. Als 1580 unter der Regierung Philipps II. Portugal von Spanien annektiert wurde, versuchten viele portugiesische Conversos ihrem Land zu entfliehen, ihre Hoffnung war, einen sicheren Hafen in Spanien zu finden. Aber diese Massenimmigration ließ dort das Problem der Conversos wieder aufleben. Angesichts der portugiesischen Herkunft der nun des Judaisierens erneut Verdächtigten nahm die spanische Inquisition den alten Kampf gegen die Conversos in noch strengerer und schärferer Form wieder auf, ihre Tribunale führten diesen Feldzug mit umso größerem Eifer. In Madrid, Sevilla, Malaga und überall, wo sich Immigranten aus Portugal niedergelassen hatten, wurde der Begriff „Portugiese" zu einem Synonym für „Jude".

Die Verfolgungen durch die Inquisition in Spanien und Portugal und die während der gesamten frühen Neuzeit propagierten Untersuchungen der „Reinheit des Blutes" führten – neben der Unsicherheit und einer Atmosphäre der Furcht, die sie in der gesamten Gesellschaft hervorriefen – bei den Neuchristen zu intensiven Fragen über ihre einzigartige Identität als Nachkommen eines diskriminierten und erniedrigten Volkes.

Hunderte von Neuchristen in Spanien und Portugal lebten nun als Kryptojuden, die versuchten, die mosaischen Gesetze im Verborgenen zu befolgen. Nach außen hin hielten sie sich an die christlichen Riten und entwickelten verschiedene Mechanismen, um ihre Vorbehalte – bisweilen zur Abscheu gesteigert – gegenüber einem Christentum auszudrücken, das sie als Götzendienerei ansahen.

Doch selbst die dem Judentum am treuesten ergebenen Conversos konnten nicht vermeiden, dass christliche Konzepte bisweilen zu einem zentralen Element ihres Daseins wurden. Einige bildeten sogar Mischformen von Judentum und Christentum heraus. Obwohl sie sich an das mosaische Gesetz gebunden fühlten, beeinflussten christliche Praktiken/Vorstellungen/Anschauungen, die an ihnen haften geblieben waren, die Art und Weise, wie sie ihrem inneren Glauben Ausdruck verliehen. Beispiele hiervon sind in zahlreichen Inquisitionsakten zu finden, in denen festgehalten wird, dass die Conversos argumentierten, „der Glaube an das Gesetz von Moses" führe zur Rettung und ewigem Leben, nicht dessen Befolgung, die in Anbetracht ihrer besonderen Lebensumstände unmöglich war.

So verliehen sie ihrer Opposition zum Christentum Ausdruck, welches lehrt, dass der Glaube an Jesus als Messias zur Rettung der Seele und einem Platz in der künftigen Welt führe. Unter dem Einfluss des katholischen Christentums pflegten sie zentrale biblische Gestalten einschließlich der Patriarchen und Matriarchinnen als Heilige anzusehen. So bezeichneten sie die Königin Esther als „Sankt Esther". Zudem verkörperte sie den Archetypus des Kryptojuden, da auch sie ihre Identität nicht der Öffentlichkeit preisgegeben hatte: „Esther nannte weder ihr Volk noch ihre Verwandten, denn Mordechai hatte ihr gesagt, es nicht preiszugeben", Esther, 2,10. Sie pflegten das Esther-Fasten, das ein zentrales Ereignis ihres Festtagskalenders wurde, drei Tage lang aufs Getreueste zu begehen.

Verschiedene Erfahrungen von Konversion und Rekonversion Es ist klar, dass die Erfahrungen der „Marranen" in Iberien sich gänzlich anders gestalteten als die traditionellen jüdischen Erfahrungen, und je mehr Zeit verging, desto größer wurde die Kluft zwischen ihnen und der übrigen jüdischen Welt. Jene Conversos, die sich entschieden, die Iberische Halbinsel zu verlassen und offen zum Judentum zurückzukehren, beschritten keinen bequemen Weg. Manche hatten eine einzigartige Einstellung entwickelt: Ihnen galt nicht das Befolgen der Gebote als Ausdruck ihres Glaubens, sondern ihre Selbstwahrnehmung und die spirituelle Identifikation mit der jüdischen Überlieferung. Entscheidend war das Empfinden des Converso, dass er tief in seinem Inneren ein Jude war. Von jenen, die zum Judentum zurückkehrten und sefardischen Gemeinden von Westeuropa beitraten, etwa in Amsterdam, Hamburg, Venedig, Livorno, London, Bayonne oder Bordeaux, blieben manche dieser Einstellung zu ihrer jüdischen Identität treu.

Vom Ende des 16. Jahrhunderts an entwickelten sich einige Gemeinschaften ausgewanderter iberischer Neuchristen zu blühenden und vor Leben sprühenden Zentren jüdischen Lebens. Die Veränderung der Einstellung gegenüber Juden an verschiedenen Orten Westeuropas hat, neben politischen und wirtschaftlichen Gründen, den Aufbau voll ausgebildeter jüdischer Gemeinden in Orten ermöglicht, wo es den Juden zuvor verboten war, sich niederzulassen. Die westliche sefardische Diaspora entstand, als viele Neuchristen, die Spanien und Portugal verlassen hatten, die Maske des Christentums fallen ließen und wieder zu Juden im vollen Sinn des Wortes wurden. Sie errichteten ihre Gemeinden im Sog ihrer Rückkehr zum Judentum. Da sie niemals jüdisches Leben in seiner Fülle erlebt hatten, war die erste Gemeinde, die sie kennenlernten, oft die Gemeinde, die sie selbst aufgebaut hatten. Der Prozess der Rückkehr zum Judentum stieß auf zahlreiche Schwierigkeiten. Die „Marranen" brachten nicht nur einen geringen Vorrat an jüdischem Wissen, sondern auch jene tiefe Kluft mit sich, die ihr Leben als Kryptojuden und Neuchristen in Iberien gekennzeichnet hatte, wo viele von ihnen zwischen christlichen und jüdischen Glaubenslehren gespalten waren. Auch herrschte unter ihnen kein Mangel an Skeptikern und Häretikern, die das Christentum abgestreift hatten, ohne jedoch eine Antwort auf ihre existenziellen Zweifel im Judentum zu finden. Sie waren aus ethnischer und sozialer Solidarität zum jüdischen Volk zurückgekehrt, manchmal sogar aus wirtschaftlichen und familiären Erwägungen, und nicht infolge einer Entscheidung, die aufgrund einer religiösen Haltung getroffen wurde. Je mehr Zeit seit ihrer Zwangskonversion verflossen war, desto weiter war ihre Trennung vom Judentum fortgeschritten. Als sie offen der jüdischen Welt beitraten, mussten sie zahlreiche Hindernisse überwinden, um eine neue Identität für sich formen zu können.

Im Kampf gegen die Spaltung, die im Zentrum ihrer Existenz lag, gelang es ihnen dennoch, starke Gemeinden aufzubauen, die zu kreativen und lebendigen Zentren der Kultur wurden und sich zu Vorläufern der Modernisierung der jüdischen Welt im Zeitalter der Aufklärung und der Emanzipation entwickeln sollten.

Übersetzt aus dem Englischen von Lilian Dombrowski

Beatrice de Luna | Gracia Nasi
Katholikin (Marranin) – Jüdin

Kopie einer Porträt-Medaille der Gracia Nasi. Das Original stammt von Pastorino di Giovan Michele de'Pastorini (um 1508 bis 1592), angefertigt in Ferrara, vermutlich 1556, mit hebräischer und lateinischer Inschrift, links: „Gracia Nasi", rechts: „A.Ae. XVIII" („im Alter von 18 Jahren"); Leihgabe von Ira Rezak, Stony Brook, New York (Foto: Thomas Matt)

Gracia Nasi wurde 1510 in Portugal in eine marranische Familie geboren, unter dem christlichen Namen Beatrice de Luna. Im Alter von achtzehn Jahren heiratete sie den jungen Bankier Francisco Mendes, der wie sie aus einem wohlhabenden Haus von Marranen stammte. Als zwangsweise zum Christentum konvertierte Kryptojuden heirateten sie zunächst nach katholischem und dann heimlich nach jüdischem Ritus. Als Francisco acht Jahre später starb, zog Beatrice Mendes de Luna zusammen mit ihrer Tochter Reyna Brianda nach Antwerpen zu ihrem Schwager Diego. Als jener 1542 ebenfalls starb, erbte sie die Bank und das enorme Vermögen der Familie Mendes.

1544 floh sie nach Venedig, wurde dort als heimliche Jüdin und als Verführerin zum Judentum denunziert. Nur durch die Hilfe ihres einflussreichen Neffen Joseph und aufgrund osmanischer diplomatischer Intervention wurde sie wieder freigelassen. In Ferrara, wo sich die Familie nun niederließ, bekannte sich Gracia Nasi wieder offen zum Judentum und zu ihrem Namen, setzte sich für marranische Flüchtlinge aus Portugal ein und gab die erste Übersetzung der Bibel ins Spanische, die Ferrara-Bibel, in Auftrag. Die Ferrara-Bibel wurde in zwei Ausgaben, einer für Christen und einer für Juden (in Judäo-Spanisch), gedruckt.
1553 ließ sich Gracia Nasi in Konstantinopel im Osmanischen Reich nieder, von wo aus sie ihre bedeutenden Handelsgeschäfte mit den europäischen Zentren aufrechterhielt. Joseph Nasi ließ sich wenig später ebenfalls in Konstantinopel nieder, heiratete Gracias Tochter und begann eine bedeutende politische und ökonomische Rolle im Osmanischen Reich zu spielen. Gemeinsam versuchten sie 1556/7 den nun von der Inquisition bedrohten Juden Anconas zu helfen und sie festigte dadurch ihren Ruf nicht nur als Mäzenatin, sondern auch als Schutzpatronin. Als Dank für geleistete Dienste für Sultan Süleyman den Prächtigen wurde Gracia Nasi schließlich um 1558 das Recht verliehen, in der in Trümmern liegenden Stadt Tiberias im heutigen Israel eine jüdische Schule zu gründen. 1561 erhielt Joseph Nasi volle Autorität über Tiberias und sieben weitere Dörfer, um eine neue jüdische Ansiedlung zu ermöglichen. Er ließ die Mauern von Tiberias wieder aufbauen, machte Pläne für eine wirtschaftliche Entwicklung und forderte Juden in Italien auf, sich in Tiberias niederzulassen. Er selbst hat Tiberias aber wohl nie besucht, bevor er 1579 starb.
Zehn Jahre zuvor war Dona Gracia, wie sie inzwischen ehrfurchtsvoll genannt wurde, bei Konstantinopel gestorben.
Reyna Brianda Nasi lebte bis zum ihrem Tod 1599 in Konstantinopel, wo sie unter anderem eine bedeutende hebräische Druckerei unterhielt. HS/HL

Diego d'Aguilar | Moses Lopes Pereira
Katholik (Marrane) – Jude

Ketubba (Ehevertrag), unterzeichnet vom Vater der Braut, Mosche Lopes Peireira alias Diego d'Aguilar, Hainburg (?), 5507/1747; Roberto Bachmann, Lissabon

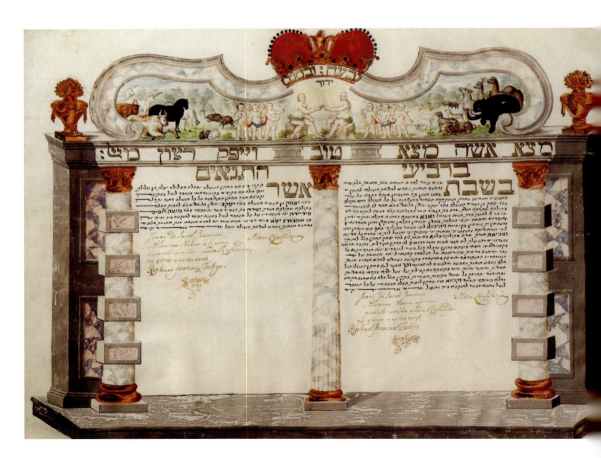

Diego d'Aguilar wurde vermutlich 1699 in Porto als Sohn eines marranischen Tabakhändlers geboren und soll, so die zahlreichen Legenden, die sich um ihn ranken, eine hohe Position in der spanischen Inquisition innegehabt haben. In jedem Fall war er schon in Spanien erfolgreich im Tabakgeschäft.

Über seine Emigration aus Portugal oder Spanien 1722 gibt es melodramatische Darstellungen, die niemals belegt werden konnten. In Ludwig August Frankls „Geschichte Diego d'Aguilars", erschienen in der *Allgemeinen Zeitung des Judentums* im Dezember 1854, mit der die Legendenbildung um seine Person wohl erstmals in gedruckter Form Verbreitung fand, heißt es: „In einer Nacht klopfte es heftig an die Palastpforte des Inquisitors Diego de Aguilar in Madrid. Ein Weib forderte Einlaß, um vor den Inquisitor geführt zu werden; der Pförtner verweigerte ihr den Eintritt in so später Nacht. Das Weib aber ließ sich nicht abweisen und sie sagte: ihr Kommen sei dem Inquisitor wichtiger, als ihr, denn sie habe ihm ein großes Geheimniß anzuvertrauen": Die „Jungfrau", die Aguilar als Marranin, die heimlich ihr Judentum praktiziere, verurteilt hatte und die am nächsten Tage verbrannt werden solle, sei ihre Tochter und seine, Diego d'Aguilars, Schwester. Diese in glühenden Farben geschilderte angebliche Begegnung mit seiner Mutter und seiner eigenen Herkunft soll Diego d'Aguilar auf kathartische Weise wieder zurück zu seinem Judentum geführt haben. Auf welche Weise auch immer sein Abschied von der iberischen Halbinsel verlaufen war, über London und Amsterdam gelangte Diego d'Aguilar, der sich als reuiger Rekonvertit inzwischen Moses Lopes Pereira nannte, 1725 nach Wien, wo ihm Karl VI. das österreichische Tabakmonopol verpachtete.

Diego d'Aguilar – unter diesem Namen wurde ihm ein Jahr später eine spanische Baronie verliehen – reorganisierte den österreichischen Tabakhandel mit großem Erfolg. 1732 borgte er dem Wiener Hof 300.000 Gulden für die Erweiterung von Schloss Schönbrunn.

Ob Diego d'Aguilar oder Moses Lopes Pereira – er setzte sich immer wieder für die Interessen jüdischer Gemeinden ein. Die kleine türkisch-jüdische Gemeinde in Wien fand in seinem Haus ihre Heimstatt und in seiner Person ihren ersten Fürsprecher. Als die Habsburger die Juden 1742 aus Böhmen und zwischen 1744 und 1748 aus Prag ausweisen wollten, machte er seinen Einfluss geltend, um dieses Schicksal von ihnen abzuwenden. 1746 starb seine Mutter in Wien und wurde auf dem alten Friedhof Seegasse beerdigt. 1747 heiratete seine Tochter und bekam von ihm einen prächtigen Ehevertrag. Als die spanische Inquisition 1749 – nach anderen Quellen 1756 – seine Auslieferung verlangte, verließ Diego d'Aguilar mit seinen zahlreichen Kindern Wien und zog nach London, wo er am 10. August 1759 starb. Die Bevis Marks Synagoge bewahrt bis heute die kostbaren Toramäntel auf, die er gestiftet hat.

Einer seiner Söhne, Ephraim, versah zahlreiche Ämter in der sefardischen Gemeinde in London und galt als stadtbekannter Exzentriker. Andere Nachkommen von Diego d'Aguilar traten zum anglikanischen Glauben über, machten Karriere im britischen Militär in den Kolonien von Indien bis Hongkong oder gingen nach Jamaika und beförderten den Zuckerrohrhandel.

HL

Eine folgenschwere Entscheidung. Konversionen von Juden in der frühen Neuzeit am Beispiel Frankfurt am Main
Wolfgang Treue

In einer religiös geprägten Epoche wie der frühen Neuzeit bedeutete der Religionswechsel eine Entscheidung, deren Tragweite man sich kaum groß genug vorstellen kann. Beim Wechsel von der Mehrheits- zur Minderheitsreligion konnte dieser Schritt – wie heute noch oder wieder in einigen muslimischen Ländern – Sanktionen bis hin zur Todesstrafe nach sich ziehen.[1] Doch auch die Konversion zur Mehrheitsreligion, im konkreten Fall vom Judentum zum Christentum, war mit schwerwiegenden Risiken verbunden, bedeutete sie doch den sicheren Bruch mit dem bisherigen sozialen Umfeld im Tausch gegen die höchst ungewisse Hoffnung auf Aufnahme in ein neues. Wie die zahlreichen Beispiele von Konvertiten zeigen, die ein trauriges Dasein am äußersten Rande der christlichen Gesellschaft fristeten, lässt sich Heinrich Heines berühmter Ausspruch über die Taufe als „Entréebillet zur europäischen Kultur" keinesfalls auf die Zeit vor dem 19. Jahrhundert übertragen, indem man den großen Begriff der europäischen Kultur einfach durch den der christlichen Gesellschaft ersetzt.

Der jüdischen Gesellschaft, der sie entstammten, galten die Konvertiten schlicht als Abtrünnige, während die christliche den Übertritt zwar als Erfolg und den Akt der Taufe als wichtiges Ereignis feierte, den Neugetauften aber nicht selten mit Misstrauen und Ablehnung gegenüberstand. Ihre Situation lässt sich mit der militärischer Überläufer vergleichen, die von ihren ehemaligen Kameraden als Verräter angesehen und von den neuen, auch wenn sie diesen durch ihren Seitenwechsel Vorteile verschaffen, mit Argwohn betrachtet werden, weil man demjenigen, der einmal die Seite gewechselt hat, zutraut, es auch ein weiteres Mal zu tun. Dieses Bild aus dem Bereich des Kriegswesens mag überzogen erscheinen. Man muss jedoch bedenken, dass erst die europäische Aufklärung des 18. Jahrhunderts eine allmähliche Veränderung des Weltbildes bewirkte, in deren Folge der Absolutheitsanspruch der eigenen Religion relativiert und den anderen – zumindest den anderen monotheistischen – Religionen eine gewisse Existenzberechtigung im göttlichen Heilsplan eingeräumt wurde.

Die Idee der religiösen Toleranz war zwar bereits dem Mittelalter nicht fremd, wie etwa die berühmte Ringparabel in Boccaccios *Decameron* aus dem 14. Jahrhundert zeigt,[2] in deren Zentrum die Unmöglichkeit steht, unter drei kostbaren Ringen, die Christentum, Judentum und Islam symbolisieren, den wahren, einzig richtigen zu erkennen. Doch blieben derartige Konzepte ohne nennenswerte praktische Konsequenzen. Bezeichnenderweise war es der Aufklärer Gotthold Ephraim Lessing, der diese Geschichte in seinem 1779 veröffentlichten dramatischen Gedicht *Nathan der Weise* aufgriff, zum Programm erhob und radikalisierte – „der echte Ring vermutlich ging verloren ..."

Zumindest bis zu diesem Zeitpunkt befanden sich die drei Schriftreligionen in der Tat in einer Art Wettstreit um die Bestätigung ihrer Wahrheit, wie er etwa in den Glaubensdisputationen des Mittelalters zum Ausdruck kommt, wobei sich die jüdische Seite aufgrund ihrer Minderheitssituation in der Diaspora unter christlicher oder muslimischer Herrschaft im Nachteil befand. Auch war das Judentum seinem Wesen nach eher eine Stammesreligion und daher weniger missionarisch ausgerichtet als die beiden anderen, die schon früh ihren Anspruch als Weltreligionen geltend machten.

Ein Wechsel der Gesellschaft Von zentraler Bedeutung erscheint im vorliegenden Zusammenhang die Feststellung, dass Konversion in der frühen Neuzeit nicht einfach einen Wechsel der Glaubensgemeinschaft bedeutete, schon dieser Terminus ist anachronistisch, sondern einen Wechsel der Gesellschaft, da eine vom religiösen Bekenntnis losgelöste Zivilgesellschaft nicht existierte. So war etwa die bedeutende Reichsstadt Frankfurt am Main bis ins 19. Jahrhundert in einer einzigen evangelisch-lutherischen Kirchengemeinde organisiert, die weitgehend deckungsgleich mit der politischen Gemeinde war. Für die wenigen nach der Einführung der Reformation im Jahre 1531 katholisch gebliebenen Familien galt lediglich ein eingeschränktes Bürgerrecht ohne politische Teilhabe. Andere Minderheiten wie die Juden, die im 16. Jahrhundert aus den Niederlanden eingewanderten Calvinisten oder die katholischen Italiener besaßen lange Zeit nur den Status von Beisassen, Einwohnern ohne dauerhaftes Bleiberecht. Immerhin hatte die jüdische Gemeinde, die von ihrer Wiederansiedlung nach dem Pestpogrom von 1349 ohne Unterbrechung bis in die Zeit des Nationalsozialismus bestand, die uneingeschränkte Freiheit der Religionsausübung mit eigenen Synagogen, und die Italiener konnten ihre Religion als Teil der katholischen Minderheit praktizieren. Sehr viel restriktiver verhielt sich der lutherische Rat gegenüber den Calvinisten, die erst 1787 die Erlaubnis zur Unterhaltung eines eigenen Gotteshauses in den Mauern der Stadt erhielten. Bis dahin waren sie gezwungen, sonntags zum Besuch des Gottesdienstes in das mehrere Kilometer entfernte hanauische Dorf Bockenheim zu gehen. Die Juden waren also nicht die einzige Minderheit innerhalb der Reichsstadt und ihr Status als alteingesessene Sondergruppe bot neben manchen Einschränkungen auch einige Vorteile.

Was das Verhältnis der jüdischen Gesellschaft zu den Konvertiten betrifft, so kamen zu der generellen Verachtung gegenüber den „Abtrünnigen", die sich häufig auch auf deren Familien übertrug und nachhaltig statusmindernd auswirkte, einige konkrete Konfliktfelder hinzu. Wenn ein männlicher Konvertit verheiratet war und seine jüdische Frau sich weigerte, mit ihm zu konvertieren, so galt die Ehe aus christlicher Perspektive als gelöst. Auf der jüdischen Seite hingegen war das nicht der Fall, und die Frau benötigte einen Scheidebrief des Mannes, um eine neue Ehe eingehen zu können. Da sich manche Konvertiten auf den Standpunkt stellten, dass die Ausstellung eines solchen „Get" gegen die Prinzipien der christlichen Religion verstoße, und die Geistlichen unterschiedlicher Meinung in dieser ihnen eher fremden Frage waren, dauerte es oft Jahre, bis das Dokument schließlich vorlag. So war es etwa im Fall des Frankfurter Juden Löb Oppenheim, der 1537 konvertierte und bei der Taufe den symbolträchtigen Namen Paulus Renatus erhielt.[3] Da seine Frau Edel nicht bereit war, ihm zu folgen, verweigerte er ihr im Gegenzug den Scheidebrief. Vielleicht geschah dies anfangs noch in der Hoffnung, sie umzustimmen, doch entwickelte sich daraus eine jahrelange Fehde zwischen den Ehepartnern. 1542 drohte der Frankfurter Rat Renatus im Falle der fortgesetzten Weigerung sogar mit dem Entzug des Bürgerrechts, doch verharrte er möglicherweise noch eine Weile in seiner Haltung, da sich Edel erst 1546 wieder verheiratete.

Noch deutlicher wird diese Problematik anlässlich einer ähnlichen Auseinandersetzung zu Beginn des folgenden Jahrhunderts, in deren Mittelpunkt wiederum ein Frankfurter Jude mit Beinamen Oppenheim stand. Meir Oppenheim war etwa 25 Jahre alt, verheiratet und Vater dreier Kinder, als er im November 1606 die Taufe und mit ihr den Namen Johann Daniel Lichtenstein empfing. Im Oktober 1607, weniger als ein Jahr nach seiner Taufe, war er bereits wieder verheiratet, und zwar mit der Tochter eines Frankfurter Geistlichen, eine eher seltene Heirat in eine gehobene Gesellschaftsschicht, die aber durchaus bezeichnend ist für ein temporär offeneres Klima gegenüber Konvertiten. Gleichzeitig verweigerte auch er seiner jüdischen Frau Brendle hartnäckig den Scheidebrief. Noch drei Jahre später, 1610, war diese Ehe – nach jüdischen Maßstäben – nicht geschieden, und die städtischen Institutionen trugen wenig zur Lösung des Problems bei, indem sie den Fall zwischen den juristischen Instanzen hin und her verwiesen.

Noch größeres Konfliktpotenzial entstand, wenn es gemeinsame Kinder gab, wie zum Beispiel in den eben genannten Fällen. Verständlicherweise bemühten sich beide Seiten um das Sorgerecht und damit um die Berechtigung, die Kinder in ihrer Religion zu erziehen. Dabei kam es zu erbitterten Auseinandersetzungen, da es schließlich um das Seelenheil der unmittelbaren Nachkommen ging. Aus jüdischer Sicht wäre es unverzeihlich erschienen, sie dem „Abtrünnigen" einfach zu überlassen, aus christlicher Sicht wiederum war es undenkbar, sich selbst durch die Taufe in den Stand der Gnade zu versetzen und diesen den Kindern vorzuenthalten.

Hinzu kamen häufig Auseinandersetzungen um materielle Werte, da sich die jüdischen Verwandten in der Regel bemühten, den Besitz innerhalb der Familie zu halten, zu der der Konvertit nicht mehr zählte, und keinesfalls Teile davon etwa durch Mitgift oder Erbschaft in seine Hände gelangen zu lassen. Andererseits erhoben manche Konvertiten überzogene Forderungen und versuchten geradezu, ihre jüdische Verwandtschaft zu erpressen, konnten sich damit jedoch kaum je durchsetzen. Auf christlicher Seite war es lange Zeit umstritten, ob Konvertiten überhaupt Anspruch auf jüdisches Vermögen – selbst auf das eigene, vor der Taufe erworbene – erheben durften, war dieses doch meist durch Geldhandel, der nach christlichen Maßstäben als unmoralisches Gewerbe galt, erwirtschaftet worden.

Die Konversionswilligen befanden sich dadurch häufig in einer materiell prekären Lage, wenn ihnen nicht Obrigkeit, Geistlichkeit oder private Gönner zur Hilfe kamen. In manchen Städten, wie etwa in Hamburg, wurden Anstalten gegründet, in denen sie auch noch eine gewisse Zeit über die Taufe hinaus versorgt waren. In Frankfurt bestand keine solche Institution, und Juden, die sich zur Taufe meldeten, waren daher auf Zuwendungen aus den allgemeinen karitativen Einrichtungen angewiesen. Da diese dem Rat unterstanden und von ihm entsprechend der jeweiligen finanziellen und sozialen Lage verwaltet wurden, war die Unterstützung konjunkturabhängig und – ungeachtet der Bemühungen der Frankfurter Geistlichkeit, die sich sehr für die Belange der Täuflinge einsetzte – starken Schwankungen unterworfen. Aus den Ratsakten wird immer wieder deutlich, dass die Mitteilung der Prediger über das Taufgesuch eines Juden mit gemischten Gefühlen aufgenommen wurde, da man die damit für die Stadt verbundenen Ausgaben scheute. In einigen Fällen bemühte sich der Rat allerdings, Konvertiten auch über die Taufe hinaus ein Auskommen zu verschaffen – wenn die Konjunktur dies erlaubte.

Die Frankfurter Öffentlichkeit Auch die Haltung der Frankfurter Öffentlichkeit und selbst der lutherischen Prediger war im Hinblick auf Konversionen von Juden nicht immer gleichbleibend. Dies zeigt sich sowohl bei der Auswahl der Tauforte und -paten als auch in Umfang und Inhalt der Einträge in den Taufbüchern. In günstigen Zeiten wurde die Taufe in feierlicher Form vor einer zahlreich versammelten Gemeinde in der lutherischen Hauptkirche vollzogen, wobei Bürgermeister, Schöffen oder Ratsherren als Paten fungierten. Die Beschreibung des gesamten „Tauff-Actus" mit allen Details konnte in solchen Fällen mehrere Seiten des Taufbuchs füllen und wurde gelegentlich noch durch ein Gedicht an den Täufling ergänzt, das ihn in der christlichen Gemeinde willkommen hieß und vor allem zur Standhaftigkeit in der neuen Religion ermahnte.[4]

Die Sorge um die Nachhaltigkeit der Bekehrung wird in diesen Einträgen immer wieder erkennbar, besonders deutlich um die Mitte des 18. Jahrhunderts, wo sie oft mit Überschriften versehen wurden, die Stoßgebete enthalten, wie „Tauff-Actus eines gott gebe! von Herzen und beständig bekehrten Judens". Dass derartige Befürchtungen nicht grundlos waren, zeigen Berichte über „rückfällig" gewordene Täuflinge, die gelegentlich ebenfalls in den Taufbüchern verzeichnet wurden. Dabei ging es allerdings nicht immer um eine tatsächliche Rückkehr zum Judentum, sondern auch um Personen, die sich nach der Taufe in moralisch zweifelhafter Weise verhalten und der Obhut ihrer christlichen Mentoren – gelegentlich unter Zurücklassung von Schulden – durch die Flucht entzogen hatten.

Das tiefe Misstrauen gegenüber den Konvertiten kommt besonders drastisch in einer Medaille zum Ausdruck, die vermutlich aus der zweiten Hälfte des 17. Jahrhunderts stammt und auch in den 1714 erschienenen *Jüdischen Merckwürdigkeiten* des Frankfurter Orientalisten und Gymnasialrektors Johann Jacob Schudt abgebildet ist.[5] Auf der Vorderseite zeigt sie einen Juden, der mit einem Mühlstein um den Hals am Ufer eines Gewässers kniet und von einem Geistlichen die Taufe empfängt, während sich ein anderer Mann hinter ihm bereit macht, ihn sofort danach ins Wasser zu stoßen. Der lakonische Kommentar lautet: „So bleibt er am bestaendigsten", und die Umschrift: „Wenn die Maus die Katze frist, dann wird ein Jud ein wahrer Christ". Auf der Rückseite findet sich ein weiteres Gedicht, in dem Konvertiten unlautere Motive, Streben nach materiellem Gewinn oder Strafverschonung unterstellt werden.

Im zugehörigen Kapitel mit dem Titel „Von Bekehrung einiger Franckfurter und anderer Juden" greift Schudt Motive auf, die manche Autoren zu grundsätzlichen Zweifeln an der Möglichkeit einer wirklichen Bekehrung von Juden veranlasst hätten. Er selbst stellt dieser pessimistischen Einschätzung zwar mehrere Beispiele von ernsthaften und gelungenen Konversionen entgegen, doch widmet er ihnen erheblich weniger Raum als der vorhergehenden Diskussion über niedere Motive und Rückfälle.[6]

Natürlich sind das Programm der Medaille und auch die Darstellung Schudts in hohem Grade polemisch, doch erscheinen sie bezeichnend für Ton und Inhalt der zeitgenössischen Debatte und enthalten darüber hinaus einige aufschlussreiche Details. Die zentrale Szene der Medaille etwa nimmt Bezug auf einen angeblichen Ausspruch Martin Luthers, mit dem der Begründer des deutschen Protestantismus gegenüber einem Kollegen seine negativen Erfahrungen in der Judenmission geäußert haben soll.[7] Das Gleichnis von Katze und Maus spitzt die Aussage noch weiter zu: Ebenso, wie es in der Natur der beiden Tiere liegt, dass die Katze die Maus jagt und nicht umgekehrt, liegt es in der Natur des Juden, Jude zu sein und nicht Christ. Es geht zurück auf eine Legende aus dem mittelalterlichen Köln, die immer wieder gern dazu benutzt wurde, Konvertiten ihre Glaubwürdigkeit abzusprechen.[8]

Soziale Lage und Konversion Ein Religionswechsel aus Streben nach materiellem Gewinn kann für etliche der Frankfurter Konvertiten, die wie Renatus und Lichtenstein aus wohlhabenden, alteingesessenen Familien stammten, ausgeschlossen werden. Seit dem 17. Jahrhundert stieg jedoch die Zahl der Juden an, die von auswärts in die Stadt kamen und hier die Taufe begehrten. Unter ihnen finden sich etwa in der Zeit des Dreißigjährigen Krieges mehrere Soldaten und im 18. Jahrhundert viele junge, alleinstehende und oft mittellose Juden und Jüdinnen, die zumindest bis zur Taufe auf materielle Unterstützung angewiesen waren. In dem genannten Kapitel kritisiert Schudt auch die zögerliche Haltung der städtischen Obrigkeiten bei der Bereitstellung der notwendigen Mittel. In der Tat kam es im Frankfurter Rat immer wieder zu Debatten über Unterbringung und Versorgung von konversionswilligen Juden. Kurz nach dem Ende des Dreißigjährigen Krieges entschied er sogar in zwei Fällen, die Bewerber abzuweisen und ihnen lieber einen großzügig bemessenen „Zehrpfennig" zur Weiterreise zu gewähren als die Stadtkasse mit den weiteren Kosten bis zu ihrer Taufe zu belasten. In einem Fall konnte er sich dabei auf ein Gutachten der Geistlichkeit stützen, dem zufolge der Anwärter an zahlreichen Irrlehren festhalte, die keine Hoffnung ließen, ihn für die protestantisch-lutherische Religion zu gewinnen.

In der Regel hüteten sich die Frankfurter Prediger jedoch vor solchen Urteilen und bemühten sich um jeden Juden, der in irgendeiner Weise seinen Willen zur Konversion zu erkennen gab. Vor allem in der zweiten Hälfte des 16. Jahrhunderts galt ihre besondere Aufmerksamkeit zum Tode verurteilten jüdischen Verbrechern, die sie mit allen Mitteln vor der Hinrichtung zu bekehren versuchten. Die Delinquenten erlangten durch die Taufe zwar selten Straffreiheit, doch wurde ihnen zumindest eine mildere Hinrichtungsart zuteil. Nur einmal, im Jahr 1609, ging der Frankfurter Rat so weit, eine jüdische Kindsmörderin nach der Taufe zu begnadigen, mit der Auflage, lebenslang im Hospital Dienst zu tun.[9] Da Kindsmord in dieser Zeit zu den schlimmsten Verbrechen zählte und in der Regel mit dem Tod durch Ertränken bestraft wurde, handelte es sich um eine ungewöhnliche Milde. Die Begnadigte erfüllte die in sie gesetzten Hoffnungen jedoch nicht. Schon das von ihr – laut ärztlichem Gutachten – unmittelbar nach der Geburt getötete Kind stammte aus einer unehelichen Beziehung, und offenbar pflegte sie auch nach der Taufe ähnliche Beziehungen, weshalb sie schließlich wegen Unzucht der Stadt verwiesen wurde. Vielleicht war die Enttäuschung hierüber der Grund, dass die Prediger ihre Bemühungen in der Folge ganz auf nicht kriminelle Konversionswillige konzentrierten.

Beide angesprochenen Motive, die Hoffnung auf Straffreiheit beziehungsweise Strafmilderung wie auch die auf materielle Unterstützung, waren somit nicht vollkommen aus der Luft gegriffen. Der Einfluss der Taufe auf das Strafmaß war allerdings nur ein vorübergehendes Phänomen, das zur Zeit von Schudt längst keine Rolle mehr spielte. Die finanziellen Beihilfen andererseits waren sehr gering und beschränkten sich in der Regel auf die zeitweilige Aufnahme und Versorgung im städtischen Armenhaus oder Hospital bis zur Taufe.

Stärker als der materielle dürfte daher wohl der soziale Faktor zu bewerten sein. Jüdische Soldaten und ebenso Jugendliche, die häufig Waisen waren und keine wirkliche Anbindung an eine Gemeinde besaßen, gehörten mit Sicherheit zu den Randgruppen beziehungsweise Außenseitern der jüdischen Gesellschaft. Bedingt durch ihre Lage kamen sie in bedeutend engeren Kontakt zur christlichen Gesellschaft als dies bei besser integrierten Juden der Fall war. Im Jahr 1723, um nur ein Beispiel zu geben, wurden in Frankfurt vier Juden und eine Jüdin, alle im Alter zwischen zwölf und 23 Jahren, getauft. Ihre in den Taufbüchern skizzierten Biografien sind geprägt vom Verlust zumindest eines Elternteils, sozialer Ausgrenzung und der Notwendigkeit, sich ihren Lebensunterhalt als Dienstboten und Tagelöhner zu verdienen.

Manche arbeiteten für Christen, andere kamen durch besondere Umstände in Beziehung zu ihnen, wie etwa ein Halbwüchsiger, der nach dem verheerenden Brand der Judengasse 1721 zusammen mit seinem Vater im Haus eines christlichen Schuhmachers einquartiert war. Aus Raummangel war er genötigt, mit dessen Lehrling ein Zimmer zu teilen und wurde durch ihn mit den Grundzügen der christlichen Religion bekannt. In einigen Fällen wird im Übrigen deutlich, dass die längst beabsichtigte Konversion aus Rücksichtnahme oder aus Angst erst nach dem Tod der Eltern oder zumindest des Vaters in die Tat umgesetzt wurde.

Nur die wenigsten Konvertiten erhielten nach der Taufe längerfristig eine Versorgung, doch wurde es immerhin einigen möglich, mit wessen Unterstützung auch immer, einen Lehrberuf zu ergreifen. Der 1743 getaufte Johann Matthäus Treu beispielsweise wird in späterer Zeit, anlässlich der Taufen seiner Kinder, als Bürger und Wagenspanner greifbar, der ein Jahr später getaufte Georg Peter Fortunatus absolvierte eine Metzgerlehre, heiratete in eine Metzgerfamilie ein und wurde schließlich Bürger und Zunftmeister. Charakteristisch ist in beiden Fällen, dass ihre Namen in den Taufbüchern noch über längere Zeit mit dem Zusatz „judaeus conversus" versehen wurden. Andere waren in ihrem Handwerk weniger erfolgreich, wie der 1724 getaufte Simon Baptista Burckmann, der zwar später dem Brauerhandwerk angehörte, aber als Garkoch und schließlich als Lohndiener arbeitete, oder Christian Friedrich May, getauft 1732, der zeitweilig als Pumpenmacher und zuletzt als Tagelöhner bezeichnet wird. Manche bemühten sich auch um ein niederes städtisches Amt, doch waren diese Posten bei Personen, die in ihrem eigentlichen Beruf nicht zurechtkamen, allgemein sehr beliebt und außerdem oft weniger einträglich als erhofft. Philipp Johann Bleibtreu, der 1687 als erster Frankfurter Konvertit eine Schrift über seinen Religionswechsel veröffentlichte, hatte längere Zeit das Amt eines Rossunterkäufers inne und war doch später wieder gezwungen, um städtische Unterstützung zu bitten. Immerhin verschaffte ihm das Amt aber die Möglichkeit, für sich und seine Frau kostenlos das Bürgerrecht zu erlangen und seinem Sohn Johann Wilhelm zur Aufnahme eines Medizinstudiums zu verhelfen.

Der Ausnahmefall Gottfried Thomas Zeitmann Eine der erfolgreichsten und interessantesten Frankfurter Konvertitenbiografien ist die des Gottfried Thomas Zeitmann, der 1696 als Hirschel b. Mordechai in Krakau geboren worden ist und 1702 auf Umwegen in die Frankfurter Judengasse gelangt war.[10] Hier lebte er zunächst als armer Schüler, später dann auch mit Vater und Brüdern – die Mutter war verstorben –, bis er sich 1706 entschloss, die Judengasse zu verlassen und um die Taufe zu bitten. Dabei hatte er das Glück, wohlhabende und fürsorgliche Paten zu bekommen. Sie kümmerten sich auch um seine Schulbildung, zunächst in Frankfurt und später, da er sich von seinen Verwandten bedroht fühlte, in Augsburg. Als sich dann die Frage der Berufswahl stellte, war der erste Gedanke eine Goldschmiedelehre, doch wurde dieser zugunsten eines Theologiestudiums aufgegeben. Zeitmann ging zunächst an die Universität Gießen, 1718 dann – versehen mit einem Stipendium des Frankfurter Rats – an die berühmte Hochschule Jena. Dort ereignete sich eine Episode, die ein bezeichnendes Licht auf die öffentliche Wahrnehmung von Konvertiten wirft. Bei seiner Ankunft wurde Zeitmann von den meisten Professoren freundlich aufgenommen. Nur einer, als er aus den vorgelegten Empfehlungsschreiben die Herkunft des Studenten ersah, brach in die Worte aus: „Guter Gott! Muss ich schon wieder einen konvertierten Juden sehen!" Nachdem er dann jedoch erfahren hatte, dass Zeitmann finanziell gut ausgestattet war, änderte er sein Verhalten völlig und zeigte sich fortan sehr zuvorkommend. Zeitmann berichtet diese Geschichte aus der Rückschau und man könnte fast sagen: mit Verständnis für ein derartiges Verhalten. Dass er sie jedoch überhaupt in seinen eher knapp gehaltenen Lebenslauf aufnahm, lässt erahnen, wie schwer der Generalverdacht des Schmarotzertums für ihn als junger Student gewogen haben mag.

Nachdem er sein Studium 1721 abgeschlossen hatte, kehrte er nach Frankfurt zurück und fand hier zunächst Arbeit als Hauslehrer, bis er dann die Karriereleiter des Frankfurter Pfarramts erklomm, zuerst als Seelsorger im Armenhaus, dann als Pfarrer in dem der Stadt zugehörigen Dorf Bornheim, in Sachsenhausen und schließlich 1742 an der Frankfurter Katharinenkirche.

Zeitmann war seit 1729 verheiratet mit der Tochter eines angesehenen Frankfurter Kaufmanns und hatte mit ihr insgesamt elf Kinder, von denen bei seinem frühen Tod im Jahre 1747 noch sieben lebten. Ähnlich wie der 65 Jahre vor ihm verstorbene Georg Philipp Lichtenstein, ein Sohn des oben genannten Lichtenstein, der als Kleinkind mit diesem getauft worden war und später Frankfurter Pfarrer wurde, engagierte er sich besonders im Bereich der Judenmission. Einer seiner Söhne, Johann Carl Zeitmann, trat ebenfalls in den Frankfurter Pfarrdienst, und auch die Nachfahren der späteren Generationen waren, soweit bekannt, größtenteils Akademiker und hatten geachtete Stellungen inne.

Die Geschichte Zeitmanns ist natürlich ein Ausnahmefall, sowohl was den persönlichen und familiären Erfolg, als auch was die relativ günstige Quellenlage betrifft. Der einzige Punkt, der selbst aus seiner eigenen Darstellung nicht vollständig klar wird, sind die Motive für seine Konversion. Das mag daran liegen, dass er seinen kurzen Lebenslauf aus einer weit zurückblickenden Perspektive verfasste, aus der ihm andere Dinge erklärungsbedürftiger erschienen.

Motive für die Taufe Deutlicher äußert sich in dieser Hinsicht der bereits erwähnte Philipp Johann Bleibtreu, der als Jude Meir geheißen hatte und der Schrift über seine Bekehrung daher den Titel *Der erleuchtete Meyr* gab.[11] Wie er schreibt, seien es zuerst die im Vorübergehen gehörten Kirchenlieder gewesen, die ihn anzogen, später dann auch die Beobachtung der christlichen Andacht und der Zeremonien. Es folgten Gespräche mit einem christlichen Bekannten und schließlich die Lektüre des Neuen Testaments in einer deutsch-hebräischen Ausgabe, die ihn von der Richtigkeit der christlichen Exegese überzeugten. Hinzu kam ein weiterer wichtiger Umstand, der ihm die Entscheidung zweifellos erleichterte, nämlich die Anwesenheit des charismatischen Pietisten Philipp Jacob Spener, der von 1666 bis 1686 als Senior der Frankfurter Prediger fungierte und sich stärker als alle seine Vorgänger um die Judenmission kümmerte. Bleibtreu, oder zu diesem Zeitpunkt noch Meir, wusste also sofort, an wen er sich wenden konnte und tat dies mit Erfolg. Später stellte ihm Spener auf Wunsch zwei Zeugnisse über seine Taufe und seine christliche Lebensführung aus, die Bleibtreu seinem Büchlein voranstellte.

Ein anderer Grund, der bis in diese Zeit hinein nicht wenige Juden zum Glaubenswechsel veranlasste, wird bei ihm nicht genannt: In den 1660er-Jahren war in weiten Teilen der jüdischen Welt eine mächtige messianische Bewegung entstanden, die auch in Deutschland zahlreiche Anhänger fand. 1666 wurden ihre hochgespannten Erwartungen jedoch jäh zunichte gemacht, als der angebliche Messias Schabbtai Zwi in Konstantinopel unter Druck zum Islam konvertierte. 1674 veröffentlichte der aus Frankfurt stammende Konvertit Christoph Paul Meyer in Wittenberg eine Schrift über seine Konversion, in der er als Hauptgrund für seine Entscheidung diese Enttäuschung angibt, und er war bei Weitem nicht der Einzige, für den dies galt.[12]

Solche Informationen lassen sich allerdings nur aus den seltenen autobiografischen Texten gewinnen. Die Frankfurter Taufbücher und andere Quellen schweigen zumeist über die Motive der Übertritte. Die meisten Konvertiten verschwinden ohnehin bald nach der Taufe im Dunkel der Geschichte, wenn sie nicht durch anhaltende Auseinandersetzungen mit ihrer jüdischen Verwandtschaft auf sich aufmerksam machten. Besonders wenig lässt sich über die Frauen erfahren, weil diese in der Regel nach kurzer Zeit heirateten, einen anderen Namen erhielten und kaum noch als eigenständige Rechtsperson in Erscheinung traten. Dabei war der Anteil der Frauen an den Konversionen längst nicht so gering, wie oft angenommen wird, sondern lag immerhin bei fast 25 Prozent.

Die zahlenmäßig stärkste Gruppe waren zweifellos männliche Jugendliche und junge Männer, die meisten von außerhalb kommend, alleinstehend und weitgehend mittellos. Sie hatten weder materiell noch gesellschaftlich viel zu verlieren und konnten am ehesten auf einen sozialen Aufstieg durch den Religionswechsel hoffen. Daneben gab es jedoch auch andere, für die eine Verbesserung ihrer Lebensumstände durch die Taufe kaum zu erwarten war. Einer von ihnen war der Jude Jacob, der zum Zeitpunkt seiner Taufe 1783 bereits 38 Jahre zählte und lange Jahre als Knecht in der Frankfurter Judengasse gearbeitet hatte. Da sein Bildungsstand, wie kaum anders zu erwarten, gering war, wurde er zuvor anderthalb Jahre – eine ungewöhnlich lange Zeit – auf Stadtkosten unterhalten und in der christlichen Lehre unterwiesen. Zugleich mit ihm konvertierte eine noch um ein Jahr ältere Jüdin, die zwar als Tochter eines Klever „Wechseljuden" bezeichnet wird, aber offenbar ebenfalls mittellos war. Auf der anderen Seite finden sich im 18. Jahrhundert auch Fälle von konversionswilligen Juden, die durchaus wohlhabend waren, da sich inzwischen die Auffassung durchgesetzt hatte, dass sie im Besitz ihres zuvor erworbenen Vermögens bleiben konnten. In einigen Fällen wurde in den Taufbüchern sogar hinsichtlich der Glaubwürdigkeit der Taufkandidaten positiv hervorgehoben, dass diese finanziell unabhängig seien und keine städtische Unterstützung in Anspruch nehmen müssten.

Entréebillet zur europäischen Kultur Weit entfernt von allen bis dahin geläufigen Mustern ist schließlich der Fall des Frankfurter Juden Simon Neuburg, der bei seiner Taufe im Jahre 1791 bereits ein bekannter Arzt war. Er besaß die Möglichkeit, die Ereignisse aktiv mitzugestalten, und nutzte sie, indem er sich seinen Paten selbst aussuchte und seinen bisherigen Nachnamen beibehielt. Im selben Jahr beantragte und erhielt er die Aufnahme ins Bürgerrecht sowie in die städtische Ärztematrikel. Als er im folgenden Jahr heiratete, erbat er vom Rat die Erlaubnis, die Trauung in seinem Hause durchführen zu lassen, was eigentlich ein Privileg der Patrizierfamilien darstellte. Aus dieser Ehe gingen mindestens zwei Kinder hervor: sein gleichnamiger Sohn, der als promovierter Jurist lange Jahre als Stadtsyndikus und Senator tätig war, und seine Tochter Johanna Maria, die 1815 den Stadtbaumeister Johann Friedrich Christian Hess heiratete. Als sich in den 1830er-Jahren in Frankfurt ein Komitee für die Errichtung eines Goethe-Denkmals bildete, gehörten diesem neben einigen anderen bekannten Persönlichkeiten auch Dr. Neuburg und Baumeister Hess an, Sohn und Schwiegersohn des Konvertiten.

Damit befinden wir uns aber auch bereits in der Zeit von Heinrich Heine, in der die Taufe – wie dieses Beispiel zeigt – tatsächlich zum „Entréebillet zur europäischen Kultur" werden konnte und es zu einer weitgehend akzeptierten kulturellen Praxis wurde, sich dieses Billet auch ohne religiöse Überzeugung zu verschaffen. Für die Jahrhunderte zuvor dagegen kann man zusammenfassend feststellen, dass die Taufe eine überaus folgenschwere Entscheidung darstellte, die weit entfernt war von der Beliebigkeit des „Treten Sie ein! Treten Sie aus!".

1 Siehe etwa Wolfgang Treue, „,Pour la gloire du grand Dieu d'Israël' – Konversionen zum Judentum in der Frühen Neuzeit", in: Jutta Braden/Rotraud Ries (Hg.), *Juden – Christen – Juden-Christen. Konversionen in der Frühen Neuzeit. Aschkenas, Zeitschrift für Geschichte und Kultur der Juden.* 15 (2005), S. 419–433.

2 Giovanni Boccaccio, *Decameron,* erster Tag, dritte Novelle.

3 Zu seiner Person wie auch zu dem im Folgenden behandelten Meir Oppenheim siehe Wolfgang Treue, „Aufsteiger oder Außenseiter? Jüdische Konvertiten im 16. und 17. Jahrhundert", in: *Aschkenas, Zeitschrift für Geschichte und Kultur der Juden.* 10 (2000), S. 307–336, hier vor allem S. 309–312 bzw. 312–318.

4 Auf Einzelnachweise aus den Taufbüchern muss aus Platzgründen verzichtet werden.

5 Johann Jacob Schudt, *Jüdische Merckwürdigkeiten. Vorstellende Was sich Curieuses und denckwürdiges in den neuern Zeiten bey einigen Jahrhunderten mit denen in alle IV. Theile der Welt / sonderlich durch Teutschland / zerstreuten Juden zugetragen. Sammt einer vollständigen Franckfurter Juden-Chronick …,* Teil 2, Frankfurt am Main/Leipzig 1714, zwischen S. 28 und 29.

6 Schudt, Jüdische Merckwürdigkeiten (wie Anm. 5), S. 83–163.

7 Siehe Albert Wolf, „Zwei auf Judentaufen bezügliche Medaillen", in: *Monatsschrift für Geschichte und Wissenschaft des Judentums.* 1900, S. 539 ff.

8 Siehe hierzu Nathanja Hüttenmeister, „Eine jüdische Familie im Spannungsverhältnis zwischen Judentum und Christentum. Der Konvertit Christian Gerson im Konflikt mit seiner jüdischen Verwandtschaft", in: *Vestische Zeitschrift.* 99 (2002), S. 47–59, hier S. 50 f. mit Anm. 26.

9 Zu diesem Fall siehe Treue, Aufsteiger oder Außenseiter? (wie Anm. 3), S. 319 f.

10 Zum folgenden siehe vor allem die Leichenpredigt auf Zeitmann von Conrad Hieronymus Martin, Frankfurt am Main 1747, mit einem separat paginierten, auf eigenhändigen Aufzeichnungen Zeitmanns beruhenden Lebenslauf.

11 *Der erleuchtete Meyr / Das ist: Einfältiger Bericht / wie ich / vorhin Meyr / nun aber Philipp Johann Bleibtreu / von der Jüdischen Finsternuß zu dem wahren Licht Jesu Christo bekehret worden,* Frankfurt am Main 1687. Dabei handelt es sich um eine Art Wortspiel, da Meir im Hebräischen so viel wie „der Erleuchtete" bedeuten kann.

12 Siehe Elisheva Carlebach, *Divided Souls. Converts from Judaism in Germany 1500–1750,* New Haven u. a. 2001, S. 82 ff.

Isaac Feinstein
Jude – Protestant

Taufmedaille, 17. Jahrhundert; Privatbesitz von Daniel Spoerri (Foto: Robert Fessler)

... so bleibt er am beständigsten
Daniel Spoerri, 4. Oktober 2010

Ich besitze eine Münze, die auch in einem Katalog über Antisemitika[1] abgebildet ist (Taufmedaille, 17. Jahrhundert (!) Silber 4,3 cm), auf der eine erzwungene (wohl protestantische) Taufe dargestellt wird. Ein Jude (mithilfe einer Lupe kann man die obligate „Judennase" ausmachen) kniet an einem Abgrund über einem Wasser. Man hat ihm einen Mühlstein um den Hals gebunden. Hinter ihm steht ein Pastor in Talar und Halskrause und leert eine Taufschale über seinen Kopf; ein Gehilfe ist auch dabei, wohl der Sakristan (Küster), der hier zum Henkersknecht wird, denn offenbar soll der kniende Jude gleich nach der vollzogenen Taufe ins Wasser gestoßen werden.
„So bleibt er am beständigsten", belehrt uns ein am Rande der Münze eingeprägter Text.

Wir werden Zeugen eines noch nicht vollzogenen, aber unmittelbar bevorstehenden Mordes, ausgeübt durch einen Pastor und einen seiner Handlanger. Die Darstellung, die den Geboten der Menschlichkeit nicht nur der christlichen Lehre Hohn spricht, denunziert sich eigentlich selbst.
Erstaunlich finde ich, dass so eine Münze in dieser handwerklich und „künstlerisch" relativ perfekten Form überhaupt gestochen und gegossen werden konnte. Wer hat sie in Auftrag gegeben? Wurde sie zum Kauf angeboten? Wer hat sie gekauft? Alles Fragen, auf die ich keine Antwort weiß.
Ich besitze diese Münze seit fünfunddreißig Jahren. Sie stammt aus dem Fundus eines norddeutschen Adelshauses, was mich vermuten lässt, dass sie in dieser Gegend hergestellt wurde. Auch der Talar und die in Schlaufen verlaufende Halskrause des Pastors lassen auf die Region schließen. Mich fasziniert die Verlogenheit und menschenverachtende Niedertracht die sich in einem so kostbaren und dauerhaften Material manifestiert. Sie tarnt sich ausgerechnet in einem Silbertaler, obwohl ein Text auf der Rückseite, in einem verworrenen Kauderwelsch, gerade die Geldgier der Juden als Grund für ihre Bereitschaft, sich taufen zu lassen, beschreibt:

„SELTEN WIRD EIN JUD EIN CHRIST
ER HAB DENN WAS BEGANGEN.
AUCH THUT ERS MEIST UMBS GELDT
DASS ER NICHT HANGEN DARFF;
DENN WANN ERS ANDERS STIEHL
SO STRAFFT MAN IHN ZU HART."

Ich sehe in dieser Münze auch Bezüge zu meiner persönlichen Biografie:
Mein Vater, Isaac Feinstein, war ein zum norwegisch-lutherischen Glauben übergetretener Jude und leitete eine Mission zur Bekehrung von Juden in Rumänien. Er verkörperte also in Personalunion sowohl den auf der Münze dargestellten Juden als auch den taufenden Pastor mit Halskrause und Talar.
Selbst der dargestellte Mord wurde an ihm verübt, allerdings als Massenmord, im Pogrom von Iassy, Podul-Iloaiei, wo in Todeszügen Tausende rumänische Juden von den rumänischen Faschisten umgebracht wurden.
Dass man den Namen meines Vaters auf keiner der heute erstellten Listen findet, weil er ja kein Jude mehr war, ist bezeichnend für seine Doppelrolle.

[1] Falk Wiesemann, *Antijüdischer Nippes und populäre Judenbilder. Die Sammlung Finkelstein*, Essen 2005; S. 84; Kat.nr. 128

Michael Zadock | Abraham David | Christian Gottlob | Michael Zadock
Joh. Christian Beständig | Michael Zadock | Christian Bleibtreu
Michael David | Michael Glaubtreu | Michael Abraham | Christian Treu

Jude – Protestant

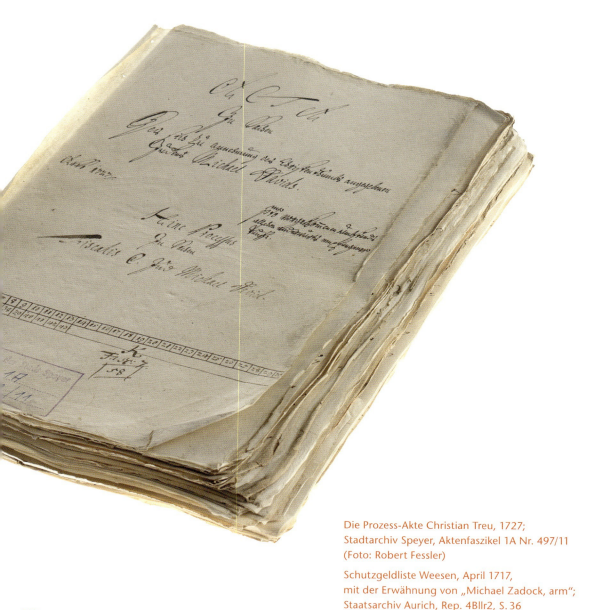

Die Prozess-Akte Christian Treu, 1727;
Stadtarchiv Speyer, Aktenfaszikel 1A Nr. 497/11
(Foto: Robert Fessler)

Schutzgeldliste Weesen, April 1717,
mit der Erwähnung von „Michael Zadock, arm";
Staatsarchiv Aurich, Rep. 4Bllr2, S. 36

Michael Zadock aus Weener wird auf den Schutzgeldlisten des späten 17. und frühen 18. Jahrhunderts in Ostfriesland mehrmals erwähnt. Er galt als arm und musste deswegen kein beziehungsweise ein sehr geringes Schutzgeld als Jude zahlen. Er war als Schächter tätig, diente also der jüdischen Gemeinde. Vermutlich während einer Sturmflut 1717 verlor Zadock seine Ehefrau und all sein bescheidenes Hab und Gut und verließ Ostfriesland. Seine Odyssee führte ihn durch ganz Deutschland, bis ins Allgäu.

1720 tauchte Michael Zadock in der Stadt Köthen in Sachsen-Anhalt auf. Er stellte sich als Abraham David vor, bat um die Taufe und erhielt den Taufnamen Christian Gottlob.

Die Dokumente seiner Taufe verzeichnen 49 Taufpaten, die ihm insgesamt ein Patengeld von 132,22 Talern zukommen ließen – eine stattliche Summe. Neben der finanziellen Unterstützung eines neuen Lebensanfangs scheint er die Aufmerksamkeit und emotionale Zuwendung gesucht zu haben, die eine Taufe versprach. Christian Gottlob übernahm in Köthen eine Fleischerei. Doch nur wenige Monate nach der Taufe verschwand er aus der Stadt. Er hinterließ 34 Taler Schulden für geliefertes Vieh, für seine Miete und die neu gekauften Möbel. 1721 kam Michael Zadock nach Meiningen in Thüringen. Auch dort stellte er sich als Jude dar, der um die Taufe bittet – und

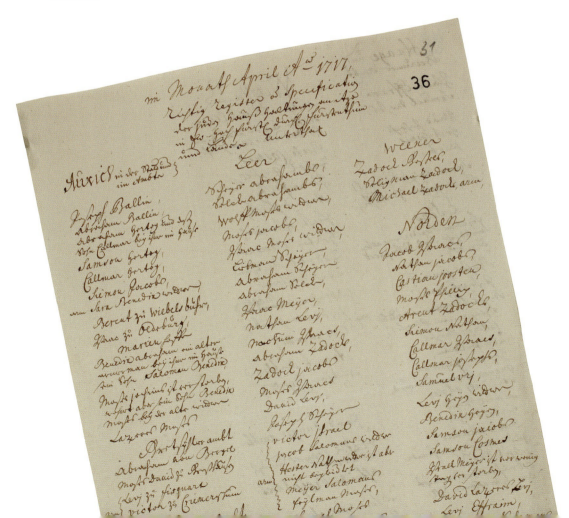

erhielt den Taufnamen Joh. Christian Beständig. Doch er blieb auch in Meiningen nicht lange.

Im Sommer des Jahres 1724 erreichte ein Michael Zadock, der einen „holländischen" Akzent sprach, die kleine Gemeinde Praunheim – heute ein Stadtteil von Frankfurt am Main – und wünschte unter Tränen die heilige Taufe. Nach ausführlichem Unterricht wurde er auf den Namen Christian Bleibtreu getauft. Bald darauf verschwand der Getaufte.

Anfang 1727 wendete sich der Pfarrer der Gemeinde Rheingenheim brieflich an den Magistrat der Stadt Speyer. Bei ihm sei ein Jude Michael David, der getauft werden wolle. Die Stadt Speyer befahl, den Täufling zu unterrichten. Doch der wurde in einem Wirtshaus von einem Müller aus Frankfurt erkannt, der wusste, dass dieser Mann schon in Praunheim getauft worden war. Michael Zadock alias Christian Gottlob alias Joh. Christian Beständig alias Christian Bleibtreu alias Christian Glaubtreu wurde nun in Speyer der Prozess gemacht. Er gestand die Taufe in Praunheim ein und behauptete, dass er von einem Juden verführt worden sei und deswegen nicht mehr wusste, ob er noch Christ sei oder nicht. Zadock wurde zu einer entwürdigenden Kirchenbuße verurteilt und musste sich an einem Sonntagmorgen vor das Kirchenportal legen. Alle Kirchgänger traten beim Eintreten auf seinen Rücken.

„Verzeichnis derjenigen Personen, welche bei bevorstehender Heiliger Taufe des Judens Abraham Davids könnten zu Gevattern gebeten werden sollen", 1720; Landeshauptarchiv Magdeburg, Z70,C17 Nr. 113a, Bl.6–7

Prozess-Akte Christian Treu, 1727; Stadtarchiv Speyer (Foto: Robert Fessler)

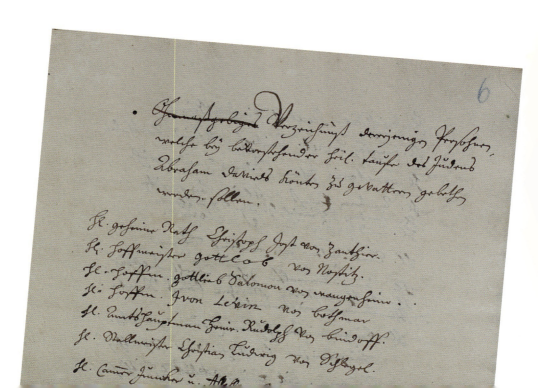

Kurz danach verließ Christian Treu die Stadt Speyer. Er hatte glaubhaft vermittelt, dass er sich nicht noch einmal taufen lassen werde.

Am 23. November 1727 stellte sich ein Michael Abraham aus Wittmondt (Ostfriesland) in der Reichsstadt Biberach im Allgäu vor und bat um die Taufe. Er wurde sieben Wochen lang unterrichtet, im Spital verpflegt und bekam Geschenke von den erfreuten Biberacher Bürgern. Am Sonntag, den 28. Januar 1728 wurde er auf den Namen Christian Treu getauft.

Einen Monat später erkannte ein Bediensteter aus Speyer den Taufbetrüger und erstattete Anzeige. Im Prozess legte Christian Treu ein volles Geständnis ab und bekannte, dass er nach seinem Fortgang aus Praunheim auch noch in Köln um die Taufe gebeten hatte. Christian Treu wurde zum Tode verurteilt und „mit dem Schwerd vom Leben zum Tod gerichtet". Er bemühte sich, als bußfertiger Christ in den Tod zu gehen. *RLK / HL*

Anmerkung: Dank der genauen Rekonstruktion des Lebens von Michael Treu durch Meike Bursch kann seine schillernde Konversions-Geschichte heute erzählt werden. Meike Bursch, *Judentaufe und frühneuzeitliches Strafrecht: Die Verfahren gegen Christian Treu aus Weener/Ostfriesland 1720–1728.* Berlin/Bern/New York/Paris/Wien 1996.

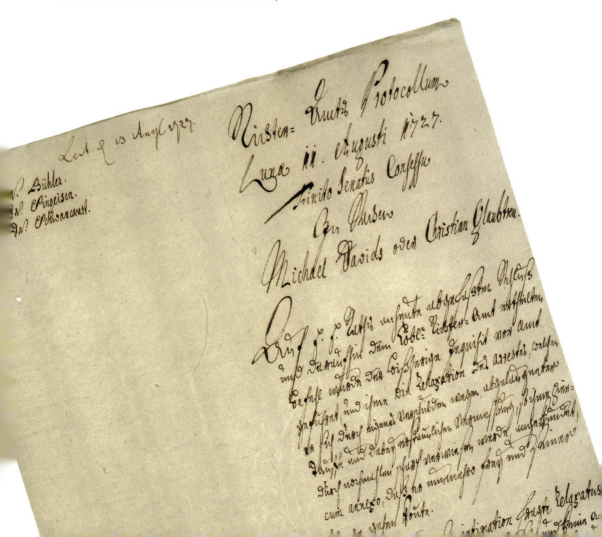

Christliche „Vorzeigekonvertiten" in der Frühen Neuzeit
Maria Diemling

Konversionen von Juden zu einer der christlichen Kirchen waren in der frühen Neuzeit meist von Skepsis und Misstrauen begleitet. Oft bezweifelten Christen die Aufrichtigkeit der Motive und vermuteten handfeste finanzielle Gründe, die einen Juden bewegen konnten, um die Zulassung zum Religionsunterricht und schließlich die Taufe anzusuchen.

„Wenn ein Jude bey uns die Tauffe Christi begeret / So glauben wir jhm nicht so bald / Er muß uns etliche sprüche aü dem Moise vnnd auß den Propheten vom Herrn Christo auffsagen / vnd besondern / was er auß der Predigt des heiligen Evangelii Christi gelernet habe / Darauß wir mügen mercken/ ob es sein ernst sey."[1]

Diese Haltung wurde von Täuflingen oft als belastend empfunden, erschwerte sie ihnen doch die erfolgreiche Integration in die Mehrheitsgesellschaft. Zugleich war jede Judentaufe ein Triumph für die Kirchen, die damit die Wahrheit und Überlegenheit des christlichen Glaubens bestätigt sahen. Der dänische Theologe Christian H. Kalkar, der als Sohn eines Rabbiners selbst vom Judentum zum Protestantismus übergetreten war, stellte im 19. Jahrhundert anerkennend fest, dass es „auch der katholischen Kirche gelang, bedeutende Juden zum Christentum zu bringen".[2] Er wies damit auf einen wichtigen Aspekt der Missions- und Konversionsgeschichte hin, nämlich die Vorzeigewirkung jüdischer Konversionen. Obwohl einzelne Theologen die Taufe durchaus zu interkonfessioneller Polemik nutzten, um etwa auf den „Aberglauben" der „Papisten" hinzuweisen, der potenzielle jüdische Taufwillige abstoßen würde, so wurden Juden, die konvertiert waren, über konfessionelle Grenzen hinweg als Erfolg des Christentums gesehen. Im Folgenden sollen exemplarisch einige frühneuzeitliche „Vorzeigekonvertiten" und die wichtigsten Strategien, die gewählt wurden, um die Vorbildwirkung ihres Übertritts missionarisch zu vermarkten, vorgestellt werden.

Unter den Konvertierenden finden sich Menschen aller Stände. Es waren keineswegs nur Bedürftige, die den lebensverändernden Schritt in die christliche Mehrheitsgesellschaft wagten, aber für viele bedeutete die Konversion keinen gesellschaftlichen Aufstieg, besonders wenn sie finanziell besser gestellt waren, da sie mit dem Übertritt normalerweise ihr Vermögen, die Mitgift und den Erbanspruch verloren. Obwohl Frauen und Männer zum Christentum konvertierten, sind „Vorzeigekonvertiten" in dieser Zeit immer Männer, die über eine gewisse jüdische Bildung verfügten und diese nach der Konversion entsprechend einsetzen konnten. Der Übertritt war keine Privatangelegenheit, sondern ein öffentliches Ereignis, bei dem der Konvertit bestimmten Erwartungen zu entsprechen hatte.

Das Übergangsritual Die Taufe war ein wichtiges Element auf dem oft beschwerlichen und mühsamen Weg vom Judentum zum Christentum. Dem öffentlichen Bekenntnis zum neuen Glauben waren nicht selten innerliche Spannungen, der Bruch mit Familie und sozialem Umfeld, der Umzug in eine neue Umgebung, die intensive Befragung durch manchmal misstrauische Pfarrer und Monate lang dauernder Unterricht vorausgegangen. Der Taufakt eines Juden oder einer Jüdin fand in der Öffentlichkeit statt, das Ritual wurde theatralisch inszeniert und unterstrich die Transformation des Täuflings vom Juden zum Christen. Die folgende Beschreibung aus dem 16. Jahrhundert gibt einen lebhaften Eindruck von einer Judentaufe:

„Darnach auff einen bestimpten tag zur Tauffe / lassen wir mitten in unser Kirchen setzen / ein brawkeuben [Brauzuber] mit wasser / so vil / das ein Mensch könne darinnen sitzen auff den knien / vnnd das wasser bedecke jn biß an die schultern. Solches Keuben sol vmb vnnd vmb / vnd daroben behenget wreden mit tüchern / doch also / das auch für den Keuben / mit den denselbigen tüchern / werde ein raum eingenommen / das sich der Jude verdecket / außziehe zur Tauffe / vnnd wider anziehe nach der Tauffe / Darumb werden die tücher an allen seiten also umbhenget / das man sie kann auffwerffen / wenn der Jude im wasser auff den knien sitzt / vnd wider nider ziehen / wenn er getaufft ist."[3]

Alle in der Kirche Anwesenden konnten den Akt genau verfolgen und den demütig in der Wanne knienden Juden sehen, der vom Pfarrer hereingebracht worden war. Er „stellet ihn mitten in die Kirchen für allen Leuten / vnd fraget in öffentlich", zuerst nach seinem gewünschten Taufnamen, dann nach den zehn Geboten und schließlich musste der Konvertit seinen Wunsch nach der Taufe mit dem öffentlichen Glaubensbekenntnis bestätigen. Beim Aussprechen der Taufformel tauchte der Pfarrer den Täufling dreimal mit dem Kopf ins Wasser. Nachdem er sich im Schutz des Vorhangs wieder angezogen hatte, stellte sich der Täufling mitten in die Kirche und sagte mit lauter Stimme: „Des walt Gott der Vatter / vnd Gott der Son / vnd Gott der heilige Geist / Amen." Anschließend sollte er auf seine Knie fallen und ein Vaterunser beten.[4] Ein spezielles weißes Taufkleid symbolisierte den Beginn eines neuen Lebensabschnitts, die Reinheit der neugeborenen christlichen Seele und den spirituellen Bund zwischen dem Neuchristen und der Kirche.[5]

Im Taufakt und der darauf folgenden Predigt ging es nicht nur darum, in einem klassischen Rite de Passage einen neuen Christen in der Kirche willkommen zu heißen, sondern auch darum, christliche Lehren der versammelten Gemeinde nachdrücklich in Erinnerung zu rufen und die Distanz zum Judentum zu betonen. Der Täufling musste nicht nur in einem exorzistischen Ritual dem Satan widersagen, sondern auch seiner jüdischen Vergangenheit und dem ihr zugeschriebenen Aberglauben, den Irrtümern und Blasphemien abschwören, bevor er als Christ in die christliche Gemeinde neu geboren werden konnte. Die Wahl eines neuen Namens symbolisierte den Bruch mit der Vergangenheit und drückte die Hingabe an den neuen Glauben aus. In der frühen Neuzeit waren Paul oder Christian beliebte Konvertitennamen. Oft nahmen die Neuchristen auch die Vornamen großzügiger Förderer oder ihrer Taufpaten an. Der Nachname konnte ebenfalls programmatisch sein: „Frei", um den Zustand der geistlichen Freiheit und Gnade zu unterstreichen, oder „Bleibtreu", als Aufforderung, beständig im Glauben zu sein.

Die sorgfältige Inszenierung der Taufe als erbauliches Spektakel bezog die Zuschauer emotional mit ein. Nach einer zeitgenössischen Schilderung wurden die Anwesenden aufgefordert, sich vorzustellen, dass der Täufling im Blut bade, das aus den Wunden des gekreuzigten Christus strömte.[6] Die Übernahme einer Patenstelle für einen taufwilligen Juden mit entsprechender Taufgabe war ein Ehrenamt honoriger Bürger und Adeliger. Ein Dokument aus dem frühneuzeitlichen Nürnberg nennt nicht nur die in der Stadt getauften Juden und Jüdinnen, sondern auch die Namen ihrer Paten und Patinnen, die aus der besten Gesellschaft stammten. Die Übernahme der Patenschaft bei einer Judentaufe wurde durchaus als Statussymbol betrachtet und erhöhte das soziale Prestige des Paten oder der Patin.[7]

Für diese Investition wurde freilich eine Gegenleistung erwartet. Täuflinge stellten sich oft in den Dienst der christlichen Judenmission und versuchten, als „Vorzeigekonvertiten" andere Juden und Jüdinnen zum Christentum zu bringen. Das geschah manchmal, indem sie als Missionare tätig wurden, insbesondere als Prediger, und oft mit der Publikation einschlägiger Schriften, in denen sie ihren persönlichen Weg zum Licht des Christentums beschrieben oder sich polemisch vom Judentum distanzierten. Aber auch Konvertiten und Konvertitinnen, die nach ihrem Übertritt ein gottgefälliges Leben als aufrichtige Christen und Christinnen führten, ohne diesen Schritt als Judenprediger oder in Missionsschriften zu verwerten, waren für die Kirchen wichtig, bewiesen sie doch den Erfolg einer speziell auf Juden ausgerichteten Missionstätigkeit.

Prekärer Status der Vorzeigekonvertiten Nicht immer ging dieser Plan auf. Johannes Pfefferkorn war mit seiner Frau und mindestens einem Kind 1504 oder 1505 getauft worden. Er stammte aus eher einfachen Verhältnissen und soll Schächter gewesen sein. Als solcher verfügte er über einige Grundkenntnisse des jüdischen Gesetzes. Nach der Taufe wirkte er einige Zeit als Wanderprediger, bevor er von den Dominikanern in Köln unter die Fittiche genommen wurde. Obwohl Pfefferkorns religiöser Eifer nie nachließ, wurde sein Ruf in der Nachwelt durch den Humanistenstreit, in dem er sich mit dem angesehenen und respektierten Gelehrten Johannes Reuchlin anlegte, nachhaltig ruiniert.[8] Reuchlin hatte sich in einem Gutachten gegen die von Pfefferkorn mit Unterstützung des Kaisers durchgeführte Konfiskation von jüdischen Büchern ausgesprochen, fand sich jedoch bald wegen des Vorwurfs der Ketzerei vor einem Inquisitionsgericht wieder. Die *causa Reuchlini*, oft als Konflikt zwischen Humanismus und der Scholastik beschrieben, spaltete die deutsche Gelehrtenwelt in den Jahren vor der Reformation in zwei Lager. Pfefferkorn griff Reuchlin in mehreren Schriften heftig an, was ihn heftiger Kritik von den Unterstützern Reuchlins aussetzte. In Erasmus von Rotterdams vernichtendem Urteil hat dieser „halbjüdische Christ mehr Schaden angerichtet als es die jüdische Kloake je vermochte". Er behauptete sogar, dass Pfefferkorn nur konvertiert sei, um die Christenheit besser schädigen zu können und ein ganzes Volk mit „seinem jüdischen Gift" zu infizieren.[9] Erasmus beschuldigte Pfefferkorn, die Harmonie der gelehrten Welt zerstört zu haben, und fügte hinzu, dass es besser gewesen wäre, wenn er „doch ganz ein Jude wäre und seine Beschneidung sich auch auf seine Zunge" erstreckt hätte.[10]

Konvertiten wie Anthonius Margaritha und Paulus Weidner erfreuten sich sowohl zu Lebzeiten als auch bei der Nachwelt eines weitaus besseren Rufs. Anthonius Margaritha stammte aus einer Familie von angesehenen Rabbinern. Er wurde 1530 mit seinem ersten Buch, Der Gantz Jüdisch Glaub, schlagartig bekannt. Diese Schrift erklärte jüdische Rituale, Feiertage, Gemeindestrukturen und andere soziale und religiöse Aspekte und enthielt die erste Übersetzung des jüdischen Gebetbuches ins Deutsche.[11] Sie wurde auch von Martin Luther gelesen und soll den Reformator in seinen zusehends judenfeindlichen Ansichten bestärkt haben.[12] Obwohl Margaritha katholisch getauft war und katholisch blieb, erfreute sich sein Buch nicht zuletzt durch Luthers Rezeption anhaltender Beliebtheit und wurde bis 1711 siebzehnmal aufgelegt. Margaritha, der weitaus gebildeter war als Pfefferkorn, versuchte, seinen Lebensunterhalt durch Hebräischunterricht zu verdienen, was ab dem 16. Jahrhundert eine mögliche Karriere für Konvertiten aus dem Judentum darstellte, weil an zahlreichen Universitäten im deutschen Sprachraum Interesse an Hebräisch und „Rabbinica" bestand. Das Beispiel Margaritha zeigt allerdings, dass dies keineswegs ein gesichertes Einkommen versprach. Er hatte Zeit seines Lebens mit Geldsorgen zu kämpfen, und selbst eine Stelle als Lektor für Hebräisch an der Universität Wien und weitere, wenn auch bei Weitem nicht so erfolgreiche, Publikationen stabilisierten seine finanzielle Situation nicht.

Eine Position an einer Universität ermöglichte Konvertiten, die eine bestimmte jüdische Bildung genossen hatten, mit ihrem Wissen in einem christlichen Umfeld zu konkurrieren. Freilich wurden Konvertiten öfter kritisiert, weil sie nicht auf Latein unterrichten konnten oder die jüdische Praxis des Spracherwerbs nicht den akademischen Gepflogenheiten christlicher Gelehrter entsprach. Auch ist die tatsächlich nachweisbare Anzahl von Konvertiten, die an Universitäten unterrichtet haben, relativ gering, und mit wenigen Ausnahmen – Margaritha ist eine davon – hatten sie keine sicheren, langfristigen Stellen. Stephen Burnett schätzt, dass von den nachweisbaren 126 Hebräischlehrern im 16. Jahrhundert über dreißig Juden oder Konvertiten waren. Er weist darauf hin, dass sie trotz ihrer relativ geringen Zahl eine wichtige Vermittlerrolle zwischen Judentum und Christentum einnahmen und als Katalysatoren für das rapide Wachstum der Hebraistik bedeutend waren.[13] Durch ihr jüdisches Wissen trugen sie dazu bei, das Christentum zu stärken. Als Hebräischlehrer, Übersetzer und Beschaffer von jüdischen Texten ermöglichten sie Christen Zugang zu jüdischen Quellen und jüdischer Gelehrsamkeit, und jüdisches Wissen trat somit in den Dienst der Kirche – die Hebraistik als Handmagd der christlichen Theologie. Das zeigt sich auch darin, dass einige Konvertiten im Auftrag der Kirche hebräischer Druckwerke zensurierten, die systematisch auf für Christen anstössige Stellen untersucht und zensuriert wurden.

Predigt und Judenmission Ein anderes wichtiges Betätigungsfeld außerhalb der kleinen Elite der männlichen Gelehrtenwelt war das Predigen vor jüdischen Gemeinden im Dienst der Judenmission. Der aus Udine stammende Arzt Paulus Weidner ließ sich 1558 mit Frau und vier Kindern im Stephansdom taufen. Er erfreute sich bester Beziehungen zum Hof und wurde bereits 1560 in den Adelsstand erhoben. Neben seiner medizinischen Tätigkeit und verschiedenen Funktionen als Dekan und Rektor an der Universität Wien unterrichtete er auch Hebräisch, wurde als Zensor für hebräische Bücher eingesetzt, veröffentlichte Missionsschriften und predigte auf Geheiß des Kaisers Ferdinand vor der jüdischen Gemeinde in Prag. Der Habsburger hatte 1557 die Vertreibung der Juden aus Böhmen angedroht, die durch Fürsprache von höchster Seite gerade noch abgewendet werden konnte, aber die Gemeinde musste es sich gefallen lassen, dass ihre Bücher nach Wien gebracht wurden, um auf Gotteslästerungen überprüft zu werden. Über die Entsendung Paulus Weidners nach Prag schrieb der Kaiser an seinen Sohn, Erzherzog Ferdinand, dass „wir auch als ein christlicher kaiser gnediglich gern sehen wollen, dass doch etlich der unglaubigen juden zu dem christlichen glauben bekehrt und aus dem verderben ihrer seelen errettet wurden". [14]

Weidner ließ eine Predigt, die er im April 1561 in einer Prager Synagoge gehalten hatte, drucken und pries sie mit dem Hinweis auf den Erfolg seiner Tätigkeit an. Dadurch seien „etliche personen zum christlichen glauben bracht worden, derhalben es nit gar vergebens und umb sonst gewesen" sei.[15] Konvertiten galten als wirksame Prediger, weil sie sowohl die Kultur, die sie zurückgelassen hatten, als auch die, der sie sich angeschlossen hatten, gut kannten und sich sprachlich und in der Mentalität ihrem jüdischen Publikum anpassen konnten. Es ist allerdings trotz der Erfolgsmeldungen der Prediger unmöglich festzustellen, wie viele Übertritte sie tatsächlich erreichten, musste das jüdische Publikum diese Predigen doch immer als Angriff auf seine Tradition verstehen.

Konversionserzählungen Ab dem 16. Jahrhundert wurden auch Schilderungen von Konversionen zunehmend wichtiger.[16] Eine Konversionserzählung, die den Weg von der „blinden Verstocktheit des Judentums" zur „seligmachenden Wahrheit des Christentums" exemplarisch nachzeichnete, wurde von Konvertiten oft als „Einstandsgeschenk" erwartet. Diese Schriften wurden meistens denjenigen gewidmet, die sie finanziell unterstützt hatten, waren also einerseits Ausdruck von Dankbarkeit, ließen aber gleichzeitig auch die Hoffnung auf zukünftige Zuwendungen erkennen. Missionsschriften bieten uns oft gute Einblicke in die individuellen Biografien von Konvertiten, sie folgen aber meistens traditionellen Vorlagen und handeln in wenig origineller Weise Standardargumente gegen den Heilsanspruch des Judentums und für die Überlegenheit der christlichen Kirche ab. Obwohl diese Schriften vermutlich an Juden adressiert waren, ist es recht unwahrscheinlich, dass sie häufig von jüdischen Lesern wahrgenommen wurden.

Christian Gerson (1569–1622) wurde nach seiner Taufe im Jahre 1600 ein lutheranischer Prediger und Pfarrer, der sein Leben in den Dienst der Judenmission stellte.[17] Er sah einen wichtigen Grund für deren Scheitern darin, dass sowohl Juden als auch Christen viel zu wenig übereinander wussten. Die meisten christlichen Autoren hätten keine Ahnung vom Talmud und könnten höchstens ein paar rabbinische Geschichten aus dem Jiddischen erschließen. Die Juden wiederum wären kaum geneigt, Bücher zu lesen, die sie verhöhnten und verspotteten. Gerson sah sich selbst als Vermittler zwischen seinen ehemaligen und seinen neuen Glaubengenossen, da er beide Religionen bestens kannte und auch seine Argumente durch Belege aus Primärquellen stützen konnte. Er hatte selbst durch eine Ausgabe des Neuen Testaments, das ihm als Pfand versetzt worden war, zum Christentum gefunden. Sein *Jüden Thalmvd fürnembster innhalt, vnd Widerlegung,* 1607 in

Goslar erschienen, behandelt im ersten Teil theologische, religiöse und kulturelle Aspekte des Judentums. Der zweite Teil stellt die Grundzüge der christlichen Glaubenslehre dar, aber der einigermaßen aggressive Tonfall macht rasch klar, dass es sich dabei weniger um eine Darstellung des Christentums für einen interessierten jüdischen Leser handelt, sondern um einen Angriff auf den Talmud. Ein Kapitel mit dem Titel „Vonn der Rabinen ergerlichem Leben / bösen thaten / vnd endlicher verzweiffelung" präsentiert eine kunterbunte Sammlung meist aus dem Zusammenhang gerissener talmudischer Zitate etwa zu Unzucht, Trunksucht und Zauberei, die die rabbinische Tradition verunglimpfen sollen. Das Buch wurde mindestens siebenmal neu aufgelegt, zum letzten Mal 1895 in einer Bearbeitung durch den notorisch antisemitischen Wiener Pfarrer Josef Deckert, der darin eine authentische, da von einem Konvertiten stammende, Darstellung des Talmuds sah.

Hindernisse sozialer Integration Natürlich sollte auch der Lebenswandel nach der Taufe dem eines ehrbaren Christen würdig sein. Das war nicht immer einfach für Konvertiten in der frühen Neuzeit, weil sie sich, wie etliche von ihnen in Schriften beklagten, Vorurteilen ausgesetzt sahen, die es ihnen schwer machten, sich in die christliche Gesellschaft zu integrieren. Eine ganze Reihe von Redensarten drückte die Erwartung aus, dass es ja eigentlich ganz unmöglich für einen Juden sei, sich wahrhaftig zu bekehren – so wie ein Leopard seine Flecken nicht abstreifen könne, könne auch ein Jude sein jüdisches Wesen nie ablegen und sich in einen wahren Christen verwandeln. Der Glaubenswechsel bedeutete oft einen hohen sozialen Preis und nicht jeder konnte mit dieser Isolierung leben. Ein großes Problem war der Mangel an Erwerbsmöglichkeiten nach der Taufe, da es Juden durch die strengen christlichen Zunftbestimmungen oft unmöglich war, ein Handwerk zu lernen, mit dem sie sich ihren Lebensunterhalt hätten verdienen können. Wenn sie nach dem Übertritt keine Gelegenheit hatten, eine angemessene Beschäftigung zu finden, blieben sie zeitlebens auf Almosen angewiesen und gerieten nicht selten auf die schiefe Bahn. Nur für wenige der von ihm überlieferten Judentaufen konnte der Chronist Andreas Würfel eine Lebensbilanz ziehen wie für diesen Nürnberger: „Nach erlangter Taufe erlernete dieser Gustav die Handelschaft, wurde in Nürnberg seßhaft und erwarb sich und seinen Kindern, gute Mittel. Starb endlich alt und Lebens satt in Nürnberg."[18]

Taufschwindler und andere Enttäuschungen Was aber passierte, wenn Konvertiten die in sie gesetzten Erwartungen nicht erfüllten? Natürlich gab es viele Gründe, warum Juden Christen wurden, und nicht alle waren religiös motiviert. Sogenannte Taufbetrüger, die sich mehrmals taufen ließen, um das Taufgeld zu kassieren, und die sich mal als Christen, mal als Juden ausgaben, wurden in der frühen Neuzeit immer wieder vor Gericht gestellt und mit dem Tode bestraft.[19] Wollte ein Jude ins Judentum zurückkehren, musste er ins Ausland ausweichen und nach Osteuropa oder nach Amsterdam ziehen, um wieder offen als Jude leben zu können.[20]

Baruch, der aus Prossnitz in Mähren stammte und nach dem Studium in Posen in Bruchsal am Rhein als Vorsänger tätig war, wurde unter dem Einfluss des messianischen Fiebers, das durch die Nachrichten vom Auftreten Schabbtai Zwis in den jüdischen Gemeinden um sich griff, zum Suchenden. Er begann, messianische Verheißungen zu studieren, und kam schließlich zu dem Schluss, dass der Messias bereits erschienen war. In seiner jüdischen Umgebung musste er diese Gedanken geheim halten. Er war aber auch von der Uneinigkeit der Christen untereinander und den Auswüchsen katholischer Volksfrömmigkeit abgestoßen. Dank eines kritischen katholischen Barbiergesellen, mit dem er sich austauschen konnte und der ihn mit dem Neuen Testament vertraut machte, fand er schließlich den Weg zum Taufunterricht. Er ließ sich 1674 in Straßburg auf den Namen Friedrich Albrecht Christiani taufen und lehrte Hebräisch in Leipzig. Er veröffentlichte auch seine Bekehrungsgeschichte und eine Polemik gegen das Judentum als *Der Juden Glaube und Aberglaube* und schien ganz in seinem neuen Leben als aufrechter Christ, der den Weg aus dem jüdischen Irrtum zur christlichen Erlösung gefunden hatte, aufzugehen.[21] Ein Empfehlungsschreiben charakterisierte ihn als „redlichen und treuerfundenen Christen / auch in Ebrä- und Rabbinischen wohlerfahrnen Mann / der bißhero allhier viel wackere Schüler gehabt / und sie dergestalt in *Rabbinicis perfectioniret* hat / daß sie damit nicht allein ihren Zuhörern durch gründlichen Vortrag der Heiligen Schrifft / sondern auch der Welt durch gelehrte nützliche Schriften dienen können".[22]

Groß war die Enttäuschung seiner christlichen Förderer, als er sich zwei Jahrzehnte nach seinem Übertritt, 1695, mit seiner Tochter und einer großen Summe unterschlagenen Geldes davonmachte und – jüdischen – Gerüchten zufolge wieder zum Judentum zurückkehrte. Der Theologe Christian Reineccius, der Christianis Buch 1705 neu herausgab, sah die Mitschuld bei denen, die ihm so viel Geld in seinem „äuserst dürfftigen Zustande" anvertraut hatten, da Gelegenheit eben Diebe mache . Die Lebensgeschichte des abtrünnigen Konvertiten fasste er lapidar mit einem Zitat aus den Sprüchen[23] zusammen: „Der Hund frisset wieder, was er gespeyet hat, und die Sau wältzet sich nach der Schwämme wieder im Koth. Gott erbarme sich noch seiner, und dieses blinden Volcks."[24]

Trotz des unrühmlichen Endes, das Christiani als Konvertit gefunden hatte, schienen seine Geschichte und das polemische Buch, das er veröffentlicht hatte, es wert, einem christlichen Lesepublikum in zwei Neuauflagen näher gebracht zu werden. Das Spannungsfeld, in dem sich viele „Vorzeigekonvertiten" nach ihrer Zuwendung zum Christentum fanden, ist durch Christiani gut umrissen. Die Konversion war kein einmaliger Akt, sondern ein ständiges Ringen um den wahren Glauben, dessen Aufrichtigkeit argwöhnischen Christen unablässig bewiesen werden musste. Die öffentliche Vorzeigewirkung machte das Leben und Wirken von Konvertiten zu einem theologischen Bekenntnis für die Wahrheit des Christentums und die Unzulänglichkeit des Judentums, das nicht länger im Bund mit Gott stünde. Ein Anspruch, an dem die realen Konvertiten häufig scheitern mussten.

1. Johannes Bugenhagen, *Tröstlicher warhaffter Unterricht von der Tauff und ungebornen kindern* ...Nürnberg 1575, S. 62 a.
2. Christian Kalkar, *Israel und die Kirche*. Hamburg 1869, S. 89.
3. Bugenhagen, *Tröstlicher warhaffter Unterricht* (wie Anm. 1), S. 62 a–b.
4. A. a. O., S. 63 a–b.
5. Elisheva Carlebach, *Divided Souls: Converts from Judaism in Germany, 1500–1750*. New Haven 2001, S. 106.
6. A. a. O., S. 110.
7. Andreas Würfel, *Historische Nachrichten von der Juden-Gemeinde* ...Nürnberg 1755, S. 108–125.
8. Hans-Martin Kirn, *Das Bild vom Juden im Deutschland des frühen 16. Jahrhunderts dargestellt an den Schriften Johannes Pfefferkorns*. Tübingen 1989; Ellen Martin, *Die deutschen Schriften des Johannes Pfefferkorn: zum Problem des Judenhasses und der Intoleranz in der Zeit der Vorreformation*. Göppingen 1994.
9. In: P. S. Allen (Hg.), *Opus Epistolarum Des. Erasmi Roterddami*. Bd. 3, Oxford 1913, S. 117 f.
10. James H. Overfield, *Humanism and Scholasticism in Late Medieval Germany*. Princeton 1984, S. 288.
11. Maria Diemling, „Anthonius Margaritha and his 'Der Gantz Jüdisch Glaub'", in: Dean Phillip Bell, Stephen G. Burnett (Hg.), *Jews, Judaism and the Reformation in Sixteenth-Century Germany*. Leiden 2006, S. 303–33.
12. Peter von der Osten-Sacken: *Martin Luther und die Juden: neu untersucht anhand von Anton Margarithas „Der gantz Jüdisch glaub"* (1530/31). Stuttgart 2002.
13. Stephen G. Burnett, „Vermittler des Hebräischen und ihre christlichen Schüler im Spätmittelalter", in: Ludger Grenzmann et. al. (Hg.), *Wechselseitige Wahrnehmung der Religionen im Spätmittelalter und in der Frühen Neuzeit, Teil 1: Konzeptionelle Grundfragen und Fallstudien*. Berlin 2009, S. 173–188.
14. Paul J. Diamant, „Paulus Weidner von Billerburg (1525–1585): kaiserlicher Leibarzt und Rektor der Wiener Universität", in: *Mitteilungen des Vereines für Geschichte der Stadt Wien,* 1933, Heft 13/14, S. 57–64.
15. Paulus Weidner, *Ein sermon durch Paulum Weidner, der Ertzney Doktoren und in der Hochlöblichen Universität zu Wien hebräischer Sprachenprofessoren*. ... Wien 1562.
16. Gesine Carl, *Zwischen zwei Welten? Übertritte von Juden zum Christentum im Spiegel der Konversionserzählungen des 17. und 18. Jahrhunderts*. Hannover 2007.
17. J. F. A. de le Roi, „Christian Gerson, der erste evangelische Prediger aus den bekehrten Juden", in: *Dibre Emeth oder Stimmen der Wahrheit an Israeliten und Freunde Israels,* 1879, Heft 35, S. 97–110 und S. 129–140; Nathanja Hüttenmeister, „Eine jüdische Familie im Spannungsverhältnis zwischen Judentum und Christentum. Der Konvertit Christian Gerson im Konflikt mit seiner jüdischen Verwandtschaft", in: *Vestische Zeitschrift,* 2002, Heft 99, S. 47–59.
18. Würfel, *Historische Nachrichten* (wie Anm. 7), S. 113.
19. Meike Bursch, *Judentaufe und frühneuzeitliches Strafrecht*. Frankfurt am Main 1996.
20. Elisheva Carlebach, „,Ich will dich nach Holland schicken ...' Amsterdam and the reversion to Judaism of German Jewish converts", in: Martin Mulsow and Richard H. Popkin (Hg.), *Secret Conversions to Judaism in early modern Europe*. Leiden 2004.
21. Zu seiner Person, siehe Elisheva Carlebach, „Converts and their Narratives in Early Modern Germany: The Case of Friedrich Albrecht Christiani", in: *Leo Baeck Institute Yearbook,* 40. Jg. 1995, Heft 1, S. 65–83.
22. Christian Reineccius, *Der Juden Glaube und Aberglaube*. Leipzig 1705, S. 85.
23. Spr 26:11
24. A. a. O., S. 88.

Aron Margules | Antonius Margaritha
Jude – Christ

Antonius Margaritha wurde um 1492 als Sohn des Rabbiners Samuel Margoles in Regensburg geboren. Über seine Jugend ist nichts bekannt. 1519, als Margaritha 27 Jahre alt war, wurden die Juden aus Regensburg vertrieben. Kurze Zeit später, um 1521/22, wurde er in Wasserburg am Inn getauft, obwohl ihm seine Familie angeblich Geld angeboten hatte, um ihn von diesem Schritt abzuhalten. Bis 1530, als sein Werk *Der gantz juedisch Glaub* veröffentlicht wurde, arbeitete er als Hebräischlehrer in verschiedenen deutschen Städten, ein typischer Beruf für Konvertiten seiner Zeit.

Der gantz juedisch Glaub erklärte jüdische Feiertage und Traditionen und enthielt die ersten Übersetzungen der jüdischen Gebete. Darüber hinaus aber bezichtigte es die Juden der Illoyalität gegenüber dem Kaiser sowie der grundsätzlichen Christenfeindschaft, die vor allem auf den Bestimmungen des Talmuds beruhen würde. Margaritha wollte offenkundig, wie manche andere Konvertiten auch, seinen Glaubenswechsel möglichst dramatisch rechtfertigen. Seine Publikation lieferte Judenfeinden lange Zeit Munition und wurde zu einem Bestseller: Bis zum Jahr 1711 erfuhr das Buch siebzehn Auflagen. Dabei war es gleich nach dem ersten Erscheinen des Buches zu einer aufsehenerregenden Diskussion um seine Inhalte gekommen: Josel von Rosheim, der Anfang des 16. Jahrhunderts zum Fürsprecher (Schtadlan) für alle Juden und Judengemeinden im Heiligen Römischen Reich geworden war, forderte Margaritha zur öffentlichen Disputation über seine Thesen vor dem in Augsburg in jenem Jahr tagenden Reichstag. Josel von Rosheim entschied diese Auseinandersetzung so eindeutig für sich, dass Margaritha den Reichstag verlassen musste. Seine Niederlage schadete aber dem Erfolg des Buches nicht nachhaltig: Viele Reformatoren übernahmen Margarithas „Expertise", auch Martin Luther bezog viele seiner antijüdischen Stereotype daraus.

Ob Margarithas Inhaftierung und spätere Verbannung aus Augsburg in direktem Zusammenhang mit der Disputation vor dem Reichstag stand, ist nicht geklärt. Über die Stationen Meißen und Leipzig kam er schließlich nach Wien, wo er wieder als Hebräischlehrer arbeitete und im Frühjahr 1542 starb. HS

Antonius Margaritha, *Der gantze juedische Glaube: mit samt einer gründlichen und wahrhafftigen Anzeigung aller Satzungen / Ceremonien / Gebeten / heimlich- und öffentlichen Gebräuchen deren sich die Juden das ganze Jahr über bedienen / nebst schönen und gegründeten Argumenten wider ihren Glauben.* Leipziger Ausgabe von 1705; Jüdisches Museum Hohenems (Foto: Robert Fessler)
Die Ausgabe enthält auch *Des Jüdischen Thalmuds fürnehmster Inhalt und Widerlegung* von Christian Gerson (1569–1622), ebenfalls Konvertit zum Christentum und vehementer Polemiker gegen das Judentum.

Edgardo Mortara | Pio Edgardo Mortara
Jude – Katholik

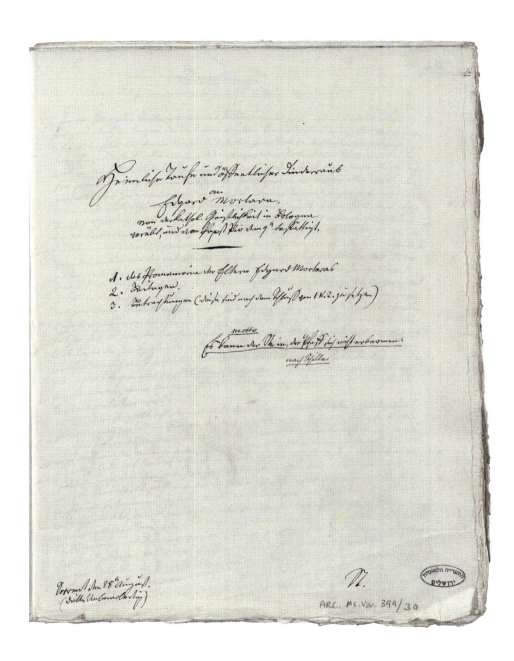

Salomon Ludwig Steinheim: „Heimliche Taufe und öffentlicher Kinderraub an Edgard Mortara, von der kathol. Geistlichkeit in Bologna verübt, und von Papst Pio IX. bestäthigt.", Manuskript; The National Library, Jerusalem, ARC Ms. Var. 299/30

Fotografie Edgardo Mortaras beim letzten Besuch seiner Mutter vor ihrem Tod, ca. 1880

Edgardo Mortara wurde am 27. August 1851 in Bologna als Sohn jüdischer Eltern geboren. Bald nach seiner Geburt stellten seine Eltern ein neues Dienstmädchen ein, die christliche Anna Morisi. Streng genommen war ihre Einstellung ungesetzlich, da Juden keine christlichen Dienstmädchen beschäftigen durften, doch kaum jemand kontrollierte diese Bestimmung. Als Edgardo elf Monate alt war, durchlief er eine Kinderkrankheit, die in den Augen des Dienstmädchens sein Überleben gefährdete. Anna Morisi unterzog ihn einer sogenannten „Nottaufe". Das war zwar nach Kirchenrecht inzwischen verboten – Benedikt XIV. hatte 1747 zwangsweise „Nottaufen" verurteilt, Papst Pius VI. bestätigte 1775 ein Dekret seines Vorgängers Clemens, mit dem die Taufe jüdischer Kinder durch Laien ohne Wissen und Billigung der Eltern unter schwere Strafe gestellt wurde –, war eine Nottaufe jedoch bereits vollzogen, schritt die Kirche zur Rettung des Christenkindes ein. Von der Taufe des kleinen Edgardo Mortara erfuhr der Vatikan erst sechs Jahre später, handelte jedoch umgehend. Am Abend des 23. Juni 1858 erschien auf Anweisung des Inquisitors die päpstliche Polizei an der Tür des Elternhauses und verlangte von den entsetzten Mortaras die Herausgabe ihres Kindes, da kein getauftes Kind von Juden erzogen werden dürfe. Die Mortaras weigerten sich ihr Kind einfach herzugeben, die Polizei umzingelte jedoch das Haus, bis sie das Kind mitnehmen konnte. Proteste fruchteten nichts: Die jüdische Gemeinde Bologna versuchte zu intervenieren, internationale Zeitungen berichteten über den Entführungsfall, europäische Herrscherhäuser protestierten. Der bekannte jüdische Religionsphilosoph Salomon Ludwig Steinheim verfasste eine Chronik der Ereignisse, um das anachronistische Unrecht zu dokumentieren. Die Geschichte der Entführung lieferte den politischen Bewegungen gute Argumente für ihren Ruf nach der Trennung von Kirche und Staat, der Vatikan selbst jedoch lieferte nichts – außer seiner eigenen Version, die wundersame Bekehrung eines Juden.

Denn Edgardo Mortara war nach der Entführung in einem Katechumenenhaus erzogen und dort noch einmal auf den Namen Pio getauft worden. Nach ausgedehnten Aufenthalten in verschiedenen Klöstern trat er 1865 in die Kongregation der Augustinerherren vom Lateran ein und wurde bereits 1873, mit einundzwanzig Jahren, zum Priester geweiht. Er spezialisierte sein seelsorgerisches Wirken auf die Missionierung von Juden und war in diesem Auftrag in Europa und sogar in New York tätig. Kurz vor dem Lebensende seiner Mutter bedauerte er, sie nicht noch vom „rechten Glauben" überzeugt zu haben. Der Judenmissionar Edgardo Mortara starb am 11. März 1940 im Kloster Bouhay in Lüttich. Kurze Zeit später wären auch in Belgien die Nürnberger Gesetze auf ihn angewandt worden, die ihn wieder zum „Juden" gemacht hätten. HS

Familienliebe und öffentliches Judentum:
die Konversionsproblematik im Deutschland des 19. Jahrhunderts
Deborah Hertz

Im Jahre 1829 schrieb Salomon Ludwig Steinheim ein Gedicht mit dem Titel „Der Vertriebene". Zu diesem Zeitpunkt war er vierzig Jahre alt, ein anerkannter Arzt und Religionsgelehrter, der in Altona bei Hamburg lebte. In dem Gedicht beklagt der Erzähler, ein jüdischer Vater, seine persönlichen Verluste während der vorausgegangenen zwei Jahrzehnte. Er hatte seinen Sohn im Freiheitskrieg gegen die Franzosen verloren. Seine Tochter war zum Protestantismus übergetreten und hatte einen Mann christlicher Abstammung geheiratet. Seine Frau starb darüber „vor Kummer". Und er, der Vater, wurde aus seiner Stadt vertrieben[1] Für diese fiktive Familie brachte Patriotismus den Tod, Assimilation hatte Konversion und Mischehe zur Folge und bürgerliche Emanzipation gab keine Niederlassungsgarantie. Dieses Gedicht nennt den Preis, den manche für die neuen Möglichkeiten der sozialen und bürgerlichen Emanzipation zu diesem dramatischen Zeitpunkt in der deutsch-jüdischen Vergangenheit zahlen mussten.

Bürgerliche Emanzipation In den Jahren seit Moses Mendelssohns Tod im Jahre 1786 war durchaus viel erreicht worden. Die bürgerliche Emanzipation hatte zögerlich begonnen. Das Großherzogtum Baden erließ 1809 das Judenedikt, das die bürgerrechtliche Emanzipation der Juden beinhaltete. Drei Jahre später wurde das Preußische Judenedikt von Zeitgenossen als fortschrittlich bejubelt. Die meisten Vorkämpfer für eine bürgerrechtliche Reform zugunsten der Juden gingen von einem „quid pro quo von Rechten im Gegenzug für Erneuerung"[2] aus. Modernisierten die Juden ihre Religion, wäre mehr Emanzipation die Belohnung dafür. Und tatsächlich war in jenen Jahren das Aufkommen von Reformgottesdiensten in Westfalen, Berlin und Hamburg zu beobachten. Ein Jahrzehnt nach Napoleons Niederlage jedoch, noch bevor die Tinte auf den Emanzipationsdekreten trocknen konnte, nahmen die staatlichen Behörden immer mehr Abstand von ihrem Versprechen, die wohlklingende Reform des Judentums zu unterstützen und zu belohnen. Die Folge war ein verstärkter Druck zur Konversion.

Viel stand in diesen dramatischen Jahren auf dem Spiel. Spätere Historiker griffen Salomon Ludwig Steinheims Klagen über die dunkle Seite der neuen Möglichkeiten wieder auf. Die Frage ist, ob die jüdische Führung jener Zeit tatsächlich einer Emanzipation zugestimmt hatte, die sie ihrer religiösen Macht entkleidete, eine Wahl getroffen hatte, die einen „Fehlstart" ins moderne Zeitalter bedeutete. Gershom Scholem, ein engagierter

Zionist, sollte später nicht nur die Konvertiten dafür anklagen, dass sie ihrem Glauben untreu geworden waren, sondern auch die jüdische religiöse Führung kritisieren. Aus seiner Sicht hatte sie sich geirrt, als sie einer Aufgabe der traditionellen gerichtlichen Autonomie zugunsten bürgerlicher Emanzipation zugestimmt hatte.[3]

Da es den Anschein hatte, dass die bürgerliche Emanzipation zum Stillstand gekommen war und religiöse Reformen sowohl vom Staat als auch von den Traditionalisten behindert wurden, entschlossen sich immer mehr urbane und gebildete Juden dazu, ihre Glaubensgemeinschaft zu verlassen. Für sie war der Prozess noch zu langsam, als dass er ihnen die Chancen hätte bieten können, die ihren Talenten entsprachen. Zwar bedrohten zu Beginn des Jahrhunderts Konversionen, in absoluten Zahlen gesehen, die demografische Stabilität der deutschen Juden nicht.[4] Sogar in Berlin, einem Anziehungspunkt für Konvertiten, belief sich ihre Zahl während der Konversionswelle des späten 18. Jahrhunderts auf weniger als zwanzig pro Jahr. Obwohl die absoluten Werte noch immer unbedeutend waren, zeichnete sich der Trend schon ab. Nach einer Zunahme der Übertritte in den 1810er-Jahren war ihre Anzahl zwar schwankend, aber weiterhin von steigender Tendenz. Wir können einige kritische Zeitpunkte erkennen, an denen die Zahl der Konversionen um hundert pro Jahr betrug.[5] Eine zuverlässigere Methode, ihre Häufigkeit zu ermitteln, bietet die Betrachtung der absoluten Zahlen im Verhältnis zur jüdischen Bevölkerung, die um die Mitte des 19. Jahrhunderts wesentlich zugenommen hatte. Verfolgen wir den Anteil derer, die in Berlin im Verlauf des Jahrhunderts konvertierten, sehen wir einen ziemlich deutlichen Rückgang nach Mitte der 1840er-Jahre.[6] Der deutet darauf hin, dass die Notwendigkeit einer Konversion zum Zweck der wirtschaftlichen und beruflichen Integration in der zweiten Jahrhunderthälfte als geringer eingeschätzt wurde.

Die Rolle der Frauen Auch wenn der Anteil derjenigen, die konvertierten, überschaubar blieb, so erregten die Taufen doch Aufmerksamkeit, da viele der Konvertiten aus angesehenen Familien stammten und intelligent, charismatisch und begabt waren. Mit Berechtigung können wir deren Austritt als einen bedeutsamen Braindrain ansehen zu einem für das Judentum kritischen Zeitpunkt. Zu Beginn des vielschichtigen Kampfes um Emanzipation und Reformen war die greifbare Möglichkeit, sich vom jüdischen Volk einfach loszulösen, für die Begabten und Ehrgeizigen durchaus verlockend. Und nicht nur prominente Männer konvertierten: Zahlreiche gebildete jüdische Frauen der letzten Generationen des 18. Jahrhunderts waren ihrer Scheidungen, Konversionen und gemischtreligiösen Ehen wegen berühmt-berüchtigt. In Berlin öffnete um die Jahrhundertwende ein Kreis wohlhabender Frauen, darunter Rahel Levin Varnhagen, Henriette Herz und Dorothea Mendelssohn-Veit-Schlegel, prominenten Besuchern die Türen zu ihren Salons. Bis in die ersten zwei Jahrzehnte des 19. Jahrhunderts gab es bei Frauen beinahe ebenso viele Konversionen und gemischtreligiöse Ehen wie bei Männern.[7]

Mit der Zeit jedoch begann der Anteil der Frauen unter den Konvertierenden und denjenigen, die gemischtreligiöse Ehen eingingen, zu sinken. Das Judentum hinter sich zu lassen war für Frauen von besonderer Bedeutung angesichts ihrer entscheidenden Rolle bei der Weitergabe jüdischer Identität. Gerade in den mittleren Jahrzehnten des 19. Jahrhunderts wurden die häuslichen Erfahrungen immer wichtiger für die Beibehaltung jüdischer Zugehörigkeit und Identität. Als das traditionelle Judentum im Begriff war, seine Macht, Konformität zu erzwingen, zu verlieren, und es für Väter immer üblicher wurde, am Schabbat zu arbeiten, geriet das private Heim mehr noch als die Synagoge zur elementaren Stätte der Sozialisierung. Was bedeutete, dass die Rolle von gebildeten und engagierten jüdischen Müttern essenziell war.[8]

Freilich war innere spirituelle Transformation der älteste und aus religiöser Sicht der einzige wahrhaftige Konversionsgrund. Im Laufe der Zeit sank die Zahl der spirituellen Konvertiten, aber es gab sie immer noch. Unter den Namhaften, die in einer der christlichen Strömungen bald eine erfolgreiche Laufbahn einschlugen, waren Johann August Neander, Joseph Frey, Michael Solomon Alexander, Paulus Selig Cassel, Franz Delitzsch, Joseph Wolff und Edith Stein.

Ein weltliches Jahrhundert Mit dem Aufkommen eines weltlicheren Jahrhunderts standen immer weniger spirituellen Konvertiten viele gegenüber, die von der Aussicht auf beruflichen Erfolg animiert zum Christentum übertraten – sicherlich das nächstliegende unter den verschiedenen pragmatischen Motiven. Die jungen Männer, die diesen Schritt taten, wollten ihre Gymnasial- und Universitätsausbildung nutzen, um in der Welt weiterzukommen. Im Prinzip war es ja das Versprechen der Emanzipation, dass Juden als Juden „ihren Talenten entsprechende Karrieren offenstehen würden". Doch dieses Versprechen wurde im weiteren Verlauf des Jahrhunderts nur sehr langsam eingelöst. Gerade weil das Bildungssystem so vielen jüdischen Jugendlichen offenstand, stießen sie so oft an die gläserne Decke und damit an die Anforderung zu konvertieren. Denn ohne Taufe war es in der ersten Hälfte des Jahrhunderts ganz unmöglich, Positionen als Professoren, Armeeoffiziere und Anwälte einzunehmen.

Viele junge Männer dieser Generation, die sich in einem solchen Dilemma befanden und Protestanten wurden, waren zu ihrer Zeit angesehen und blieben auch für die Nachwelt von Bedeutung, darunter Felix Mendelssohn, Heinrich Heine, Ludwig Börne, Eduard Gans und natürlich Karl Marx. Es ist bemerkenswert, dass der bedeutende Historiker der Juden, Heinrich Graetz, vor über einem Jahrhundert den Konversionen zweier Stars ihrer Epoche, Heinrich Heine und Ludwig Börne, nachsichtig gegenüberstand. Graetz argumentierte, dass es notwendig wäre, ein Konvertit zu sein, um das Judentum öffentlich zu verteidigen.[9] Jetzt, mehr als ein Jahrhundert nachdem Graetz diese Zeilen niederschrieb, sehen Historiker die Taufen der „besten und hellsten Köpfe" als einen Indikator für die Tiefe der Krise jüdischen Lebens in jenen Jahren.

Deutscher Nationalismus Neben den spirituellen und pragmatischen Gründen, die Erklärungen für die hohen Konversionszahlen des frühen 19. Jahrhunderts liefern, gab es ein drittes Motiv nationaler Natur, nämlich den Wunsch, auch innerlich Deutscher zu sein. Lutherische Themen, Lieder und Werte waren absolut zentral im frühen deutschen Nationalismus. Turnvereine und Studentenverbindungen, beides wesentliche Institutionen des neuen Patriotismus, hießen jüdische Teilnehmer willkommen. Der Preis jedoch für innere Zugehörigkeit war sehr häufig die Aufgabe jüdischer Werte, Symbole, Bräuche und Identitäten. Denn die jungen Männer, die mit dieser Kultur in Kontakt kamen, fanden es äußerst schwierig, ihr Judentum in das fortschrittlichste Denken ihrer Zeit zu integrieren. Georg Wilhelm Friedrich Hegel argumentierte, dass das Judentum durch das Christentum überwunden worden sei und dass das dritte bedeutende Zeitalter humanistisch sein und damit Religion schlechthin überwinden würde.[10] Sogar jüdische Reformer, vor allem David Friedländer, waren zeitweilig unsicher, ob das Judentum überhaupt der Bewahrung wert sei.[11] Das wandelte sich in den ersten Jahrzehnten des 19. Jahrhunderts zu einer „schlankeren", weniger ethnischen Religion, während sich der Protestantismus zu einem starken und nationalistischeren Bekenntnis entwickelte.

Über die spirituellen, pragmatischen und nationalen Beweggründe, das Judentum hinter sich zu lassen, hinaus müssen wir uns auch die familiären Umstände der Konvertiten ansehen, sowohl bevor als auch nachdem sie Protestanten wurden. In den vorangegangenen Jahrhunderten hatten sowohl arme als auch reiche Konvertiten mit ihrem Religionswechsel oftmals gegen ihre Eltern rebelliert und jeglicher Kontakt wurde nach der Taufe abgebrochen. Die familiären Konstellationen im Zusammenhang mit dem Übertritt hatten sich aber in den Biedermeierjahren, als Salomon Ludwig Steinheim seine Klagen niederschrieb, grundlegend verändert. Die Berliner Statistiken zeigen klar, dass über die Hälfte der Konvertiten in den Jahren 1800 bis 1874 Kinder unter fünf waren.[12] Eine Taufe im Kindheits- oder Jugendalter sollte das jüdische Etikett entfernen, noch ehe die Entscheidung zu konvertieren oder nicht sich zu einem psychologischen Problem auswachsen konnte. Mehrere prominente Juden, die in dieser Zeit als Erwachsene ihren Glauben gewechselt hatten, genossen die volle Unterstützung ihrer Eltern und Geschwister. Der damals vielleicht spektakulärste Fall ereignete sich im Jahre 1816, als Abraham und Lea Mendelssohn beschlossen, ihre vier Kinder noch als Teenager konvertieren zu lassen. Die Eltern selbst wechselten ihren Glauben sechs Jahre später. Dass so viele von Moses Mendelssohns Nachkommen sich dafür entschieden hatten, Protestanten zu werden, stellt die ernsthafte Krise jüdischen Lebens zu diesem Zeitpunkt dramatisch unter Beweis.

Trotzjuden Um die mittleren Jahrzehnte des 19. Jahrhunderts herum war das Aufkommen einer neuen Strömung zu beobachten, der „Trotzjuden". Ihr Verbleib im Judentum basierte nicht auf Werten, Bräuchen oder theologischen Überzeugungen. Der Trotzjude verweigerte es, sich Vorurteilen zu beugen, und lehnte die Konversion aus Prinzip ab, selbst wenn die daraus resultierenden Vorteile erstrebenswert waren. Die Haltung eines Trotzjuden war postreligiös, aber prinzipientreu. Aus seiner Perspektive war die Taufe aus pragmatischen oder nationalen Gründen scheinheilig. Trotzjuden verachteten Eigenschaften, die sie als jüdisch klassifizierten, und gaben abscheuliche/verächtliche Kommentare über andere Juden privat oder sogar öffentlich von sich. Entscheidend war aber, dass diese negativen Urteile eine Konversion nicht rechtfertigten.

Unter den bekannten Trotzjuden dieser Jahre befand sich Menno Burg, der jahrelang als Geometrielehrer in der Artillerieschule der Preußischen Armee gedient hatte und schließlich im Alter von 58 Jahren zum Major ernannt wurde. Gabriel Riesser hatte 1826 in Rechtswissenschaft promoviert, war aber entschlossen „nicht die Eintrittskarte der Lüge zu bezahlen", was seine Haltung zur Konversion reflektierte.[13] Schließlich wurde er 1860 zum Richter ernannt. Ein weiterer bekannter Trotzjude war der Ökonom Heinrich Braun, der sein Doktorat erhielt, aber sich weigerte zu konvertieren, um Universitätsprofessor werden zu können. In Brauns eigenen Worten „wäre konvertieren zu jüdisch".[14] In diesem furchtbaren Ausspruch drückte er seine Verdammung jüdischen Verhaltens als zu gerissen, scheinheilig und eigennützig aus, blieb aber dennoch öffentlich Jude.

Warum die ersten Trotzjuden in den 1830er-Jahren in Erscheinung traten, lässt sich mit den neuen Institutionen modernistischer Subkultur erklären, die Mendelssohns Nachfolger aufgebaut hatten. Zeitungen und Zeitschriften, Predigten in deutscher Sprache, Reformgottesdienste und neue Ausbildungsstätten für Rabbiner, aber auch Lesevereine und Bibliotheken boten Raum und Ideologien, um eine neue jüdische Sensibilität zu kultivieren. Die Auswirkungen der Trotzjuden auf das politische Leben waren erheblich. Hier wies Gabriel Riesser, der in der Revolution von 1848 öffentlich als Jude aktiv gewesen war, einen Weg für Juden, ihre Rechte als Bürger einzufordern, anstatt einer Hinter-den-Kulissen-Philanthropie nachzugehen, um Rechte zu „erkaufen". Im Großen und Ganzen verwarfen die Trotzjuden das bis dahin verbreitete implizite Verständnis, dass Juden nur durch Taufe und gemischtreligiöse Ehen Gleichberechtigung erlangen könnten.

Um den widersprüchlichen Charakter der Trotzjuden-Haltung zu erfassen, wenden wir uns einem Augenblick im Leben Ferdinand Lassalles zu, des sozialistischen Politikers und Gelehrten, der im August 1864 bei einem Duell in Genf ums Leben kam. Im Sommer, in dem er starb, war Lassalle 39 Jahre alt, ein autodidaktischer Anwalt und Autor einiger Werke über griechische Philosophie. Im Jahr zuvor war er der Anführer des Allgemeinen Deutschen Arbeitervereins (ADAV) geworden, der ersten politischen Partei von Arbeitern in Europa. Seine dynamischen Auftritte bei Kundgebungen waren außerordentlich erfolgreich gewesen. Heutige Historiker beurteilen ihn als „einen charismatischen Volksredner, wahrscheinlich der erste in der preußischen Geschichte".[15] Eher unüblich für einen sozialistischen Politiker erfreute sich Lassalle eines aufwändigen Lebensstils in seinem großen Haus in Berlin und hatte viele Freunde in gehobenen Positionen. Er war weder jemals in irgendwelchen jüdischen Institutionen tätig gewesen, noch hatte er einen intellektuellen Beitrag zu jüdischer Kultur geleistet. Darüber hinaus konnte er sich in seinen Briefen und seinem Tagebuch sehr boshaft über Juden äußern. Einer der Gründe, nicht zum Christentum überzutreten, war, dass er seinen Breslauer Angehörigen nahe geblieben und finanziell von ihnen abhängig war. Sie hatten ihn gebeten, nicht zu konvertieren.[16]

Die Frau, für die Ferdinand Lassalle im Duell starb, war Helene von Dönniges, die 21-jährige Tochter des bayrischen Botschafters in der Schweiz. Bis dahin hatte er immer ein lebhaftes Liebesleben geführt. Zumeist wählte er Frauen adeliger Abstammung, in deren Betten er offensichtlich willkommen war. Zeitgenossen nahmen an, dass Sophie von Hatzfeldt sowohl seine Geliebte als auch die Nutznießerin seiner oratorischen und juristischen Unterstützung war. Als sie einander 1846 trafen, war sie mit einem einflussreichen Grafen verheiratet, der sich weigerte, in die Scheidung einzuwilligen. Lassalle kämpfte acht Jahre lang als Amateuranwalt vor den Gerichten für ihre finanziellen Rechte, die Graf von Hatzfeld ihr vorenthalten wollte. Doch als er 1862 Helene von Dönniges begegnete, war die Leidenschaft seiner Verbindung mit Sophie von Hatzfeldt bereits am Abklingen und er bereit zu heiraten.

Helene von Dönniges, die rothaarige Schönheit, für die der Arbeiterführer auf dem Feld der Ehre fiel, war eigentlich die Tochter einer konvertierten Jüdin. Ihr Urgroßvater war der umstrittene Intellektuelle Saul Ascher gewesen, eine der seltenen jüdischen Stimmen in napoleonischer Zeit, die ausdrücklich die antisemitischen Züge des aufstrebenden deutschen Nationalismus kritisierten.[17] Saul Aschers Tochter Minna war Helenes Großmutter. Während Minna und ihr Ehemann Joseph Wolff Juden blieben, konvertierte deren Tochter Franziska vor ihrer Heirat mit dem Historiker und Diplomaten Wilhelm von Dönniges.

Das Paar ließ sich in den späten 1840er-Jahren kurz nach der Verehelichung in München nieder. Als Helenes Vater 1862 zum bayerischen Botschafter in der Schweiz ernannt wurde, zog die Familie von München nach Genf. Trotz all seiner äußerlichen Erfolge – als Protestant in einem katholischen Land, verheiratet mit einer Frau jüdischer Abstammung war seine Position stets ungefestigt. Helene und ihre Geschwister waren in einer sehr freizügigen Atmosphäre aufgewachsen und ihre Schönheit wurden von ihrer Familie mehr geschätzt als ihr Intellekt oder moralischer Charakter. Als Helene bei ihrer jüdischen Großmutter in Berlin wohnte, schwärmten mehrere gemeinsame Freunde ihr gegenüber von Ferdinand Lassalle. Schließlich trafen sich die beiden 1862. Im Sommer 1864 kündigte Helene ihren Eltern an, dass sie Lassalle zu heiraten beabsichtigte.

Von Anfang an schlossen Helenes Großmutter Minna Wolff und ihre Eltern Lassalle als möglichen Ehemann aus. Zu seinen Mängeln gehörten seine öffentliche jüdische Identität und seine ebenso öffentliche Beziehung zur berüchtigten Gräfin Sophie von Hatzfeldt. Sein spektakulärer Erfolg als sozialistischer Politiker gefiel ihnen ganz bestimmt auch nicht. Darüber hinaus hatte sich Helenes Schwester eben mit einem Adeligen verlobt und eine Heirat mit Lassalle hätte den künftigen aristokratischen Schwiegersohn veranlassen können diese Verbindung zu lösen. Helene von Dönniges' Brüder befürchteten, dass sie im Falle einer Verehelichung ihrer Schwester mit Lassalle niemals Offiziere werden könnten.

Um zu verstehen, was genau Lassalle daran hinderte, der Logik zu folgen, der gemäß Helenes Familie ihn als Bräutigam kategorisch ablehnte, müssen wir die beiden Sichtweisen einander gegenüberstellen, nämlich wie Lassalle sich selbst als potenziellen Ehemann von Helene sah und wie ihre Familie ihn sah. Er war wohlhabend, gebildet und hatte prominente Freunde. Die große Barriere jedoch war seine offen zur Schau gestellte jüdische Identität. Angesichts dessen, dass Helenes Großmutter eine bekannte Persönlichkeit in Berlin war, ist es so gut wie unmöglich anzunehmen, dass Ferdinand Lassalle nicht von Helenes teilweise jüdischer Abstammung wusste. Dies war jedoch ein Fleck, den es für die Familie auszumerzen galt. Ihre Großmutter Minna Wolff, ihre Mutter Franziska von Dönniges und nunmehr Helene selbst bildeten eine mütterliche Linie, in der jede Generation sich weiter vom Judentum entfernte. Als Helenes Vater die Verbindung mit Ferdinand endgültig verbot, hatte dieser das Gefühl, dass er als verletzter Ehrenmann Wilhelm von Dönniges zum Duell herausfordern müsse. Und so fand Lassalle den Tod um einer halbjüdischen Frau willen, die eine Nachfahrin von Saul Ascher war, dessen Familie Lassalles Trotzjuden-Ehrenkodex missbilligt hatte.

Mehr gemischtreligiöse Ehen als Trotzjuden Historiker finden es stets schwierig, aus einigen bemerkenswerten Biografien allgemeingültige Schlüsse zu ziehen, aber das Erscheinen einer Handvoll berühmter Trotzjuden scheint darauf hinzuweisen, dass in manchen Milieus und für manche Individuen die deutsche Gesellschaft durchlässiger wurde und dass soziale Integration ohne Konversion erreicht werden konnte.

Laut den Berliner Statistiken stiegen die Konversionen nach einem Rückgang zwischen 1850 und 1870 bis 1890 wieder an, um dann erneut abzunehmen.[18] Die Statistik, die gemischtreligiöse Ehen verzeichnete, belegt für die späteren Jahrzehnte des Jahrhunderts ein deutlich klareres Bild: In vielen deutschen Städten zeigten Juden eine immer größere Bereitschaft, ihr Judentum durch die Heirat eines christlichen Partners zu verlassen.[19] Mancherorts stieg in einer Zeitspanne von 45 Jahren der Anteil an gemischtreligiösen Ehen von unter fünf auf über zwanzig Prozent. Wie verbreitet es unter deutschen Juden war, eine gemischtreligiöse Ehe zu schließen, lässt sich zum Beispiel anhand einer Momentaufnahme der Bevölkerung von 1933 erfassen, als die nationalsozialistische Regierung an die Macht kam. Zu diesem Zeitpunkt lebten knapp über eine halbe Million Juden in Deutschland, aber es gab daneben mehrere Hunderttausend „Teiljuden", von denen die meisten ihrer Religion, wenn nicht sogar der Herkunft nach Christen waren, aber jüdische Vorfahren hatten.[20] Für einige zeitgenössische Beobachter, insbesondere für Viktor Klemperer, selbst Sohn eines Reformrabbiners und einer Konvertitin, wirkten diese Statistiken tröstlich. Er schrieb 1939 in seinem Tagebuch, „bis 1933 und mindestens ein volles Jahrhundert hindurch sind die deutschen Juden durchaus Deutsche gewesen und sonst gar nichts. Beweis: die Abertausende von ,Halb-', ,Viertel-' etc. Juden."[21]

Das demografische Verhalten der Juden Deutschlands über die Jahrzehnte des 19. Jahrhunderts hinweg und hinein ins darauffolgende Jahrhundert scheint von Felix Theilhaber in seinem schmalen Band *Der Untergang der deutschen Juden* zutreffend beschrieben worden zu sein.[22] Theilhaber, zum Zeitpunkt der Publikation 1911 Arzt und zionistischer Kritiker der Assimilation, verwies auf Konversion, gemischtreligiöse Ehen, das späte Heiratsalter derer, die andere Juden heirateten, und die niedrigen Geburtenraten sowohl bei jüdischen als auch bei gemischten Paaren. Er bezeichnete diesen Trend als „Rassenselbstmord" und sagte voraus, dass am Ende des 20. Jahrhunderts das deutsche Judentum verschwinden würde.

Wir verabschieden uns von all jenen, die es im 19. Jahrhundert vorgezogen haben, sich als Christen neu zu erfinden, wollen aber dabei noch einen zweifachen Blick auf ihre schwierige Lage werfen. Auf individueller Ebene ging die Wahl, das Judentum zu verlassen, mit dem Modernitätsversprechen einher. Die Möglichkeiten, die eigene Religion zu wechseln und aus Liebe zu heiraten und nicht zum Nutzen eines erweiterten Familiensystems, waren sicherlich Freiheiten, die von jenen Juden herbeigewünscht wurden, von denen hier die Rede war. Der Umstand, dass nach erfolgter Taufe Anstellung und die Möglichkeit gesellschaftlichen Aufstiegs sie erwarteten, kann im langen Kampf einer Minderheit um soziale Akzeptanz bestimmt als eine Art Fortschritt gesehen werden.

Gleichzeitig, aus der Ferne betrachtet, war jedoch der Trend zur Selbstauslöschung verstörend. Nach den düsteren Worten David Jan Sorkins „nimmt man an, dass Selbstverleugnung Selbsthass hervorbringt und dieser wiederum den Hass von anderen". Das

„Kontinuum zwischen Selbstverleugnung und Antisemitismus hat die Emanzipation teleologisch mit den Ereignissen des 20. Jahrhunderts verbunden." Sorkin geht in seiner überschießenden Anklage gegen das deutsche Judentum so weit, es in seinem Hang zur Selbsttäuschung so „nicht nur schuldig an seiner eigenen historischen Position, sondern letzlich auch am Holocaust"[23] zu erklären, als gelte es die Selbstaufgabe von einst nun durch die Radikalität der Selbstanklage aufzuheben. Natürlich wirft diese heftige Art, die Konsequenzen von Konversion zu beschreiben, zahlreiche neue Probleme auf. Aber wir können nicht bestreiten, dass, von unserem heutigen Standpunkt aus betrachtet, die anscheinend erfolgreiche Assimilation einer religiösen Minderheit durchaus eine dunkle Seite hatte.

Übersetzt aus dem Englischen von Lilian Dombrowski

---

[1] Dieses Gedicht stammt aus Salomon Ludwig Steinheims Sammlung *Obadijah: Gesänge aus der Verbannung*. Altona 1829, Wiederveröffentlichung in Frankfurt am Main 1837. Siehe Julius H. Schoeps, *Deutsch-jüdische Symbiose oder Die mißglückte Emanzipation*. Berlin 1996, S. 105, und A. Shear-Yeshuv, „Salomon Ludwig Steinheim: ein deutsch-jüdischer Polyhistor im 19. Jahrhundert", in: *Menora: Jahrbuch für deutsch-jüdische Geschichte* 1990.

[2] Vgl. David Sorkin, *The Transformation of German Jewry, 1780–1840*. New York 1987, S. 5.

[3] Vgl. die beiden Essays von Gershom Scholem, „Against the Myth of the German-Jewish Dialogue", und „Jews and Germans", in: Gershom Scholem, *On Jews and Judaism in Crisis: Selected Essays*. New York 1976.

[4] In meinem Buch *Die jüdischen Salons im alten Berlin*. Berlin 2002, S. 266, erkläre ich, woraus ich die Schätzung von sieben Prozent für die letzten drei Jahrzehnte des 18. Jahrhunderts ableite.

[5] Vgl. die Abb. 12 und 13 a. a. O., S. 331 f.

[6] Vgl. Abb. 5 in Deborah Hertz, *Wie Juden Deutsche wurden: Die Welt jüdischer Konvertiten vom 17. bis zum 19. Jahrhundert*. Frankfurt am Main 2010, S. 295.

[7] A. a. O., Abb. 3 und 4, S. 294.

[8] Vgl. Benjamin Maria Baader, *Gender, Judaism and Bourgeois Culture in Germany 1800–1870*, Bloomington/Indiana 2006.

[9] Siehe Heinrich Graetz, *History of the Jews*. Philadelphia 1894, Vol. 4, S. 425. (Heinrich Graetz, *Geschichte der Juden. Von den ältesten Zeiten bis zur Gegenwart*. 11 Bde., Berlin 1998)

[10] Vgl. Nathan Rotenstreich, *Jews and German Philosophy: The Polemics of Emancipation*. New York 1984.

[11] Julius H. Schoeps, *David Friedländer: Freund und Schüler Moses Mendelssohns*. Hildesheim 2012.

[12] *Wie Juden Deutsche wurden*, a. a. O. Diagramm 2, S. 293.

[13] Vgl. Menno Burg, *Geschichte meines Dienstlebens*. Leipzig 1916. Zu Reisser vgl. Michael Meyer, *German-Jewish History in Modern Times*, Vol. 2. New York 1997, S. 233. (*Deutsch-jüdische Geschichte in der Neuzeit*. 4 Bde., München 2000).

[14] Vgl. Julie Braun-Vogelstein, *Heinrich Braun. Ein Leben für den Sozialismus*. München 1967.

[15] Vgl. Jonathan Steinberg, *Bismarck: A Life*. New York 2011, S. 203. (*Bismarck: Magier der Macht*. Berlin 2012)

[16] Die beste Lassalle-Biografie auf Deutsch ist: Shlomo Na'aman, *Ferdinand Lassalle: Deutscher und Jude*. Hannover 1968. Die wichtigsten Biografien auf Englisch sind: David Footman, *Ferdinand Lassalle: Romantic Revolutionary*. New Haven/Connecticut 1947, und Georg Brandes, *Ferdinand Lassalle*. London 1911; Reprint New York 1968.

[17] Vgl. Peter Hacks (Hg.), *Ascher gegen Jahn: Ein Freiheitskrieg*. 4 Bde., Berlin/Weimar 1991.

[18] Vgl. Abb. 7 und Abb. 9 in Peter Honigmann, *Die Austritte aus der Jüdischen Gemeinde Berlin 1873–1941*. Frankfurt am Main 1988.

[19] Kerstin Meiring, *Die Christlich-Jüdische Mischehe in Deutschland 1840–1933*. Hamburg 1998, Tab. 2, S. 98.

[20] Ursula Büttner, „The Persecution of Christian-Jewish Families in the Third Reich", in: Leo Baeck Institute Year Book 34 (1989).

[21] Siehe Victor Klemperer, *I Will Bear Witness: A Diary of the Nazi Years, 1933–1941*. New York 1998, S. 291. (Victor Klemperer, Walter Nowojski, *Ich will Zeugnis ablegen bis zum letzten: Tagebücher 1933–45*, 8 Bde. Berlin 1999)

[22] Felix Theilhaber, *Der Untergang der deutschen Juden: Eine volkswirtschaftliche Studie*. München 1911.

[23] Sorkin, *Transformation of German Jewry*, S. 4.

Naftali Hirz ben Meir Ulmann | Joseph Moritz Maier
Jude – Katholik

Am achten Lebenstag wird ein jüdischer Knabe beschnitten und findet damit Aufnahme in den Bund Abrahams. Die Stoffwindel, die zur Wundabdeckung verwendet wird, wurde in den deutschsprachigen aschkenasischen Gemeinden ab dem 16. Jahrhundert als Torawimpel (hebr. *Mappa*) zum Kultgegenstand. Der Wimpel wurde kunstvoll mit dem hebräischen Namen des Kindes, dem Vaternamen und dem Geburtsdatum sowie einem Segensspruch bestickt beziehungsweise bemalt. Zwischen dem ersten und dritten Lebensjahr brachte ihn die Familie des Knaben in die Synagoge, wo er zum Umwickeln der Torarollen verwendet wurde. Der Torawimpel ist gleichzeitig Zeugnis jüdischen Brauchtums und kulturellen Transfers: Neben jüdischer Symbolik enthält er auch volkstümliche Elemente, die ihn zu einer einzigartigen Quelle machen.

Naftali, genannt Hirz, Ulmann, geboren am 27. November 1772, für den dieser Wimpel angefertigt worden war, stammte aus der alten und ruhmreichen Familie Ulmann-Günzburg, deren Ahnentafel bis in das 16. Jahrhundert zurückreicht. Ihr Stammvater Simon Günzburg war sprichwörtlich reich, kaiserlich privilegiert und gelehrt. Unter seinen Söhnen finden sich mehrere Rabbiner, eine Tradition, die sich in der Familie, die mehrheitlich im süddeutschen Raum verblieb, fortsetzte. Trotz aller Privilegien hatten auch die Ulmann-Günzburgs vor der Emanzipation,

die in Bayern 1871 erfolgte, nicht die gleichen Rechte wie christliche Bürger. Um diese zu erhalten, blieb nur die Taufe. Naftali Ulmann entschloss sich 1812, mit vierzig 40 Jahren, den katholischen Glauben anzunehmen. Getauft wurde er in seinem Wohnort Augsburg auf den Namen Joseph Moritz Maier. Damit hatte sein Torawimpel keine Bedeutung mehr für ihn.

Dennoch dauerte es weitere vierundzwanzig Jahre, bis er ihn aus den Händen gab. Vielleicht war er, wie nicht unüblich, ein Geschenk an das bayerische Königshaus. Beigegeben hatte er eine Erklärung über Herkunft, Gebrauch und Inhalt des Wimpels.

Wie viele andere hatte er wohl gehofft, die Taufe möge seine Eintrittskarte in die bürgerliche Gesellschaft sein. Doch dies kann bezweifelt werden: Zwar erhielt er 1823 eine Anstellung als Verwaltungsbeamter bei der königlichen Schuldentilgungskommission, aber bereits fünf Jahre später wurde er als Witwer lebenslänglich in das St. Josephs-Spital in München aufgenommen, arbeitsunfähig wegen unheilbaren Stars. Seine Spitalskosten zahlte eine fromme Stiftung, da er selbst nicht für sie aufkommen konnte. Seine beiden ebenfalls getauften Kinder Karl und Wilhelmina hatten kein Aufenthaltsrecht in München und wohnten in Pfersee und Fellheim.
Barbara Staudinger

Tora Wimpel, Leinen bestickt, 1772, nebst einer Erklärung von Naftali Hirz Ulmann/Joseph Moritz Maier aus dem Jahr 1836; Bayerische Staatsbibliothek, München, Sign. Cod. Hebr. 498(3)
(Foto: Silke Eberspächer, © Bayerische Staatsbibliothek – Handschriftenabteilung)

Harry | (Christian Johann) Heinrich Heine
Jude – Protestant

Heinrich Heine an Moses Moser, 27. September 1823;
Heinrich-Heine-Institut der Landeshauptstadt Düsseldorf

Heinrich Heine wurde im Dezember 1797 als Harry Heine in Düsseldorf geboren. Als ältester Sohn des Tuchhändlers Samson Heine besuchte er zunächst eine israelitische Privatschule, dann das städtische Lyzeum, das er ohne Abschluss verließ, um sich auf einer Handelsschule auf den Beruf des Kaufmanns vorzubereiten. Doch weder für das Tuchgeschäft noch für eine Bankierslaufbahn in Frankfurt am Main oder Hamburg hatte er Talent. Harry Heine schrieb Gedichte.

In Bonn, Göttingen und Berlin studierte er Rechtswissenschaft – halbherzig – und Literatur. Während dieser Zeit wurde er einmal als Jude beleidigt und forderte seinen Kommilitonen zum Duell. 1822 begann er zu publizieren. Gedichte und Reisebilder, aber auch Feuilletons, Satiren und Essays. Das Judentum spielte zeit seines Lebens eine wichtige Rolle in seinem Werk, doch als Religion und Stigma wollte er es loswerden. In einem Brief an seinen Freund Moses Moser schrieb Heinrich Heine am 27. September 1823: „Wie Du denken kannst – kommt hier die Taufe zur Sprache. Keiner von meiner Familie ist dagegen, außer ich. Und dieser i c h ist sehr eigensinniger Natur. Aus meiner Denkungsart kannst Du es Dir wohl abstrahiren daß mir die Taufe ein gleichgültiger Akt ist, daß ich ihn auch symbolisch nicht wichtig achte, und daß er in den Verhältnissen u auf der Weise wie er bey mir vollzogen werden würde, auch für Andere keine Bedeutung hätte. Für mich hätte er vielleicht die Bedeutung daß ich mich der Verfechtung der Rechte meiner unglücklichen Stammsgenossen mehr weihen würde. Aber dennoch halte ich es unter meiner Würde u meine Ehre befleckend wenn ich, um ein Amt in Preußen anzunehmen, mich taufen ließe. Im lieben Preußen!!! Ich weiß wirklich nicht wie ich mich, in meiner schlechten Lage helfen soll. Ich werde noch aus Aerger katholisch u hänge mich auf."

1825 ließ Heine sich doch lutherisch-evangelisch taufen, freilich nicht öffentlich in der Kirche, sondern in privatem Rahmen. Pastor Gottlob Christian Grimm, der die Taufe vornahm, hatte bereits ein Leumundszeugnis über Heine eingeholt, als er ihm am 25. Juni brieflich das Taufdatum mitteilte: „In Verfolgung meines Schreibens vom 7ten d. M. und als Antwort auf das Ihrige vom 14ten, lade ich Sie auf künftige Woche nach Heiligenstadt ein und erwarte Sie zu der bereits angekündigten Unterredung auf den 28sten Juny um 11 Uhr Vormittags. Das Weitere werde ich mündlich mit Ihnen besprechen."

In der Wohnung des Pastors in Heiligenstadt wurde Heine getauft, er nahm die Vornamen Christian Johann Heinrich an. Seine Familie nannte ihn weiter Harry. Heine ist berühmt für seinen Ausspruch: „Der Taufzettel ist das Entre Billet zur Europäischen Kultur." Doch er musste sehr schnell realisieren, dass auch die Taufe keineswegs vor den Ressentiments der Gesellschaft schützte. Nur wenige Monate später, am 9. Januar 1826, schrieb er in einem Brief an Moses Moser: „Ich bin jetzt bey Christ u Jude verhaßt. Ich bereue sehr daß ich mich getauft hab; ich seh noch gar nicht ein daß es mir seitdem besser gegangen sey, im Gegentheil, ich habe seitdem nichts als Unglück."

Zwischen seinem literarischen Erfolg als Lyriker und den wachsenden Anfeindungen als politischer Autor hin und her geworfen, emigrierte Heine schließlich nach Paris. In Deutschland wurden seine Werke verboten. Heine näherte sich, mit gemischten Gefühlen, dem Kommunismus an. 1856 starb er in Paris. *RLK/HL*

kann ich u. will ich spät[er] wenig sprechen. Es sind
kaum ich die vertrauen: es steht mit mir besser
als ich selber weiß. — Was mich am meisten
quält das bin ich noch immer selbst. — Zu Haus
bin ich jetzt auch innerlich so sehr bewegt daß ich
an nichts anderes denken kann. Wenn ich nur
Ruhe gewinn den Rabbi auszuschreiben zu können.
Mein einziger Umgang hier ist im Hause meiner
Schwester, meines Oheims, des Syndikus Ürgeling,
u. des Candidaten Wohlwill. — Mein Oheim zeigt
sich mir sehr gnädig, sehr gnädig. — Mit meiner
Gesundheit geht es so ziemlich, ich leide aber
noch immer. Die Wirkung des Nordseeyer Ba-
des scheint heilsam gewesen zu seyn. — Ach
was machst du, guter, theurer Moses? Ist es
dir, bey deiner Vielseitigkeit, noch immer leicht
mich zu lieben? Ich denke hier an dich weit
öfter als in Göttingen, weil ich hier isolirter lebe.
Ich freue mich auf die Zurückkunft von Lotte.
Er erzeigt mir viel Liebes, hat mir bey meinem
Oheim viel Gnade bereitet, welches um so ver-
dienstlicher ist, da letzterer mit lauter Menschen
umgeben ist die mir feindselig sind. Ich bin jetzt
bey Christ u. Jude verhaßt. Ich bereue sehr daß
ich mich getauft hab; ich seh noch gar nicht ein daß
es mir seitdem besser gegangen sey, im Gegentheil, ich habe seitdem nichts als Unglück — Doch
still hierüber. Du bist zu sehr aufgeklärt um nicht
hierüber zu lächeln.

Nico | Nachshon Bauch
Christ – Jude

Der von WDR und Arte im Jahr 2007 produzierte Film *Jew by Choice* porträtiert drei Deutsche, die zum Judentum konvertiert sind, unter ihnen den damaligen Zivildienstleistenden Nico Bauch. Er ist zu diesem Zeitpunkt 22 Jahre alt und besucht bereits die „School of Conversion". Hier eignet er sich die erforderlichen Kenntnisse an und bereitet sich auf sein Dasein als Jude vor. Er möchte zum Judentum konvertieren, da er sich dann „komplett fühlt", wie er einmal sagt. Die Konversion besteht aus drei Teilen, einer mündlichen Prüfung, in der er einem Rabbiner Fragen zum Judentum beantworten muss, der Beschneidung und schließlich dem Tauchbad in der Mikwe.

Der Film zeigt auch Nachshon Bauchs offene, aber verunsicherte Eltern: Er selbst besucht sie daheim, um herauszufinden, ob er als Jude lieber in Deutschland oder in Jerusalem leben möchte. HS

Stills aus dem Film *Jew by Choice*
(Regie: David Bernet / Robert Ralston, Israel / Deutschland, 2007 – Gebrüder Beetz Filmproduktion)

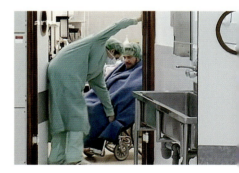

Allein und fremd und anders. Orientalismus, Lebenskrisen und Konversion
Anmerkungen zur Konversion von Leopold Weiss (1900 – 1992) zum Islam
Reinhard Schulze

„Maria. *Wer war dein Vater?* Der Graf von Hohenzollern.
Den kenn' ich auch. Wohl mußt du ihn kennen, denn er ist auch dein Vater.
Ich habe ja meinen Vater in Eysenach? Du hast mehr Eltern.
Wo gehn wir denn hin?
Immer nach Hause."
(Novalis, *Heinrich von Ofterdingen.* Zweiter Teil. Die Erfüllung)

Als Leopold Weiss im Frühsommer 1920 nach Berlin kam, nahm sein Leben als intellektueller Nomade allmählich Gestalt an. Weiss war dem Lockruf der Stadt gefolgt, die jedem Jugendlichen, der aus der alten Welt der Kaisertümer ausbrechen wollte, eine neue Zeit versprach. Zur erhofften Zukunft gehörte vor allem das Schreiben, denn Berlin als Sitz von fast 150 Tageszeitungen schien eine unbegrenzte Zahl von Karrieren zu offerieren. So hatten schon 1920 viele schriftstellerisch tätige Wiener hier Zuflucht gefunden, mit denen der junge Leopold Weiss sofort Kontakt aufnahm. Er nennt keine Namen, doch dürfte es sich auch um Joseph Roth und Anton Kuh gehandelt haben, die zur selben Zeit in die deutsche Hauptstadt kamen. Sie waren es wohl, die ihn zunächst als Zaungast in die literarisch-künstlerischen Zauberkreise der Stadt einführten. Mit unverkennbarem Stolz wird Weiss später berichten, dass er damals im Romanischen Café am Kurfürstendamm Größen wie Max Reinhardt, Bertolt Brecht oder Marlene Dietrich getroffen habe. Gewiss war er zunächst auf das größere „Bassin für Nichtschwimmer" angewiesen, jenen Teil des Cafés, der dem allgemeinen Publikum zugänglich war. Ob er je im „Bassin für Schwimmer", dem legendären, für die Celebrities der Bohème reservierten Gewölbe, zugelassen wurde, bleibt ungewiss.

„Das waren sonderbare Jahre, jene frühen zwanziger Jahre in Mitteleuropa", wird er später rückblickend sagen. Damals habe die Unsicherheit „eine Art verzweifelter Hoffnungsfreudigkeit hervorgebracht, die sich nunmehr in allerlei kühnen Versuchen auf den Gebieten der Musik, der Malerei und des Theaters äußerte und gleichzeitig auch zu tastenden, oftmals revolutionären Untersuchungen über die Morphologie der Kultur und

Geschichte führte."[1] Parallel zu diesem „gewaltsamen Optimismus" konstatierte Weiss jedoch „eine seelische Leere – ein vage, zynische Gleichwertung aller Werte und Unwerte: denn man hatte angefangen, an des Menschen Zukunft zu zweifeln ..."[2] Diese Aussage kann durchaus auf seine Person bezogen werden: Seiner beruflichen und sozialen Unsicherheit im Berlin der frühen 1920er-Jahre begegnete auch er mit „verzweifelter Hoffnungsfreudigkeit", die er mit dem Rückgriff auf eine Vielzahl von Deutungsmöglichkeiten zu bewältigen versuchte, die damals in Berlin en vogue waren, um der „schauerlichen Einsamkeit" zu entkommen. In Berlin herrschte ein Klima der Konversion: Es temperierte nicht nur die kulturelle und soziale Konversion aus der alten kaiserlichen Ordnung in eine neue, revolutionäre Zeit, sondern auch den Austausch kurzfristig akzeptierter Welt- und Lebensdeutungen, die oft theatralisch in Szene gesetzt wurden. Die Konversion betraf vielfach den Lebensstil. So trat der aus Baku stammende Lew Abramowitsch Noussimbaum (1905–1942) schon in jungen Jahren als orientalischer Märchenerzähler im Varieté auf.

Ob nun ein intellektueller Fixpunkt die Konversionsrichtung bestimmte, hing vor allem von Sozialisationsfaktoren ab. Für Leopold Weiss gab es zwei: Kants Maxime über „das moralische Gesetz in mir" und die Vernunft als Ausgangspunkt moralischer Urteilsbildung. Dies verschloss ihn nicht vor den damals vorherrschenden Kulturtheorien etwa im Sinne Spenglers, wohl aber vor monistischen, panpsychologischen, panromantischen oder spiritistischen Traditionen, die sich in den Kreisen um Stefan George und um Hermann Keyserling kristallisiert hatten. Weiss' intellektuelle Selbst- und Weltdeutung fügte sich eher in die Tradition der neukantianischen Denker wie Ernst Troeltsch. Nur: Weiss, der abgesehen von seinem dreisemestrigen Studium 1918/19 an der Universität in Wien keine vertiefte akademische Ausbildung genossen hatte, weigerte sich, in den intellektuellen Diskussionen der 1920er-Jahre Partei zu ergreifen. Verweise auf Schriftsteller, Philosophen, Theologen oder Soziologen finden sich kaum in seinem Werk, nur Kant taucht als positive Referenzfigur auf. So bleibt Weiss auch in späteren Jahren bemerkenswert apolitisch. In seinem gesamten Werk wird nur einmal Mussolini genannt, Hitler und Stalin nie. Stattdessen wirkte die religiöse Sozialisation nach, die er durch seinen Großvater Rabbi Benjamin Arje Weiss (1841–1912) aus Lemberg, einem Schüler von Rabbi Josef Schaul Natansohn (1817–1878) und Rabbi Mordechai Wolf Ettinger,[3] erhalten hatte. Ebenso erkennbar war die Sozialisation in einer säkularen bürgerlich-konservativen Welt durch seine Eltern, dem aus Lemberg stammenden österreichisch-galizischen Advokaten Akiwa/Karl Weiss (1872–1942)[4] und Amalia Weiss, geb. Feigenbaum (1875–1919)[5]. Diese verschiedenen Kräfte bestimmten das Feld, auf dem Leopold Weiss' Konversion in Berlin stattfand. In seinem Lebensstil fügten sie sich zu einer neuen Weltdeutung zusammen. Ähnlich wie Joseph Roth sollte er später das Abdrängen der Tora an den Rand der Glaubenserfahrung kritisieren und sich als Muslim gegen die „Talmudisierung" des Islam wehren. Das Religiöse war für ihn nicht „talmudisch" – gegen seinen Großvater – und auch nicht chassidisch, sondern eine rational ausgestaltete Glaubenserkenntnis gegen die im Säkularismus verortete Verlusterfahrung – und insofern gegen Vater und Mutter gerichtet. Die Radikalisierung der Glaubenserfahrung als Manifestation menschlicher Rationalität, die er später mit Kant begründen sollte, spiegelte eine Protestantisierung der jüdischen Selbstdeutung, die in seiner Konversion zum Islam 1926 kulminierte.

Islamische Bürgerlichkeit vs. arabische Lebenswelt Anders als in Wien gab es in Berlin nach dem Ersten Weltkrieg ein kleines Milieu islamischer Bürgerlichkeit. Das bürgerliche Leben in der Stadt zeigte sich für religiöse Minderheiten in hohem Maße funktional. Es erlaubte die Beibehaltung eines autonomen Traditionsbezugs, ohne diesen durch den Lebensstil als Religion deklarieren zu müssen. Die Dominanz des bürgerlichen Lebensstils milderte die sozialen Folgen von Konversionen. So blieben berühmte Berliner Konvertiten wie Lev Noussimbaum, Hugo Marcus (1880–1966) oder Arif Griffelt, die in den 1920er-Jahren aus der jüdischen Tradition zum Islam übertraten, sowie Konvertiten aus christlicher Tradition wie Rolf [von] Ehrenfels (1901–1980) oder Khalid Banning ihrem Milieu treu. Auch muslimische Immigranten fanden in Berlin in jene Bürgerlichkeit, die sich erst nach 1933 verflüchtigen sollte. Die Erkennbarkeit als Muslim war hier auf ein Minimum reduziert. Weder Kleidung noch Sprache oder Habitus gaben eine Hinweis auf die Religionszugehörigkeit; gleichwohl gewannen die religiösen Feiertage an Bedeutung; die Verwendung muslimischer Vornamen hingegen wurde oftmals auf die Gemeinde beschränkt. Zwischen 1500 und 3000 Menschen sahen sich im Berlin der 1920er-Jahre einer islamischen Tradition zugehörig. Aus dem Umstand, dass sie ein bürgerliches Leben führten, lässt sich heute kaum noch feststellen, ob sie auch Teil der bürgerlichen Gesellschaft waren.

Anders als Marcus, Ehrenfels oder Griffelt konvertierte Weiss nicht innerhalb des bürgerlichen Milieus von Berlin. Seinen Zugang zum Islam fand er auf seinen journalistischen Reisen, die ihn 1922/23 und von 1924 bis 1926 für längere Zeit in den Nahen und Mittleren Osten geführt hatten. Hier vollzog er eine Änderung seines Lebensstils, die einer Kritik an der Bürgerlichkeit gleichkam.

Konversionen verführen nun geradezu, einen einheitlichen Zustand vor und einen einheitlichen Zustand nach dem Übertritt zu postulieren und diese beiden Zustände als Totalopposition zu begreifen. Die symbolische Fixierung des Übergangs von einer Religion zu einer anderen ist aber Teil religiöser Selbstdeutung und spiegelt nur sehr selten den tatsächlichen Prozess des Übergangs, den eine Konversion bezeichnet. Als Leopold Weiss im September 1926 in der Berliner Moschee vor dem Imam der Islamischen Gemeinde zu Berlin, dem indischen Studenten der Geschichte und Nationalökonomie Abdul Jabbar Kheiri (1880–1958), und zwei weiteren Zeugen das islamische Glaubensbekenntnis aussprach, wurde zwar formal eine Konversion vollzogen, doch definierte sie keine wirkliche biografische Zeitenwende. Selbst als Weiss vor einem islamischen Gericht in Kairo am 27. April 1927 seine Konversion wiederholte, vollzog sie sich nur formal. Auch wenn in der Beglaubigungsurkunde, die in Kairo ausgestellt wurde, vermerkt war, dass Weiss „von allen anderen Religionen ablassen" würde, so ist der hier vollzogene Paradigmenwechsel nicht zwangsläufig mit einem fundamentalen Sinneswandel gleichzusetzen. Konversionen sind eben nicht absolut, sondern als gradueller Prozess zu verstehen.

Als Weiss 1927 in einer Kölner Zeitung über seine Pilgerfahrt nach Mekka berichtete, führte er zwei Möglichkeiten der Konversion an: „Man kann Moslem sein, indem man vom Gottesglauben ausgeht; man kann aber auch Moslem werden, indem man den Islam abseits von aller Theologie betrachtet und in ihm lediglich ein wunderbar harmonisches Lebenssystem findet."[6] Es dürfte wohl Letzteres gewesen sein, was Weiss schließlich zum Muslim machte. Drei Jahre zuvor hatte er geschrieben: „[W]arum ist heute die Bewegung des islamischen Orients so wichtig für das geistige Erleben Europas? – und tausendmal wichtiger als alle Schwärmereien für den Fernen Osten, für China und seine kühle Philosophie? ... Und gerade der islamische Orient ... in seiner primitiven und unkomplizierten Struktur ... Hier ist noch Gebundenheit ... der Sinn der politischen Freiheitlichkeit."[7] Immer wieder tauchen in seinen Schriften für den Islam die Bezeichnungen Architektur, Struktur, Bau oder Lebensprogramm auf, die er mit emphatischen Attributen wie „wunderbar" versah. Die eigentliche „Theologisierung" seiner Islamität begann dann erst 1933/34 in Delhi, als er zu einem muslimischen Journalisten wurde. Doch noch 1934 stand er seiner Konversion relativ hilflos gegenüber: „Seither", so schrieb er in der Einleitung zu seinem ersten englischsprachigen Buch *Islam at the Crossroads*, „wurde ich immer wieder gefragt: ‚Warum hast du den Islam angenommen? Was hat dich besonders angezogen?'" Eine richtige Antwort wusste er in diesen Gesprächen nicht zu geben: „Es war keine bestimmte Lehre, die mich anzog; vielmehr die ganze wundervolle, unerklärlich schlüssige Anordnung von moralischer Lehre und praktischer Lebensanleitung. Ich kann selbst jetzt nicht sagen, welcher Aspekt mich mehr anspricht als irgendein anderer. Der Islam erscheint wie ein perfektes Werk der Architektur."[8]

Weiss' Konversion war eine lebensweltliche Konversion, wie er 1955 feststellte: „Was mich selbst betraf, so wußte ich zwar, daß ich das Abendland verlassen hatte, um unter Muslims zu leben: aber ich wußte nicht, daß ich im Begriff war, meine ganze Vergangenheit hinter mir zurückzulassen. Denn damals ging die Welt der abendländischen Gedanken und Gefühle, Bestrebungen und Vorstellungen ohne mein Wissen für mich zu Ende." Als habe sich leise eine Tür hinter ihm geschlossen. Er nahm an, „es würde eine Reise sein, wie eine der früheren, da man durch fremde Länder zog, um immer wieder zu seiner Vergangenheit zurückzukehren: aber die Tage sollten sich völlig verwandeln, und mit ihnen die Richtung allen Begehrens."[9] Weiss konvertierte in eine „arabische Lebenswelt". Daher beschränkte er bis zu seiner Ankunft in Indien 1932/33 seinen Kontakt zur deutschen Bürgerlichkeit auf finanzielle Transaktionen und seine Korrespondentenberichte. Ein Jahr nach dem Tod seiner Lebens- und Reisegefährtin Elsa Schiemann heiratete er in Riad eine Frau aus dem angesehenen Stamm der Mutayr, nach der Scheidung 1930 Munira Bint Husayn (gest. 1978), eine Shammar. Bilder aus dieser Zeit zeigen ihn in Kleidung, Barttracht und Habitus ununterscheidbar von den Männern aus dem Nejd, dem zentralarabischen Hochland. Dabei hatte Muhammad Asad, wie er sich seit seiner Konversion nannte, es längst zum politischen Berater des Emirs von Nejd und Königs von Hijaz Ibn Sa'ud gebracht und gehörte zur Schicht prominenter muslimischer Intellektueller, die in Riad ihr Glück versuchten. 1955 beschrieb Asad die Aufnahme in seiner neuen Heimat so: „Und als mir all dies nach Jahren klar wurde, da begriff ich, wohin ich gehörte: ich begriff, daß die Bruderschaft des Islam auf mich gewartet hatte, seit ich zur Welt kam: und so wurde ich Muslim. Mein frühes Verlangen, einem bestimmten Ideenkreis anzugehören, Teil einer Gemeinschaft von Brüdern zu sein, hatte endlich seine Erfüllung gefunden."[10]

Vorbilder Für Weiss' Konversion gab es natürlich zahlreiche Vorbilder. Manch einer wie der jüdische Schriftsteller Friedrich Wolf (1888–1953) experimentierte eine Zeit lang mit einer islamischen Identität.[11] Andere veränderten ihre Lebenswelt von Grund auf. Prominent war vor allem der französische Jurassier und Militärarzt Philippe Grenier (1865–1944), der nach seiner Konversion 1894 der erste muslimische Abgeordnete in der französischen Nationalversammlung war, in der er von 1896 bis 1898 das Departement Doubs vertrat. Grenier war berühmt, weil seine neue Identität ganz dem zeitgenössischen Orientalismus entsprach, indem er die französisch definierte algerisch-muslimische „Tracht" aus Gandura und Burnus zum Symbol seines Islam erkoren hatte. Zwar passte sich Weiss in Arabien auch einer orientalistischen Interpretation muslimischen Daseins an, doch unterschied er sich von Grenier dahingehend, dass er seine Lebenswelt tatsächlich „im Orient" suchte und nicht seine heimatliche Lebenswelt orientalisierte. Zugleich unterschied er sich fundamental von protestantischen Konvertiten wie den Baslern Titus Burkhardt (1908–1984) und Frithjof Schuon (1907–1998) oder dem Engländer Martin Lings (1909–2005), die im Gefolge René Guénons (1886–1951) eine islamisch-sufische Variante des Panpsychismus vertraten, der im Umfeld des Stefan-George-Kreises Mode gewesen war.[12]

Bei Weiss' lebensweltlicher Konversion spielte die Philosophie des Sufismus keine Rolle. Sie führte ihn hingegen in einen engen Kontakt mit puritanischen Traditionen, wie sie die arabischen Wahhabiten pflegten, für die er aber nur beschränkt Sympathie zeigte. Sein Islam war eher der der arabisch-islamischen Reformbewegung, zu der er schon 1925 in Kairo Kontakt aufgenommen hatte. In dem ägyptischen Gelehrten Muhammad 'Abduh (1949–1905) fand er einen intellektuellen Bezugspunkt, auf den sich sein späteres Werk beziehen sollte. Das machte ihn zu einem Außenseiter unter den Konvertiten. Zugleich aber spiegelte diese Wahl die Grundhaltung, die durch seine zweigleisige Sozialisation geprägt war: Rationalismus in der Religionsbegründung und Zentrierung des Islam auf innere Frömmigkeit. Hier ähnelte er eher Konvertiten wie dem britischen Journalisten Marmaduke Pickthall (1875–1936), dem er noch in Bombay begegnen sollte, oder eben protestantischen Theologen wie Karl Barth.

Überhaupt fällt auf, dass bei Konversionen die primäre Sozialisation eine große Rolle spielt; sie determiniert zwar nicht die Wahl der spezifischen islamischen Tradition, die der Konvertit vornimmt, doch spiegelt sich in dieser die Einbettung in jenes sozialmoralische Milieu, aus dem er stammt. Die spezifische protestantische Sozialisation vieler schweizerischer und französischer Konvertiten wies in eine esoterisch-sufische Richtung; Konvertiten aus britischer anglikanischer Tradition hatten ebenfalls eine Vorliebe für sufische Kulturen, verzichteten aber auf die Betonung esoterischer Elemente. Protestantisch-deutsche Konvertiten zeigten eine gewisse Neigung zu einem konservativen „protestantischen" Islam. Grenzgänger wie Weiss – aber auch Ehrenfels –, die ihre Konversion mit einem Ausbrechen aus der lebensweltlichen Ordnung ihres angestammten sozialmoralischen Milieus verbanden, blieben Einzelgänger und verkörperten einen Islam, der ihr Einzelgängertum zu rationalisieren schien.

Konversion und Individualität Konversion kann auch Ausdruck für das Empfinden radikaler Individualität und Einsamkeit sein. Als Weiss im Herbst 1922 auf Einladung seines Onkels, des Psychoanalytikers Dorian Feigenbaum (1887–1937),[13] nach Palästina reiste, geriet er schnell in den Konflikt um die Geltungsansprüche, die in der zionistischen Bewegung erhoben wurden. Im Gegensatz zum politisch desinteressierten Dorian war Weiss' anderer

Onkel, der Augenarzt Aryeh Feigenbaum (1885–1981),[14] ein vehementer Verfechter der zionistischen Sache. Dorian, der in einem arabischen Haus in Jerusalem lebte, hatte Weiss wohl auch eingeladen, um seiner eigenen Einsamkeit zu entkommen. Weiss war damit schon vom zionistischen Mainstream abgekoppelt. Stattdessen wuchs in ihm die Bewunderung für alles Arabische. Interpretationshilfe leistete ihm dann vor allem der jüdische niederländische Jurist und Journalist Jacob Israël de Haan (1881–1924), der im Januar 1919 nach Palästina gekommen war. De Haan konvertierte von seinem frühen sozialistischen Engagement zunächst zur zionistischen Sache, doch schon 1919 begann er, in niederländischen und englischen Zeitungen Kritik an der Politik der Zionisten zu üben, die er immer weiter radikalisierte. Zugleich konvertierte er unter Einfluss des Großrabbiners Joseph Chaim Sonnenfeld (1848–1932), dem Mitbegründer der antizionistischen Edah HaChareidis, zur jüdischen Orthodoxie. De Haan identifizierte sich gerne mit zwei Zeilen des Paracelsus: „Also bin ich gewandlet durch die Länder und ein Peregrinus gewest meine Zeit – allein und fremd und anders. Da hast, o Gott, wachsen lass[en] deine Kunst unter dein Hauchen des furchtbaren Windes in mir."[15] De Haan, oft als zweiter Spinoza verhöhnt, drückte damit ein Lebensgefühl aus, das wohl ziemlich genau dem Empfinden entsprach, das Weiss in Palästina entwickelte und das er vermutlich auch mit seinem Onkel Dorian teilte. Im Ausdruck „allein und fremd und anders" fand Weiss seine Identität, die er über die Jahre immer weiter vertiefte und die er in seiner Konversion zum Islam zum Ausdruck brachte.

1932 zerbrach die Beziehung zwischen dem saudi-arabischen Herrscherhaus und Muhammad Asad. Die Hintergründe für diesen Bruch sind schwer zu rekonstruieren. Eine Rolle mag gespielt haben, dass Weiss in der nun vom Königshaus durchgesetzten puritanischen Herrschaftskultur eine „Talmudisierung" des Islam sah, die seinem Begriff rational begründeter innerer Gläubigkeit zutiefst widersprach. Asad nahm daher die Einladung des indischen Gelehrten und Politikers Muhammad Iqbal (1877–1938) zu einer Vortragsreise nach Indien an und verließ damit die Lebenswelt, in die er 1927 konvertiert war. Hilfe erhielt er von dem britisch-indischen Arzt Abdul Ghani (1864–1943), der seit 1927 in Mekka lebte und dort maßgeblich am Aufbau eines neuen Erziehungssystems mitgewirkt hatte. Abdul Ghani machte Asad mit dem Netzwerk der indischen orthodox-puritanischen Ahl-i-Hadith-Bewegung bekannt, mit der er sich später identifizieren sollte.[16] Diese Selbstverortung im Spektrum islamischer Traditionen überrascht allerdings, denn die Ahl-i-Hadith-Bewegung, die eine strenge Auslegung, Asad würde sagen „Talmudisierung", des Islam vertrat, entsprach in keinerlei Hinsicht seinen intellektuellen Anschauungen. Doch wie so manches ist auch dieser Aspekt der Asad'schen Konversion von späteren Selbsterklärungsversuchen, in denen er seine Biografie islamisierte, überlagert. So mag auch durchaus ein materieller Aspekt Grund für seine Reise nach Indien gewesen sein. Er selbst deutet an, dass er im Sommer 1932, vermutlich von der *Neuen Zürcher Zeitung*, den Auftrag zu einer Reisereportage erhalten habe, für die er über Indien nach Indonesien reisen sollte. Asad fand nun zurück in eine islamische Bürgerlichkeit, die aber diesmal britisch-indisch gestaltet war.[17] Er legte seine arabische Tracht ab und reiste zusammen mit seiner Frau und seinem acht Monate alten Sohn Talal im November 1932 nach Karatschi. Das Netzwerk funktionierte. Asad hielt auf Einladung der „Gesellschaft zum Schutz des

Islam" in verschiedenen nordindischen Städten Vorträge. Eigentlich sollte er darüber referieren, „wie" er Muslim geworden sei. Asad aber weigerte sich offenbar, hierzu etwas zu sagen, und sprach stattdessen über den fundamentalen Unterschied zwischen der „materialistischen europäischen Zivilisation" und der „islamischen Zivilisation". Erstmals trafen sich nun berufliche Arbeit und Konversion. Noch bis September 1934 veröffentlichte er Reportagen in der Neuen Zürcher Zeitung, doch ab dann wurde er zum islamischen Journalisten. Jetzt endlich war seine Konversion abgeschlossen und zugleich ergriff Asad Partei in den innerislamischen intellektuellen Debatten. In einem Disput mit dem konservativen, lebensphilosophisch geprägten Muhammad Iqbal sagte Asad: „Stimmen Sie, Dr. Iqbal, nicht mit mir darin überein, dass ohne eine neue lebendige Rationalität[18] seitens derjenigen Muslime, die für sich selbst denken können, die muslimische Gesellschaft tiefer und tiefer in eine kulturelle Sterilität fallen wird, ohne jemals Hoffnung zu haben, aus dieser herauszufinden?"[19] Asad war überzeugt, dass Iqbal unrecht hatte: „Ich bin überzeugt, dass es gerade in Zeiten der Dekadenz wie der unsrigen notwendig ist, dass wir den Mut finden, unsere eigene Ideologie mit neuen Augen zu sehen, unbeeinflusst von dem, was frühere Generationen von Muslimen über die Probleme des Islam gedacht haben."[20] Für die muslimische Gemeinschaft sah er nur eine Möglichkeit, die Fragen der Gegenwart zu meistern: „Nein, wenn wir überleben wollen – überleben als Gemeinschaft und unsere kulturellen Dekadenz überwinden –, dann müssen wir, ob es unsere Mollahs wollen oder nicht, versuchen, unsere Rationalität selbst unter dem Risiko, Fehler zu begehen, anzuwenden. Wir dürfen nicht vor Fehlern Angst haben: wir müssen vor der Stagnation Angst haben."[21]

Asad blieb seinem neuen sozialmoralischen Milieu in Indien und Pakistan bis 1954 treu. Dann begann der lange Rückweg in den Westen, der ihm zwar nicht die Einbettung in eine islamische Bürgerlichkeit, wohl aber in einen bürgerlichen Lebensstil ermöglichte. Hier wurde das wahr, was er 1955 als Sinn des Islam definiert hatte: „Kurz, der Islam gab den Antrieb zu kulturellen Errungenschaften, die mit zu dem Stolzesten gehören, das der Menschheit je beschieden war: und er gab diesen Antrieb, indem er ‚Ja' zur Vernunft und ‚Nein' zur Unvernunft sagte, ‚Ja' zur Tat und ‚Nein' zur Trägheit, ‚Ja' zum Leben und ‚Nein' zu aller Askese."[22]

Unüberwindbar aber war der Bruch mit der Familie, die seine Konversion ausgelöst hatte. Damit ist nicht seine Konversion zum Islam speziell gemeint, sondern sein Bruch mit dem Milieu, aus dem er stammte. Seine Versuche, seinen Vater, seine Stiefmutter und seine Schwester aus Wien herauszuholen, scheiterten 1939. Es blieben allein seine Kontakte zu seinem Onkel Aryeh Feigenbaum in Palästina. Dennoch, in einem Brief vom 3. Dezember 1943 vermerkte er: „Denn glaube mir, mein Wechsel der Religion hat überhaupt keine Änderung bei meinen Gefühlen für meine Familie hervorgerufen, ganz im Gegensatz zu dem, was Heinrich [Asads Bruder] in seiner Dummheit denken mag."[23]

[1] Muhammad Asad, *Der Weg nach Mekka*. Ostfildern 2009, S. 95.

[2] Ebd.

[3] N. M. Gelber, „Geschichte der Juden in der Bukowina (1774–1914)", in: Hugo Gold (Hg.), *Geschichte der Juden in der Bukowina*. Bd. 1. Tel Aviv 1958, S. 49.

[4] Deportiert nach Theresienstadt zusammen mit Leopold Weiss' Schwester Rachel (1906–1944) am 24.9.1942, dort am 25.12.1942 ermordet. Rachel Weiss wurde am 16.5.1944 in Auschwitz ermordet.

[5] Tochter von Menachem Mendel Feigenbaum, Schwester von Heinrich Feigenbaum, der zusammen mit seinem Sohn Ludwig in Auschwitz ermordet wurde, *The Canadian Jewish Chronicle*. 19.2.1965, S. 5.

[6] Leopold Weiss, „Arabische Reise VII. Nach Mekka", in: *Kölnische Zeitung* 574 (28.8.1927), zit. n. Günther Windhager, *Leopold Weiss alias Muhammad Asad: Von Galizien nach Arabien 1900–1927*. Wien 2002, S. 187.

[7] Leopold Weiss, *Unromantisches Morgenland. Aus dem Tagebuch einer Reise*. Frankfurt am Main 1924, S. 73; zu diesem Buch Wolf Kaiser, *Palästina-Erez Israel: Deutschsprachige Reisebeschreibungen jüdischer Autoren von der Jahrhundertwende bis zum Zweiten Weltkrieg*. Hildesheim 1992, S. 267–283.

[8] Muhammad Asad, *Islam am Scheideweg*. Mössingen 2009, S. 22.

[9] Asad, Weg, S. 422.

[10] Asad, Weg, S. 407 f.

[11] Wolfs islamische Haltung begann 1917 mit seinem Drama *Mohammed* und endete bei seinem Beitritt zur KPD 1928.

[12] Die Vertreter dieser sogenannten Traditionalistischen Schule waren natürlich nicht alle ursprünglich Protestanten. Der Schweizer Leo Schaya (1916–1985) stammte aus einer jüdischen, der Franzose Jean-Louis Michon (geb. 1924) kommt aus einer katholischen Familie.

[13] Dorian Feigenbaum arbeitete bis 1924 als Direktor des Hospital for Mental Diseases in Jerusalem and als psychiatrischer Berater des Government of Palestine.

[14] Aryeh Feigenbaum war nach seiner Assistenzzeit bei Julius Hirschberg in Berlin 1913 nach Palästina ausgewandert.

[15] Zit. n. Johannes Hanel, „Paracelsus' Social Writings from a Modern Social Science Point of View", in: *International Review of Comparative Public Policy* 6 (1995). S. 3–128, hier S. 9, Fn. 13.

[16] Muhammad Asad/Pola Hamida Asad, *Home-coming of the Heart*. Lahore 2012, S. 28 f.

[17] Hierzu Margrit Pernau, *Bürger mit Turban. Muslime in Delhi im 19. Jahrhundert*. Göttingen 2008.

[18] Asad gebraucht hier den arabischen Terminus *ijtihad*, der in klassischen islamischen Rechtsdiskursen das Bemühen bezeichnet, bei der Rechtsfindung eigene Lehrsätze anzuwenden und sich nicht auf Überlieferungen zu stützen. Im frühen 20. Jahrhundert bezeichnete der Begriff im Kontext der islamischen Reformbewegung das freie Räsonieren oder allgemein „Rationalität".

[19] Asad/Asad, Home-coming, S. 69.

[20] Ebd.

[21] Ebd.

[22] Asad, Weg, S. 234.

[23] Zit. n. Florence Heymann, *Un juif pour l'Islam*. Paris 2005, S. 238.

Leopold Weiss | Muhammad Asad
Jude – Muslim

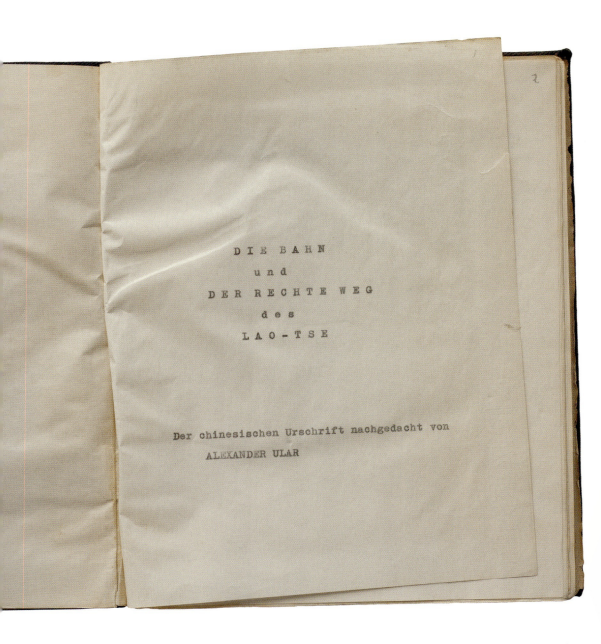

Lao-Tse, „Die Bahn und der rechte Weg", nachgedichtet von Alexander Ular, Typoskript; Privatbesitz, Mijas, Spanien (Foto: Thomas Matt)

Österreichischer Reisepass für Leopold Weiss, 12. Mai 1932; Privatbesitz, Mijas, Spanien

Leopold Weiss wurde am 2. Juli 1900 in Lemberg geboren, übersiedelte jedoch schon bald mit seiner Familie nach Wien. Als Sohn eines Rabbiners erfuhr er eine streng religiöse Erziehung, was ihn jedoch nicht davon abhielt, das Judentum und seine Gesetze zu hinterfragen. Auf der spirituellen Suche nach einer universalistischen Gottheit empfand er das Judentum zunehmend als Stammesreligion, was es ihm immer weiter entfremdete. Ein Ausgangspunkt für seine anhaltende Suche war das „Daodejing" von Lao-Tse unter dem Titel „Die Bahn und der rechte Weg", nachgedichtet von Alexander Ular.

Im Alter von zweiundzwanzig Jahren machte er gemeinsam mit seiner späteren Frau Elsa Schiemann eine Palästina-Reise, um seinen Onkel zu besuchen. Auf dieser Reise wurde seine Faszination für den Orient und den Islam geweckt. Weitere Reisen folgten, die er als Korrespondent der *Frankfurter Zeitung* unternahm.

1926 konvertierte er mit Elsa Schiemann und deren Sohn aus erster Ehe in Berlin zum Islam, änderte seinen Namen in Muhammad Asad und unternahm die Pilgerreise nach Mekka, auf der Elsa Schiemann starb. Asad vertiefte sich in Koranstudien und lebte längere Zeit in Saudi-Arabien, das König Ibn-Saud, dem er freundschaftlich und als Berater verbunden war, 1932 gegründet hatte.

In der NS-Zeit wurden alle Angehörigen Muhammad Asads, die in Europa geblieben waren, ermordet, er selbst war in einem britischen Lager in Indien interniert.

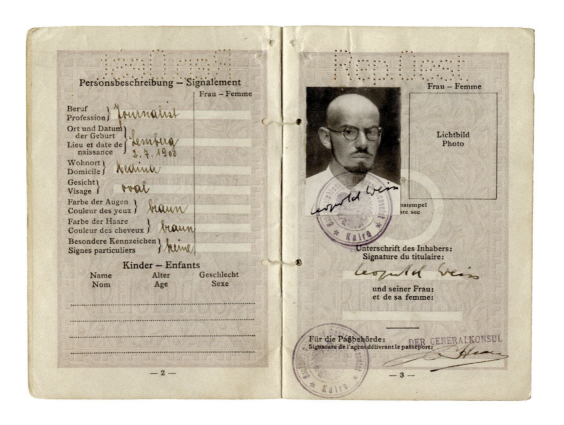

Der Philosoph Muhammad Iqbal bat ihn, an der Gründung Pakistans mitzuarbeiten, das der erste muslimische Staat werden sollte, und Asad verfasste einen Vorschlag für die pakistanische Verfassung, den er 1948 veröffentlichte, der aber nicht angenommen wurde. Gleichwohl erhielt er den ersten pakistanischen Pass und wurde der erste Botschafter des neuen Landes bei den Vereinten Nationen in New York. 1952 ließ er sich von seiner saudi-arabischen Frau scheiden und heiratete die amerikanische Konvertitin Pola „Hamida", eine einstige Katholikin. Als Botschafter Pakistans trat er zurück.

Asad publizierte viel, bekannt ist er aber vor allem für zwei Werke: zum einen für eine Koran-Übersetzung ins Englische, die noch heute hoch angesehen ist, zum anderen für seine Autobiografie „Der Weg nach Mekka", die ein Bestseller wurde. Enttäuscht von den extremistischen und intoleranten Entwicklungen im Islam starb er 1992 in Andalusien, seiner letzten Heimat. HS

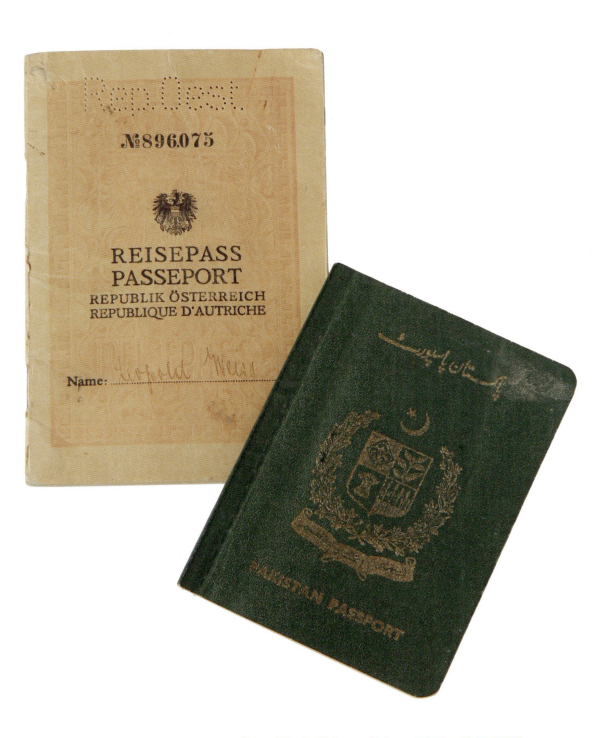

Österreichischer Reisepass für Leopold Weiss, 12. Mai 1932,
Pakistanischer Reisepass für Muhammad Asad, 29. März 1982; Privatbesitz, Mijas, Spanien

Fotografie von Muhammad Asad, o.D.; Privatbesitz, Mijas, Spanien

Max Jacob
Jude – Katholik

Max Jacob wurde am 12. Juli 1876 in der westfranzösischen Stadt Quimper in eine säkulare jüdische Familie geboren. Im Alter von 23 schlug er die Laufbahn eines Künstlers ein, zog nach Paris und dort in ein gemeinsames Zimmer mit Pablo Picasso am Montparnasse. Im Freundeskreis von Apollinaire, Cocteau und Modigliani führte er wohl ein ausgelassenes Künstlerleben zwischen Montparnasse und Montmartre. Künstlerisch beeinflussten ihn Picasso sowie die französischen Symbolisten und Surrealisten seiner Zeit.

Im Jahre 1915 konvertierte er vom Judentum zum Katholizismus. Dazu bewog ihn nach eigener Aussage eine Vision: „Es war Gott, der kam… Welche Schönheit! Eleganz und Milde! Seine Schultern, sein Gang! Er trägt einen Mantel aus gelber Seide mit blauen Ärmelaufschlägen. Er dreht sich um, und ich sehe dieses friedvolle und strahlende Antlitz…"

Schon Beginn der 1920er Jahre hatte sich Max Jacob in das Benediktinerkloster in Saint-Benoît-sur-Loire zurückgezogen, von dort aber auch Paris besucht und weitere Reisen unternommen. Ab 1936 lebte er wieder im Kloster. Nach der Besetzung Frankreichs durch das nationalsozialistische Deutsche Reich wurden sein Bruder und seine Schwester nach Auschwitz deportiert und dort ermordet, Max Jacob selbst blieb vorläufig verschont. Erst im Februar 1944 wurde er nach dem Besuch der Morgenmesse von der Gestapo festgenommen und bald danach in das Sammellager Drancy gebracht, in dem er am 5. März 1944 an einer Lungenentzündung starb. *HS*

Pierre de Belay: „Etude pour le portrait prophétique de Max Jacob", um 1932; Musée des Beaux-Arts, Quimper

Max Jacob in Paris, vor 1915 (Fotograf unbekannt)

„Erlösung des Judentums"?
Debatten über „Judentaufen" und die Konversion zum liberalen Protestantismus in Deutschland vor dem Ersten Weltkrieg
Christian Wiese

„Die Erlösung des Judenthums" – so lautete der Titel eines Essays, in dem der jüdische Hallenser Rechtsanwalt und Gründer der *Deutschen Notarzeitschrift*, Adolf Weißler (1855–1919), im Jahre 1900 unter dem Pseudonym Benedictus Levita in den *Preußischen Jahrbüchern* jene deutschen Juden, die sich nicht mehr dem religiösen Judentum zurechneten, aufforderte, ihre Kinder durch die Taufe dem liberalen Protestantismus zuzuführen und so die „Vermählung deutschen und jüdischen Geistes" zu vollenden. Der Autor beanspruchte, im Namen der Mehrheit des deutschen Judentums zu sprechen, die in ihrer Religion angesichts der fortdauernden Diskriminierung in Zeiten des Antisemitismus „nur eine schwere, unnütze Last" sähe und nichts sehnlicher wünsche „als unterzusinken im Strome deutschen Volkstums".[1] Motiviert war Weißlers Programm der „Erlösung" durch eine Mischung aus übersteigertem Patriotismus, Leiden an Erfahrungen gesellschaftlichen Ausschlusses, Entfremdung von der jüdischen Tradition, Verinnerlichung antijüdischer Stereotype und Sehnsucht nach vollständiger Integration ins „Deutschtum". Letzteres schien Weißler so unauflöslich mit dem Christentum verbunden, dass Festhalten am eigenen Judentum zwangsläufig bleibende Fremdheit bedeutete.

Das liberale Christentum als Ausweg „Freilich muß der dem Deutschen ein Fremdling scheinen, der, anstatt nach den Schätzen deutscher Kirchenmusik zu greifen, noch immer das Geplapper und Geplärr in seinen Synagogen duldet, der die fröhliche Taufe durch die widerwärtige Beschneidung, der die Blumen und Farben des christlichen Begräbnisses durch das düstere Schwarz seiner vier Bretter ersetzt, dem der Weihnachtsbaum nicht leuchtet, dem die Osterglocken nicht klingen. Wir können nicht heimisch werden im deutschen Volke, wenn wir nicht eins mit ihm werden in den Grundelementen seines religiösen Fühlens."[2]

Ungeachtet seiner vernichtenden Kritik aller Formen jüdischer Religiosität, einschließlich des Reformjudentums, dem er vorwarf, „die weltgeschichtliche Erscheinung Jesu zu ignorieren",[3] und trotz seiner Überzeugung von der sittlich-kulturellen Überlegenheit des Christentums scheute Weißler allerdings davor zurück, explizit die Konversion seiner Generation zu fordern. Ein Übertritt zum traditionellen Christentum sei aus Gründen der intellektuellen Redlichkeit undenkbar, und solange der liberale Protestantismus zwar auf dem Wege historischer Kritik das christologische und trinitarische Dogma überwunden, sich aber nicht offiziell von den „alten Formeln" distanziert habe, bleibe Juden auch dieses attraktive „undogmatische Christentum" verschlossen: „Wir dürsten nach Religion, wir glauben sie gefunden zu haben im Christenthum, wir sind ihm ganz nahe und können doch nicht zu ihm herüber."[4] Eine Erlösung aus diesem tragischen Dilemma – „Ins Deutschthum können wir nicht, ins Judenthum zurück wollen wir nicht" – war seinem Urteil zufolge nur für die Kinder dieser Generation möglich, die durch die Taufe ohne *sacrificium intellectu* im liberalen Protestantismus Aufnahme finden und dann an der „großen Geistersschlacht" um die Vollendung der Entdogmatisierung des Christentums teilnehmen könnten. Das Ergebnis werde das Ende der Fremdheit und des Ahasver-Schicksals der Juden im Exil sein: „Der ewige Jude stirbt. Unsere Kinder werden Christen."[5]

In der nachfolgenden Debatte wiesen namhafte Rabbiner und jüdische Gelehrte wie Sigmund Maybaum (1844–1919) die Ideen Weißlers als Folge seelischer „Verwüstung durch die gegenwärtige Judenpolitik" zurück und brandmarkten die „Charakterlosigkeit", mit der die Absicht des materialistisch motivierten Übertritts zum Christentum verbrämt und für die Generation der Kinder „gleich bei der Geburt in der Stille" vollzogen werde.[6]

Nun ließe sich die Episode um Benedictus Levita als vereinzelter Ausdruck eines jüdischen „Selbsthasses" deuten, der dem Urteil des Historikers Robert Weltsch zufolge um die Wende zum 20. Jahrhundert „ein in verschiedenen Abstufungen weit verbreitetes seelisches Phänomen" war, das aus der mit der „Assimilation" verbundenen Gefahr einer teilweisen Übernahme christlicher Werturteile über die eigene Religion erwuchs.[7] Es ging jedoch um weit mehr als die Zurückweisung einer vereinzelten Meinungsäußerung: Den Hintergrund bildeten die komplexe Diskussion über „Judentaufen" im Zusammenhang der öffentlichen Debatten über die Voraussetzungen jüdischer Partizipation an der deutschen Kultur und die Kontroversen über das „Wesen des Judentums", die vor dem Ersten Weltkrieg das Verhältnis des liberalen Judentums zum Kulturprotestantismus prägten. Ausgelöst hatte sie der antijudaistische Charakter der 1900 veröffentlichten Schrift des berühmten liberalen Kirchenhistorikers Adolf von Harnack (1851–1930) über *Das Wesen des Christentums*.[8]

„Wer das Judentum kennt, muß es lieben" Im Zuge dieser Kontroversen spielte aufseiten der beteiligten jüdischen Intellektuellen die Klage über das Phänomen religiöser Indifferenz sowie des Verlustes an jüdischer Bindung eine ebenso starke Rolle wie die Intention, Juden, die ihrer eigenen Tradition entfremdet waren, gegenüber einer Verinnerlichung antijüdischer Stereotype und der Faszination von einer modernen, „dogmenlosen" Variante des Protestantismus zu immunisieren. Auch das ausgeprägte Krisenbewusstsein, wie es etwa der zionistische Soziologe und Mitbegründer des Verbandes für Statistik der Juden, Arthur Ruppin (1876–1943), 1904 in seiner Schrift *Die Juden der Gegenwart* zur Sprache brachte, in der er einen alarmierenden „Abbröckelungsprozeß" des Judentums durch Taufen, Mischehen, Austritte und einen auffälligen Geburtenrückgang konstatierte, gilt es in diesem Zusammenhang zu bedenken. Die „Assimilation" erschien Ruppin als „die gefährlichste Krisis, welche die Juden seit ihrer Zerstreuung je bedroht hat", mit der Folge, dass man „die Möglichkeit eines völligen Aufgehens der Juden im Christentum ernsthaft diskutieren" müsse.[9] Auch wenn solche Befürchtungen meist als Übertreibung zurückgewiesen wurden, war die Sorge um die mangelnde Verbundenheit der Juden mit ihrer Gemeinschaft weit verbreitet. Vor allem die zunehmende Konversionsrate galt, so der Historiker Nathan Samter in seiner Untersuchung über *Judentaufen im 19. Jahrhundert* (1906) als „eins der traurigsten Symptome von dem krankhaften Zustand unserer Religionsgemeinschaft".[10] Besonders bedrückend erschien ihm, dass nicht wenige Juden zwar selbst ihrer Herkunft treu blieben, aber keine Bedenken trügen, ihre „Kinder dem Christentum zu überantworten", um ihnen größere Zukunftschancen zu eröffnen.[11] „Alles, alles predigt über die Vorzüge des Christentums und die Inferiorität des Judentums", so Samter und forderte, dem Indifferentismus müsse mittels intensiver Beschäftigung mit jüdischer Geschichte und Literatur begegnet werden, denn – „wer das Judentum kennt, muß es lieben und wird es nimmermehr verlassen".[12] Es sei daher die Aufgabe einer kritischen Auseinandersetzung namentlich mit dem liberalen Protestantismus, eine Legitimation der Konversion oder der Kindertaufen zu erschweren.[13]

Nachdem die Forschung früher vornehmlich die „fortschreitende Aushöhlung und Veräußerlichung des religiösen Lebens im allgemeinen, namentlich in der jüdischen Familie", und das Bedürfnis nach ungehemmter sozialer Entfaltung für die steigende Konversionsrate verantwortlich machte,[14] geht man neuerdings davon aus, dass Antisemitismus und unvollendete Emanzipation als treibende Kraft der Tauf- und Sezessionsbewegung wirkten, während die „Assimilation" den Kreis derer wachsen ließ, die auf die politischen Entwicklungen mit der Flucht aus dem Judentum reagierten.[15] Dabei zeigt das statistische Material, dass der Bevölkerungsverlust durch die Taufbewegung nicht so sehr quantitativ alarmierend war, denn weniger als 0,5 Prozent aller Juden konvertierten, zwischen 1871 und 1918 etwa 23.000 Personen, davon 75 bis achtzig Prozent zur protestantischen Kirche.[16] Vielmehr wurden die beschriebenen Tendenzen als Symptome eines zunehmenden Niedergangs des jüdischen Gemeinschaftsgefühls wahrgenommen, sodass die Furcht vor einer Bedrohung der Existenz des Judentums die objektiven demografischen Fakten weit überstieg.[17]

Jakob Fromers „Das Wesen des Judentums" Eine weitere Begebenheit mag illustrieren, wie stark diese Empfindung war. Am 18. Juni 1904 veröffentlichte der Leiter der jüdischen Gemeindebibliothek in Berlin, Jakob Fromer (1865–1938), ein ursprünglich aus Łódź stammender Orientalist, Talmudgelehrter und Schriftsteller, in der von Maximilian Harden (1861–1927) herausgegebenen Zeitschrift *Die Zukunft* unter dem Pseudonym Dr. Elias Jakob einen Aufsatz über „Das Wesen des Judentums", in dem er den Juden riet, sich taufen zu lassen und in ihren Wirtsvölkern aufzugehen. Nachdem Fromer als Autor identifiziert und von der Berliner Gemeinde seines Amtes enthoben worden war, nahm er den Essay 1906 in sein Buch *Vom Ghetto zur modernen Kultur* auf, eine autobiografische Darstellung seines Weges vom traditionellen osteuropäischen Judentum zu westlichen Denk- und Lebensformen. In seiner Jugend, so Fromer, habe er die Frage nach den Ursachen der Judenfeindschaft und nach dem langen Überleben des Judentums im Exil mit dem rabbinischen Gedanken der göttlichen Erwählung und Prüfung Israels beantwortet. Seit er sich seiner Religion unter dem Einfluss westlichen Denkens entfremdet habe, befriedige ihn eine solche Antwort jedoch nicht mehr. Der Antisemitismus sei vielmehr darauf zurückzuführen, dass das Judentum auch in der Zerstreuung naturwidrig ein Volk geblieben sei und angesichts seiner Unassimilierbarkeit ständig neuen Hass erwecke. Das gelte vor allem für die osteuropäischen Juden, die unter der Herrschaft des Talmuds lebten – „Menschen, die wie Schatten durch das Leben huschen, die nichts für das Land, in dem sie leben, empfinden, die ihre Wirtsvölker als unreine Geschöpfe verachten, die Sprache, Sitten und Gebräuche und alles, was diesen Völkern heilig ist, verabscheuen".[18] Ein „modernes", liberales Judentum, das an der Kultur der Umwelt partizipieren wolle, müsse als reine Illusion begriffen werden, da jüdische Tradition und moderne Bildung unvereinbar seien. Juden, die nicht an der orthodoxen Lebensweise festhielten, hätten daher kein Recht auf Fortführung ihrer Sonderexistenz. Unter Hinweis auf die gesellschaftliche Diskriminierung der Juden fragte Fromer: „Welche Genugtuung könnt Ihr Euren Kindern für die Schmach und Zurücksetzung, die sie täglich erleiden müssen, bieten?"[19] Seine Antwort auf die „Judenfrage" der deutschen Gesellschaft richtete sich an die diskriminierten Juden: „Tauchet unter, verschwindet! Verschwindet mit euren orientalischen Physiognomien, dem von eurer Umgebung abstechenden Wesen. ... Nehmt die Sitten, Gebräuche und die Religion eurer Wirtsvölker an, suchet euch mit ihnen zu vermischen und sehet zu, daß ihr spurlos in sie aufgehet."[20]

Dass dieses „Verschwinden" und „Untertauchen" vor allem auf dem Wege der Konversion und eines Prozesses der ethnischen und kulturellen Angleichung zu geschehen habe, sprach Fromer im Mai 1903 in einer Eintragung in sein Tagebuch aus: „Wer noch zu tief in der jüdischen Nation wurzelt, der entziehe diesen Wurzeln langsam die Nahrung, lasse sie verdorren, verkümmern und erleichtere so den künftigen Geschlechtern den Abfall. Ohne Loslösung von der jüdischen Religion wird das wohl niemals geschehen. Nun denn, so taufe man sich! Wer es selbst nicht kann, der fange mit den Kindern an oder bereite das zukünftige Geschlecht für diesen Schritt vor. Ist er einmal getan, so ist er für immer zerrissen. Wohl werden dann noch viele Generationen vorübergehen, ehe die von ihrer Nation losgelösten Glieder dem Fremdkörper sich vollkommen amalgamiert haben. Aber einmal wird es doch geschehen. Das beweisen die Marranen in Spanien und Portugal, von denen jetzt keine Spur mehr vorhanden ist."[21]

Fromers Gedanken waren, wie jene Adolf Weißlers, private Aussagen eines vom Judentum Entfremdeten, doch die einmütige öffentliche Skandalisierung, die auf die Veröffentlichung folgte, lässt erkennen, dass gerade liberale jüdische Gelehrte diese Stimme eines ehemaligen Gemeindeangestellten nicht ohne Widerspruch lassen konnten. Ismar Elbogen (1874–1943) etwa, Dozent für jüdische Geschichte und Liturgie an der Lehranstalt für die Wissenschaft des Judentums in Berlin, brachte die allgemeine Haltung des liberalen Judentums zur Sprache, wenn er Fromer entgegenhielt, der Religionswechsel sei für den, der ihn vollziehe, ebenso schmachvoll wie für den Staat, der ihn fördere. Angesichts der Tatsache, dass Juden sich durch alle Judenverfolgungen hindurch die Kraft ihres Glaubens bewahrt hätten, könnte das Ansinnen, in den weit günstigeren Zeiten der Emanzipation „unterzutauchen" und das Judentum der Auflösung entgegenzutreiben, nur als schmachvoll gelten – ihm nachzugeben „hieße den Glauben an die sittliche Zukunft der Menschheit aufgeben".[22]

Fromers Rezeption durch Theodor Nöldeke Weit herausfordernder als Fromers Gedanken selbst, die man als marginale Stimme hätte abtun können, wirkte allerdings ihre Rezeption durch Nichtjuden, die ihn zum Kronzeugen der Unmöglichkeit des Überlebens eines modernen Judentums machten. Vor allem das positive Urteil des unter jüdischen Intellektuellen anerkannten Orientalisten Theodor Nöldeke (1836–1930) rief jüdische Kritiker auf den Plan. Nöldeke gestand zwar zu, dass Fromers Ideen über das „Wesen" des Judentums verkürzt seien, stimmte ihm jedoch darin zu, dass die Juden in der Zerstreuung „sich und den Wirtsvölkern zum schweren Nachteil gewaltsam und naturwidrig ein Volk geblieben" seien und „das Judentum der modernen Bildung gegenüber aber gar keine Existenzberechtigung" mehr habe. Sobald die Juden die moderne Kultur annähmen und die volle Gleichberechtigung verlangten, hätten sie „kein Recht auf Fortführung einer Sonderexistenz, die ihren Ahnen ungemessene Trübsal bereitet" habe. Die Amtsenthebung Fromers verurteilte Nöldeke als illiberalen Akt, der nur durch den traditionellen jüdischen „Religionshaß" gegen Dissidenten zu verstehen sei, die öffentlich aussprächen, „was doch manche ‚Glaubensgenossen' im Gespräch mehr oder weniger anerkennen", nämlich, dass das Judentum rettungslos überlebt sei.[23]

In einem Beitrag, den er im März 1907 als Antwort auf eine vom *Generalanzeiger für die gesamten Interessen des Judentums* initiierte Umfrage über Wesen und Lösung der „Judenfrage" veröffentlichte, wurde Nöldeke noch deutlicher. Gewiss sei es historisch verständlich, dass die Juden in der kurzen Zeit seit der Gewährung der bürgerlichen Gleichberechtigung ihre „Sonderstellung" bewahrt hätten. Nun sollte jedoch „wenigstens der gebildete und dogmatisch nicht gefesselte Jude den Schritt tun, der am sichersten und schnellsten die Verschmelzung mit der Nation herbeiführt, unter der er lebt: daß er, wenn er sich selbst nicht entschließen kann, sich taufen zu lassen, doch wenigstens seine Kinder durch die Taufe der Gesamtheit wirklich einverleibt".[24] In einem Brief an einen elsässischen Rabbiner, den dieser in der *Straßburger Israelitischen Wochenschrift* paraphrasierte, gab er zu erkennen, dass er das „Untertauchen" im Christentum als rein äußerlichen Akt ohne dogmatische Verbindlichkeit verstehen wolle, als eine befreiende Anpassung an die dominierende Kultur. Die allein durch religiöse Gründe verursachte „Sonderstellung" habe den Juden „unsägliches Elend" gebracht. „Dies alles zu überwinden", so schrieb er, „ist eine wichtige Aufgabe unserer Zeit. Ich meine nicht, daß das von heute auf morgen geschehen solle, aber es muß und wird geschehen. Das glaube ich fest."[25]

Dass ein prominenter liberaler Gelehrter in dieser Form das Aussterben des Judentums als notwendigen Prozess voraussetzte, veranlasste den Marburger Philosophen Hermann Cohen (1842–1918) zu einer öffentlichen Stellungnahme. Er schätze, so schrieb er, den Straßburger Orientalisten als hervorragenden Forscher und als einen „Mann von vorurteilsloser Güte", der zahlreiche jüdische Schüler ohne Ansehen der Religion oder Nationalität gefördert habe, doch „grade einem so hochverdienten Manne gegenüber" sei eine aufrichtige, feste Entgegnung unverzichtbar. Nöldeke widerspreche den verfassungsmäßig verbrieften Rechten der Juden, was nur als der „nackteste Antisemitismus" verstanden werden könne. Er mache sich zudem der Verletzung der religiösen Scham schuldig, wenn er nicht einmal die Spur eines Zweifels daran zeige, ob nicht doch bei gebildeten Juden ein religiöses Bedenken vorhanden sein könnte, „welches ihm die Taufe seiner Kinder ebenso verbieten würde und müßte, wie er seine eigene nicht über sich zu bringen vermag".²⁶

Die Verantwortung für Nöldekes verfehlte Interpretation der Bedingungen der Integration schrieb Cohen jenen Juden zu, die nicht zugäben, dass sie ihren Kindern auf opportunistische Weise einen einfacheren Weg verschaffen wollten, sondern den Christen auch noch bestätigten, dass die jüdische Religion minderwertig sei. Sie, nicht die Antisemiten oder die Konservativen, seien die schlimmsten Feinde des Judentums, da sie das religiöse Bewusstsein der jüdischen Gemeinschaft schwächten und „nicht minder auch die naive Überzeugung von der Verträglichkeit des Judentums mit dem deutschen Nationalgefühl" untergrüben. Hätte Nöldeke jüdische Freunde gehabt, die ihrem Glauben gegenüber treu geblieben wären, so hätte er durch sie das Wesen der jüdischen Religiosität kennengelernt und ihre Treue „anerkannt, hochgerühmt und mehr als dies, natürlich und sympathisch gefunden". Er hätte dann feststellen können, wie bei liberalen Juden die Treue zu ihrem Glauben mit der Treue zum deutschen Vaterland und seiner Kultur und mit Achtung gegenüber dem Christentum selbstverständlich verbunden sei. Und so hätte eintreten können, was er als Jude von den liberalen christlichen Freunden erwarten müsse: dass sie „das Wesen unserer Religiosität kennenzulernen sich gedrungen fühlen, und daß es ihnen Bedürfnis werden muß, in diesem Heiligsten unseres Inneren uns die Sympathie der Verständigung und der Freundschaft zu widmen".²⁷

Auch der Philosoph und überzeugte Zionist Jakob Klatzkin (1882–1948) wandte sich 1907 in einem offenen Brief im *Frankfurter Israelitischen Familienblatt* an Nöldeke. „Sie klagen das jüdische Volk an, Sie klagen es – seiner Existenz an", warf er ihm vor. Gewiss schütze ihn seine liberale Haltung vor banalem Antisemitismus, es seien sogar subjektiv „reine Motive", die ihn zur Verurteilung des Judentums veranlassten. Man müsse ihm insofern dankbar sein, als sein „ehrliche[r] Kulturantisemitismus" den verfehlten Optimismus der liberalen Juden, wonach Judenfeindschaft ein Relikt des Mittelalters sei, als Illusion entlarve.²⁸ Allerdings sei seine Argumenation in jeder Hinsicht unstimmig, so etwa, wenn er als Grund für die Taufe nicht etwa die religiös-moralische Überlegenheit des Christentums, sondern die moderne Bildung geltend mache. Vor diesem Forum könne man genauso gut dem Christentum die Existenzberechtigung absprechen. Nöldeke habe sich auch nicht die Frage gestellt, wieso die meisten Juden – trotz ihrer Entfremdung vom Judentum – nicht konvertierten. Er habe daher nicht erkannt, „daß auch der moderne Jude, d.h. der nicht orthodoxe Jude, mit dem Judentum geistig verbunden sein muß, ja tief verbunden, wenn er auf die großen praktischen Vorteile des Austritts verzichtet, daß er bewußt oder unbewußt, jene geistige Sonderexistenz fortführt, welche ihrer Aufhebung in der Taufe stets Widerstand leistete".²⁹ Auch ohne Bindung an die Religion blieben Elemente der Kultur, Sittlichkeit und Nationalität übrig, die ebenso assimilierte Juden „geistig" und „leibhaft" am Judentum festhalten ließen. Nöldeke lasse es schlicht an Noblesse fehlen, wenn er den Juden „Untreue gegen ihr Volk" predige und Gleichberechtigung und Bewahrung der „Sonderexistenz" gegeneinander ausspiele.³⁰

Die Kontroverse zwischen Leo Baeck und Josef Kohler Die Strategie, mit der die Repräsentanten des liberalen Judentums der exklusiven, auf völlige Verschmelzung zielenden Forderung nach Konversion als Mittel zur Integration begegneten und den Anspruch der jüdischen Minderheit auf gleichberechtigte Partizipation an der Mehrheitskultur bei voller Bewahrung jüdischer Identität begründeten, lässt sich exemplarisch an einer Kontroverse des Rabbiners Leo Baeck (1873–1956) mit dem prominenten Berliner Rechtshistoriker Josef Kohler (1849–1919) illustrieren. Kohler hatte am 12. Dezember 1910 in der *Deutschen Montagszeitung* die Juden in Deutschland zur Konversion zum Protestantismus aufgefordert. Seine Vorstellung von der Lösung der „Judenfrage" gipfelte in der apodiktischen Feststellung: „Der Übertritt ist die Bedingung vollständiger Assimilation." Kohler hielt die Aufgabe jüdischer „Sonderidentität" für unerlässlich, da von ihr eine Spaltung des deutschen Volkes auszugehen drohe. Das Bewusstsein moderner Juden war nach Kohlers Überzeugung ohnehin so beschaffen, „daß sich ihre Vorstellungen mit dem protestantischen Christentum vollkommen vertragen". Abgesehen von dem Übertritt zu einem von Dogmen befreiten protestantischen Glauben sollte zudem die interreligiöse Ehe „das einigende Band bilden, das die Rassenverhältnisse vollkommen auszugleichen" verspreche.[31]

Baeck, einer der wichtigsten Protagonisten des liberalen Judentums in den zeitgenössischen Kontroversen mit der liberalen protestantischen Universitätstheologie, betonte demgegenüber die Differenz zwischen Judentum und Christentum und bestritt, dass das, was Kohler den Juden als Protestantismus ans Herz lege, „wirklich das protestantische Christentum" sei, wandte sich aber vor allem gegen das illiberale politische und rechtliche Denken, das in Kohlers Aufforderung zum Ausdruck kam: „Eine einheitliche christliche Gesellschaftsgrundlage, deren sich das Mittelalter vielleicht rühmen konnte, gibt es nicht mehr. Heute besteht die Assimilation in dem Eintritt in die Kultur-, Rechts- und Arbeitsgemeinschaft, die geistige wie die materielle, und der sich daraus ergebenden Gleichberechtigung, und diese dreifache Gemeinschaft, die die organische Verbindung der Einzelnen im Staatsganzen bewirkt, ist heute durchaus interkonfessionell und unkonfessionell. Ein Jude, der den angeratenen Übertritt von wegen der Assimilation vollzöge, verleugnete damit also auch den Geist der Gegenwart und wendete sich zur mittelalterlichen Anschauung wieder zurück."[32]

Der Vorzug der modernen Kultur, so Baeck, bestehe darin, dass sie die Minderheiten und ihr Recht zu schätzen wisse, Andersdenkende zu sein und die Fülle ihrer Eigenart mit in die Mehrheitskultur einzubringen. Juden hätten durch ihr zähes Festhalten an ihrer Religion das Bewusstsein dieses Rechts gefördert und so einen wichtigen Beitrag für die Gegenwartskultur geleistet. Es wäre daher „ein Verbrechen gegen den Geist, das größte Unrecht auch gegen das deutsche Volk, wenn ein Jude sein Judentum verließe und den klugen Übertritt vollzöge".[33] In einem Essay über „Das Judentum unter den Religionen" (1911) bestritt Baeck die Berechtigung eines exklusiven christlichen Kulturverständnisses und rief seine jüdischen Zeitgenossen dazu auf, für eine pluralistische Gesellschaft zu kämpfen und in der Begegnung mit dem Christentum das eigene Selbstverständnis in aller Klarheit geltend zu machen, denn Selbstverleugnung sei nicht nur Feigheit, sondern auch „Intoleranz im niedrigsten, unsympathischsten Sinne", da sie die Differenz des anderen nicht ernst nehme.[34] Mit diesem Appell an die Treue der Juden zu ihrer eigenen

Gemeinschaft ging zugleich die Forderung an die Mehrheitsgesellschaft einher, dem Judentum ohne Vorurteil seinen legitimen Platz als Bestandteil der europäischen Kultur zuzugestehen und anzuerkennen, „daß unsere Besonderheit keine Sondertümelei ist, sondern ein wertvolles menschliches Besitztum".[35]

Es blieb jedoch vor dem Ersten Weltkrieg eine durchgängige Erfahrung der jüdischen Gemeinschaft in Deutschland, dass das Konzept der Integration in eine pluralistische Gesellschaft und Kultur, in der ihre Religion und Kultur ein selbstverständliches Lebensrecht besitzen sollten, auf den Widerspruch gerade auch kulturprotestantisch orientierter Theologen stieß, da deren Ideal mehrheitlich auf eine von protestantischer ethischer Orientierung durchdrungene „Leitkultur" zielte. Damit aber waren sie auf ein Integrationsmodell festgelegt, das religiös-kulturelle Uniformität, die Bekämpfung divergierender Identitäten und die religiös-kulturelle Herabwürdigung des Judentums zwingend machte. Die Identitätskrise eines kleinen Teils der deutschen Juden, die in den Debatten über „Judentaufen" und eine „Erlösung des Judentums" zum Ausdruck kommt, muss somit in erster Linie als Folge der vorherrschenden Mentalität der deutschen Gesellschaft gegenüber Juden und Judentum verstanden werden. Die resignierte Empfehlung des „Untertauchens" war letztlich ein Stück Wirkungsgeschichte der christlichen Exklusivität und spiegelt die Vergeblichkeit des Unterfangens jüdischer Intellektueller in dieser Zeit wider, selbst Repräsentanten liberalen Denkens wirklich davon zu überzeugen, jüdische Integration anders als im Sinne einer Preisgabe kultureller Eigenart und der Anpassung an die herrschende Kultur zu denken.

---

[1] Benedictus Levita, „Die Erlösung des Judenthums", in: *Preußische Jahrbücher,* Bd. 102 (1900), S. 131–140, hier S. 131 f. Zu Weißlers Biografie vgl. Ludwig Röll, „Adolf Weißler, Rechtsanwalt und Notar in Halle an der Saale – Standespolitiker des Notariats, Initiator und erster Schriftleiter unserer Zeitschrift", in: *Deutsche Notarzeitschrift* 100 (2001), Heft 1, S. 14–22.

[2] Levita, „Die Erlösung des Judenthums" (wie Anm. 2), S. 134.

[3] Ebd., S. 137.

[4] Ebd., S. 139.

[5] Ebd., S. 140.

[6] Sigmund Maybaum, „Die Erlösung des Judenthums?", in: *Allgemeine Zeitung des Judenthums* 64 (1900), Nr. 43, S. 505 ff.; vgl. auch Heinemann Vogelstein, „Die Erlösung des Judenthums", in: *Preußische Jahrbücher,* Bd. 102 (1900), S. 510–515.

[7] Robert Weltsch, „'Die schleichende Krise' der jüdischen Identität", in: ders., *Die deutsche Judenfrage. Ein kritischer Rückblick.* Königstein/Ts. 1981, S. 9–22, hier S. 20.

[8] Der vorliegende Essay beruht teilweise auf Ergebnissen meiner Studie *Wissenschaft des Judentums und protestantische Theologie im Wilhelminischen Deutschland: Ein „Schrei ins Leere"?,* Tübingen 1999; zu den Debatten zwischen liberalem Judentum und liberalem Protestantismus vgl. bes. S. 240–293.

[9] Artur Ruppin, *Die Juden der Gegenwart. Eine sozialwissenschaftliche Studie.* Berlin 1904 (^{3}1918), S. 29.

[10] Nathan Samter, *Judentaufen im 19. Jahrhundert. Mit besonderer Berücksichtigung Preußens.* Berlin 1906, S. 96.

[11] Ebd., S. 80.

[12] Ebd., S. 97.

[13] Ebd., S. 122 ff.

[14] Guido Kisch, *Judentaufen. Eine historisch-biographisch-psychologisch-soziologische Studie besonders für Berlin und Königsberg.* Berlin 1973, S. 22 f.

[15] Peter Honigmann, „Jewish Conversions – A Measure of Assimilation? A Discussion of the Berlin Secession Statistics of 1770–1941 – With an Appendix by Lux Furtmüller", in: *Leo Baeck Institute Yearbook* 34 (1989), S. 3–45, bes. S. 24.

16 Thomas Nipperdey, *Deutsche Geschichte 1866–1918*, Bd. 1: *Arbeitswelt und Bürgergeist.* München 1990 (³1993), S. 396.
17 Honigmann, Jewish Conversions (wie Anm. 16), S. 10.
18 Jakob Fromer, „Das Wesen des Judentums", in: ders., *Vom Ghetto zur modernen Kultur.* Heidelberg 1906, S. 195–236, hier S. 226.
19 Ebd., S. 232 f.
20 Ebd., S. 234.
21 Ders., *Vom Ghetto zur modernen Kultur* (wie Anm. 19), S. 183–186, hier S. 182 f.
22 Ismar Elbogen, in: *Im Deutschen Reich* 10 (1904), S. 377–386, hier S. 383.
23 Theodor Nöldeke, in: *Münchner Neueste Nachrichten,* Morgenblatt vom 21. Dezember 1906, Nr. 596.
24 Theodor Nöldeke, „Zur ‚Judenfrage'", in: *General-Anzeiger für die gesamten Interessen des Judentums* 6 (1907), Nr. 3, 1. Beiblatt.
25 Zitiert nach *Wissenschaftliche Beilage zur Straßburger Israelitischen Wochenschrift* 4 (1907), Nr. 3.
26 Hermann Cohen, „Das Urteil des Herrn Professor Theodor Nöldeke über die Existenzberechtigung des Judentums", in: *Allgemeine Zeitung des Judenthums* 71 (1907), Nr. 5, S. 52 ff., hier S. 53.
27 Ebd., S. 54.
28 Jakob Klatzkin, „Ein offener Brief an Herrn Prof. Theodor Nöldeke", in: *Frankfurter Israelitisches Familienblatt* 5 (1907), Nr. 15, S. 1 ff., hier S. 1.
29 Ebd., S. 2.
30 Ebd., S. 3.
31 Josef Kohler, „Die Juden", in: *Deutsche Montagszeitung,* 12. Dezember 1910, wiederabgedruckt unter dem Titel „Judentaufen", in: Werner Sombart (Hg.), *Judentaufen.* München 1912, S. 62–68, hier S. 66 f. Der Band, in dem namhafte jüdische wie nicht jüdische Persönlichkeiten – Schriftsteller, Politiker und Universitätsprofessoren – ihre Einschätzung dreier denkbarer Szenarien (Assimilation sämtlicher Juden durch Taufe und Mischehe; restlose Auswanderung nach Palästina; Aufrechterhaltung des konfliktreichen Status quo) formulierten, bietet einen interessanten Einblick in die Intensität der „Taufdebatte" vor dem Ersten Weltkrieg.
32 Leo Baeck, „Judentum und Juden. Eine Entgegnung auf die Aufforderung von Professor Josef Kohler", in: *Liberales Judentum* 3 (1911), S. 2–5, Zitate S. 3 f.
33 Ebd., S. 4 f.
34 Leo Baeck, „Das Judentum unter den Religionen", in: *Korrespondenzblatt des Verbandes der deutschen Juden* 5 (1912), S. 9–15, hier S. 9.
35 Ebd., S. 14.

Hadassah Bat Abraham
Protestantin – Jüdin

Tallit, Seide, Baumwolle, Stein;
Privatbesitz von
Hadassah Bat Abraham

Hadassah Bat Abraham wuchs als eines von zwei Kindern in einem evangelischen Pfarrhaus auf. Als Erwachsene entdeckte sie das Judentum für sich und bat bei der örtlichen jüdischen Gemeinde um Giur-Unterricht. Der dortige Rabbiner verwehrte ihr – dem Talmud folgend – mehrfach den Wunsch, den Giur-Prozess zu beginnen. Erst bei ihrem dritten Versuch ließ er sie zum Unterricht zu. Der Übertrittsprozess war für die Protestantin mühevoll, sie begann einen Tallit zu gestalten, auf dem sie ihren Weg zum Judentum und ihr religiöses Erleben seit dem Übertritt symbolisch darstellte. Hadassah Bat Abraham, so der Name, den sie bei ihrer Giur-Prüfung ausgewählt hat, trägt diesen Tallit, wenn sie in der Masorti-Gemeinde, in der sie sich heimisch fühlt, zur Tora aufgerufen wird.

Menschen, die zum Judentum übertreten, wählen sich einen jüdischen Namen aus und fügen diesem Bat (Tochter) oder Ben (Sohn) Abraham an, um anzuzeigen, dass sie zu Kindern Abrahams geworden sind. Abraham gilt als der erste Konvertit des Judentums.

Masorti beziehungsweise conservative ist eine jüdische Strömung, in der auch Frauen während des Gottesdienstes zur Tora aufgerufen werden. *RLK*

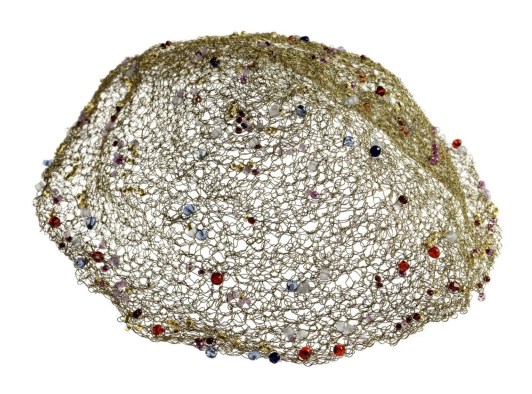

Kippa, geflochtener Draht, Glasperlen; Privatbesitz von Hadassah Bat Abraham

Tallit (Gebetsschal), Seide, Baumwolle, Stein; Privatbesitz von Hadassah Bat Abraham

Béla Balázs
Jude – Katholik – Kommunist

Tibor Gergely: Karikatur auf Béla Balázs, um 1919
Hatvani Közérdekü Muzeális Gyüjtemény
(Öffentliche Museumssammlung Hatvan)

Béla Balázs wurde 1884 als Herbert Bauer im ungarischen Szeged geboren. Sein Vater Simon Bauer war Gymnasiallehrer und entstammte einer assimilierten jüdischen Familie. Auch seine Mutter Jenny Levy war Lehrerin, sie kam aus Ostpreußen. Balázs wuchs in Szeged und dann im heute slowakischen Levoča zunächst deutschsprachig auf. Wieder in Szeged nahm er als junger, nun betont ungarischer Dichter den Künstlernamen Béla Balázs an. Er studierte in Paris und Berlin und gehörte schließlich als Dramatiker und Märchenautor jenem intellektuellen Zirkel um Georg Lukács und Karl Mannheim, Arnold Hauser, Tibor Gergely und Anna Lesznai in Budapest an, der als Sonntagskreis in die Geschichte eingehen sollte.

Balázs und Lukács beschäftigten sich mit Theosophie und jüdischer Mystik, mit den Legenden vom Baal Schem Tov, mit Spiritismus und Meister Eckhardt – auf der Suche nach einer Philosophie, die das Leben verändern und die Entfremdung in der Moderne aufheben könnte.

Nach langem Zögern ließ Balázs sich 1913 taufen. 1910 hatte er an Lukács, der schon 1907 evangelisch geworden war, noch geschrieben: „Schade, dass ich Jude bin oder mich nicht schon längst habe taufen lassen, denn jetzt wäre ich aus einem vielleicht unbegründeten, aber unbezwingbaren ‚Gefühl von Trotz, Selbstachtung oder Scham' nicht in der Lage."

Im Sommer 1913 hieß es nun im Tagebuch: „Ich habe mich taufen lassen, meinen Namen magyarisiert und geheiratet. Also alles Akzidentielle meines Lebens verändert. Bin aus meiner alten Haut geschlüpft. Jetzt bin ich römisch-katholisch." Und weiter schrieb er: „Meine Konversion hat mir keinen Vorteil gebracht. Nur Nachteile. Die Juden sind böse auf mich und in den Augen der ‚Christen' bleibe ich doch nur ein Jude."

Nach seiner Teilnahme am Weltkrieg wurde Balázs, wie auch sein Weggefährte Lukács, zum Revolutionär. In der Budapester Räterepublik richtete Balázs für die Künstlerfreundin Anna Lesznai im Volkskommissariat für Unterrichtswesen eine „Märchenabteilung" ein.

Nach dem Scheitern der Räterepublik flohen Lukács und Balázs wie viele andere Revolutionäre vor dem antikommunistischen Terror nach Wien. Balázs fuhr versteckt auf einem Schiff die Donau herauf, „maskiert mit Backenbart, gefärbtem Schnurrbart und Augenbrauen, das Haar geglättet (mit dem Zwicker auf der Nase hatte ich eine abscheuliche, jüdische Vertreter-Visage). Ist es nicht traurig, dass man das aus mir mit Schminke machen kann?"

Nun war der Kommunismus für den Emigranten eine neue Religion. Am 4. Dezember 1919 notierte er in sein Tagebuch: „Für mich ist auch der Kommunismus Glaube und nicht Politik. ... Und trotzdem fühle ich, dass ich jetzt wirklich zu einem Kommunisten werde. Jetzt packt mich das Religionsfieber." Anna Lesznai und ihr Mann Tibor Gergely besuchten ihn in Wien, im festen Glauben, so Balázs, „dass wir eine neue Religion gründen müssen. Weil es sicher ist, dass wir nunmehr alle heilige Johannes sind und Gyuri [Georg Lukács], der fähig wäre, unsere vielfältig gezogenen Linien zusammenzufassen, jetzt dazu keine Zeit hat, weil er Weltrevolution macht."

In Wien aber kam Balázs in Berührung mit der neuen Kunst des Films – und aus dem Dichter, Dramatiker und Märchenerzähler wurde der erste deutschsprachige Theoretiker des Kinos. *HL*

„Christliche Nichtarier"
Getaufte „Juden" im Nationalsozialismus zwischen der Hoffnung auf Schutz und dem Stigma des Opportunismus
Beate Meyer

Wie seit Langem bekannt, richtete sich die nationalsozialistische Verfolgung nicht allein gegen „Glaubensjuden" – Juden, die einer jüdischen Gemeinde angehörten –, sondern mindestens ebenso gegen jene, die die Bindungen an das Judentum teilweise oder ganz gekappt hatten. Aus Sicht der Nationalsozialisten waren getaufte Juden, in Mischehe Lebende und jene, die ihre einschlägigen Vor- oder Nachnamen hatten eindeutschen lassen – und oft genug kamen bei einer Person oder einer Familie alle Aspekte zusammen –, in den deutschen „Volkskörper" eingesickert und vergifteten diesen in besonders perfider Art, weil ihre jüdische Herkunft kaum noch identifizierbar war. So gesehen dienten die Bemühungen der Juden um Assimilation, Integration, gesellschaftlichen Aufstieg, selbst ihre Nachweise von Vaterlandstreue im Ersten Weltkrieg allesamt der Verschleierung ihrer „Rasse". Diese „getarnten" Juden mussten möglichst aufgespürt, ihre Maskierung aufgehoben und die jüdische Abstammung wieder sichtbar gemacht werden. Unlösbar schien diese Aufgabe nicht: Die standesamtlichen Unterlagen gaben in der Regel darüber Auskunft, wer eine Mischehe eingegangen war. Aber ob und, wenn ja, auf welchem Wege solche Eheschließungen rückgängig gemacht werden konnten, beschäftigte die Rasseideologen in der NSDAP und der SS über zwölf Jahre NS-Herrschaft. Die Nürnberger Gesetze zogen einen Schlussstrich unter die Entwicklung, indem sie die Schließung neuer Mischehen verboten und außereheliche sexuelle Beziehungen zwischen Juden und „Ariern" unter Strafe stellten. Sie tasteten die bestehenden Ehen jedoch nicht an. Kirchlicher wie ministerieller Einspruch verhinderten 1935 und auch auf der Wannsee-Konferenz 1942 sowie auf deren Folgetreffen 1942 und 1943, dass Zwangsscheidungen angeordnet wurden.[1] Über Namensänderungen existierten amtliche Unterlagen, hier schufen die Nationalsozialisten neue gesetzliche Regelungen zur Revidierung.[2] Die „Ariernachweise" bis zurück zu den Großeltern ermöglichten die Identifizierung getaufter Personen jüdischer Herkunft. Als Anhaltspunkt für Konversionen galten die Taufdaten in den Kirchenbüchern: Eine Taufe im Erwachsenenalter deutete generell auf eine jüdische Abkunft, die überprüft werden musste. Die Rede war von „Stehchristen" – im Unterschied zu Säuglingen, die die „liegende Taufe" erhielten. Besserstellungen getaufter „Juden" beabsichtigten die Nationalsozialisten ohnehin nicht, ihnen ging es nur um deren Einbeziehung in die antijüdischen Maßnahmen.

Für Juden hatte es im Laufe des 19. und im ersten Drittel des 20. Jahrhunderts vielerlei Gründe gegeben, zum Christentum zu konvertieren, sei es, dass ein beruflicher wie gesellschaftlicher Aufstieg nur so oder leichter zu bewältigen war oder dass sie – als sie noch keine Zivilehe eingehen konnten – einen nicht jüdischen Partner heiraten wollten. Etliche verließen die jüdische Gemeinschaft, weil eine solche Ehe Ausdruck eines anhaltenden Säkularisierungsprozesses war, andere hatten einen persönlichen Zugang zum christlichen Glauben gefunden, und nicht zuletzt hatten Missionsgesellschaften Juden „bekehrt". Die Taufe stellte im 20. Jahrhundert oftmals keine Trennung von der jüdischen Gemeinschaft mehr dar, sondern nur eine vom Kultusverband, während verwandtschaftliche und geschäftliche Beziehungen bestehen blieben. Mit gesellschaftlichen Ressentiments lebten etliche Getaufte, doch für die meisten nahmen diese erst nach der nationalsozialistischen Machtübernahme bedrohliche Formen an, denn sie wurden – wenn ihre jüdische Herkunft bekannt war – als „Nichtarier" 1933 aus dem öffentlichen Dienst oder halböffentlichen Unternehmen entlassen, ihre Geschäfte und Praxen boykottiert wurden oder sie den neu geschaffenen Berufsorganisationen, der Reichskulturkammer beispielsweise, nicht beitreten durften. Die Nürnberger Gesetze und ihre Ausführungsverordnungen 1935 definierten „Volljuden" aus „rassischer" Sicht. Religion spielte dabei keine Rolle. Die Gesetze verboten zwar nur das Eingehen neuer Mischehen, doch das bedeutete nicht, dass die bestehenden respektiert wurden. Fast jedes Ehepaar erlebte, dass Parteigenossen, Gestapo oder andere Funktionsträger, aber auch Vorgesetzte oder Vermieter, Nachbarn und oft sogar gute Freunde oder Verwandte drohend oder wohlmeinend einen der beiden Eheleute zur Scheidung zu bewegen versuchten.

Hatte bis nach dem Novemberpogrom 1938 die Verfolgung alle Juden gleichermaßen getroffen, so gab es nun zwei bedeutsame Veränderungen: Zum einen unterbreitete Göring am 28. Dezember 1938 den wenigen zum Judentum konvertierten „deutschblütigen" Ehefrauen das Angebot zu rekonvertieren, sich scheiden zu lassen und ohne Nachteile wieder in den „deutschen Blutsverband" zurückkehren zu können.[3] Zum anderen wurden Mischehen nun in „privilegierte" und „nicht privilegierte" unterteilt, je nachdem ob der Mann oder die Frau jüdisch war und welche Religionszugehörigkeit die Kinder hatten. Bei den Verfolgungsmaßnahmen wurden fortan Ausnahmeregelungen für Mischehen definiert, dabei spielte die Taufe jedoch keine Rolle.[4] Zudem enthielt das neue Scheidungsrecht den Paragraf 37, der die Aufhebung einer Mischehe ermöglichte, wenn der „deutschblütige" Teil geltend machte, nicht um die Bedeutung der „Eigenschaft" des Partners als Jude gewusst zu haben, die Ehe also im Irrtum eingegangen sei.[5] Als im Juli 1939 die Reichsvereinigung der Juden in Deutschland per Gesetzesakt gegründet wurde, mussten dieser Zwangsorganisation alle „Volljuden", auch christlich getaufte oder konfessionslose, angehören. Ausgenommen waren Juden, die in privilegierten Mischehen lebten.[6] Auf der Karteikarte wurde bei Getauften dann „ev." beziehungsweise „kath." vermerkt. Auch bei den Deportationen spielte die Religionszugehörigkeit keine Rolle, wobei in der Regel bis 1943 die Ehepartner jüdischer Herkunft aus aufgelösten Mischehen und bis Jahresbeginn 1945 solche aus noch existierenden Mischehen nicht aufgerufen wurden. Juden aus Mischehen stand das „Vorzugslager" Theresienstadt zu.

1933 bestanden im sogenannten Altreich (d.h. Deutschland in den Grenzen von 1937 inkl. Saargebiet) etwa 35.000 Mischehen nach NS-Terminologie, wobei nicht bekannt ist, wie viele der jüdischen Partner getauft, konfessionslos oder Mitglied einer jüdischen Gemeinde waren. Die Zahl der Mischehen sank bis zur Volkszählung von 1939 auf 20.454, bis Dezember 1942 auf 16.760 und bis September 1944 auf 12.487.[7]

Der Religionszugehörigkeit der Kinder aus diesen Verbindungen kam große Bedeutung zu, denn sie bestimmte deren „rassische Einstufung" und ab 1938 auch den Status des jüdischen Elternteils: Von den „Halbjuden" wurden 9,9 Prozent, von den „Vierteljuden" 1,2 Prozent als jüdisch kategorisiert, weil sie Mitglieder einer jüdischen Gemeinde waren oder – seltener – der nicht jüdische Elternteil zum Judentum konvertiert war und sie so zwar ein christliches und ein jüdisches Großelternpaar, aber zwei jüdische Elternteile hatten. Diese „Halbjuden" wurden als „Geltungsjuden" behandelt. Doch der überwiegende Teil der Nachfahren aus Mischehen konnte eine nicht jüdische Erziehung nachweisen, oftmals durch die christliche Taufe. Sie wurden als „Mischlinge ersten" und „zweiten Grades" bezeichnet und unterstanden einem Sonderrecht.[8]

Taufschein und Hoffnung auf Schutz Nach 1933 versuchten viele in Mischehe lebende Juden, sich selbst beziehungsweise ihre Kinder taufen zu lassen. Sie hofften, der Taufschein würde ihnen Schutz gewähren, wie dies in der Vergangenheit gegolten hatte. In der Gegenwart des nationalsozialistischen Deutschlands hingegen zeitigte das Dokument nur selten diese Wirkung und die christlichen Kirchen hatten wenig Interesse an solchen Neumitgliedern. Allerdings tauften Pastoren, auch wenn ihre Amtskirchen dies verboten, bis in die 1940er-Jahre hinein vor allem „Mischlinge", aber auch Juden.[9]

In der historischen Forschung ist die Verfolgung getaufter Juden unter verschiedenen Aspekten untersucht worden: als Teil der Konversionsforschung, als Frage, ob die Amtskirchen, ihre innerkirchlichen Kritiker oder die Kirchengemeinden an der Basis sich gegenüber den „nicht arischen" Mitgliedern solidarisch verhielten, welche Selbsthilfeversuche die getauften Juden unternommen haben oder ob sich unter den „Judenrettern" getaufte Juden befanden.[10] Was die – scheinbare – Zugehörigkeit zu einer christlichen Religionsgemeinschaft für einzelne Betroffene bedeutete und in welche Konflikte sie sie stürzen konnte, schildern die folgenden Erfahrungen. Diese beanspruchen keinerlei Repräsentativität, sondern lenken die Aufmerksamkeit auf Aspekte, die bei anderen Fragestellungen kaum in den Blick geraten: Welche Dynamik entwickelte sich in den Familien zwischen den Generationen, unter welchen Bedingungen entstand ein Stigma des Opportunismus, wann bot die Kirchenzugehörigkeit Schutz, wann nicht, und schließlich – wenn Getaufte deportiert worden waren – wie war ihr Status in den Ghettos und Lagern, wurden sie dort anders behandelt als Juden?

Die Taufe konnte der Versuch einer Absicherung sein. So ließ sich ein in Mischehe lebender Hamburger Arzt im April 1933 taufen und verließ zeitgleich die jüdische Gemeinde.[11] Der christliche Glaube war bereits vorher in der Familie präsent gewesen, die Chanukka wie Weihnachten gleichermaßen gefeiert hatte. Doch in den Folgejahren bekam der Mediziner alle antijüdischen Maßnahmen zu spüren und wurde nur dort von ihnen befreit, wo Sonderregelungen für Frontkämpfer des Ersten Weltkrieges vorgesehen waren. Er durfte als zugelassener „Krankenbehandler" jüdische Patienten versorgen und schließlich – dank der Mischehe – bis zum Kriegsende im Jüdischen Krankenhaus praktizieren. Nach dem Krieg, als der wegen seiner Zusammenarbeit mit der Gestapo diskreditierte bisherige Leiter des Krankenhauses entlassen wurde, folgte er ihm auf diesen Posten nach, ohne dass der Wechsel der Konfession – der ihm zuvor keinerlei Vorteile eingebracht hatte – jetzt eine Rolle gespielt oder ihm unter seinen jüdischen Kollegen gar zum Nachteil gereicht hätte. Offensichtlich wurde die Konversion von den Personen in seiner Umgebung für eine reine Vorsorgemaßnahme gehalten und nicht als Verrat an den Glaubensgenossen beurteilt/betrachtet. Geschützt hatten ihn sein Frontkämpfertum und die Mischehe, seine Verdienste als Mediziner waren nie infrage gestellt worden. Lediglich sein nicht eingeweihter Sohn erlitt – viele Jahre später – einen heftigen Wutanfall, als er nach dem Tod des Vaters dessen Taufschein fand. 1922 geboren, getauft, minderjährig und im Inland lebend hatte er als Kind und Jugendlicher die „Privilegierung" der elterlichen Mischehe durch seinen Status als „Mischling ersten Grades" garantiert, seine Schwestern waren mit einem Kindertransport in Sicherheit gebracht worden. Er hatte sein Handeln als Jugendlicher und junger Erwachsener während der NS-Zeit auch in schwierigsten Situationen stets an hohen moralischen Maßstäben von Gut und Böse, Richtig und Falsch ausgerichtet und dabei vielerlei Nachteile in Kauf genommen. Vor allem hatte er seinem Vater durch keine Handlung oder Äußerung schaden wollen. Die Taufurkunde des Vaters symbolisierte für ihn dessen Opportunismus, auch wenn der nie Gebrauch von ihr gemacht hatte. Der Sohn – heute selbst in einer christlichen Einrichtung sehr engagiert – fühlte sich hintergangen und zerriss sie voller Zorn.

Werner Steinberg, Jahrgang 1913, der ebenfalls aus einer Mischehe stammte, erfuhr die Zugehörigkeit zu einer Kirchengemeinde dagegen als Schutz.[12] Eigentlich wollten die Eltern, dass er beide Religionen kennenlernte und als Erwachsener eine wählte. Doch angesichts der antisemitischen Welle im Ersten Weltkrieg ließen sie ihn zur Einschulung taufen und später konfirmieren. Nach 1933 arbeitete er als kaufmännischer Angestellter in einer Firma, deren jüdischer Inhaber emigrierte. Verwandte wanderten nach Palästina aus, Freunde gingen weg. Werner Steinberg hatte sich immer als Deutscher gefühlt, wollte das Land nicht verlassen, aber auch nicht als Ausgegrenzter und vor allem nicht in ständiger Angst um seinen jüdischen Vater leben. Von Depressionen heimgesucht, erlitt er schließlich einen Nervenzusammenbruch. In dieser Situation brachten ihn Bekannte, die den gleichen „rassischen Status" hatten, zur Jerusalem-Kirche. Diese war hervorgegangen aus der Irisch-Presbyterianischen Missionsgesellschaft, die seit Mitte des 19. Jahrhunderts in Hamburg jüdische Auswanderer zu bekehren versuchte, sich um Kranke, Kinder und Jugendliche kümmerte und seit den 1920er-Jahren auch ein Krankenhaus betrieb. Die Gemeinde wurde von Arnold Frank, einem gebürtigen ungarischen Juden mit britischem Pass, geführt und bot „Judenchristen" ab 1934 neben Gottesdiensten die Möglichkeit, sich an „nicht arischen Abenden" bei Tee und Wurstbroten auszutauschen. Werner Steinberg fand hier einen geschützten Raum, der allerdings seine psychischen Probleme nicht heilte. Doch die Jerusalem-Kirche verschaffte ihm die Möglichkeit, zwei Jahre in den Bodelschwinghschen Anstalten in Bethel zu verbringen, wo er sich ausschließlich mit religiösen Inhalten beschäftigte und sein seelisches Gleichgewicht wiederherstellte. Kurz nach dem Novemberpogrom zurückgekehrt, fand er nach längerer Suche Arbeit in einer Kartonagenfabrik in Lübeck und Unterkunft in einer ähnlich ausgerichteten evangelischen Gemeinschaft, einem neuen Schutzraum, in dem seine Herkunft nicht thematisiert wurde, jedoch bekannt war. Währenddessen lebten seine Eltern in einem „Judenhaus". Sein Vater, der nie die Nähe einer christlichen Einrichtung suchte, überstand, knapp 80-jährig, Verfolgung und Krieg in Hamburg.

Die Jerusalem-Gemeinde war den Nationalsozialisten aus vielerlei Gründen suspekt, sie musste ihre Arbeit 1940 einstellen. Anders als die Amtskirchen hätte sie sich nicht „gleichschalten" können, selbst wenn sie gewollt hätte.[13] Dadurch entstanden keine Konflikte innerhalb der Gemeinde und die Verantwortlichen mussten nicht zwischen Solidarität mit Gemeindemitgliedern jüdischer Herkunft und den Forderungen nationalsozialistisch Gesonnener lavieren. Dieser Fall zeigt, dass eine Kirchengemeinde in einem gewissen Rahmen Schutz bieten und ähnliche Einrichtungen dazu bringen konnte, im Einzelfall ebenso zu handeln. Nach dem Krieg führte die Jerusalem-Gemeinde die Judenmission fort. Diese inhaltliche Ausrichtung änderte sich erst in den 1960er-Jahren, als sie der evangelischen Landeskirche beitrat.

Auch in Werner Steinbergs Familie hatte sich eine Dynamik zwischen den Generationen entwickelt, die sich anders als bei dem Arztsohn in einer Überforderung ausdrückte, in Depression und Zusammenbruch, die ohne Hilfe nicht zu bewältigen gewesen wäre. Werner Steinberg blieb der Gemeinde treu, die ihm in schweren Jahren Sicherheit geboten hatte. Er heiratete dort, wirkte jahrzehntelang im Kirchenvorstand mit und verbrachte schließlich die Jahre vor seinem Tod in der Geriatrie des angeschlossenen Krankenhauses.

Als die Nationalsozialisten im Oktober 1941 die Emigration verboten und Großdeportationen anordneten, erhielten auch „volljüdische" Getaufte ihre „Evakuierungsbefehle". Von der Amtskirche erhob sich in der Regel kein Widerstand. Ja, sie unterstützte meist noch nicht mal die wenigen Mitglieder, die versuchten, Solidarität mit deportierten Juden zu üben, wie hier am Fall von Erna Kisch gezeigt werden soll.[14] Sie war in die erste Deportation aus Hamburg am 25. Oktober 1941 ins Ghetto „Litzmannstadt" eingereiht worden. Bis dahin hatte sie in einer Beziehung mit ihrer christlichen Freundin Martha Zacher gelebt. Auf deren Betreiben/Rat war sie aus der jüdischen Gemeinde ausgetreten und hatte sich 1939 taufen lassen. Martha Zacher unterhielt enge Beziehungen zu der Kirchengemeinde, in die sie ihre Freundin brachte. Die beiden Frauen waren 1940/41 bereits ins Visier der Gestapo geraten, und Martha Zacher befand sich in „Schutzhaft", als Erna Kisch nach Łódź deportiert wurde. Im Dezember 1941 wieder freigelassen, versuchte sie Kontakt zur Freundin im Ghetto aufzunehmen, diese mit Lebensmitteln zu versorgen, und hoffte, sie zurückholen zu können. Unter der Adresse der Kirchengemeinde erkundigte sie sich schriftlich nach ihrem Befinden in Łódź : „... In diesem Jahr von verschiedenen Seiten der Gemeinde acht Mal an Frau K. geschrieben. Liegt Frau K. krank mit ihrem schweren Herzleiden? Erbitten bald Nachricht. Mit Dank und Grüssen an Frau K., die besorgte Gemeinde in Hamburg/Der Sekretär."[15] Ihr Pech wollte es, dass diese Karte als unzustellbar an das Pastorat zurückging. Der Geistliche Julius Heldmann war zwar regimekritisch, gleichwohl antisemitisch eingestellt und lesbischen Frauen alles andere als wohlgesonnen. Weder nach dem Taufakt hatte er sich um sein neues Gemeindemitglied gekümmert noch gedachte er, dies künftig zu tun. Stattdessen informierte er nun seinen Vorgesetzten. Das Schreiben, so Heldmann, könne nur von Martha Zacher stammen, andere würden sich bestimmt nicht um Erna Kischs Rückführung bemühen. Der angerufene Oberkirchenrat schaltete die Gestapo ein, die Martha Zacher vorlud. Zu diesem Zeitpunkt war Erna Kisch bereits im Vernichtungslager Chełmno ermordet worden. Ob sie am 9. Mai 1942 zusammen mit den christlichen Juden des Ghettos in den Tod ging, ist nicht bekannt, als Sterbetag ist der 10. Mai 1942 registriert. Martha Zacher kam ins Konzentrationslager Ravensbrück. Sie überlebte.

Werner Steinberg hatte in akuter individueller Not nicht bei seiner Konfirmationskirche, aber in einer anderen religiösen Gemeinschaft Schutz gefunden, der eingangs vorgestellte Arzt und auch Erna Kisch waren in der Hoffnung auf solchen konvertiert. Doch nicht alle „christlichen Nichtarier" waren erst unter dem Druck der Verfolgung konvertiert. Die Eheleute Kitty und Arthur Goldschmidt beispielsweise, in der NS-Terminologie beide „Volljuden", stammten aus Familien, die bereits in zweiter Generation getauft waren.[16] In der schleswig-holsteinischen Kleinstadt Reinbek gehörten sie der evangelischen Gemeinde an. Die Landeskirche hatte im Februar 1942 die „nicht arischen" Christen ausgeschlossen, so wurde Kitty Goldschmidt vom zuständigen Pastor ein christliches Begräbnis verweigert, als sie im Juni 1942 nach schwerer Krankheit verstarb, kurz bevor sie deportiert werden sollte. Die Beerdigungszeremonie übernahm ein in den Ruhestand versetzter „nicht arischer" Pastor. Keinen Monat später erhielt ihr 69-jähriger Mann den Deportationsbefehl nach Theresienstadt.

Weihnachtsbaum in Theresienstadt Arthur Goldschmidt hatte sich nach eigenen Worten nie aktiv am kirchlichen Leben beteiligt, fühlte sich nun aber „wie unter dem Auftrag, dort Gottes Wort verkünden zu sollen".[17] Zwanzig eilig dafür beschaffte Bibeln konfiszierte die SS schon bei der Ankunft. Im Ghetto sammelte der ehemalige Oberlandesgerichtsrat nun gläubige Christen um sich, hielt Andachten, betreute Kranke und wuchs so in die Arbeit eines Seelsorgers und Predigers hinein.[18] Doch zunächst benötigte die evangelische Gemeinde einen Raum. Die SS duldete jüdische Gottesdienste, christliche waren nicht vorgesehen, wurden nun aber toleriert. Solche Zugeständnisse konnten nur über den Judenältesten erreicht werden, der jeweils dem Ältestenrat vorstand. Die drei Amtsinhaber, der Tschechoslowake Jakob Edelstein, der Österreicher Benjamin Murmelstein und Paul Eppstein, der ehemalige Leiter der Reichsvereinigung der Juden in Deutschland, der aber nur am Rande erwähnt wird, zeigten sich Goldschmidt gegenüber in der Regel kooperativ. Sie tolerierten Eheschließungen, die nach einer Erklärung des Paars von Goldschmidt gesegnet wurden, bahrten christliche Tote auf und bedeckten den Sarg mit einem schwarzen Tuch.

Ende 1944 erlaubte die SS dem Judenältesten, dass die Christen ein Kruzifix in der Leichenhalle anbringen durften. Selbst ein kleiner Weihnachtsbaum konnte 1943 aufgestellt werden. Als die SS dies Weihnachten 1944 verweigerte, stiftete die jüdische Selbstverwaltung einen künstlichen Baum mit bunten elektrischen Lampen und Murmelstein ließ für die christlichen Kinder eine Weihnachtsfeier veranstalten. Die Gesundheitsverwaltung, ein Teil der jüdischen Selbstverwaltung, stellte Arthur Goldschmidt einen

Dauerpassierschein für Krankenbesuche aus, die Arbeitsverwaltung ermögliche Christen einmal im Monat den Gottesdienstbesuch, wenn dieser nicht mit den Arbeitszeiten kollidierte.

Goldschmidt, durch seinen Beruf gewohnt, sich einen Überblick über ein Geschehen zu verschaffen, bestimmt aufzutreten, zu verhandeln und zu urteilen, hatte sich im Ghetto eine ähnliche Position geschaffen. Er leitete Menschen an, gab ihnen eine Richtung vor, trat mit den Vertretern der jüdischen Selbstverwaltung „auf Augenhöhe" in Kontakt und ließ es nicht an Nachdruck fehlen, wenn ihm dies nötig erschien. Hier agierte nicht ein ausgelieferter, hungernder, alter Häftling, sondern ein Gruppenvertreter, der berechtigte Interessen anmeldete und dem Judenältesten schon mal aufgab, er möge „bedenken, was das Weltgericht der Geschichte einmal über die Anklage befinden würde, dass eine soziale Gemeinschaft, die als Minderheit Kulturautonomie begehrt und gefunden hat, als Mehrheit eine solche nicht einräumen will".[19] Es ging um nicht mehr als eine Raumzuteilung.

Die meisten Mitglieder der christlichen Gemeinde in Theresienstadt hatten sich als Erwachsene anlässlich ihrer Heirat taufen lassen. Deshalb betrachteten die jüdischen Ghettobewohner sie als „Abtrünnige", „Renegaten" oder „Geschmockle" – und kopierten damit spiegelbildlich die Einstellung der Nationalsozialisten. Um solchen Stigmatisierungen keinen Vorschub zu leisten, unterließ Goldschmidt bald die Eintragung des Taufdatums in seine Mitgliederlisten. In der christlichen Gemeinde mischten sich Lutheraner, Hussiten, Reformierte, Anglikaner, Remonstranten und andere, nach NS-Definition alle „volljüdisch". Je länger das Ghetto bestand, desto größer wurde der Anteil der christlichen Bewohner. Lag er im Dezember 1943 noch bei 12,1 Prozent, so stieg er durch die Abtransporte Tausender Juden in Vernichtungslager und die neu hinzukommenden Partner aus aufgelösten Mischehen bis April 1945 auf 36,6 Prozent.[20] Das stärkte Goldschmidts Position gegenüber der jüdischen Selbstverwaltung. Er und seine Gemeindemitglieder schöpften Kraft aus ihrem Glauben und ihrem Zusammenhalt. Darüber hinaus hatten sie sich zwar informell, aber doch anerkannt, einen Gruppenstatus geschaffen, sie stellten eine Minderheit dar, die im Ghetto Beachtung fand. Goldschmidt belegt mit Briefen, dass das Gruppengefühl der Gläubigen, das im Ghetto entstanden war, nicht mit der Befreiung zerfiel, sondern darüber hinaus reichte.

„Aktion Reinhardt" Theresienstadt galt als „Altersghetto" und „Vorzugslager", das die Nationalsozialisten dem Roten Kreuz vorführten und filmen ließen, um daraus propagandistischen Nutzen zu ziehen. Anders als dort stellte sich die Situation im Distrikt Lublin dar, wohin 1942 etwa 15.000 Personen aus dem „Altreich" und der „Ostmark" deportiert worden waren Sie fielen fast ausnahmslos der „Aktion Reinhardt" zum Opfer.[21] Unter den reichsdeutschen Deportierten, die auf verschiedene Durchgangsghettos verteilt waren, befanden sich zum Erstaunen der einheimischen Bevölkerung zahlreiche Konvertiten.[22] Den polnischen Juden wie den nicht jüdischen Polen war es unverständlich, wieso sie hierher verschleppt worden waren, schließlich handelte es sich um Deutsche beziehungsweise Österreicher und Christen. Als dann in Włodawa eine größere Gruppe praktizierender Wiener Katholiken, gekennzeichnet mit dem gelben Stern auf der Kleidung, am katholischen Gottesdienst teilnahm, löste dies Entsetzen aus, Solidarität bewirkte es offensichtlich nicht. Die polnischen Katholiken beobachteten auch, wie ihre „jüdischen" Glaubensgenossen vor einem Kreuz an einer Weggabelung niederknieten und beteten. Die SS schoss sofort, denn das Gebet verzögerte den Marsch zum Bahnhof, wo der Zug zum Vernichtungslager Sobibor wartete. Anders als im „Vorzugslager" Theresienstadt billigte die SS den Getauften hier in den besetzten Ostgebieten keine Möglichkeit zu, einen, wenn auch nur informellen, geschützten Status zu erlangen. Und für die einheimischen Christen wie Juden, deren Verhältnis zueinander auch nicht gerade von Solidarität getragen war, verletzten die getauften Juden alle Regeln der Zugehörigkeit zu der einen wie der anderen Seite.

Emigration und Besatzung Um den Verfolgungsmaßnahmen zu entgehen, waren viele deutsche Juden bereits in den 1930er-Jahren emigriert, wie die Berliner Familie Weiss, die seit 1937 in Amsterdam lebte.[23] Sie hatte sich gut integriert, bis die Wehrmacht 1940 das Land überfiel. Die deutsche Zivilverwaltung verfügte antijüdische Maßnahmen und das ehemalige Flüchtlingsauffanglager Westerbork wurde in ein Durchgangslager für zu Deportierende umgewandelt. Ab Sommer 1942 rollten die Züge vorgeblich zum Arbeitseinsatz in Deutschland, tatsächlich aber nach Auschwitz. Anders als in Deutschland protestierten in den Niederlanden die christlichen Kirchen und verlangten Schutz für die 694 katholischen und 1061 evangelischen Betroffenen.[24] Reichskommissar Seyß-Inquart sicherte diesen unter der Voraussetzung zu, dass sie sich nicht gegen die Deportation der übrigen Juden aussprachen. Als dennoch ein Protestschreiben in katholischen Kirchen verlesen wurde, ordnete er im Juli 1942 den Abtransport der katholisch Getauften an,[25] die protestantischen blieben vorläufig noch geschützt. Ilse Blumenthal-Weiss, eine gläubige Jüdin, hatte – nachdem ihr Sohn bereits 1941 bei einer Razzia festgenommen und in Mauthausen ermordet worden war – evangelische Taufscheine besorgt und damit den begehrten Stempel in ihre Papiere bekommen, der sie, so hoffte sie, „ein für allemal vor der Verschickung" bewahrte.[26] Tatsächlich hatten die Machthaber bereits die Deportation der Zurückgestellten beschlossen, doch vorerst „konzentrierten" sie sie nur in Westerbork. So mussten auch Weiss' am 21. Mai 1943 dorthin übersiedeln und ein paar Tage später in die Sonderbaracke Nr. 72 einziehen, die Christen vorbehalten war. In dieser Unterkunft, so Ilse Blumenthal-Weiss, musste sie alle täuschen und sowohl den jüdischen wie den christlich getauften Mitgefangenen glaubhaft ein Bekenntnis zum Christentum vorspielen: „Die richtigen Getauften haben ... vielfach ihre Gesangbücher mitgebracht ... Die Scheingetauften ... lassen sich daher heimlich die kleinen, schwarzen Büchlein nachschicken. Nur nicht auffallen. ... Bald allerdings spüren die Neulinge, wer zu den in Wahrheit Getauften gehört und wer nicht. ... Und nun geschieht es wie von selbst, daß die Scheingetauften ein heimliches Einverständnis, eine besondere Beziehung verbindet, auch wenn keiner dem anderen sein Geheimnis verrät."[27] Sie hatte außerhalb des Lagers die Juden als Gezeichnete empfunden, im Lager jedoch nahmen aus ihrer Sicht die Getauften diese Position ein, sie waren eine Provokation für die anderen Juden. Während sich die anderen Baracken füllten und bei jedem Transport wieder leerten, blieb die Belegung der Getauften-Baracke fast anderthalb Jahre konstant, bis die Schonfrist im

September 1944 endete. In Viehwagen ging es nach Theresienstadt. Hier, so Ilse Blumenthal-Weiss – habe der „schäbige Nimbus des Getauften-Stempels" an Glanz verloren, es habe keine bevorzugte Behandlung mehr gegeben. Dennoch mussten die Scheingetauften ihre Rolle bis zu Ende spielen, denn „es gehen ja auch von Theresienstadt Transporte ab".[28] Deutsche Juden, die in die Niederlande emigriert waren, galten nicht als geschützt. Ilse Blumenthal-Weiss' Ehemann Herbert wurde kurze Zeit später nach Auschwitz deportiert und ermordet. Bei ihr blieb die jetzt siebzehnjährige Tochter Miriam. Sie hatte sich zwei Jahre zuvor in Amsterdam intensiv mit der christlichen Lehre befasst und wollte sich zum Leidwesen ihrer Eltern taufen lassen. Dieses Bedürfnis war sicher auch Ausdruck ihrer pubertätsbedingten Suche nach Identität und ihrer tiefgreifenden Verunsicherung während der Verfolgungszeit. Sie hatte sonntags den Gottesdienst besucht und mit einem Theologen lange Gespräche geführt. In Theresienstadt nun erlaubte ihr der Vater, kurz bevor er den Zug nach Auschwitz bestieg, zum Christentum zu konvertieren, wenn dies immer noch ihr Herzenswunsch sei. Miriam näherte sich Arthur Goldschmidt und seiner christlichen Gemeinde jedoch nie. Sie, ihre Großmutter und die Mutter überlebten und kehrten nach Kriegsende zunächst nach Amsterdam zurück. Dort traf sie auf Juden, spürte ihre Zugehörigkeit und, befreit vom Verfolgungsdruck, verschwand schlagartig das Verlangen, zu den Christen gehören zu wollen.[29]

Rettungsversuch und Identitätskrise Die skizzierten Beispiele, so heterogen sie auf den ersten Blick sind, zeigen vor allem eins: Schutz bedeutete die Taufe für Juden nicht. Diesen erfuhren sie allenfalls durch den Frontkämpferstatus, die Mischehe oder durch Protektion. Der christliche Glaube konnte individuell Halt und Sicherheit in einem unsicheren, bedrohlichen Umfeld geben, die Taufe verursachte aber auch Konflikte und Identitätskrisen, insbesondere bei Heranwachsenden. Ein Erwachsener wie der eingangs geschilderte angesehene Arzt mochte den Taufakt relativ leidenschaftslos in stiller Übereinkunft mit dem Geistlichen als reine Vorsorgemaßnahme eingeleitet haben, für seinen Sohn stürzte damit aber das Bild des aufrechten Vaters ein, den er plötzlich als Opportunisten sah. Das mag über diese Familie hinaus nicht relevant sein, doch zeigt es, wie auch das Beispiel von Werner Steinberg, unter welcher Last gerade die „Mischlinge ersten Grades" handelten, deren Religionszugehörigkeit im Unterschied zu der der „Volljuden" Bedeutung zukam – im Hinblick auf ihre Eltern, aber auch auf die eigene Person. Gleichzeitig erfuhren sie selbst oftmals keine Unterstützung von christlicher Seite. Während die Amtskirchen ihre eigenen inneren Auseinandersetzungen führten, waren es eher die Sekten oder sektenähnlichen Gemeinden wie die Jersualem-Kirche, die – den Machthabern ihrerseits suspekt – praktische Solidarität übten. Das Beispiel des evangelischen Pastors, der sein neu getauftes Gemeindemitglied verleugnete und das „arische" anzeigte und in Lebensgefahr brachte, mag in der Gesamtschau eine negative Ausnahme sein. Sicher sind hier zudem Antisemitismus und eine Abneigung gegen lesbische Paare zusammengeflossen und haben ihn zum Denunzianten werden lassen, während die typische Haltung eher aus Gleichgültigkeit und Wegschauen bestand. Dazu mögen auch die christlichen Polen übergegangen sein, nachdem ihre erste Begegnung mit deutschen getauften Juden sie schockiert und ihre Weltsicht auf den Kopf gestellt hatte. Zudem verlief ja auch ein Graben zwischen ihnen und den einheimischen Juden, der durch die Besatzung keineswegs verschwand. In die besetzten Ostgebiete deportierte reichsdeutsche getaufte Juden konnten auf keinerlei Besserstellung hoffen, sie wurden wie alle Juden dort unterschiedslos ermordet.

Graduell anders stellte sich die Situation in Theresienstadt dar. Dort konnten sie einen informellen Status erwerben und sich so behaupten. Als Mitglied der Gemeinde war es möglich, ein Gruppengefühl zu entwickeln und im Glauben und der Gemeinschaft Halt zu finden, auch wenn sich die deutschen Kirchen nicht um ihre deportierten Mitglieder kümmerten. Dank der solidarischen Haltung der niederländischen Kirchen verfügten die Getauften im Lager Westerbork über einen offiziellen Status, der sie zunächst vor dem Transport schützte, aber in individuelle Konflikte stürzte, wenn sie innerlich gläubige Juden waren. Im Falle Arthur Goldschmidts verband sich der individuelle Umgang mit der Verfolgung, sich selbst im Ghetto zum Funktionär zu machen, mit dem persönlichen Halt, den er im Glauben fand, und der Seelsorge, die er anderen angedeihen lassen konnte. Ilse Blumenthal-Weiss hingegen litt darunter, dass sie ihren jüdischen Glauben nach außen verleugnen musste, während ihre Tochter sich im Identitätsfindungsprozess vorübergehend der christlichen Religion und so durch den Glauben der nicht verfolgten Mehrheit annäherte. Sie hatte das Glück, nach der Befreiung eine freie Entscheidung treffen zu können, die unter den Bedingungen der Verfolgung gar nicht möglich gewesen war.

---

[1] Vgl. Cornelia Essner, *Die Nürnberger Gesetze oder die Verwaltung des Rassenwahns 1933–1945*. Paderborn 2002, S. 106; Mark Roseman, *Die Wannsee-Konferenz. Wie die NS-Bürokratie den Holocaust organisierte*. München/Berlin 2002, S. 140–145, Protokolle siehe Kurt Pätzold/Erika Schwarz, *Tagesordnung Judenmord. Die Wannsee-Konferenz am 20. Januar 1942*. Berlin 1998.

[2] Vorlauf und Gesetz siehe Joseph Walk (Hg.), *Das Sonderrecht für die Juden im NS-Staat*. München 1996; Gesetz: RGBl. 1938 I, S. 9 f.

[3] Bundesarchiv Berlin, R 18, Reichsministerium des Innern, 343–345, Geheimer Schnellbrief Göring an RMdI v. 28.12.1938.

[4] Vgl. Beate Meyer, *„Jüdische Mischlinge". Rassenpolitik und Verfolgungserfahrung 1933–1945*. Hamburg 1999, S. 29 ff.

[5] A. a. O., S. 81–86; siehe auch Marius Hetzel, *Die Aufhebung der Rassenmischehe in der Jahren 1933–1939*. Tübingen 1997, S. 178–193.

[6] Vgl. Beate Meyer, *Tödliche Gratwanderung. Die Reichsvereinigung der Juden in Deutschland zwischen Hoffnung, Zwang, Selbstbehauptung und Verstrickung (1939–1945)*. Göttingen 2011, S. 44 f.

[7] Meyer, Jüdische Mischlinge, S. 25.

[8] A. a. O., S. 162–252.

[9] So ergab eine Berliner Untersuchung, dass bis 1943 vereinzelt solche Taufen stattfanden, obwohl den dortigen Pastoren 1935 verboten worden war, Judentaufen vorzunehmen; vgl. Arbeitskreis Christen jüdischer Herkunft im Nationalsozialismus in der evangelischen Kirche Berlin-Brandenburg-schlesische Oberlausitz (Hg.), „Evangelisch getauft – als Juden verfolgt. Spurensuche Berliner Kirchengemeinden". Berlin 2008, S. 18, 24 und 31.

[10] Hier seien nur exemplarisch genannt: Ursula Büttner, Martin Greschat, *Die verlassenen Kinder der Kirche: Der Umgang mit Christen jüdischer Herkunft im „Dritten Reich"*. Göttingen 1998; Jana Leichsenring, *Die katholische Kirche und ihre Juden: das Hilfswerk beim Bischöflichen Ordinariat, Berlin 1938–1945*. Berlin 2007; Evangelisch getauft (wie Anm. 3); Aleksandar-Saša Vuletić, *Christen jüdischer Herkunft im Dritten Reich. Verfolgung und organisierte Selbsthilfe 1933–1939*. Mainz 1999; Katrin Rudolph, *Hilfe beim Sprung ins Nichts: Franz Kaufmann und die Rettung von Juden und „nichtarischen Christen"*. Berlin 2005.

[11] Forschungsstelle für Zeitgeschichte in Hamburg/Werkstatt der Erinnerung (FZH/WdE), 007, Interview mit K. H., geführt von Beate Meyer am 6.8.1990; Austrittsdatum: Staatsarchiv Hamburg, 522-1 Jüdische Gemeinden, 992b Kultussteuerkartei.

[12] FZH/WdE, 018, Interview mit Werner Steinberg, geführt von Beate Meyer und Sielke Salomon am 24.2.1988; vgl. Beate Meyer, „Im Grunde suchte ich das Zuhause, das ich in Deutschland verloren hatte" – Werner Steinberg, in: Galerie Morgenland (Hg.), *„Wo Wurzeln waren ...", Juden in Hamburg-Eimsbüttel 1933–1945*. Hamburg 1993, S. 171–178.

[13] Eberhard Röhm, Jörg Thierfelder, *Juden, Christen, Deutsche 1933–1935,* Bd. 1. Stuttgart 1990, S. 303–395, und dies., Bd. 3/I 1938–1941. Stuttgart 1995, S. 347 f.

[14] Ausführlich siehe Beate Meyer, „Grenzüberschreitungen. Eine Liebe zu Zeiten des Rassenwahns", in: ZfG 11 (2007), S. 916–936.

[15] A. a. O., S. 930.

[16] Geschichte der Familie, aufgearbeitet vom Enkel der Goldschmidts: Thomas Hübner (Hg.), *Detlev Landgrebe, Kückallee 37.* Rheinbach 2009, hier: S. 137.

[17] A. a. O., S. 139.

[18] Vgl. Arthur Goldschmidt, *Geschichte der evang. Gemeinde Theresienstadt 1942–1945.* Tübingen 1948, nachgedruckt in: Landgrebe, Kückallee 37, S. 375–426.

[19] Nachdruck des Schreibens von Goldschmidt (ev. Christen) und Gerson (kath. Christen) an Eppstein v. 11.10.1943, a. a. O., S. 397 ff., hier: S. 399.

[20] Statistik nach H. G. Adler abgedruckt in Landgrebe, Kückallee 37, S. 398.

[21] Vgl. Bogdan Musial, *„Aktion Reinhardt". Der Völkermord an den Juden im Generalgouvernement 1941–1944.* Osnabrück 2004.

[22] Ausführlich siehe Robert Kuwalek, „Das kurze Leben im Osten. Jüdische Deutsche im Distrikt Lublin aus polnisch-jüdischer Sicht", in: Birthe Kundrus, Beate Meyer (Hg.), *Die Deportation der Juden aus Deutschland. Pläne. Praxis. Reaktionen.* Göttingen 2004, S. 112–134, hier: S. 112, 125 f.

[23] Archiv Centrum Judaicum (CJA), Sammlung Ausstellung Juden in Berlin 1938–1945, Interview mit Miriam M., geführt von Beate Meyer, Oktober 1999.

[24] Vgl. Justiz und NS-Verbrechen, Bd. XXV, Nr. 645, Schreiben Vertreter des Auswärtigen Amtes an RSHA, Eichmann v. 17.7.1942. Die Zahl der Getauften erhöhte sich trotz der Deportation der Katholiken auf 1.572 im März 1942. Siehe a. a. O.; Dokumente im Internet unter: http://www1.jur.uva.nl/junsv/excerpts/64516.htm (abgerufen am 4.10.2011)

[25] Vgl. http://www1.jur.uva.nl/junsv/excerpts/64517.htm.

[26] Vgl. Ilse Blumenthal-Weiss, „Im Auftrag des Reichskommissars. Aus einem Bericht von Ilse Blumenthal-Weiss", in: dies., *Ohnesarg. Gedichte und ein dokumentarischer Bericht,* Hannover 1984, S. 17–34, hier: S. 18.

[27] A. a. O., S. 25.

[28] A. a. O., S. 33.

[29] CJA (wie Anm. 22), Interview Miriam M. mit Beate Meyer, Okt. 1999.

Georg Schwikart

Katholik – Protestant

Kissen, Baumwolle, Daunen; Privatbesitz von Georg Schwikart

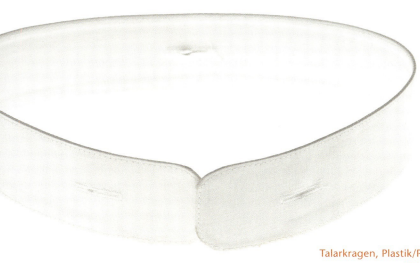

Talarkragen, Plastik/Pappe, Baumwolle, Köln, 2007;
Privatbesitz von Georg Schwikart

Ikone, Holz mit Vergoldung, Zypern, 2004;
Privatbesitz von Georg Schwikart

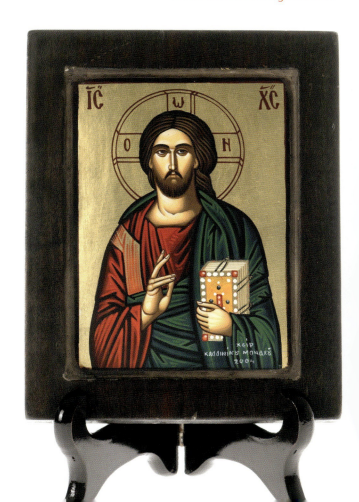

Georg Schwikart wurde 1964 in Düsseldorf geboren und wuchs als jüngstes von sieben Kindern in einer katholischen Familie auf. Er war Messdiener, Obermessdiener und ließ sich als Erwachsener zum Diakon ausbilden. Vier Jahre lang leistete er währenddessen zwanzig Stunden ehrenamtlichen Dienst in seiner Gemeinde. Der Talarkragen, den er während seiner Assistenzzeit bei Taufen und Beerdigungen trug, ist für Schwikart sinnbildlich für das Haptische und das Bildreiche in seinem katholischen Glauben. Die Ikone kaufte er während eines beruflichen Aufenthalts auf Zypern. Sie hat für ihn eine religiöse Dimension, weil der darauf abgebildete Jesus Christus ihm näher ist als die Darstellungen des Gekreuzigten.

Schwikart schreibt seit vielen Jahren Erzählungen, Reisebücher und religiöse Sachbücher für Erwachsene, Jugendliche und Kinder. 2010 sollte er als Diakon für den Seelsorgebereich Sankt Augustin geweiht werden. Kurz zuvor war sein gemeinsam mit Uwe Birnstein verfasstes Buch *Evangelisch? Never! / Katholisch? Never!* erschienen. Die Diakonweihe wurde durch das Erzbistum Köln ausgesetzt. Ihm wurde vorgeworfen, nicht richtig katholisch zu sein. Schwikart, der heute von sich sagt, er sei katholisch im Bauch und protestantisch im Kopf, fuhr 2011 auf den evangelischen Kirchentag in Dresden. Dort träumte er, auf diesem Kissen liegend, dass er bei einem Besuch seiner katholischen Heimatgemeinde vom dortigen Pfarrer aus der Kirche gewiesen worden sei, mit den Worten: „Dein Platz ist nun draußen." Im Traum trat Schwikart vor die Kirche, wo ein Pavillon stand, den er als seine neue – evangelische – Heimat interpretierte. Bei diesem Anblick sei ihm klar geworden, dass die evangelische Kirche kühler und offener sei: ein Dach über dem Kopf, aber ohne Wände. Eine Woche später trat Georg Schwikart aus der katholischen Kirche aus und in die evangelische Kirche ein.

„Das Evangelische war ja schon in mir, der Altar steht dafür, dass ich vor dem göttlichen Geheimnis schweigen möchte. Mit dem Nicht-um-Gott-Wissen fühle ich mich als glaubender Mensch im Protestantismus besser aufgehoben." RLK

Klappaltar, Holz, Litauen 2009;
Privatbesitz von Georg Schwikart

Josef Brüll
Jude – Katholik

„Judenstern" von Josef Brüll, 1941;
Nachlass Ingeborg Brüll, Jüdisches Museum Hohenems

Fotografie von Inge Brüll als Weihnachtsengel, um 1935;
Nachlass Ingeborg Brüll, Jüdisches Museum Hohenems

Josef Brüll wurde am 29. Mai 1889 in Innsbruck geboren. Sein Vater, Michael Brüll, hatte in Innsbruck ein Möbelgeschäft, dann eine Möbelfabrik gegründet, und als Vorsteher der Chewra Kadisha der Jüdischen Gemeinde gewirkt. Gemeinsam mit seinen acht Geschwistern wuchs Josef Brüll in Innsbruck auf, machte in München eine Tapeziererlehre und diente im 1. Weltkrieg als Soldat.

1923 heiratete Josef Brüll die Katholikin Antonia Wasserer. Zu diesem Zeitpunkt wurde er als konfessionslos geführt. Ihre Tochter Ingeborg (Inge), 1926 geboren, wuchs im christlichen Glauben auf. Josef arbeitete als Teilhaber im Möbelhaus, das nun von sein Bruder Rudolf geleitet wurde. Dessen Tochter Ilse, 1925 geboren, stand Inge so nah wie eine Schwester.

Die Familie Brüll war, wie andere jüdische Kaufleute, Teil der Innsbrucker Gesellschaft, in der freilich der Antisemitismus zum guten Ton gehörte. Am Karfreitag 1938, einen Monat nach dem „Anschluss" Österreichs an das Deutsche Reich, wurden jüdische Kaufhäuser und Geschäfte mit Parolen beschmiert.

Am 21. September 1938 wurde Josef Brüll wie sein Bruder Rudolf und andere jüdische Kaufleute von der Gestapo vorgeladen und mit Faustschlägen traktiert. Man teilte ihnen mit, dass sie „ehestens von hier zu verschwinden haben, und dass wir alle unseren Besitz zu verkaufen haben, und zwar an diese Leute, die sie uns angeben...", wie sich Rudolf Brüll 1947 erinnerte.

Im November wurden Josef und Rudolf Brüll erneut verhaftet, wieder freigelassen und nach Wien umgesiedelt. Einigen Geschwistern gelang die Flucht nach Palästina und Shanghai, Josef und Rudolf wollten in die USA emigrieren. Zuvor schickten sie

Taufschein (Zeugnis) für Josef Brüll, Wien, 26. März 1941;
Nachlass Ingeborg Brüll, Jüdisches Museum Hohenems

Fotografien von Ingeborg und Ilse Brüll im Kloster
Eersel bei Eindhoven, um 1941;
Nachlass Ingeborg Brüll, Jüdisches Museum Hohenems

Zahl: 2387
Gau : Wien
Kreis: Innere Stadt
(Stadt mit eig.Stat.)

Diözese : Wien
Pfarre: St.Stephan
Letzte Post:

T a u f - S c h e i n
(Zeugnis.)

Aus dem hiesigen Tauf-Buche Tom. 128 Fol. 24 wird hiemit pfarramtlich bezeugt, daß, laut Geb.Zeugnis des Rabbinates Hohenems geboren in (Ort ,Strasse,Nr.):Innsbruck, Bürgerstrasse 30 am (in Buchst.): neunundzwanzigsten Mai Eintausendachthundertneunundachtzig (in Ziffern): 29.V.1889 hier am (Datum und Jahr): 22. April 1939 vom hochw. Herrn Domkapitular Prälat Jakob Fried nach römisch-katholischem Ritus getauft wurde - - - - - - - - - - - - - - - - - -
(Zu -und Vorname) : Brüll Josef - - - - - - - - - - - - -
ein(e) ehelicher Sohn - - - - - - - - - - - - - - - - - - des
Vaters +: Brüll Michael - - - - - - - - - - - - - - - -
- und der
Mutter +: Nina geb. Bauer. - - - - - - - - - - - - - -
Paten: Franz Ramharter,röm.kath.,Mesner,Wien, I.,
       Fischerstiege 4/4 - - - - - - - - - - - - - - - -
Anmerkung : -
Urkund dessen die eigenhändige Unterschrift des Gefertigten und das beigedrückte Amtssiegel. - - - - - - - - - - -
Wien,Dompfarramt St.Stephan,am 22.April 1939.
Kirchensiegel.   Unterschrift unleserlich.
                              Pfarrer.
+ Vor-und Zuname,Religion,Charakter,Tag u.Jahr der Geb.,
Geb.-u.Zuständigkeitsort, Abstammung. - - - - - - - - -

ihre Töchter Inge und Ilse im April 1939 mit einem Kindertransport in die Niederlande nach Rotterdam. Josef Brüll trat nun am 22. April 1939 zum katholischen Glauben über.

Im September 1941 erhielt er dennoch – wie alle Juden im Reich – einen „Judenstern". Er trug ihn nicht lange. Am 15. Dezember starb er in Wien an Leberzirrhose und mangelnder medizinischer Betreuung.

Ingeborg und Ilse Brüll hatten sich schon 1939 in Rotterdam entscheiden müssen, ob sie in einem Kloster oder einem jüdischen Heim zusammen untergebracht werden wollen, und das Kloster gewählt. Im Kloster Eersel bei Eindhoven arbeiteten die beiden und versuchten sich in den Niederlanden einzurichten – und, vergeblich, ihren Familien zu helfen. Doch nach der deutschen Besetzung der Niederlande 1940 waren auch sie wieder in Gefahr.

Am 5. August 1942 wurde Ilse aus dem Kloster Eersel von der SS abgeholt und Anfang September in Auschwitz ermordet. Inge wurde als „Mischling 1. Grades" – ihre Mutter war „arisch" – verschont. Sie waren nicht die einzigen jüdischen Mädchen im Kloster Eersel. Zwei Freundinnen, Annemarie und Evi Goldschmidt, wurden kurz darauf ebenfalls von dort deportiert und gemeinsam mit Edith Stein aus den Niederlanden nach Auschwitz deportiert. Inge überlebte den Krieg und kehrte, als gläubige Christin und glühende Verehrerin von Edith Stein, wieder nach Innsbruck zurück. Auch Rudolf Brüll überlebte mit seiner Frau Julie das Lager Theresienstadt und ging nach Innsbruck zurück, wo er bis zu seinem Tod 1957 als Vorsitzender der Israelitischen Kultusgemeinde von Tirol und Vorarlberg versuchte, einen Überrest jüdischen Lebens aufrecht zu erhalten. *HL*

Ehefrauen, Gottsucher, Seitenwechsler?
Konversionen zum Judentum in Deutschland nach 1945
Lida Barner

Gerim, das heißt zum Judentum Übergetretene, hat es in der Geschichte des jüdischen Volkes von Beginn an gegeben. Vermutlich in kaum einer Zeit war aber der Giur, der Übertritt zum Judentum, so problematisch und ambivalent wie in Deutschland nach 1945. In den Jahrzehnten nach dem Holocaust, in denen sich die Überlebenden der fast gänzlich vernichteten jüdischen Gemeinschaft wieder zu etablieren suchten, waren jüdisch-nichtjüdische Beziehungen in der Bundesrepublik unweigerlich von der Schoa geprägt. Zugespitzt formuliert, lebten die jüdische Gemeinschaft und die Konvertiten gemeinsam im Land der Täter, und diejenigen, die um Aufnahme bei dem überlebenden Rest der jüdischen Gemeinschaft baten, waren nicht selten Angehörige des „Tätervolks". Angesichts dieser ungewöhnlichen Ausgangslage stellt sich die Frage, wer diese Konvertiten waren, welche Motive sie für ihren Konversionsentschluss hatten und unter welchen Umständen die Konversion überhaupt vonstatten ging.

Bisher war der Übertritt zum Judentum in Deutschland kaum Gegenstand der historischen Forschung. Dies liegt zum Teil an der problematischen Quellenlage: Konvertiten wurden innerhalb der jüdischen Gemeinschaft meist eher diskret behandelt und haben daher als solche nur wenige Spuren in historischen Quellen hinterlassen.[1] Dies gilt im Grunde auch für die Jahrzehnte nach 1945, wenngleich aus dieser Zeit etwas umfangreichere Zeugnisse vorliegen. Seit Kriegsende haben sich Herkunft und Übertrittsgründe der Konversionsanwärter und der Umgang mit ihnen in der jüdischen und nicht jüdischen Öffentlichkeit erheblich geändert, denn jüdisches Leben in Deutschland war seitdem einem steten Wandel unterworfen – von einem kleinen Rest überlebender Displaced Persons – DPs – in den späten 1940er-Jahren über die langwierige Etablierung neuen Gemeindelebens in den 1950er- und 1960er-Jahren bis zur Zuwanderung sogenannter Kontingentflüchtlinge aus der ehemaligen Sowjetunion etwa ab 1990.[2]

Praktische Motive in der Nachkriegszeit Bereits im Chaos der unmittelbaren Nachkriegszeit gewann das Thema Konversion zum Judentum eine überraschende Bedeutung. So wurde direkt nach dem Krieg von einer Flut von Aufnahmeanträgen bei der Jüdischen Gemeinde Berlin, die Zahl soll bei 2.500 gelegen haben, berichtet.[3] Dass dies keine Ausnahme war, sondern sich in den DP-Lagern vielerorts ähnlich verhielt, belegen Dokumente jüdischer Hilfsorganisationen, von DP-Komitees und Alliierten in anderen Besatzungszonen Deutschlands.

Unter den vielfältigen Antragsgründen überwogen praktische Motive, denn am häufigsten haben sich, wie dies auch schon früher der Fall war, nicht jüdische Frauen, die einen jüdischen Mann heiraten wollten, an die Rabbiner oder Gemeinden mit der Bitte um Aufnahme gewandt. Dies war zum Teil darauf zurückzuführen, dass Beziehungen zwischen nicht jüdischen Frauen und Holocaustüberlebenden generell als verpönt galten und auf heftige Ablehnung stießen; in DP-Gemeinden konnte die „Fraternisierung" mit einer nicht jüdischen Deutschen sogar zum Ausschluss führen.[4] Solche Beziehungen waren aber fast zwangsläufig Folge der demografischen Zusammensetzung der Überlebenden, des deutlichen Männerüberschusses, des manchmal engen Zusammenlebens von Nichtjuden und Juden und nicht zuletzt des oft beschriebenen Willens der Überlebenden, aufs Neue eine Familie zu gründen. Dazu kam die Tatsache, dass viele Männer nur durch ihre nicht jüdische Partnerin das NS-Regime überlebt hatten und diese nun in die jüdischen Gemeinden aufgenommen werden wollten.

Auch für die Juden, die in Deutschland blieben und ein neues Gemeindeleben aufbauten, sollten Heirat und Familiengründung in den folgenden Jahrzehnten der weitaus häufigste Grund für den Übertritt sein. In den 1950er- und 1960er-Jahren waren schätzungsweise zwei Drittel derjenigen, die sich wegen einer Konversion an Rabbiner wandten, Frauen, die mit einem jüdischen Mann liiert oder bereits standesamtlich verheiratet waren und jüngere Kinder hatten.[5] Zahlreiche Briefe dieser jungen Familien an die Rabbiner sind erhalten und geben Einblick in familiäre Sorgen sowie Auskunft über die Anlässe, die Statusfragen der Familie klären zu lassen: zum Beispiel das fortgeschrittene Stadium einer Schwangerschaft, denn wenn die Mutter noch vor der Geburt zum Judentum übertrat, galt das Kind auch als Jude, oder die Einschulung eines Kindes und damit die Wahl des Religionsunterrichts. Ein weiterer Grund für den Übertritt ergab sich daraus, dass die Jewish Agency, die Gesuche um Auswanderung nach Israel bearbeitete, von den Emigranten einen rabbinischen Nachweis ihrer jüdischen Identität verlangte, bevor sie die Alija unterstützte.[6] Es konnten noch ganz andere Motive im Spiel sein. So hatte bei den Gemeindemitgliedern in den ersten Nachkriegsjahren sogar die Besorgnis bestanden, dass manche Antragsteller eine jüdische Identität annehmen wollten, um die für Juden teilweise höheren Lebensmittelzuteilungen zu erhalten, sich somit als sogenannte Paket-Juden materielle Vorteile zu verschaffen.[7]

Im Übrigen lag es bereits unmittelbar nach 1945 nahe, die Konversion eines Deutschen mit den Gräueltaten der Schoa in Verbindung zu bringen, sie mit Reue und dem Bedürfnis des Konvertiten nach Identifizierung mit den Opfern zu erklären und darin das Zeichen eines neuen Philosemitismus „aus Schuldgefühl" zu erkennen.[8] Doch stand offenbar nur in den wenigsten Fällen eine Identifikation mit den Verfolgten oder die Einsicht in das Unrecht, das den Juden widerfahren war, hinter dem Übertrittswunsch. Einige mittlerweile fast legendäre Beispiele von Nachkommen aus Täterfamilien, wie ein Neffe von Reinhard Heydrich, der als orthodoxer Jude in Jerusalem lebt, haben möglicherweise zu einer verzerrten Wahrnehmung und Überbewertung dieses Phänomens geführt.

Konversionspolitik der Rabbiner Ebenso wenig wie die Konversionswilligen bildeten die Rabbiner, die für die Durchführung der Konversion zuständig waren, eine einheitliche

Gruppe. Alle standen sie vor dem Dilemma, Menschen aufnehmen zu sollen, die ihnen oft völlig unbekannt waren, und im Einzelfall zwischen „legitimen" und „nicht legitimen" Motiven für den Übertritt entscheiden zu müssen. Nach dem Zweiten Weltkrieg praktizierten Rabbiner unterschiedlicher religiöser Ausrichtung in Deutschland, die ihrer jeweiligen Tradition entsprechend eine eigene Konversionspolitik betrieben: Vor allem deutsche liberale Rabbiner wie Nathan Peter Levinson und in Deutschland stationierte US-Chaplains akzeptierten Konversionswillige eher großzügig, andere, etwa Rabbiner Zwi Asaria während seiner Tätigkeit im Zentralrabbinat der britischen Besatzungszone, wandten strengere Auswahlkriterien an oder lehnten Konversionen generell ab wie Rabbiner David Spiro in Fürth.[9] Da seit dem 19. Jahrhundert christlich-jüdische Mischehen und Konversionen in Deutschland erheblich zugenommen hatten, war die Haltung eines Rabbiners in dieser „Gerut-Frage" schon früher zu einer heiß diskutierten Streitfrage geworden, die bisweilen stellvertretend für die Auffassung stand, die der einzelne Rabbiner im Hinblick auf die Zukunft des jüdischen Volkes und seine Öffnung oder Abschottung gegenüber der nicht jüdischen Gemeinschaft vertrat.[10]

Die in den späten 1950er-Jahren etablierte Rabbinerkonferenz, der erste offizielle überregionale Rabbinerverband in der Bundesrepublik, gründete 1961 die sogenannte Gerut-Kommission, ein Beit Din – ein Rabbinatsgericht –, das sich nur mit der Sichtung der Übertrittsgesuche, der Auswahl der Kandidaten und der Planung ihrer Aufnahme befassen sollte.[11] Diese Kommission, die von Beginn an den – im Judentum eher ungewöhnlichen – Anspruch erhob, für die Entscheidung über alle Übertritte in der Bundesrepublik zuständig zu sein, vertrat kategorisch die Ansicht, dass für eine Aufnahme ins Judentum ausschließlich „Gründe religiöser Überzeugung" zählten. Ausschlaggebend war gemäß dem Schulchan Aruch, dem aus dem 16. Jahrhundert stammenden wichtigen Kompendium jüdischer Religionsgesetze, ob der Konversionsanwärter den Eindruck machte, dass er zumindest in den Grundzügen ein jüdisch-traditionelles Leben führte.[12] Wer konvertieren wollte, musste sich so weit wie möglich einer jüdischen Gemeinde anschließen und am Gemeindeleben teilnehmen. Wer es ernst meinte, nahm erhebliche Veränderungen im Alltagsleben in Kauf, verzichtete am Samstag auf Arbeit, führte einen koscheren Haushalt und zog unter Umständen auch in eine Stadt mit aktiver jüdischer Gemeinde um.[13] Konversionen zum Judentum gestalteten sich in der Phase des Wiederaufbaus in den 1950er- und 1960er-Jahren schwierig. Es fehlte nicht nur an Personal und Lehrern, um den Konvertiten das für den Übertritt nötige Wissen über Gebote und die Geschichte des Volkes Israel sowie rudimentäre Hebräischkenntnisse zu vermitteln, sondern vor allem auch an religiös observanten Gemeindemitgliedern. Wer übertrat, sollte dies in gewisser Weise auch wörtlich tun, „über das Ziel hinaus", nämlich orthodoxer werden als der Durchschnitt der jüdischen Bevölkerung.[14] „Zur Zeit", hieß es denn auch in einem Presseartikel von 1955 etwas spöttisch, „wissen Kinder und Proselyten im Judentum weitaus besser Bescheid als die überwiegende Mehrheit unserer Gemeindemitglieder."[15]

Auch die Übertrittsriten selbst konnten in den ersten Nachkriegsjahrzehnten in Deutschland nicht ohne Weiteres vollzogen werden. Die meisten Gemeinden hatten weder eine Mikwe für das vorgeschriebene Tauchbad noch einen Mohel, einen Beschneider, sodass teilweise Mohalim aus Gemeinden im Ausland bestellt werden mussten.[16]

Die praktischen Schwierigkeiten gingen so weit, dass Rabbiner Grünewald vor Beschneidungen „auf eigene Faust" warnen musste: „Nichtjuden, die zum Judentum übertreten wollen und sich bei einem Arzt oder selbst bei einem Mohel beschneiden lassen, weil sie glauben, ihrem Ziel dadurch einen Schritt näher kommen zu können, sind im Irrtum ..."[17] Nicht zuletzt wegen dieser Hindernisse beim Übertritt und der erheblichen Anforderungen an die zukünftigen Gemeindemitglieder wurde in den ersten Jahrzehnten des Bestehens der Rabbinerkonferenz nur ein Bruchteil der Antragsteller auch tatsächlich ins Judentum aufgenommen.[18]

Zu deren geringer Zahl trug allerdings auch die ungeklärte und uneinheitliche Konversionspolitik im Nachkriegsdeutschland bei. Die Rabbinerkonferenz hatte seit ihrer Gründung versucht, ihren Anspruch, als einziges offizielles religiöses Gremium alle Juden in der Bundesrepublik zu vertreten, gegenüber Rabbinerkollegen und Gemeinden durchzusetzen. Da sie auf ihrem Alleinvertretungsanspruch beharrte, erkannte sie keine Gremien an, die an die Konversionsinteressenten weniger Anforderungen stellten und diesen durchaus eine alternative Anlaufstelle boten. Das führte dauerhaft zu Kompetenzstreitigkeiten mit anderen Rabbinern und zu Frustrationen aufseiten der konversionswilligen Frauen und ihrer jüdischen Ehemänner, die den Giur nur als formale Anerkennung der faktisch bereits längst bestehenden Gemeindezugehörigkeit ihrer Ehefrauen betrachteten.[19] Unter dem Druck der Gemeindemitglieder musste die Gerut-Kommission der Rabbinerkonferenz gelegentlich Kompromisse eingehen, wozu heute keine Notwendigkeit mehr besteht, weil neben der Orthodoxen auch die liberale Allgemeine Rabbinerkonferenz existiert.[20]

Interreligiöser Dialog in den 1960er-Jahren Waren die Übertrittsmotive in den ersten Nachkriegsjahren noch vor allem von praktischen Erwägungen bestimmt, so entstanden im Laufe der 1960er-Jahre mit einem wachsenden Interesse am jungen Staat Israel und der Etablierung des „christlich-jüdischen Dialogs" neue Beweggründe für eine Annäherung an das Judentum. Übertrittskandidaten stellten sich in ihren Briefen an die Rabbinerkonferenz nun häufig als Mitglied einer Gesellschaft für Christlich-Jüdische Zusammenarbeit vor.[21] Vereinigungen wie diese und interreligiöse Veranstaltungen wie die jährliche Woche der Brüderlichkeit förderten den Austausch zwischen Christen und Juden auf religiöser Ebene. Teilnehmer dieser Kreise diskutierten über die Unterschiede zwischen jüdischen und christlichen Glaubenslehren oder die Frage der Verwurzelung des Christentums im Judentum. Mit dem neuen Interesse am Judentum wuchsen auch die Möglichkeiten für zukünftige Proselyten, sich diesem zunächst thematisch zu nähern, um schließlich einen Wechsel in Betracht zu ziehen. Und die Rabbiner hatten nun häufiger die Aufgabe, jüdische religiöse Themen der nicht jüdischen Öffentlichkeit bei Synagogenführungen, in Vorträgen oder Radioansprachen zu erklären. Manches Mal wurden sie auch zu Seelsorgern für bedürftige und vereinsamte Menschen, deren Interesse am Judentum zu dem Wunsch anwachsen konnte, selbst der jüdischen Gemeinschaft anzugehören. „Sehr geehrter Herr Doktor! Soeben kam ich nach Hause und stellte das Radio ein und da hörte ich zu meiner Freude Ihre schönen und warmen Worte zum Neujahrs-Versöhnungsfest", begann etwa eine ältere Frau den ersten ihrer zahlreichen Briefe an Rabbiner Bloch in Stuttgart und vertraute ihm bald an: „Denken Sie mal, ich habe schon im Stillen gedacht, ich möchte in Ihrem Volk geboren sein. Vielleicht bin ich im nächsten Leben in Ihren Reihen?"[22]

Verstärkt offenbaren die Übertrittsanträge an die Rabbinerkonferenz seit den 1960er-Jahren eine intensive Auseinandersetzung mit christlichen Glaubensinhalten wie etwa dem Trinitätskonzept oder der Messianität Jesu. Eine junge Frau erzählte, sie habe beim Vergleich zwischen Altem und Neuem Testament festgestellt, dass einige Prophezeiungen des Alten Testaments auch durch Jesus nicht in Erfüllung gegangen seien. Weder lebe die Welt in Frieden, wie es das Alte Testament für die Zeit nach der Ankunft des Messias verheiße, noch könne man sich ernsthaft vorstellen, dass ein Messias gekreuzigt werden, also sterben könne. Spreche das nicht gegen das Christentum, das sich auf einen solchen Messias stütze? Ein Ehepaar legte dar, dass es Jesus „auf Grund des Verbotes des Götzenglaubens" nicht anerkennen könne, und untermauerte dies durch entsprechende Bibelzitate. Eine „Aufweichung des reinen Monotheismus" nannte eine junge Frau die Lehre von der christlichen Dreieinigkeit, und andere Antragsteller erklärten, es sei „schon aus Gründen der Vernunft unmöglich, in ein Wesen drei hineinzudenken".

Die meisten dieser religiös argumentierenden Übertrittskandidaten hatten eine ausgesprochen christliche Erziehung erhalten. Sie revoltierten gegen diese Prägung und stießen bei ihrer religiösen Sinnsuche auf jüdische Traditionen. Manche Anträge vermitteln den Eindruck, dass die Konversionswilligen eher nach einer Neuinterpretation des christlichen Glaubens suchten, als dass sie aus Überzeugung einen Wechsel zur jüdischen religiösen Praxis anstrebten. Durch ihre theologische Vorbildung hatten viele von ihnen ein stark christlich gezeichnetes Bild von jüdischer Religion und fassten sie vor allem als Glaubenslehre auf, die den Antragstellern vernünftiger erschien als das nach ihrer Ansicht unlogische und unverständliche Christentum. Von den ethnischen, historischen oder sozialen Komponenten jüdischer Identität war hingegen so gut wie nie die Rede.

Begeisterung für Israel Daneben mehrten sich bei den Interessenten im Laufe der 1960er-Jahre Stimmen, die voller Bewunderung von der Aufbauarbeit in Israel schwärmten, von der sie gelesen oder gehört hatten. Manchmal waren es Filme wie Otto Premingers *Exodus* gewesen, die Menschen, die ohnehin schon ein verklärtes Bild von dem jungen Staat hatten, veranlassten, den Rabbinern Antragsbriefe zu schreiben und ihre „Liebe zum Volk Israel" zu bekunden.[23] Und manchmal hatte ein dort verbrachter Urlaub den Auswanderungswunsch geweckt. Begeistert berichtete ein junger Mann, er sei nach einem halbjährigen Aufenthalt in Israel „als idealistischer Zionist zurückgekehrt". Eine 22-jährige Frau erklärte ihren Übertrittswillen schlicht: „Zu dieser Entscheidung bin ich gekommen, nachdem ich 2 mal in Israel war. Mi[r] hat das Land und das Leben dort so sehr gefallen und angezogen."[24]

Nicht selten mischten sich in die schwärmerische Begeisterung für den jungen Staat auch Stereotype und Klischees, wie etwa das von der außergewöhnlichen Hartnäckigkeit, mit der sich das jüdische Volk trotz aller Verfolgungen gehalten habe. So erschien es einem Briefschreiber auch nicht anstößig, den jungen Staat als ein Wunder zu bezeichnen, das „die Juden" von vormaligen Opfern in „Kämpfer" verwandelt habe. Er schrieb: „Ich bewundere die Israelis in der Standhaftigkeit Ihres Kampfes, die Strapazen, die Sie auf sich nehmen und denen Sie sich heute noch aussetzen. Wenn ich mir so überleg, so komme ich immer mehr zu dem Schluß, dass nur ein Mensch, der so untrennbar mit seinem Glauben, seinem Gott, verbunden ist, diesen Kampf bestehen kann."[25]

Wenngleich Untersuchungen darüber fehlen, so ist doch zu vermuten, dass eine derartige Gleichsetzung Israels mit einem überaus heroischen, kämpferischen Staat erst später, nach dem Sechstagekrieg von 1967, ihren ganzen Einfluss auf Konversionswillige ausgeübt hat. Dieser Eindruck entsteht auch bei Antje Eiger, die nach Israel emigrierte deutsche Konvertiten befragt hat. Die Autorin berichtet über ihre eigene Annäherung ans Judentum: „Meine früheste Erinnerung an Israel ist der Sechstagekrieg, den ich in einer Geschichte mit der Überschrift ‚Mein schönster Traum' beschrieb. Als Neunjährige ‚kämpfte' ich auf Seiten Israels im Sinai gegen die Ägypter."[26]

Die reine Israelbegeisterung allein war aus der Sicht der Rabbiner noch kein prinzipielles Hindernis für einen Übertritt. Sie lehnten aber beispielsweise eine Reihe von Konversionsanträgen von vornherein strikt ab, die von Gefängnisinsassen verfasst waren. Rabbiner Bloch vertraute einmal einem Pfarrer an, er erhalte so viele Übertrittsanträge aus Haftanstalten, dass er nicht mehr auf alle reagieren könne.[27] Dies sollte nicht verallgemeinert werden, zumal die Sammlung der bis 1967 an die Rabbinerkonferenz gestellten über 300 Anträge nur zehn Briefe von Gefängnisinsassen enthält. Doch zeigen die Anträge durchaus, wie sich das Judentum zunehmend als Projektionsfläche für Entwurzelte am Rande der Gesellschaft und Außenseiter in Krisensituationen anbot. Den Rabbinern blieb es überlassen, die Anträge der in Einzelfällen unter religiösen Wahnvorstellungen Leidenden taktvoll, aber bestimmt abzulehnen und die Betreffenden an christliche Seelsorger zu verweisen.

In den 1980er-Jahren schließlich gelangten einige extreme Fälle von Menschen, die zum Judentum konvertiert und eindeutig nicht zurechnungsfähig oder gar kriminell waren, in den Fokus der Öffentlichkeit. So hatte etwa eine konvertierte Judaistikstudentin in Köln ihren nicht jüdischen Professor erschossen, weil es Nichtjuden verboten sei, über das Judentum zu lehren. Nicht weniger beunruhigend waren Fälle, in denen sich jemand als Jude ausgab und seine nationalsozialistische Vergangenheit oder die seiner Eltern verschleierte, wie etwa Karin Mylius-Loebel, die in der Jüdischen Gemeinde Halle tätig war.[28] „Passing" als Jude, also die Aneignung einer fingierten jüdischen Identität, um die eigene nationalsozialistische Vergangenheit zu verschleiern – das kannte man bisher nur aus literarischen Texten wie Edgar Hilsenraths Roman *Der Nazi & der Friseur*.[29]

Polemik gegen Konversionen zum Judentum Spätestens seit Bekanntwerden dieser besorgniserregenden Fälle mehrten sich Stimmen, die das Phänomen Konversion zum Judentum nach 1945 in Deutschland kritisch beurteilten. Wohl am deutlichsten in dieser Hinsicht äußerte sich der Publizist Henryk M. Broder. Er richtete 2007 im *Tagesspiegel* unter dem unmissverständlichen Titel „Zur Hölle mit den Konvertiten!" eine heftige Polemik gegen Deutsche, die nach dem Krieg zum Judentum übergetreten waren. Eine der „seltsamen Begleiterscheinungen der deutsch-jüdischen Symbiose" nannte er diese Konversionen, einen Versuch, „auf die richtige Seite der Geschichte, aus der Volksgemeinschaft der Täter in die Leidensgemeinschaft der Opfer" zu wechseln.[30]

Eine solche Polemik greift sicher zu kurz, um das in der Realität weitaus komplexere Beziehungsgefüge zwischen Konvertiten, Gemeindemitgliedern und Rabbinern zu erfassen. Wie so viele Aspekte des jüdischen Lebens in Deutschland hat sich seit den 1990er-Jahren die Situation in Bezug auf den Übertritt zum Judentum abermals verändert. War zuvor nur eine relativ kleine Zahl von Menschen „an den Rändern des Judentums" von der Frage betroffen, wie ihr halachischer – ihr religionsgesetzlicher – Status zu beurteilen sei, so stellten sich nach dem Zuzug vieler potenzieller Gemeindemitglieder aus der ehemaligen Sowjetunion mit nur teilweise jüdischen Vorfahren neue Umstände ein. Diese warfen religionsgesetzliche Schwierigkeiten auf: Ist jüdische Identität tatsächlich nur matrilinear, über die Identität der Mutter, zu definieren? Und welchen Status haben dann Menschen mit jüdischem Vater und nicht jüdischer Mutter, sogenannte Vaterjuden? Dementsprechend wurden Giur, halachischer Status und matri- oder patrilineares Judentum auch in der Öffentlichkeit stärker wahrgenommen und diskutiert. Die Thematik des Übertritts deutscher Nachfahren der Tätergeneration „aus Schuldgefühl" ist dagegen eher in den Hintergrund getreten.

Wenngleich polemisierend, so könnten Beiträge wie der von Broder doch eine Anregung sein, sich stärker mit den in Deutschland lebenden Konvertiten und ihrer Integration in das jüdische Gemeindeleben zu befassen. Nicht wenige von ihnen haben sich nach ihrem Übertritt in wichtigen, teils führenden Gemeindeämtern engagiert, jüdisches Leben in Deutschland nach 1945 aktiv mitgestaltet. In welcher Weise genau, bleibt allerdings nach wie vor unklar. Wie verhält es sich beispielsweise mit Konvertiten, die eine Laufbahn als Rabbiner wählen und nun selbst religiöse Ämter übernehmen? Welche Auswirkungen hat ihre nicht jüdische Herkunft auf ihre neue Rolle für sie und die Mitglieder ihrer Gemeinde? In diesem Zusammenhang ist das 1999 gegründete Abraham-Geiger-Kolleg in Potsdam zu erwähnen, das liberale Rabbiner ausbildet und Anziehungspunkt für künftige Rabbiner aus aller Welt geworden ist. Unter seinen Absolventen sind auch eine Reihe von Konvertiten. Während sich inzwischen jüdisches Gemeindeleben, belebt durch den Zuwachs von Zuzüglern aus der ehemaligen Sowjetunion, einer allgemeinen „Renaissance" erfreut, die den Bedarf an Rabbinern erhöht hat, haben sich doch auch Stimmen gemeldet, die nach der Berechtigung der konvertierten Rabbiner fragen, diese „Renaissance" des jüdischen Lebens in Deutschland zu repräsentieren, ohne selbst jüdisch geboren zu sein. Sind sie symptomatisch für ein „Judentum aus der Retorte", dessen Vertreter, wie jüngst eine Reportage in der *Zeit* zu verstehen gab, gerade deshalb so unbeschwert ein neues positives deutsches Judentum leben können, weil sie eben das schwierige Schicksal der Holocaustüberlebenden nicht tragen müssen?[31] Wie können sie aber liberale deutsche Vorkriegstraditionen wiederaufnehmen, wenn sie nicht einmal jüdische Eltern haben? Dabei wird allerdings leicht übersehen, dass die Haltung, grundsätzlich nicht zwischen „gebürtigen Juden" und Konvertierten zu unterscheiden – nachdem diese die Aufnahmebedingungen der jeweiligen religiösen Strömung erfüllt haben –, tatsächlich orthodoxer wie liberaler rabbinischer Vorkriegstradition entspricht. Und die Frage, wie viel Toleranz man von „gebürtigen Juden" den Neuzugängen gegenüber verlangen sollte, hatte immerhin schon in den 1950er-Jahren besorgte Rabbiner und Religionslehrer beschäftigt.[32]

Unter anderem aufgrund der großen Bandbreite an individuellen Konversionsgeschichten, der Bedeutung, die dem Wechsel im Leben des Einzelnen zukommen mag, der heiklen zeitlichen Nähe zum Holocaust und nicht zuletzt des rabbinischen Diktums, wonach die Herkunft eines Proselyten über sieben Generationen hinweg verschwiegen werden soll, sind Übertritte zum Judentum in Deutschland nach 1945 immer noch ein wenig erkundetes Gebiet. Dabei verweisen die Fragen, die das Phänomen der Konversion aufwirft, letztlich alle auf Kernprobleme jüdischer Identität. Ihnen weiter nachzugehen, würde lohnen.

---

[1] So wurden Konversionen zum Judentum früher in Gemeindezeitungen zwar zum Teil erwähnt, die Namen der Konvertiten dabei aber nicht genannt. Siehe z. B. *Bayerische Israelitische Gemeindezeitung,* Heft 6 (1925), S. 106.

Die vorhandene Literatur zur Konversion zum Judentum ist meist aus religiöser Sicht verfasst. Siehe etwa Pnina Navè Levinson, *Aus freier Entscheidung. Wege zum Judentum.* Teetz 2000; Leo Trepp/Gunda Wöbken-Ekert, *„Dein Gott ist mein Gott". Wege zum Judentum und zur jüdischen Gemeinschaft.* Stuttgart 2005; Walter Homolka/Esther Seidel (Hg.), *Nicht durch Geburt allein.* Berlin 2006, oder Menachem Finkelstein, *Conversion. Halakhah and Practice.* Ramat-Gan 2006.

[2] Der Beitrag basiert auf der Magisterarbeit von Lida Barner, *Von Irmgard zu Irith. Konversionen zum Judentum im Deutschland der 1950er und 1960er Jahre.* LMU München 2009.

[3] Atina Grossmann, *Jews, Germans and Allies. Close Encounters in Occupied Germany.* Princeton 2007, S. 96. Vgl. auch: Michael Brenner, „East European Jews and German Jews in Postwar Germany, 1945–50", in: Michal Bodemann (Hg.), *Jews, Germans, Memory.* Michigan 1996, S. 58; sowie Nathan Peter Levinson,, „Conversion or Camouflage?", in: *Judaism,* Vol. 4 (1955), Nr. 4, S. 352–359.

[4] Beschluss der Frauenorganisation WIZO in Schwabach. Central Zionist Archives (CZA), F 49/431. Die Einstellung gegenüber Mischehen in der DP-Zeit war mehrfach Gegenstand der Forschung, so bei Anthony D. Kauders/Tamar Lewinsky, „Neuanfang mit Zweifeln. 1945–1970", in: Richard Bauer/Michael Brenner (Hg.), *Jüdisches München. Vom Mittelalter bis zur Gegenwart.* München 2006, S. 195; oder bei Donate Strathmann in ihrer Regionalstudie *Auswandern oder Hierbleiben? Jüdisches Leben in Düsseldorf und Nordrhein 1945–1960.* Essen 2003, S. 230–231.

[5] Barner, *Von Irmgard zu Irith,* Kapitel „Familienmenschen".

[6] Rosenthal, Jewish Agency, an Rabbiner Isaak Emil Lichtigfeld, 14.9.1960. Zentralarchiv zur Erforschung der Geschichte der Juden in Deutschland, Heidelberg, Bestand der Jüdischen Gemeinde Frankfurt am Main (ZA, B.1/13), G42; sowie Antragsteller an Lichtigfeld, 1961. ZA, B.1/13, G126.

[7] Zu Konversionen zwecks Erlangung materieller Vorteile siehe Bericht von Rabbiner J. Asher, Köln 22.6.1947. Institute for Jewish Research (YIVO), RG 294.1, Folder 226/Reel 23. Zur Bezeichnung „Paket-Juden": Grossmann, *Jews, Germans, and Allies,* S. 99.

[8] „Jews in the French Zone", in: *Jewish Chronicle,* 11.10.1946, S. 8. Vgl. auch Brief an Rabbiner Fritz Bloch über die „Stimmung bei den Gojim hierzulande heutzutage", die sich mittlerweile schämten, Deutsche zu sein. Brief, 24.10.1961, StASt 1026 IRG, Nr. 200. Von einem neuen, durch die Schoa ausgelösten Philosemitismus spricht auch Grossmann, *Jews, Germans, and Allies,* S. 96.

[9] Die Bezeichnung der Aushandlungsprozesse der Aufnehmenden als „Konversionspolitik" geschieht in Anlehnung an jüngere religionsethnologische Ansätze, siehe etwa Andrew Buckser, „Social Conversion and Group Definition in Jewish Copenhagen", in: Ders./Stephen D. Glazier (Hg.), *Anthropology of Religious Conversion.* Lanham 2003, S. 69–84.

Zur pragmatischen Aufnahmepraxis von Levinson und einzelnen US-Chaplains siehe z. B. Korrespondenz zwischen Levinson und Rabbiner Hans Isaak Grünewald, 21.12.1965. 18.1.1966, ZA, B.1/13, Nr. 2843; Protokoll der Rabbinerkonferenz vom 23.2.1966. StASt 1026 IRG, Nr. 226; sowie E-Mail von Rabbiner A. David Packman, von 1964–1967 in Rheinland-Pfalz stationiert und später als Reformrabbiner in Oklahoma City tätig, an die Verfasserin vom 12.6.2008.

Zu Rabbiner Asarias Aufnahmepraxis siehe den Bericht von Rabbi J. Asher, Köln 22.6.1947. YIVO, RG 294.1, Folder 226/Reel 23; sowie Zwi Asaria, *Die Juden in Köln von den ältesten Zeiten bis zur Gegenwart.* Köln 1959, S. 416.

Zu Rabbiner Spiros Ablehnung von Gerut siehe Jean Mandel, Israelitische Kultusgemeinde Fürth, an Bloch, 1955. Stadtarchiv Stuttgart, Bestand 1026 Israelitische Religionsgemeinschaft (StASt 1026 IRG), Nr. 159; Bloch an Lichtigfeld, 28.12.1955, StASt 1026 IRG, ebd.; sowie Lichtigfeld an Bloch, 22.12.1955. StASt 1026 IRG, ebd.

[10] Siehe David Ellenson, „The Development of Orthodox Attitudes to Conversion in the Modern Period", in: *Conservative Judaism,* Jg. 36 (1983), Nr. 4, S. 57–73; sowie ders., „Representative Orthodox Responsa on Conversion and Inter-marriage in the Contemporary Era", in: *Jewish Social Studies,* Jg. 47 (1985), Nr. 3/4, S. 209.

[11] Zur Frühphase der Rabbinerkonferenz siehe Andreas Brämer, „Die Gründung der ‚Rabbinerkonferenz in der Bundesrepublik'", in: Susanne Schönborn (Hg.), *Zwischen Erinnerung und Neubeginn. Zur Deutsch-Jüdischen Geschichte nach 1945.* München 2006, S. 88 f.

[12] Ernst Roth, „Einige halachische Probleme um die Geruth", in: *UDIM, Zeitschrift der Rabbinerkonferenz in der Bundesrepublik Deutschland,* Bd. 4 (1975/76), S. 55 ff.

[13] Beispiel für einen Umzug in Brief von Bloch, 1957. StASt 1026 IRG, Nr. 165.

[14] Vgl. dazu kritisch Trepp/Wöbken-Ekert, *„Dein Gott ist mein Gott",* S. 126.

[15] Zitiert nach Stephanie Tauchert, *Jüdische Identitäten in Deutschland.* Berlin 2007, S. 211.

[16] Zur fehlenden Mikwe siehe: Bloch an Lichtigfeld wegen eines Übertritts in Karlsruhe, 1957. StASt 1026 IRG, Nr. 164. Für Mohalim aus dem Ausland siehe IKG Augsburg an Lichtigfeld, 13.4.1964. ZA, B.1/13, Nr. 2843. Zu Mohalim vgl. Michael Brenner, *Nach dem Holocaust. Juden in Deutschland 1945–1950.* München 1995, S. 210.

[17] H. I. Grünewald, *Einblicke in Bibel, Talmud und gelebtes Judentum. Besprechung einer brennenden Auswahl von Themen zur Judentumskunde.* Frankfurt 1989, S. 52.

[18] Die Zahl der nach 1945 zum Judentum Übergetretenen lässt sich bisher nicht genau feststellen. Die Zentralwohlfahrtsstelle der Juden in Deutschland verzeichnet in ihrer Mitgliederstatistik Übertritte zum Judentum erst ab 1975 kontinuierlich. Für die diesem Beitrag zugrunde liegende Magisterarbeit konnten Unterlagen von 345 Personen aus den Jahren 1953–1967 zusammengetragen werden, von denen nur 73 nachweislich bei der Rabbinerkonferenz übertreten durften. Sieht man von denjenigen ab, die bei liberalen und US-Militärrabbinern konvertiert wurden, mag dies einen ungefähren Eindruck von der Zahl von Nachkriegskonversionen vermitteln.

[19] Zu Frustrationen bei Konvertiten und ihren Angehörigen siehe z. B. Brief eines Ehemanns an Lichtigfeld, 1958. ZA, B.1/13 G95, 1; sowie Lichtigfeld an die Mitglieder der Rabbinerkonferenz, 29.12.1961. StASt 1026 IRG, Nr. 202.

[20] Hierzu im Detail Barner, *Von Irmgard zu Irith,* Kapitel 2.3 „Prozedurales Neuland".

[21] Beispielsweise Antrag an Lichtigfeld, o. D. ZA, B.1/13, Nr. 3353. Vgl. zu den in diesem Abschnitt genannten Initiativen Frank Stern, „Wider Antisemitismus – für christlich-jüdische Zusammenarbeit. Aus der Entstehungszeit der Gesellschaften und des Koordinierungsrats", in: *Menora. Jahrbuch für deutsch-jüdische Geschichte* 1992, S. 182–209; sowie Nathan Peter Levinson zu seinen Bemühungen um den christlich-jüdischen Dialog in: *Ein Rabbiner in Deutschland. Aufzeichnungen zu Religion und Politik.* Gerlingen 1987, S. 182–186.

[22] Briefe an Bloch, 1959. StASt 1026 IRG, Nr. 160; sowie Brief an Bloch, 1955. Ebd., Nr. 159.

[23] Beispielsweise Antrag, 1961, ZA, B.1/13 G117. *Exodus,* eine Verfilmung des gleichnamigen Romans von Leon Uri, erzählt die dramatische Geschichte von Juden, die vor der Staatsgründung Israels im Jahr 1948 aus Europa nach Palästina flüchteten. Der Film, der 1960 gedreht und ein Jahr später auch in Deutschland gezeigt wurde, machte die zionistische Bewegung in weiten Kreisen populär.

[24] Antrag, 1966. ZA, B.1/13 G239, 4.

[25] Brief an Bloch, 1967. StASt 1026 IRG, Nr. 268.

[26] Antje Eiger, *„Ich bin Jüdin geworden". Begegnungen mit deutschen Konvertiten in Israel.* Hamburg 1993, S. 7.

[27] Bloch an Rudolf Pfisterer, 2.12.1966. StASt 1026 IRG, Nr. 226. Vgl. Levinson, „Versuche aus dem Gefängnis", in: Dies., *Aus freier Entscheidung,* S. 129–130.

[28] Zu den genannten Fällen siehe Brenner, *Nach dem Holocaust,* S. 220–221; sowie zu Mylius-Loebel auch Erica Burgauer, *Zwischen Erinnerung und Verdrängung. Juden in Deutschland nach 1945.* Reinbek bei Hamburg 1993, S. 209–221.

[29] Der Begriff „Passing" soll hier im kulturwissenschaftlichen Sinne verwendet werden, d. h. er bezeichnet die Möglichkeit, eine andere kulturell-soziale Identität vorzugeben als die eigentliche. Daniel G. Renfrow, „A Cartography of Passing in Everyday Life", in: *Symbolic Interaction,* Vol. 27 (2004), Nr. 4, S. 485f; sowie Jonathan Schorsch, „Jewish Ghosts in Germany", in: *Jewish Social Studies,* Vol. 3 (2003), Nr. 9, S. 144–147.

[30] Henryk M. Broder, „Zur Hölle mit den Konvertiten!", in: *Der Tagesspiegel,* 11.9.2007 [http://www.tagesspiegel.de/meinung/kommentare/Integration;art141,2376701].

Andere journalistische Beiträge mit ähnlich kritischer Tendenz etwa Eike Geisel, „Deutsche Seelenwanderungen", in: Ders., *Die Banalität des Guten.* Berlin 1997, S. 9–34; sowie differenzierter; „Jetzt weiß ich, daß es Gott gibt", in: Brigitte, 1/1998, S. 104–109; sowie Internetforen, beispielsweise *Der Ewige Konvertit: Wie man den mosaischen Glauben annimmt und keine Juden kennt.* Darin unterscheidet z. B. eine Bloggerin zwischen deutschen und englischen Verhältnissen: „Bei Deutschen kannst du mittlerweile eine psychologische Doktorarbeit verfassen, warum sie konvertieren wollen. In engl. sprachigen Foren habe ich solche Gründe, wie hier als Beispiel genannt [zuvor war ein Beitrag eines Konversionswilligen zitiert worden], nie gelesen." [http://doppelpass.wordpress.com/2006/12/19/der-ewige-konvertit-wie-man-den-mosaischen-glauben-annimmt-und-keine-juden-kennt/].

[31] Andrea Jeske, „,Kein besseres Land für Juden'", *Die Zeit,* Nr. 15/2012 [http://www.zeit.de/2012/15/DOS-Rabbiner].

[32] So plädierte der Religionslehrer Rafael Warszawski 1959 dafür, die Integration von bereits Konvertierten durch eine eigene Organisation, die Aguda lema'an Gejrej Zedek (Bund der Freunde des Ger), zu unterstützen (Warszawski an Lichtigfeld, 6.12.1959. ZA, B.1/13, Nr. 1356).

Inge B.
Christin – Jüdin

Israelitische Gemeinde Freiburg i. Br.
Bankkonto:
Deutsche Bank, Filiale Freiburg, Konto 15029

Freiburg i. Br., den 23. Mai 1961.
Holbeinstraße 25 · Telefon 3 26 20

Herrn
Dr. Lichtigfeld
Landesrabbiner,
Frankfurt a/M.

Sehr verehrter Herr Dr. Lichtigfeld !

    Beifolgend übersenden wir Ihnen ein Schreiben von Frl. Jnge B▮ aus Königsfeld, Bad. Schwarzwald, ▮▮ in welchem die dringende Bitte ausgesprochen wird, dass Sie, sehr verehrter Herr Dr. Lichtigfeld, den Eintritt von Frl. B▮ in die israelitische Religionsgemeinschaft anerkennen wollen.

    Dieser Entschluß des Übertrittes in die israelitische Religionsgemeinschaft ist bei Frl. B▮ das Ergebnis von Überlegungen vieler Jahre, welches besonders durch die so schrecklichen unfaßbaren Leiden hervorgerufen wurde, die über unser Judentum mit der Machtübernahme der Nationalsozialisten gekommen waren.

    Ihre Hinneigung zu unserm Volke und unserer Religionsgemeinschaft wurde so tief, ihre Empörung und Entrüstung über die Mißachtung aller ethischen und sittlichen Gebote durch die nationalsozialistischen Tyrannen so groß, daß sie sich mit dem jüdischem Volke in seinem großen Leiden identifizierte. Seit einer Reihe von Jahren betreut Frl. B▮ eine alte jüdische Frau und opfert einen großen Teil ihres Einkommens für die Bestreitung des Lebensunterhaltes dieser jüdischen Frau.

    Als langjährige Abonnentin der " Allgemeinen Zeitung für die Juden in Deutschland" ist Frl. B▮ mit allen jüdischen Aufgaben, Pflichten und Zielen vertraut. Sie hat nunmehr den Entschluß gefaßt, ihr ganzes Schaffen und Wirken Erez Israel zu widmen. Frl. B▮ hielt sich vor kurzem 2 Monate lang in Erez auf und fand dorten nicht nur den geeigneten Arbeitsplatz im Kibbutz, sondern auch zugleich den Lebens-

Brief der Israelitischen Gemeinde Freiburg i. Br. an Rabbiner Isaak Emil Lichtigfeld, 23. Mai 1961; Zentralarchiv zur Erforschung der Geschichte der Juden in Deutschland, Heidelberg

Der Brief der Israelitischen Gemeinde Freiburg i. Br. ist einer von vielen Briefen, die im Nachkriegsdeutschland der 1950er und 1960er Jahre an den Frankfurter Rabbiner Isaak Emil Lichtigfeld und seine Kollegen des Beit Din (des über Konversionen entscheidenden Rabbinergremiums) geschrieben wurden.

Inge B., über die wir nicht mehr wissen, als das, was in diesem Brief steht, gehörte zu jenen wenigen Deutschen, die aus Scham und Empörung über die Gräueltaten der Nationalsozialisten an das Judentum herantraten, um zu konvertieren. Einige solche Fälle, die man als Wiedergutmachungskonversion bezeichnen könnte, haben Aufmerksamkeit gefunden. Doch obwohl man annehmen könnte, dass dies ein häufiges Konversionsmotiv war, macht Lida Barner (siehe ihr Beitrag in diesem Katalog) deutlich, dass dieses Motiv allein wohl eher selten den Ausschlag gab.

Viel häufiger waren Liebesbeziehungen und Eheschließungen der Grund zur Konversion, auch wenn diese zuweilen in der deutsch-jüdischen Geschichte einen besonderen Resonanzboden und vielleicht auch Reiz hatten.

Da eine Mutter Jüdin sein muss, damit ihr Kind qua Geburt zum Judentum gehört, sind in interkonfessionellen Ehen weibliche Konversionen besonders häufig. Nach so vielen Verlusten waren nichtjüdische Kinder für viele Holocaust-Überlebende und auch für die zweite Generation der Nachkommen in besonderer Weise ein Tabu. Auch Inge B.'s Fürsprecher erwähnen einen „Lebenskameraden", den die Bewerberin in Israel gefunden habe.

Neben der Bewunderung für das Judentum und der Unterstützung des jungen jüdischen Staates engagierten sich viele Bewerber in irgendeiner Form des christlich-jüdischen Dialogs. Von Inge B., die sich zudem um eine alte jüdische Frau kümmerte, sind besondere religiöse Motive nicht bekannt. Der Brief der Gemeinde zeigt allerdings auch nichts Gegenteiliges. *HS*

---

kameraden, mit dem sie so rasch wie möglich das neue gemeinsame Leben aufbauen will.

Es ist unser Wunsch, der Bitte von Frl. B▓▓▓ baldmöglichst zu entsprechen, damit ihr die Möglichkeit gegeben ist, als Jude für das jüdische Volk in Israel schaffen und wirken zu können.

Wir wären Ihnen, sehr verehrter Herr Dr. Lichtigfeld, zu großem Danke verpflichtet, wenn Sie die wohlverdiente Aufnahme in das Judentum vollziehen würden.

Jn dieser Erwartung verbleiben wir

mit freundlichen Grüssen
Israelitische Gemeinde Freibui

Evangelikale Christen der Lifepoint Church in Crestfield, USA
Protestanten – evangelikale Protestanten

Als Evangelikale bezeichnen sich protestantische Christen, die sich als besonders bibeltreu verstehen. Entstanden aus dem Pietismus, dem englischen Methodismus sowie der protestantischen Erweckungsbewegung des 19. Jahrhunderts ist der Evangelikalismus keiner bestimmten evangelischen Kirche zugehörig. Liberale Theologie und historisch-kritische Bibelauslegung werden vehement abgelehnt, gesucht wird eine persönliche Beziehung zu Jesus Christus, die in verschiedenen Ritualen und Traditionen sehr emotional ausgelebt wird.

Im Mittelpunkt steht dabei oft das persönliche Erweckungserlebnis – wie bei dieser Massentaufe vor der Lifepoint Church in Crestfield. Ein ganz so spontanes Erweckungserlebnis wie behauptet sind diese Taufen freilich nicht. Man muss sich vorher anmelden. Der Wechsel im Glauben, der mit dieser Taufe vollzogen werden soll, betrifft hier nicht unbedingt die kirchliche Strömung als solche, sondern innerhalb des Christentums die Hinwendung zur Bibeltreue sowie den Aufbau einer spirituellen Jesus-Beziehung.

Fielen manche der populären evangelikalen Prediger in den USA früher durch judenfeindliche Sprüche auf, so bezeichnen sich viele von ihnen heute als „christliche Zionisten" und betreiben im Gewand militanter Unterstützung des Staates Israel eine eigenwillige Form von Judenmission, indem sie den Staat Israel als Teil eines christlich-apokalyptischen Heilsplans ansehen. Andere unterstützen deshalb auch das sogenannte messianische Judentum, also eine „jüdische" Form von Jesusverehrung.
HS

Stills aus dem Film *Lifepoint Church spontaneous baptism on September 18, 2011*, www.youtube.com

Alessandra F.
Christin – Jüdin

Süddeutsche Zeitung vom 10.8.2007; Jüdisches Museum München

In Italien geboren und in der äthiopischen Hauptstadt Addis Abeba lebend, spürte Alessandra F. „im Christentum eine innere Leere, die sie nicht zu füllen vermochte". So jedenfalls berichtete die *Süddeutsche Zeitung* am 10. August 2007 über die damals 27-jährige Konvertitin. In Addis Abeba gab es zwar Juden, aber keinen Rabbiner, und auch in Europa fand sie niemand, der sich bereit erklärte, sie beim Übertritt zu begleiten.

Schließlich wurde sie im Internet fündig. Auf seiner Website bot ein freischaffender Rabbiner in Miami seine Dienste an, Rabbi Celsio Cukierkorn. Ein Telefongespräch genügte, und Alessandra F. durfte bei Cukierkorn das Studium aufnehmen, im Fernkurs. Am Ende stand eine Prüfung mit hundert Fragen zum Judentum.

Cukierkorn bietet nicht nur Konversionskurse an, auch Hausbesuche an jüdischen Feiertagen und die Abhaltung von Hochzeiten und Beerdigungen gehören zu seinem Angebot. Seine Synagoge Adat Achim existiert als Online-Angebot im Internet. Aufgewachsen in Sao Paulo in Brasilien, begann Cukierkorn mit einer orthodoxen Ausbildung als Rabbiner in Monsey in New Jersey, wechselte zum Reformjudentum und machte sich schließlich selbständig. Konversionen sind nun seine Spezialität. Viele seiner „Kunden" haben es bei anderen Rabbinern schon erfolglos versucht. Alessandra F. reiste für ihren Übertritt nach Deutschland, nach Berchtesgaden, auf den Obersalzberg. Rabbi Cukierkorn hatte den Pool des Hotel Intercontinental, in der Nähe von Hitlers Berghof, als Mikwe für das Übergangsritual bestimmt. „Das war Hitlers Platz, von hier kam das Übel, das die Juden in Europa fast vollständig vernichtet hat. Hier soll nun neues jüdisches Leben seinen Anfang nehmen." So wie Alessandra F. (nun Sarah) sollten auch Lars S. aus Köln (als Lior), Rinus de H. aus Amsterdam (als Raphael) und vier weitere Männer und fünf Frauen an dem Ort ihr neues jüdisches Leben beginnen, wo früher die Villa von Hermann Göring stand. Der zweite Teil der Zeremonie fand im nahegelegenen NS-Dokumentationszentrum statt. Natürlich entsprach der Mikwengang, in Badebekleidung und einander an den Händen haltend, nicht ganz den üblichen Regeln. Auch haben einige der Männer auf die Beschneidung verzichtet. Doch das alles ist ohnehin nicht erheblich. Außer Rabbiner Cukierkorn gibt es keine „Autorität", die diesen Übertritt zum „Judentum" anerkennen würde. Vielleicht ist das den Konvertiten an diesem Nachmittag im Hotelpool aber auch nicht wichtig. *HL*

Apostasie im Islam – Handeln wider die Natur oder Menschenrecht?
Eine Debatte im Spannungsfeld von Orthodoxie und radikaler Reform
Kurt Greussing

Nichts ist traditioneller islamischer Lehre zufolge einfacher als der Eintritt in den Islam. Denn jeder Mensch ist schon Muslim. Jedenfalls in seinem Naturzustand, der sogenannten Fitra. So verheißt es jedenfalls ein Hadith, d. h. die außerkoranische Überlieferung einer Aussage Mohammeds: „Jedes Kind wird mit der Fitra geboren, und seine Eltern machen dann aus ihm entweder einen Juden, einen Christen oder einen Sabäer. Genauso wie das Tier, das ein Tier zur Welt bringt: Siehst du darin Unstimmigkeiten?"[1]

Erst durch die Beeinflussung in einer nicht islamischen Umwelt wird der Mensch nach dieser Vorstellung beispielsweise Christ, Jude oder auch – *horribile dictu* – Atheist. Dieses Konzept von Fitra – des natürlichen Muslim-Seins – hat, jedenfalls in der traditionellen islamischen Religions- und Rechtslehre, erhebliche Folgen. Denn aus dieser Perspektive sind zum einen alle anderen Religionen, die den Propheten des Islams und dessen Gebote nicht anerkennen, Abirrungen vom Schöpfungsplan. Gewisse Schutzrechte genießen unter islamischer Herrschaft allein die Angehörigen der so genannten Buchreligionen, die über eine früher entstandene Offenbarungsschrift verfügen. Zum anderen folgt aus der Vorstellung von Fitra, dass der Abfall vom islamischen Glauben einen Verstoß gegen die natürliche Ordnung darstellt, der streng sanktioniert werden muss – auf jeden Fall im Jenseits, nach Meinung einer Mehrheit der traditionsgebundenen islamischen Theologen jedoch bereits im Diesseits.

Für „Ungläubige" ist der Eintritt in den Islam – strenggläubige Muslime sprechen im Sinne des Fitra-Konzepts von einer „Rückkehr" – kein großes Abenteuer, zumindest nicht intellektuell. Er kann heutzutage sogar telefonisch oder per Internet absolviert werden. Man spricht das Glaubensbekenntnis – „Es gibt keinen Gott außer Gott und Mohammed ist sein Gesandter" –, tunlichst auf Arabisch, und vollzieht, wenn sich die Gelegenheit bietet, anschließend eine Waschung – gerne unter der warmen Dusche –, um gereinigt ins neue Leben zu treten. Wenn keine Muslime zugegen sind, genügt es auch, das Glaubensbekenntnis einfach für sich allein zu sprechen. Irgendwo registrieren muss man sich nicht, es sei jedoch, so heißt es auf den einschlägigen Info-Websites, im Hinblick auf Fragen des ehelichen Status oder des Erbrechts empfehlenswert.[2]

Theologisch gesehen ist also der Ein- oder Übertritt in den Islam eine der einfachsten Übungen. Der Austritt ist im Prinzip ebenso einfach: Man glaubt nicht mehr an den einen Gott, verweigert die Anerkennung Mohammeds als Propheten und des Korans als göttlicher Offenbarung oder wendet sich von grundlegenden Geboten und Ritualen ab.

Solange der Apostat den Glauben oder dessen wesentliche Bestandteile nur für sich im stillen Kämmerchen aufgekündigt hat, aber nach außen die islamischen Rituale und Vorschriften weiter befolgt, bleibt das nach Ansicht der Theologen eine Sache zwischen ihm und Gott. Der droht ein solches Verhalten mit ewigen Höllenstrafen zu ahnden. Im Koran sind sie mit großer Deutlichkeit ausgemalt: „Kleider aus Feuer", „siedendes Wasser" sowie „Eisenfesseln und Ketten um ihren Nacken" erwarten die Abtrünnigen.[3]

Wenn er seinen Abfall jedoch öffentlich macht, wird es für den Apostaten auch schon diesseits problematisch. Denn ab diesem Moment bemächtigen sich die Spezialisten für religiöses Recht der Angelegenheit, um darüber zu urteilen, ob – und wenn ja, wie – der Abfall vom Islam durch den muslimischen Herrscher oder die muslimische Gemeinschaft zu bestrafen sei. Solche Rechtsgelehrte haben detaillierte Listen von Verhaltensweisen erstellt, die sie als Apostasie betrachten.[4] Das ist keine Frage hoch oben in den luftigen Sphären der islamischen Academia: In Ländern wie Ägypten, Sudan, Afghanistan oder Iran hat die Apostasie auch in neuester Zeit immer wieder Konsequenzen gehabt, manchmal tödliche.[5]

Apostasie – was sagen die heiligen Texte? Im Koran und in den außerkoranischen Überlieferungen der Prophetenworte ist die Versuchung zum Abfall vom Islam ein häufiges Thema. Zum einen sind es die Ungläubigen, auch Christen und Juden, vor denen man sich in Acht nehmen müsse, weil sie die Muslime zur Aufgabe ihres Glaubens bewegen könnten (Koran 2:109, 3:100, 3:118 u. a.). Zum anderen wird im Koran immer wieder die „Heuchelei" angesprochen, also das äußere Bekenntnis zum Glauben, während innerlich schon der Abfall vollzogen ist (2:8–18, 4:107–115, 9:56–78, 63:1–8 u. a.). Schließlich ist von jenen die Rede, die als Abtrünnige dem Islam offen den Rücken kehren (2:217, 47:22–32, 88:23-24 u. a.).

Islamwissenschaftler und viele Muslime weisen immer wieder darauf hin, dass für Apostaten im Koran keine innerweltliche Sanktion, sondern nur eine jenseitige Strafe, nämlich der Höllenaufenthalt, vorgesehen sei.[6] Leider jedoch akzeptieren traditionalistische Theologen bestimmte Überlieferungen (Hadithe) außerkoranischer Prophetenworte als „sicher", die für den Abfall vom Islam die Todesstrafe vorsehen und ihn in eine Reihe mit den ebenfalls als todeswürdig erachteten Verbrechen der Unzucht zwischen Verheirateten und des Mordes stellen: „Wer seine Religion ändert, den sollt ihr töten!", und: „Das Blut eines Muslims, der bezeugt hat, dass kein Gott da ist außer Allah, darf nicht vergossen werden, außer in einem der drei Fälle: im Fall der Wiedervergeltung für Mord, im Fall der Unzucht durch einen Verheirateten, und wenn derjenige von seinem Glauben abfällt und seine Bindung zur Gemeinschaft (der Muslime) löst."[7]

Dass der Koran selbst nur eine jenseitige Strafe für den Glaubensabfall vorsieht, wie auch in der innerislamischen Diskussion zu diesem Thema immer wieder hervorgehoben wird, stimmt freilich nicht ganz. Denn in Bezug auf die sogenannten Heuchler gibt es einen Vers (9:74), der Strafe auch im Diesseits androht: „Wenn sie nun bereuen, so wird es besser für sie sein; wenden sie sich jedoch (vom Glauben) ab, so wird Allah sie in dieser Welt und im Jenseits mit schmerzlicher Strafe bestrafen …"

Freilich sind die Art der Strafe und deren Ausmaß hier nicht festgelegt. Das hat allerdings die klassischen Korankommentatoren, die den Koran für die Gläubigen gleichsam in Form eines Katechismus aufbereitet haben, nicht davon abgehalten, dieser Stelle eine klare Bedeutung zu verleihen: Die innerweltliche Strafe sei der Tod. In solchen Korankommentaren, die heute durch das Internet verbreitet werden, heißt es zu diesem Vers unmissverständlich und scharf: „Gott wird ihnen ein schmerzhaftes Schicksal bereiten – in dieser Welt durch Tötung und im Jenseits durch Feuer" – so beispielsweise im *Tafsir al-Dschalalayn,* dem „Kommentar der beiden Dschalal" aus dem 15. Jahrhundert, der in muslimischen Ländern wie Ägypten als Schulbuch verwendet wird und, vom Royal Aal al-Bayt Institute for Islamic Thought in Jordanien bestens aufbereitet, auch auf Englisch digital zur Verfügung steht.[8]

Damit sind wir auf dem aktuellen Gefechtsfeld des islamischen Apostasie-Diskurses. Nicht nur im Hinblick auf die Todesstrafe, sondern generell im Bezug auf die Verbindlichkeit der Offenbarungsquellen und der daraus abgeleiteten traditionellen Rechtsvorstellungen (die im Wesentlichen zwischen dem 9. und dem 14. Jahrhundert entwickelt worden sind) lassen sich vier Positionen feststellen: orthodoxe und reformerische Traditionalisten, gemäßigte und radikale Reformer. Sie sind nicht immer trennscharf zu unterscheiden:

Im Dienste der Schriften – orthodoxe Traditionalisten Die orthodoxen Traditionalisten halten weitestgehend wörtlich an den Offenbarungsquellen – dem Koran und den sogenannten sicheren Hadithen – sowie an den daraus von Juristen bis etwa ins 14. Jahrhundert entwickelten Rechtsinterpretationen fest. In der Welt der islamischen Religionsgelehrten stellen sie ganz klar die Mehrheit dar. Sie dominieren die klassischen Ausbildungsstätten des sunnitischen Islam auf der arabischen Halbinsel, in Ägypten, Jordanien, Pakistan und Indien sowie die des schiitischen Islam in Iran und Irak. Wenn sie keine Ausbildung als religiöse Spezialisten haben, machen sie ihren Einfluss als Prediger und Publizisten geltend, wie der pakistanische Islamist Abul A'la Maududi (gest. 1979), der durch das Internet eine Art Auferstehung erlebt hat, der ägyptische Theologe Yusuf Qaradawi (geb. 1926), der in Katar durch den TV-Sender al-Dschasira und jetzt im Zuge des Umbruchs in Ägypten zu Prominenz gelangt ist, oder der ehemalige saudische Großmufti Bin Baz (gest. 1999), der wie andere verstorbene äußerst konservative Religionsgelehrte mittels einer wohldotierten saudi-arabischen Stiftung zumal im Internet weiterwirkt.[9]

Während Bin Baz Vertreter der streng orthodoxen wahhabitischen Richtung ist, wird Qaradawi von seinen Anhängern gerne als konservativer Reformer bezeichnet, weil seiner Theologie Prinzipien wie „Mittelweg" und „Gemeinwohl" zugrunde lägen. Daraus resultierten theologische Urteile, die auf die Erfordernisse der modernen Welt Rücksicht nähmen.[10]

In der Frage der Todesstrafe bei Abfall vom Glauben freilich zeigt sich Qaradawi – selbst noch im vergangenen Jahrzehnt – unverrückbar traditionalistisch, nicht anders als seine wahhabitischen Kollegen. Er bezieht sich auf die einschlägigen Hadithe genauso wie auf jene Stellen des Korans, die die Heuchler verurteilen und ihnen auch eine diesseitige Strafe androhen. In ausdrücklicher Anlehnung an das autoritative Vorbild aller orthodoxen Theologen, Ibn Taimiya (1263–1328), unterscheidet Qaradawi zwischen „kleinerem Abfall" und „größerem Abfall".

„Kleinerer Abfall" ist die im Privaten vorgenommene Aufgabe des Glaubens. Da es für sie keine Zeugen gibt, kann sie auch nicht gerichtlich geahndet werden. Anders ist es mit dem „größeren Abfall", der durch entsprechende Erklärungen oder Handlungen in der Öffentlichkeit zum Ausdruck gebracht wird. Er ist laut Qaradawi nach herkömmlichen islamischen Rechtsvorstellungen mit dem Tode zu ahnden. Der ägyptische Theologe weitet die Verdachtszone sogar noch aus, indem er über den manifesten Abfall vom Glauben hinaus die „intellektuelle Apostasie" als besonders bedrohliche Variante ins Spiel bringt. Diese sei heutzutage überall vorzufinden – zumal in den Medien und in der Gesetzgebung –, sie trete aber gut getarnt auf und sei darum schwer zu beweisen.[11]

Qaradawis Meinung ist nicht einfach die eines islamischen Theologen in einem fernen Land, sondern sie hat auch in Europa ganz erhebliches Gewicht. Hier gilt er, der seinen Ruf in den vergangenen Jahren vor allem über seine TV- und Internetpräsenz gewonnen hat, konservativen Muslimen ebenfalls als große Autorität. Er ist der Vorsitzende des Europäischen Rates für Fatwa und Forschung, eines Gremiums orthodoxer Religions- und Rechtsgelehrter, die sich den Erlass autoritativer religiöser Urteile für die im Westen lebenden Muslime zum Ziel gesetzt haben – und damit die Entwicklung einer eigenen Rechtslehre für Muslime als Minderheit *(fiqh al-aqalliyat)*.[12]

Mit einem Thema sind Muslime im säkularen Milieu des Westens besonders konfrontiert: der Apostasie. Hier sind Qaradawi und seine Mitstreiter ganz eindeutig: Der Abfall vom Glauben – in Westeuropa! – ist ein todeswürdiges Verbrechen. Allerdings dürfe die Strafe nur durch ein Gremium qualifizierter islamischer Richter ausgesprochen und nur durch einen islamischen Herrscher – nicht etwa durch einen x-beliebigen Gläubigen – vollzogen werden.[13]

Auch in seiner weitverbreiteten und in viele Sprachen übersetzten Schrift *Erlaubtes und Verbotenes im Islam* erklärt Qaradawi, Apostasie sei ein todeswürdiges Verbrechen, wenn man nach der freiwilligen Annahme des Islams „später auf solche Art offene Auflehnung kundtut, die die Zusammengehörigkeit der muslimischen Gemeinschaft bedroht"[14]. In Österreich wurde dieses Werk acht Jahre lang, bis 2004, als Schulbuch im islamischen Religionsunterricht verwendet.

Ebenfalls eine strikt orthodoxe Position zur Strafwürdigkeit der Apostasie bezieht der Theologe und Prediger Fethullah Gülen (geb. 1941). Er hat in der Türkei und unter türkischstämmigen Immigranten in Westeuropa und Nordamerika eine eigene mächtige Bewegung in Gang gesetzt: religiöse Reform durch Betonung einer islamischen Ethik des Lernens und des Dienstes an Gott beziehungsweise an der Gemeinschaft. Unter nichtmuslimischen Proponenten des interreligiösen Dialoges gilt er weltweit als jemand, der sich besonders um die Vereinbarkeit von Islam und Menschenrechten bemüht.[15]

Gülen sieht sich ausdrücklich in der Tradition von Said Nursi (gest. 1960), dem Gründer der Nurculuk-Bruderschaft, die sich gegen die kulturell-religiöse Modernisierungspolitik unter Kemal Atatürk gewandt hatte. In der Regel bewältigt Gülen in seinen Schriften und Predigten menschenrechtlich problematische Themen der konservativen islamischen Theologie – Todesstrafe bei Apostasie, ungleiche Rechtsstellung religiöser Minderheiten in islamischen Gesellschaften oder Körperstrafen des klassischen Scharia-Strafrechts – durch Nichterörterung.

Dies ist im Prinzip kein ungewöhnlicher Weg einer theologischen „Reform". Auch die katholische Kirche hat ihn beschritten – nämlich bei der durch das II. Vatikanum erfolgten Abkehr von ihrem antiliberalen autoritären Staats- und Gesellschaftsmodell, das sie vom 19. bis in die erste Hälfte des 20. Jahrunderts in zahlreichen päpstlichen Rundschreiben propagiert hatte (am deutlichsten im „Syllabus errorum" von 1864). Überholte oder unhaltbar gewordene theologische Positionen wurden nicht durch ausdrückliche Kritik und Zurückweisung saniert, sondern durch neu formulierte Lehrmeinungen einfach überdeckt. Die alten Positionen verschwinden, weil nicht mehr über sie geredet wird. So verfährt auch Gülen mit problematischen Traditionsbeständen des überlieferten islamischen Rechts.

Doch in der Frage der Apostasie ist der vermeintlich liberale Fethullah Gülen orthodox wie Said Nursi und die Nurcu-Leute, zu denen er seine Traditionsbrücke schlägt: Der Apostat müsse mit dem Tod bestraft werden, schreibt er auch in neueren Texten, etwa in den Jahren 2001 und 2006. Dabei bemüht er das von den orthodoxen Traditionalisten häufig vorgebrachte Argument, der Apostat begehe durch seine Abwendung von der Gemeinschaft der Gläubigen ein Verbrechen, dessen Schwere in westlichen Gesellschaften dem Hochverrat entspreche. Der Tod, so Gülen, sei die angemessene Strafe, weil der Abfall vom Islam das ganze Gleichgewicht der Schöpfung und die Beziehung mit dem Schöpfer beleidige.[16]

Nicht einmal die Einschränkung, die die von den meisten türkischen (sunnitischen) Muslimen befolgte hanafitische Rechtsschule für Frauen vorsieht, wird von Gülen in Betracht bezogen: nämlich dass die Todesstrafe für Apostasie nur bei Männern – als potenziellen bewaffneten Kämpfern gegen den Islam – anzuwenden sei, während Frauen bis zum reuevollen Widerruf eingesperrt werden müssten.[17]

Vorsichtiges Abrücken – reformerische Traditionalisten Eine kleinere Gruppe islamischer Religionsgelehrter möchte innerhalb der Tradition Reformen vornehmen, um damit einige klar menschenrechtswidrige Positionen der klassischen Rechtslehre aufgeben zu können. Diese reformerischen Traditionalisten beziehen sich ebenfalls auf den Wortlaut der Offenbarungstexte, die ihnen als von Gott verbürgt gelten. Deren Gültigkeit versuchen sie jedoch auf konkrete Anlässe der Vergangenheit zu beschränken, sodass Raum für die Anpassung an moderne Vorstellungen besteht, wie sie zum Beispiel von der Menschenrechtskonvention der UN formuliert werden. Schon Anfang der 1970er-Jahre ist der pakistanische Oberste Richter Sheikh Abdur Rahman (1903–1990) mit einer Schrift hervorgetreten, in welcher er Argumente für die Straffreiheit der Apostasie ins Treffen führte. Er kann als Vorläufer und Auslöser der modernen innerislamischen Debatte zu diesem Thema gelten.[18]

Stimmen solcher reformerischer Traditionalisten finden sich im Internet interessanterweise auf der wichtigsten Qaradawi-nahen Website – früher www.islamonline.net, jetzt www.onislam.net. Dort haben islamische Theologen, die in den USA und in Kanada leben, etwa Jamal A. Badawi oder Ahmad Kutty, Gegenpositionen zu Qaradawis Haltung in der Apostasie-Frage bezogen. Sie stehen als muslimische Intellektuelle – und als Hochschullehrer – bei diesem Thema gegenüber einer nicht muslimischen Öffentlichkeit unter

Druck. Vor allem unter Bezug auf die Koransure „Es sei kein Zwang im Glauben" (2:256) bestreiten sie, dass sich aus den Offenbarungstexten ein Beleg für die Todesstrafe ableiten lasse.

Anderslautende Hadithe werden von ihnen entweder als „schwach" bzw. unsicher beurteilt oder ganz besonderen historischen Umständen zugeschrieben. Außerdem habe der Prophet selbst in keinem nachweisbaren Fall gegen einen Apostaten allein wegen dessen Aufgabe des Glaubens ein Todesurteil verhängt. Das habe er lediglich wegen militärischen Hochverrats gemacht, und der werde schließlich auch in den USA mit dem Tode bestraft.[19]

Eine etwas andere Position nimmt Mohamed Salim Al'awa ein. Er versucht den Nachweis zu erbringen, dass es sich bei der Sanktionierung der Apostasie nicht um eine der Pflichtstrafen analog zu den Körperstrafen bei Unzucht oder Diebstahl handele, sondern um eine Ermessensstrafe, über die die jeweilige Regierung oder der Herrscher je nach Notwendigkeit befinden könne. Auf diesem Weg soll die Todesstrafe bei Abfall vom Glauben aus dem verpflichtenden Kanon des islamischen Strafrechts herausgelöst und die grundsätzliche Offenheit des Islams für eine freie Entscheidung der Gläubigen bekundet werden.[20]

Aufruf zur Nachdenkpause – gemäßigte Reformer Im gegenwärtigen innerislamischen Diskurs in Westeuropa und den USA ist oft davon die Rede, es müsse das „Tor der Interpretation" wieder geöffnet werden. In einem großen Teil der islamischen Orthodoxie galt es, nach der grundsätzlichen Formulierung des islamischen Rechts durch die klassischen Schulen vom 8. bis etwa zum 10. Jahrhundert, als verschlossen und jede Fortentwicklung als unerlaubte, auch strafwürdige „Neuerung". Vertreter einer gemäßigten Reform wollen nun unter Berufung auf die angeblich ursprüngliche Breite und Anpassungsfähigkeit des islamischen Rechtsdenkens dieses „Tor der Interpretation" wieder möglichst weit öffnen und Ge- und Verbote im Lichte der modernen Verhältnisse neu überdenken.

Ihr bekanntester Proponent ist Tariq Ramadan, der 1962 in Genf geborene Enkel des Mitbegründers der Muslimbruderschaft Hassan al-Banna. Er wird von jungen Muslimen auf öffentlichen Veranstaltungen wie ein Popstar gefeiert und hält gegenwärtig eine Professur an der theologischen Fakultät der Universität Oxford. 2005 setzte er einen besonderen Akzent nicht nur im Hinblick auf die Bestrafung von Apostasie, sondern startete eine innerislamische Debatte über die religiöse Rechtfertigung von Körperstrafen generell, zu denen außer der Hinrichtung Auspeitschung, Steinigung und Amputationen zählen. Er schlug für Länder mit islamischer Rechtsprechung eine Aussetzung solcher Strafen vor, damit diese Fragen durch eine breite Diskussion von Rechtsgelehrten kompetent geklärt werden könnten.[21]

Das hat jedoch in den entsprechenden Ländern und unter den dort angesprochenen Theologen durchweg zu einer empörten Zurückweisung dieses Ansinnens geführt, bis hin zur Unterstellung, Ramadan wolle gleich die ganze Scharia, also die Gesamtheit islamischer Vorschriften und Normen, abschaffen. Auch Ramadan selbst schätzt seine Initiative als totalen Misserfolg ein.[22]

Dabei hat sich Tariq Ramadan den Ruf eines radikalen Reformers ohne jede „radikale Reform" – so der Titel seines erfolgreichsten Buches – erworben. Denn an keiner Stelle seines inzwischen umfangreichen Werkes konfrontiert er die traditionellen Rechtsgelehrten – etwa Qaradawi – direkt mit alternativen Auslegungen der Quellen, sodass er in einen offenen Streit über deren theologische Positionen einträte. Er belässt es bei ausführlichen Erörterungen zur Flexibilität und Vielfalt der Methoden, die in der Religionsgeschichte des Islams auffindbar seien und eine Anpassung der Scharia an moderne Verhältnisse erlauben sollen.

Den Islam neu verstehen – radikale Reformer Eine relativ kleine, aber wachsende Gruppe von islamischen Religionsgelehrten und Intellektuellen vollzieht einen radikalen Wandel. Sie sind vor allem in Ländern präsent, in denen eine freie Diskussion, nämlich ohne das dräuende Apostasie-Verdikt, möglich ist, also in Westeuropa, in den USA, in Kanada und in der Türkei. Sie lehnen die wörtliche und überzeitliche Verbindlichkeit von koranischen und außerkoranischen Überlieferungen ab, indem sie die ethischen Absichten der islamischen Offenbarung in den Vordergrund stellen. Ihnen geht es um die „Ziele" der Scharia, die *maqasid,* die es herauszuinterpretieren gelte, und nicht um die buchstabengetreue Anwendung der Ge- und Verbote.

Methodisch erinnert das stark an die Reform der jüdischen Theologie um die Wende vom 19. zum 20. Jahrhundert, als beispielsweise Moritz Lazarus bei der Interpretation der Quellen die Abkehr vom wortlautfixierten „Buchstabendienst" forderte. Dessen kleinliche Kasuistik konterkariere völlig den Sinn von Ritualen und Geboten, deren ethischem Grundgehalt man so in keiner Hinsicht gerecht werde.[23]

Auf diese Weise kann auch im Islam das klassische Korpus der ausformulierten Rechtsvorschriften als zeitgebunden relativiert werden. An seine Stelle treten ethische Gebote: Menschendienst statt Buchstabendienst. Die orthodoxen Rechtsgelehrten allerdings antworten darauf oft und nicht unerwartet mit einem klassischen Argument: Das sei „unerlaubte Neuerung" oder gar Abfall vom Islam. Das macht die Position der radikalen Reformer nicht einfach.

Zu ihnen gehören Gelehrte wie Yaşar Nuri Öztürk (geb. 1951) in der Türkei, die auf der Basis einer klassischen Ausbildung und solider Quellenkenntnis die Auseinandersetzung innerhalb der Theologie führen, ebenso wie solche, die aus einem eher religionsphilosophischen Zugang eine ethische Bestimmung des islamischen Glaubens abseits rigider juristischer Buchstabengläubigkeit suchen – etwa der Ägypter Abu Zaid (1943–2010), der aufgrund von Apostasie-Vorwürfen das Land verlassen musste, oder der in Deutschland als Religionspädagoge lehrende Theologe Mouhanad Khorchide (geb. 1971).[24] Sie alle plädieren für Freiheit im Glauben – auch für die Freiheit des Wechsels vom Islam zu einer anderen Religion oder zu gar keiner.

Dass sie im Westen, in Europa und Nordamerika, in der Türkei oder im Libanon unter relativ freien Bedingungen ihre Positionen entwickeln können, wird die konservative islamische Theologie weiterhin herausfordern. In den islamischen Kernländern – etwa in den Golfstaaten – wird die Auseinandersetzung um eine Reform traditioneller Bestimmungen des islamischen Rechts, zumal zur Apostasie, von den Theologen überwiegend abwehrend aufgenommen.[25] Doch die Debatte ist auch dort angekommen, das Thema nicht mehr zu ignorieren.

Die sehr kleine Gruppe der a*hl al-qur'an,* der so genannten Koraniten, geht noch weiter und stellt die historische Verlässlichkeit der Hadithe – in der traditionellen Theologie neben dem Koran die zweite, für die meisten Theologen gleichberechtigte Glaubens- und Rechtsquelle – überhaupt in Abrede.[26] Die Koraniten lassen ausschließlich den Koran gelten, eine Position übrigens, die viele der radikalen Reformer in ihrer theologischen Argumentation zumindest implizit vertreten. Mit der Abkehr von der Hadith-Literatur entfällt eine breite Grundlage jenes klassischen Rechtsdenkens, das die orthodoxen islamischen Theologen propagieren.

Die große Unbekannte – Was glauben und tun die Gläubigen? Religionswissenschaftliche Analyse leidet oft unter einer Verengung der Sicht auf ihren Gegenstand: nämlich unter der Annahme, Religion sei im Wesentlichen das, was die Theologen dazu zu sagen haben. Genauso wesentlich wie die Theologie ist jedoch die „Religionspragmatik" – also das Handeln von Gläubigen aufgrund ihrer religiösen Vorstellungen. In unserem Fall heißt das: Wie begegnen sie jemandem, der vom Islam abfällt?

Im deutschsprachigen Raum gibt es bislang keine repräsentative sozialwissenschaftliche Untersuchung, die die Einstellung gläubiger Muslime zur Strafbarkeit des Glaubensabfalls erkundet. Üblicherweise wird in derartigen Untersuchungen, auch in internationalen, lediglich nach dem möglichen Vorrang der Scharia vor dem jeweiligen nationalen Rechtssystem gefragt.[27] Doch das ist zu unspezifisch. Denn die Scharia beinhaltet für gläubige Muslime nicht nur die Rechtsvorstellungen im engeren Sinn, sondern die Gesamtheit von Anleitungen und Normen zu einer islamischen Lebensführung. Deshalb wird kein Gläubiger „Scharia" geringschätzen und ihr vorschnell einen Rang hinter der weltlichen Ordnung zuweisen.

Lediglich bei einer Untersuchung in Großbritannien im Jahr 2006 wurden Muslime konkret danach befragt, ob der Abfall vom Islam mit dem Tod bestraft werden sollte: Insgesamt antworteten von den rund tausend Befragten 31 Prozent mit Ja und 57 Prozent mit Nein. In der Altersgruppe der 16- bis 24-Jährigen gab es 36 Prozent Ja- und 57 Prozent Neinstimmen, in der Gruppe der 25- bis 34-Jährigen waren es nahezu gleich viele Jastimmen – 37 Prozent –, etwas weniger Neinstimmen – 50 Prozent – und somit mehr Unentschiedene.[28]

Die erhebliche Zahl der Muslime, die in dieser Umfrage die Todesstrafe bei Apostasie befürworten, bezeugt die – auch in der religions- und politikwissenschaftlichen Literatur zunehmend konstatierte – starke Durchdringung der muslimischen Communities in Großbritannien durch islamistische Strömungen.[29] Auch wenn sich aus der Situation in Großbritannien keine soliden Schlüsse auf die Verhältnisse in anderen Ländern ziehen lassen, bedeutet sie eine grundsätzliche Herausforderung für das Leben in säkularen demokratischen Staaten: Wie beschützt die Gesellschaft jene Männer und Frauen, deren Abwendung vom Islam oder Kritik am Glauben von namhaften Theologen und einer nicht näher bekannten Zahl von Gläubigen als todeswürdiges Verbrechen erachtet wird?

Abfall vom Glauben: Nagelprobe auf die Menschenrechte Die Frage der Todesstrafe bei Apostasie ist eine Nagelprobe für die Vereinbarkeit von Religion und Menschenrechten, für Meinungsfreiheit als Grundwert einer religionsneutral verfassten demokratischen Gesellschaft. Dadurch wird eine theologische Debatte innerhalb einer Religion zu einer demokratiepolitischen Herausforderung allgemeinen Interesses.

Wer die Meinung vertritt, Abfall vom Islam sei ein todeswürdiges Verbrechen, der setzt einen Austrittswilligen unter massiven Druck. Dies erst recht dann, wenn diese Meinung sich in einer Religionsgemeinschaft zu einer mehr oder weniger deutlichen Grundhaltung verdichtet. Auch wenn in säkularen Gesellschaften eine solche Drohung mit legalen Mitteln nicht umgesetzt werden kann (und Theologen die Selbstjustiz von Gläubigen klar ablehnen), so wirkt sie doch hypothetisch – nämlich für den Fall, dass islamisch-traditionalistische Kräfte einmal staatliche Macht gewinnen.

Ihre einschüchternde Wirkung kann also nicht kleingeredet werden. In der Tat ist die garantierte Freiheit von diesseitiger Strafe für den Fall eines Austritts aus einer Gesinnungsgemeinschaft, natürlich auch einer religiösen, der materielle Kern der Meinungsfreiheit, damit auch der Religionsfreiheit. Nur wer keine Angst haben muss, es könnte ihm ein Leid zugefügt oder gar das Leben genommen werden, kann seine Meinung, auch seine religiöse, frei äußern.

Die innerislamische Diskussion über eine Abkehr von der rigiden Position der Traditionalisten ist ebenfalls an diese Freiheitsrechte und den Schutz vor Bedrohung gebunden. Denn sie kann nur dort offen geführt werden, wo gerade auch die in den Augen der Orthodoxen „unerlaubten" Neuerungen ohne Furcht vor Sanktionen möglich sind. Die Hoffnung, dass diese Diskussion bei Gläubigen wie bei Theologen eine breite Wirkung zeigt, ist allerdings – wie alles andere in diesem Zusammenhang – Glaubenssache.

---

[1] Hadith-Sammlung des Buchari, Nr. 1385, zit. n. M. A. Ibn Rassoul (Hg. und Übers.), *Auszüge aus dem Sahih al-Buharyy*. Köln 1998.

Die Umschrift von Begriffen aus dem Arabischen und dem Persischen folgt außer bei Schreibungen von Eigennamen und eingeführten Bezeichnungen wie z. B. al-Azhar-Universität der Aussprache im Deutschen. Q bezeichnet ein velares K.

[2] Z. B. www.muslimconverts.com/howtoconvert, www.alazhr.com/non-muslims.

[3] Koran 22:19, 40:71-72. 47:15 u.a.m., hier und im Folgenden zitiert nach der Koranübersetzung von M. A. Ibn Rassoul, *Tafsir al-Qur'an al-Karim*. Köln 2003.

[4] Siehe Abdullah Saeed und Hassan Saeed, *Freedom of Religion, Apostasy and Islam*. Farnham-Burlington 2004, S. 44–48.

[5] Exemplarisch zu erwähnen sind Nasr Hamid Abu Zaid (Ägypten), Mahmud Mohamed Taha (Sudan), Abdul Rahman (Afghanistan), Taslima Nasrin (Pakistan) oder Salman Rushdie und aktuell Shahin Najafi und Yussef Nardakhani (Iran).

[6] Als umfassende Darstellung der traditionellen Rechtslehren zur Apostasie siehe Yohanan Friedman, *Tolerance and Coercion in Islam. Interfaith Relations in the Muslim Tradition*. Cambridge 2003, S. 121–159; von einem reformerischen islamischen Standpunkt A. und H. Saeed, Freedom of Religion, Apostasy and Islam (wie Anm. 4), S. 20–119.

[7] Hadith-Sammlung des Buchari, Nr. 3017 und 6878, zit. n. M. A. Ibn Rassoul (Hg. und Übers.), *Auszüge aus dem Sahih al-Buharyy*. Köln 1998.

[8] www.altafsir.com – siehe „Tafsirs".

[9] Hier die wichtigsten Websites: zu Maududi www.tafheem.net (Korankommentar), www.teachislam.com/content/view/118/119/ (Schriften); zu Qaradawi www.qaradawi.net (arab.), www.onislam.net (engl.); zu Bin Baz www.binbaz.org.sa (arab.), alifta.com/Fatawa/TopFatawa.aspx (engl.). Die in der islamwissenschaftlichen Literatur häufig zitierten Texte Qaradawis auf der englischsprachigen Website www.islamonline.net sind nach einem Konflikt zwischen Qaradawi und den Eignern der Site seit März 2010 nicht mehr erreichbar, allerdings bei Eingabe der alten Webadressen meist im Internetarchiv „WayBackMachine" (archive.org) aufzufinden.

[10] Vgl. Tariq Ramadan, *Radikale Reform. Die Botschaft des Islam für die moderne Gesellschaft*. München 2009, S. 46 f.

[11] Fatwa vom 27.3.2006 (engl. Übersetzung vom 13.4.2006) – tinyurl.com/qaradawi-apostasy-2006-04-13.

[12] Prägend für diesen neuen Zweig der islamischen Rechtslehre ist neben Qaradawi der in den USA lebende Taha Jabir al-Alwani mit seinem International Institute of Islamic Thought (www.iiit.org).

[13] European Council for Fatwa and Research, *First Collection of Fatwas*. O. O., o. J. (Dublin ca. 2000), Fatwa 4. Die englische Website des ECFR www.e-cfr.org/ar/, auf der diese Sammlung online gestellt war, ist seit einiger Zeit nicht mehr erreichbar. Französischer Text mit Vorwort und Kommentar von Tariq Ramadan: *Conseil européen des fatwas et de la recherche, Recueil de fatwas*. Série no. 1, Lyon 2002, hier S. 67 f.

[14] Yusuf al-Qaradawi, *Erlaubtes und Verbotenes im Islam*. München 2003 (4. Aufl.; 1. Aufl. 1989; arab. Original 1960), S. 453. Zur Verwendung als Schulbuch im islamischen Religionsunterricht siehe Mouhanad Khorchide, *Der islamische Religionsunterricht in Österreich*. ÖIF-Dossier No. 5, Wien 2009, S. 27.

[15] Als Beispiel einer sehr positiven Einschätzung Gülens und seiner Bewegung von christlicher Seite siehe den im Verlag Herder erschienenen Band von Walter Homolka u. a. (Hg.), *Muslime zwischen Tradition und Moderne. Die Gülen-Bewegung als Brücke zwischen den Kulturen*. Freiburg i. Br. 2010. Erwähnenswert ist hier gleichzeitig die kritische Auseinandersetzung mit Gülens Theologie durch Johann Hafner, „Abfall vom Islam und vom Christentum: Fethullah Gülen und der Ernstfall der Religionsfreiheit", in: ebd., S. 143–162.

[16] Fethullah Gülen, The Qur'an Says: There is No Compulsion in Religion (2:256) What Does This Mean? 13.9.2001 – tinyurl.com/guelen-apostasy-2001-09-13. Auf seiner türkischsprachigen Website spricht Gülen Apostasie *(irtidat)* häufig an und vertritt die orthodoxe islamische Position der Bestrafung des Apostaten durch den Tod, z. B. unter tr.fgulen.com/content/view/470/3/ [„Dinde Zorlama Yoktur" Âyetini İzah Eder misiniz? – 16.5.2006]. Weitere Informationen unter de.fgulen.com (deutsch) und en.fgulen.com (englisch).

[17] Siehe A. und H. Saeed, Freedom of Religion, Apostasy and Islam (wie Anm. 4), S. 68; ein entsprechender hanafitischer Quellentext von Muhammad al-Shaybani (Anfang 9. Jh. n.Chr.) liegt in einer guten englischen Übersetzung vor: Majid Khadduri, *The Islamic Law of Nations. Shaybani's Siyar*. Baltimore 2001, hier S. 205.

[18] S. A. Rahman, *Punishment of Apostasy in Islam*, Lahore 1978 [2. erw. Aufl.; Neuauflage New Delhi 2006].

[19] Jamal A. Badawi, Is Apostasy a Capital Crime in Islam? 26.4.2001 – tinyurl.com/badawi-apostasy; Ahmad Kutty, Should an Apostate Be Put to Death? 15.9.2009 – tinyurl.com/kutty-apostasy-2009-09-15, sowie ders., Islam & Freedom of Belief, 14.2.2007 – tinyurl.com/kutty-apostasy-2007-02-14.

[20] Mohammed Salim Al'awa, Discretionary or Prescribed Punishment? 13.4.2006 – siehe tinyurl.com/al-awa-apostasy.

[21] tinyurl.com/ramadan-moratorium-text

[22] tinyurl.com/ramadan-moratorium-reaction; Ramadan, Radikale Reform (wie Anm. 10), S. 11.

[23] Moritz Lazarus, *Die Erneuerung des Judentums*. Berlin 1909, S. 11–20.

[24] Die radikalste Traditionskritik formuliert Yaşar Nuri Öztürk, *Der verfälschte Islam*. Düsseldorf 2007 (das türkische Original von 2000 wurde ein Bestseller und ging 2009 in die 16. Auflage); für den methodischen Zugang zu einer radikalen Reform wesentlich: Nasr Hamid Abu Zaid, *Gottes Menschenwort. Für ein humanistisches Verständnis des Korans*. Freiburg i. Br. 2008, sowie ders., „Die Frauenfrage zwischen Fundamentalismus und Aufklärung", in: Erdmute Heller/Hassouna Mosbahi, *Islam – Demokratie – Moderne*. München 1998, S. 193–210; Mouhanad Khorchide, *Islam ist Barmherzigkeit. Grundzüge einer modernen Religion*. Freiburg i. Br. 2012.

[25] Siehe z. B. Proceedings of the 19th Session of the International Islamic Fiqh Academy – Apostasy: Scholars Differ on the Penalty – tinyurl.com/apostasy-scholars-2009-05-06.

[26] Die erfundene Religion und die koranische Religion (Download von islam.alrahman.de; türkisches Original: *Uydurulan Din ve Kurandakı Din*. Istanbul 2006); Websites www.ahl-alquran.com, www.quranicpath.com, www.quranists.net. Zur Hadith-Kritik in der früheren Geschichte des Islams siehe Aisha Y. Musa, *Hadith as Scripture. Discussions on the Authority of Prophetic Traditions in Islam*, New York 2008.

[27] Hier vor allem die weltweiten Untersuchungen des Washingtoner Pew Research Centers zu religiösen Einstellungen – www.pewforum.org.

[28] Munira Mirza, Abi Senthilkumaran, Zein Ja'far, *Living apart together. British Muslims and the Paradox of Multiculturalism*. London 2007, S. 47 (www.policyexchange.org.uk).

[29] Siehe vor allem Kenan Malik, *From Fatwa to Jihad. The Rushdie Affair and Its Legacy*. London 2009.

Christian Helge Hoffmann | Christian Abdul Hadi Hoffmann
Protestant – Muslim

Porträt seiner protestantischen Ururgroßtante Bertha Hensel (1807–1885), Ölgemälde, 1848; Privatbesitz Christian Abdul Hadi Hoffmann

Christian Helge Hoffmanns Familie geht zurück auf einen katholischen Priester, der sich für die lutherische Theologie entschieden hatte. „Die Familie folgte", so schreibt Hoffmann, „konsequent durch die Jahrhunderte dem Vorbild des Urahn, der den entscheidenden Schritt vom katholischen Prediger zum protestantischen Stadtpfarrer getan hatte. Eine Kopie der Familienchronik wurde jedem Familienmitglied zur Konfirmation geschenkt."
Dort heißt es „Georg Vogtherr, Stiftsprediger in Feuchtwangen, geb. 11.3.1487, gest. 18.1.1539 in Feuchtwangen. Priester, ab 1517 Vicarius am Stift Feuchtwangen, 1526 abgesetzt, weil Anhänger Luthers, ab 15.3.1528 Stiftsprediger in Feuchtwangen, 1535 Stadtpfarrer und Super-Attendent in Feuchtwangen."

1989 hatte der damalige CDU-Mitarbeiter Christian Hoffmann bei der Lektüre eines Buchs über den Iran eine Inspiration. Hoffmann wusste nichts über den Islam, aber sein Gefühl sagte, dass dies die richtige Religion sei. Er entschied sich zum Islam überzutreten, sobald er den Koran von vorne bis hinten gelesen hatte, eine Reise in ein islamisches Land gemacht und mit einem Muslim darüber gesprochen hatte, ob er die Botschaft des Islam richtig verstanden hatte.

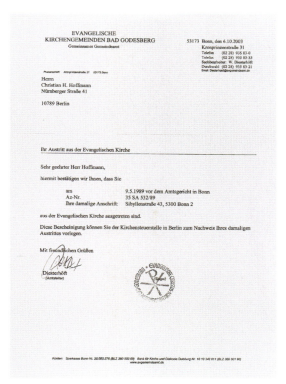 

links: Bestätigung des Austritts aus der evangelischen Kirche, 6. Oktober 2003; Privatbesitz Christian Abdul Hadi Hoffmann
rechts: Beitrittsurkunde des Islamischen Zentrums Aachen, Bilal Moschee, 12. Dezember 1989; Privatbesitz Christian Abdul Hadi Hoffmann

Neun Monate nach seiner Inspiration sprach er in der Botschaft von Saudi Arabien die Schahada, das islamische Glaubensbekenntnis. Da die Botschaft kein Zertifikat ausstellen durfte, wiederholte er die Schahada in der Aachener Bilal Moschee und nahm den zusätzlichen Vornamen Abdul Hadi an.

Zur Zeit seines Übertrittes war Christian Hoffmann nicht nur Angestellter der CDU-Bundesgeschäftsstelle, sondern zugleich gewählter Pressesprecher der Bonner CDU. 1995 wurde er vom Bundesgeschäftsführer der Partei schriftlich abgemahnt, weil er in seinem Buch *Zwischen allen Stühlen – Ein Deutscher wird Muslim* seine Tätigkeit bei der CDU erwähnt hatte. Hoffmann kündigte und ist seitdem Berater für Kommunikation, u. a. in Ägypten, Singapur, Türkei, England, etc.

Christian Hoffmann hat kurz nach seiner Konversion die Pilgerreise nach Mekka, die Hadj, begangen. Die Hadj ist einmal im Leben für jeden Muslim und jede Muslimin obligatorisch. Muslime werden in den Tüchern, die sie während ihrer Hadj tragen, bestattet. *RLK*

Abmahnung des CDU-Bundesgeschäftsführers vom 21. Februar 1995; Privatbesitz Christian Abdul Hadi Hoffmann

Christian H. Hoffmann: *Zwischen allen Stühlen – Ein Deutscher wird Muslim*, 1995 (deutsche und arabische Ausgabe); Privatbesitz Christian Abdul Hadi Hoffmann

Hadj-Tücher; Privatbesitz Christian Abdul Hadi Hoffmann

„Sekten-Einsteiger und -Aussteiger": Zu Konversion und Dekonversion im Kontext Neuer Religiöser Bewegungen
Melanie Möller

Kleinere Religionsgemeinschaften werden nicht selten als „Sekte" bezeichnet. Abgeleitet vom lateinischen Wort *sequi* – folgen – impliziert der Begriff so viel wie „einer Lehrrichtung folgen". Der Sekten-Begriff verweist in der Regel nicht nur auf die geringere Größe gegenüber den etablierten Religionsgemeinschaften, sondern auch auf eine Andersartigkeit, die häufig mit Gefährlichkeit assoziiert wird.

Sekten gelten im alltagssprachlichen Verständnis oft als hermetisch abgeschlossene Gemeinschaften, die ein fremdes und nicht selten elitäres Weltbild vertreten, das mindestens als sonderbar und häufig auch als „falsch" beurteilt wird. Zudem gelten die Mitglieder in vielen Fällen als „gehirngewaschene Opfer" manipulativer und repressiver Strukturen der jeweiligen Sekte und ihrer Führer. Insgesamt werden diese Gemeinschaften somit zum Gegenbild „echter" Religion oder Religiosität, da sie nicht dem entsprechen, was als religiöse Norm akzeptiert wird. Sie verweisen deshalb auf einen Bereich wenig akzeptierter religiöser Abweichung.

Aufgrund seines stark vorurteilsbelasteten und abwertenden Charakters ist der Begriff „Sekte" nur bedingt als wissenschaftlich objektiver Terminus geeignet. Stattdessen werden weniger normativ aufgeladene Bezeichnungen wie etwa „Neue Religionen" oder „Neue Religiöse Bewegungen" vorgezogen. Diese Begriffe setzen als Unterscheidungsmerkmal zu den etablierten Religionen nicht bei strukturellen oder inhaltlichen Aspekten, sondern beim späteren zeitlichen Entstehungskontext an und fassen diejenigen Religionsgemeinschaften zusammen, die sich seit dem späten 19. Jahrhundert bis in die heutige Zeit hinein gebildet haben.

Zum Begriff des „Sekten-Aussteigers" Auch beim Thema Konversion tritt die Sonderstellung der Neuen Religiösen Bewegungen im Unterschied zu anderen Religionsgemeinschaften sprachlich deutlich hervor. Wo sonst von Eintritt, Übertritt oder Konversion die Rede ist, wird in Bezug auf Sekten meist vom „Einstieg" gesprochen. Ebenso ist beim Verlassen der Sekte nicht von Austritt oder Dekonversion die Rede, sondern vom „Ausstieg". Das Verständnis von Ein- und Ausstieg verweist dabei auf die Wahrnehmung der Sekte als geschlossenes System, dessen Grenzen überwunden werden müssen. Auch Assoziationen falschen Handelns oder Illegalität können mitschwingen – so bezeichnet „Einsteigen" auch das Einbrechen in ein Haus oder den Beginn einer Drogenkarriere. Der „Sektenaussteiger" ist mittlerweile so etwas wie ein Terminus technicus, der allgemein verstanden und auch von den ehemaligen Mitgliedern Neuer Religiöser Bewegungen als Eigenbezeichnung genutzt wird. Der Aussteiger-Begriff ist allerdings nicht nur für ehemalige Sektenmitglieder reserviert, sondern bezeichnet eine Vielzahl von Menschen, die bestimmten sozialen Milieus den Rücken kehren oder einen ungewöhnlichen Bruch mit ihrem bisherigen Leben vollziehen. So gibt es die Zivilisationsflüchtlinge, die sich von einem etablierten urbanen Leben verabschieden, um „auszusteigen" und als Selbstversorger oder Minimalisten ein einfaches Leben zu führen. Diese Aussteiger werden zwar mitunter belächelt, können aber genauso gut positiv als Vorbilder einer alternativen Gesellschaftsstruktur gesehen werden. Dann gibt es noch jene Aussteiger, die meist kritischer betrachtet werden, nämlich die Ehemaligen krimineller Vereinigungen: Aussteiger aus Neonazi-Gruppierungen oder aus mafiösen Organisationen. Der Ausstieg an sich wird in diesen Fällen zwar positiv bewertet, das Stigma der kriminellen Vergangenheit bleibt aber meist erhalten. Wie bei ehemaligen Kriminellen wird auch bei „Sektenaussteigern" die Abwendung von der Gruppe begrüßt, und dem Aussteiger stehen bei Bedarf verschiedene Hilfsangebote, etwa bei Sektenberatungsstellen, zur Verfügung, um negative Erlebnisse zu verarbeiten und sich neu zu orientieren.

Auch wenn einmal nicht explizit vom „Sektenaussteiger" die Rede ist, ruft die Vorstellung eines „ehemaligen Zeugen Jehovas" oder eines „ehemaligen Scientologen" in der Regel andere Bilder hervor als die Vorstellung eines „ehemaligen Katholiken" oder eines „ehemaligen Buddhisten". Bei den ehemaligen Mitgliedern Neuer Religiöser Bewegungen wird fast generell davon ausgegangen, dass es im Zuge des Verlassens der Gemeinschaft Probleme und Komplikationen gab, dass es beispielsweise zu Bedrohung oder Verfolgung kam. Hingegen werden für das Verlassen etablierter Religionsgemeinschaften selten solcherlei Szenarien vermutet, auch wenn das persönliche Erleben der Konvertiten sich unter Umständen gar nicht so sehr unterscheidet.

Zu Konversion und Dekonversion bei Neuen Religiösen Bewegungen Die Frage, was Menschen dazu bewegt, solchen Gemeinschaften beizutreten, lässt sich genauso wenig pauschal beantworten wie die Frage danach, was Menschen dazu bewegt, zu einer der großen Religionen zu konvertieren. Unterschiede in Lehre und Struktur der jeweiligen Gemeinschaften spielen dabei ebenso eine Rolle wie die individuelle Geschichte eines Konvertiten.

Die Vorstellung, dass Menschen hier einen religiösen oder spirituellen Sinn finden und deshalb beitreten, ist eher weniger verbreitet. Lange Zeit dominierten drei andere Vorstellungen: dass es sich bei Menschen, die einer „Sekte" beitreten, vor allem um gescheiterte Persönlichkeiten handele, die auf der Suche nach einem „sicheren Hafen" seien; dass es sich um eher naive Menschen handele, die leicht auf „Seelenfänger" hereinfielen; und dass Sektenmitglieder durch „Gehirnwäsche" zum Eintritt in die Gemeinschaften manipuliert würden. Diese Auffassungen setzen zum einen voraus, dass es einen bestimmten Typus von Mensch, eine Sektenpersönlichkeit gebe, die besonders anfällig dafür sei, solchen Gruppen beizutreten. Zum anderen spiegelt sich in dieser Auffassung die Vorstellung, dass letztlich alle Menschen durch eine Gehirnwäsche zu Sektenmitgliedern gemacht werden könnten.[1] Beide Meinungen sind bis heute verbreitet, auch wenn ihnen mittlerweile die Ergebnisse zahlreicher soziologischer und psychologischer Studien entgegenstehen, die das Gegenteil aufzeigen.[2]

Nach wissenschaftlichen Erkenntnissen gibt es weder Menschen, die aufgrund einer spezifischen Persönlichkeitsstruktur dazu neigen, Neuen Religiösen Bewegungen beizutreten, noch werden sie durch Gehirnwäsche zum Beitritt gezwungen. Verallgemeinernde Aussagen darüber, was zu einem Beitritt führt, lassen sich nur schwer treffen. Generell lässt sich festhalten, dass die Hinwendung zu einer Neuen Religiösen Bewegung mit dem aktuellen Lebensthema des Konvertiten zu tun hat: Die Gemeinschaft stellt ihm etwas in Aussicht, was ihm hilft, in einem bestimmten Abschnitt seiner Biografie zu bestehen. Dies kann beispielsweise bedeuten, dass sie Antworten auf Sinnfragen bietet, neue berufliche Möglichkeiten eröffnet oder eine alternative Art von Gemeinschaft erleben lässt. Die jeweilige Gemeinschaft und der Konvertit passen also in grundlegenden Punkten thematisch zusammen.[3]

Wer schließt sich Neuen Religiösen Bewegungen an? Meist lässt sich der Konvertit als Suchender beschreiben, der sich schon vor der Kontaktaufnahme zu seiner späteren Gemeinschaft mit den spirituell-religiösen oder philosophischen Perspektiven auseinandersetzte, die auch Thema dieser Neuen Religiösen Bewegung sind – so bestand bei jemandem, der sich der Hare-Krishna-Bewegung (ISKCON) anschließt, wahrscheinlich schon im Vorfeld ein Interesse an Themen wie Hinduismus oder östlichen Philosophien.[4]

Die direkte Kontaktaufnahme mit der Gemeinschaft geschieht in der Mehrzahl der Fälle über persönliche Kontakte wie Bekannte, Freunde oder Familie. Selbst wenn der Kontakt über eine zunächst anonyme Situation wie der Anwerbung auf der Straße geschieht, werden vor einem Beitritt zunächst meist engere Beziehungen mit Mitgliedern der Gruppe geknüpft. Der Faktor sozialer Bindungen ist somit einer der Kernpunkte, wenn es um die Konversion zu Neuen Religiösen Bewegungen geht. Umgekehrt ist der Verlust oder die Veränderung sozialer Bindungen einer der Hauptfaktoren für die Dekonversion, den „Ausstieg".[5]

Wo die Mitglieder einzelner Neuer Religiöser Bewegungen eher dazu tendieren, eine homogene Gemeinschaft mit ähnlichen Themen, Interessen und Lebenseinstellungen auszubilden, lassen sich in einem übergreifenden Vergleich keine gemeinsamen und generalisierbaren Merkmale feststellen, die sämtliche Mitglieder Neuer Religiöser Bewegungen charakterisieren würden.[6] Die Vielzahl und Vielfalt der Gemeinschaften sorgt dafür, dass sich Menschen mit sehr unterschiedlichen Hintergründen angesprochen fühlen.

In der Regel haben diese Konvertiten eine weniger ideologische Prägung, sie sind also zum Beispiel nicht nach einer bestimmten religiösen Tradition erzogen worden. Ebenso zeigen US-amerikanische Studien zum Bildungshintergrund von Mitgliedern Neuer Religiöser Bewegungen, dass diese im Vergleich zur Gesamtbevölkerung durchschnittlich höhere Bildungsabschlüsse innehaben. Dies hängt vor allem damit zusammen, dass die Gemeinschaften einen kulturell oder ideologisch zunächst oft fremd erscheinenden Hintergrund besitzen, etwa wenn sie im asiatischen Raum wurzeln. Die Auseinandersetzung mit der Gemeinschaft bedeutet daher gezieltes Aneignen einer neuen Lehre oder eines neuen Weltbildes, manchmal auch verknüpft mit dem Erlernen einer neuen Sprache.[7] Eine Generalisierung für alle Neuen Religiösen Bewegungen oder den deutschsprachigen Raum sollte hieraus aber nicht abgelesen werden.

Weiterhin besteht die Tendenz, dass Menschen, die einer solchen Gemeinschaft beitreten, weniger soziale Bindungen oder Verpflichtungen haben als andere, sei es durch eine eigene Familie oder den Beruf. Da diese Lebenssituation vermehrt auf jüngere Menschen zutrifft, liegt auch das Durchschnittsalter der Mitglieder Neuer Religiöser Bewegungen meist unter dem etablierter Religionsgemeinschaften. Hinzu kommt, dass viele Mitglieder die Gemeinschaft wieder verlassen, wenn sie ein mittleres Alter erreichen. Zeitaufwand und Verpflichtungen innerhalb Neuer Religiöser Bewegungen sind meist hoch, sodass durch Veränderung der Lebensumstände wie Familiengründung und berufliche Karriere ein Leben nach den Regeln und Konzepten der Gemeinschaft häufig nicht mehr zu realisieren ist.[8] Konkrete Gründe und Umstände einer Dekonversion hängen dabei nicht nur von der Struktur der jeweiligen Neuen Religiösen Bewegung ab, sondern können sich sehr individuell gestalten, sodass letztlich nur eine biografische Betrachtung des Einzelfalls genaue Aussagen darüber geben kann, was zum Austritt führte.

Dauer und Ende der Mitgliedschaft Zumindest statistisch lässt sich belegen, dass die Mehrzahl derjenigen, die Neuen Religiösen Bewegungen beitreten, diese nach rund zwei Jahren wieder verlassen.[9] Im Gegensatz zu den oft dramatischen Darstellungen, die in Aussteigerberichten gegeben oder durch Medien und Sekteninformationsstellen verbreitet werden, gestalten sich die meisten Austritte problemlos.[10] Prägend für das gängige Bild des traumatisierten Sektenaussteigers sind vielmehr die Fälle, in denen persönliche Konstitutionen oder spezielle Umstände dafür sorgten, dass sich der Austritt besonders problematisch gestaltete. Dies kann schon damit anfangen, dass Überzeugungsversuche seitens der Gemeinschaften, den „Abtrünnigen" zum Bleiben zu überreden, von manchen Betroffenen eher als Bedrohung oder persönlicher Übergriff gewertet werden als von anderen. Ebenso spielt es eine Rolle, wie eng soziale Beziehungen während der Zeit innerhalb der Gemeinschaft waren, wie sich diese Beziehungen in der Zeit des Austritts transformierten oder nach dem Austritt neu gestalten ließen: Kommt es während der Dekonversion zu persönlichen Konflikten oder verliert der Dekonvertit mit dem Austritt sein enges soziales Umfeld, ist dies für ihn schlimmer und psychisch schwerer zu ertragen, wenn er außerhalb der Gruppe noch keine neuen sozialen Beziehungen gestalten konnte. Auch sind die psychische Verfassung und biografische Umstände vor der Konversion eng verbunden mit der Situation während und nach der Dekonversion: Die meisten Dekonvertiten, die Probleme mit dem „Ausstieg" aus einer Bewegung schildern, haben einen Lebenslauf, der Anfälligkeiten für psychische oder soziale Problematiken aufweist. Die Enquete-Kommission „Sogenannte Sekten und Psychogruppen" des Deutschen Bundestags empfahl deshalb schon Ende der 1990er-Jahre, sich bei der psychologischen Betreuung von Dekonvertiten nicht nur auf die Zeit innerhalb der Gruppe zu konzentrieren, sondern die individuelle Gesamtbiografie des Einzelnen im therapeutischen Kontext zu beachten.[11]

Die Abwendung von kleinen sozialen Gemeinschaften ist aufgrund engerer Bindungen und der strikteren Vorstellungen davon, wer dazugehört und wer nicht, immer belastungsanfälliger als die Abwendung aus größeren Gemeinschaften. Für letztere existieren in manchen Fällen sogar institutionalisierte Dekonversionsstrukturen: Beispielsweise lässt sich in Deutschland der Austritt aus der katholischen oder der evangelischen Kirche formal über die Einwohnermeldeämter regeln. Somit besitzt nicht nur der Eintritt, sondern auch der Austritt aus den etablierten Religionsgemeinschaften einen anderen sozialen Stellenwert als dies bei den „Sekten" der Fall ist. Je etablierter die Religionsgemeinschaft ist, desto leichter gestaltet sich auf einer strukturellen Ebene die Dekonversion. Dass Dekonversion für den Einzelnen je nach persönlichem Schicksal sowohl aus großen Religionen als auch aus kleinen Gemeinschaften mit Problemen, Konflikten und Leid verbunden sein kann, steht außer Frage.

Die große Diskrepanz zwischen der öffentlichen Wahrnehmung tragischer Schicksale von ehemaligen Mitgliedern Neuer Religiöser Bewegungen und den Ergebnissen sozialwissenschaftlicher Studien lassen sich auf mehrere Faktoren zurückführen. Zunächst einmal werden hauptsächlich diejenigen Fälle in die Öffentlichkeit kommuniziert, die problembehaftet sind. So gibt es zahlreiche in Buchform oder im Internet publizierte Berichte ehemaliger Mitglieder über ihre Sektenzeit. Diese Schilderungen beinhalten immer die Abgrenzung von der früheren Gemeinschaft und ihre kritische Betrachtung, um dadurch die eigene Neuorientierung zu festigen und zu bezeugen.[12] Auch sind natürlich die Schicksale solcher „Aussteiger" mit überwiegend negativen Erfahrungen sehr viel interessanter als unspektakuläre Austritte, sodass gerade auch in den Medien die dramatischen Geschichten Raum finden. Großen Einfluss auf die öffentliche Darstellung und das Verständnis von Neuen Religiösen Bewegungen haben auch kirchliche oder sektkritische Netzwerke und Organisationen, die ihren Ursprung etwa in der US-amerikanischen Anti-Cult-Bewegung haben.[13] In diesem Umfeld wurde beispielsweise die Gehirnwäsche-Theorie propagiert, die besagt, dass Menschen durch gezielte Manipulationstechniken gegen ihren Willen zu Beitritt und Verbleib in Neuen Religiösen Bewegungen gezwungen werden können. Als die Manipulierenden gelten in der Regel die Sektenführer, die wiederum von der Arbeitskraft und den Finanzmitteln der willenlosen Mitglieder profitierten und denen gegenüber sie zudem ihre Machtposition ausleben könnten. Konvertiten sind laut dieser Theorie Opfer, die nur durch Hilfe von außen befreit werden könnten. Dies führte in den 1970er- und 80er-Jahren vor allem in den USA zu Fällen sogenannter Deprogrammierung.[14] Hierzu wurden Mitglieder Neuer Religiöser Bewegungen – meist im Auftrag ihrer Eltern oder anderer nahestehender Personen – entführt, isoliert und dann „deprogrammiert". Das bedeutete, dass sie durch psychische und manchmal auch physische Einwirkung dazu gebracht wurden, einzusehen, dass sie einer Gehirnwäsche unterzogen worden waren und die Gemeinschaft, der sie beigetreten waren, sie ausnutzte und falsche ideologische Ziele verfolgte. Diese Prozeduren der erzwungenen Dekonversion – in denen genau das geschah, was den „Sekten" vorgeworfen wurde – mussten zwar aufgrund ihrer Illegalität wieder eingestellt werden, die ihnen zugrunde liegende Theorie, dass Sektenmitgliedschaft in erster Linie auf Manipulation beruht, hat sich aber bis heute erhalten.[15] Gerade in psychotherapeutischen Kreisen werden immer noch Theorien rezipiert, die Fortsetzungen der Gehirnwäsche-Idee sind und das Bild der manipulierenden und generell gefährlichen Sekten weitertransportieren.[16]

Sonderfall „Satanismus-Ausstieg" Einen Spezialfall unter den Berichten über „Sektenausstiege" bieten solche (angeblicher) ehemaliger Satanisten. Hier spielen sich Konversion und Dekonversion in einem Dunkelfeld ab, in dem eine Datenerhebung nicht möglich ist. Sowohl die Berichte von ehemaligen Satanisten als auch die Existenz der Gruppen, denen diese angeblich angehörten, sind stark umstritten.

Satanismus hat als religiöses Konzept keine feste Struktur, sondern bildet vielmehr einen Bereich von Vorstellungen, die unter diesem Begriff zusammengefasst werden.[17] Da gibt es einen sichtbaren, greifbaren Satanismus, der durch Gruppen wie die von Anton LaVey 1966 gegründete Church of Satan verkörpert wird. Hier geht es meist nicht um eine Anbetung des Satans oder eine Umkehrung christlicher Religiosität, sondern vielmehr um die Infragestellung christlich tradierter Werte und Handlungsgrundsätze. Das Christentum wird wegen seiner Konzepte wie Nächsten- oder Feindesliebe als Religion der Schwäche ausgelegt. Dieser werden mit Stärke assoziierte Konzepte wie Hedonismus oder Egozentrismus entgegengesetzt, die dann wiederum den Kern des eigenen Konzeptes von Satanismus bilden. Satanismus lässt sich in diesen Fällen am ehesten als eine Religion des Selbst beschreiben, wobei viele satanistische Gruppen das Konzept von Religion ablehnen und auch nicht für sich in Anspruch nehmen würden. Nicht zuletzt, weil die persönliche Freiheit des Individuums in diesen Formen von Satanismus einen hohen Stellenwert einnimmt, ist ein Austritt aus den jeweiligen Gemeinschaften theoretisch ohne Probleme möglich . So ist auch kein Aussteigerbericht aus einer solchen Gruppe bekannt, der Schwierigkeiten oder Hindernisse schildern würde.

Dennoch existiert eine Vielzahl von Aussteigerberichten, die sich mit Satanismus befassen. Allerdings beziehen sie sich auf eine andere Form des Satanismus, die nicht zugänglich, nicht empirisch greifbar ist. Hier begegnen uns Schilderungen stereotyper Satanismusvorstellungen, die sich aus Elementen zusammensetzen, die das „Satanistische" im Sinne des „Bösen" verkörpern: Es ist die Rede von brutalen, unbarmherzigen Machtstrukturen, mit denen Menschen im Namen Satans zu Handlungen gezwungen werden, die sie nicht begehen wollen. Leichenschändungen, Menschenopfer, Kindstötungen und alle nur denkbaren Facetten physischer und psychischer Gewalt werden beschrieben. Es geht um Drogen- und Menschenhandel, Prostitution und alle Arten krimineller Machenschaften, die dem jeweiligen Oberhaupt und seinen Gehilfen finanziell zugute kommen. Der „Einstieg" von Mitgliedern wird hier meist als unfreiwillig oder durch Gewalt erzwungen beschrieben, der „Ausstieg" als lebensbedrohliches Unterfangen.[18]

Schilderungen dieser Art von Satanismus lösen trotz der beschriebenen Grausamkeiten nicht unwillkürlich Unglauben aus – denn dass Menschen zu solcherlei Handlungen fähig sind, lässt sich nicht bestreiten. Dennoch sind diejenigen, die erklären, Teil einer solchen satanistischen Organisation gewesen zu sein, darauf angewiesen, dass ihnen ihre Geschichte geglaubt wird, denn nachweislich existent ist ein solcher Satanismus nicht.

Besondere Aufmerksamkeit erregten Schilderungen, die in den 1980er-Jahren aufkamen.[19] Im Zuge psychotherapeutischer Sitzungen begannen manche Patientinnen plötzlich, sich an ihre Vergangenheit in einer geheimen satanistischen Organisation zu erinnern. Sie schilderten Szenarien, in denen sie von frühester Kindheit an pädosexuellem, sadistischem Missbrauch ausgeliefert waren, der innerhalb des satanistischen Kultes betrieben worden und in den meist ihre gesamte Familie involviert gewesen sei. Sie erinnern somit eine bis dahin verborgene Identität als ehemalige Angehörige einer satanistischen Organisation beziehungsweise einer satanistischen Familie. In Termini wie Konversion oder Dekonversion lässt sich in diesem Zusammenhang nicht mehr sprechen, da sich die Mitgliedschaft in einem Zustand der „Bewusstlosigkeit" abspielte und diese Begriffe auch für die Rolle des „kultischen Opfers" nicht zutreffend sind.

Als psychologische Erklärungen für das erst späte Erinnern nach völliger Amnesie dienen Konzepte der Verdrängung von Erinnerung in Situationen schwerster Traumatisierung. So wurde bei den betroffenen Frauen eine dissoziative Identitätsstörung – vormals: multiple Persönlichkeitsstörung – diagnostiziert.[20] Mit diesem Krankheitsbild geht die Theorie einher, dass ein Mensch, der einen traumatisierenden Ausnahmezustand erlebt, Erinnerungen und Erlebnisse in andere „Persönlichkeiten" auslagern kann, sodass er das Trauma nicht allein ertragen muss und in ihm zudem Personen existieren, die unbehelligt und ohne die belastenden Erfahrungen leben können. Erst durch nicht erklärbare und spontane Erinnerungen wird bemerkt, dass ein einzelner Mensch mehrere Personen oder Persönlichkeitsteile in sich trägt, deren Erinnerungen und Erfahrungen in einem langwierigen therapeutischen Prozess zusammengebracht werden müssen.

Das Konzept der Dissoziativen Identitätsstörung – insbesondere in Verbindung mit Satanismus-Schilderungen – ist stark umstritten. Sowohl im englisch- wie auch im deutschsprachigen Raum ist eine polarisierte Debatte um die Thematik entstanden, deren Akteure auf der einen Seite davon ausgehen, dass die Schilderungen aus den wiedergewonnenen Erinnerungen der Realität entsprechen, und auf der anderen Seite, dass es sich dabei nur um vermeintliche Erinnerungen handelt, die zwar traumatische Ereignisse repräsentieren können, nicht jedoch eine objektive Wahrheit abbilden.[21] Da sich die Schilderungen nicht verifizieren lassen, ist ihre Authentizität letztlich eine Glaubenssache und eine Aushandlung dessen, was als soziale Realität anerkannt wird und was nicht.

Für die Opfer, die von diesen höchst traumatisierenden Ereignissen berichten, sind die Erinnerungen Teil ihrer Realität. Für sie ist es – genauso wie für ihre Therapeuten und andere Menschen, die ihnen Glauben schenken – eine unhaltbare Situation, wenn ihre Darstellungen von Kritikern und Wissenschaftlern als Konstruktionen, Pseudoerinnerungen oder Verschwörungstheorien beurteilt werden. Der Streit um die objektive Wahrheit ist gebunden an die heikle und politisch hoch brisante Frage nach der Glaubwürdigkeit von Opferschilderungen. Subjektive Erinnerungen und subjektiv empfundenes Leid stehen hier Theorien über die Entstehung von falschen Opfererzählungen gegenüber.

Unter dem Aspekt der Erzählung lassen sich Aussteigerberichte von Satanisten als Fortsetzungen und Auffrischungen eines Hexenmusters erklären, das typisch für den westlichen Kulturraum ist: Schon immer wurden Sündenböcke in Gestalt einzelner Personen, in Form von Gruppen oder Ethnien gefunden, denen vorgeworfen wurde, mit dem Teufel im Bunde zu sein. Sie konnten somit verantwortlich gemacht werden für unaufgeklärte Verbrechen, Schicksalsschläge oder unerklärliche Vorkommnisse. Im Laufe der Geschichte führte dies immer wieder zur Stigmatisierung und Verfolgung bestimmter Gruppen, wie etwa der Juden, Freimaurer, „Hexen" oder „Zigeuner".[22] Die Geschichten der Satanismusopfer führen dieses Erzählmuster fort, allerdings mit dem Unterschied, dass die Satanisten letztlich unidentifizierbar sind. Sie werden als Verbund undurchdringlicher mafiaartiger Organisationen beschrieben, die sich hauptsächlich auf Kinderpornografie und Drogenhandel spezialisiert haben. Die Darstellung der Tätergruppe mit den Komponenten „Kinderschänder" und „organisiertes Verbrechen" verweist auf Aspekte, die heutzutage als das Böse und Bedrohliche schlechthin wahrgenommen werden. Als Mitglieder der Satanistenorganisationen und konkrete Einzeltäter identifizieren die Opfer meist enge Verwandte, Bekannte oder Vertrauenspersonen, sodass die völlige Hilflosigkeit und das Ausgeliefertsein des Kindes besonders deutlich werden. Letztlich handelt es sich um Darstellungen von Opfern kindlichen Missbrauchs, die um die Komponente des Satanismus gesteigert werden.

Diesen Schilderungen nicht zu glauben ist ein deutlicher Affront – ihnen zu glauben bedeutet, die Strukturen eines angeblich organisierten Satanismus zu akzeptieren, für dessen Existenz es keine Beweise gibt. Die Konstruktionswege einer solchen Darstellung von Satanismus lassen sich mit verschiedenen Ansätzen erklären. Sie lassen sich zum Beispiel als iatrogen, also im therapeutischen Kontext erzeugte Muster begreiflich machen, die durch den Gesprächsaustausch von Patienten in Gruppentherapien entstanden sind. Ebenso lassen sie sich durch den Einfluss erklären, den populäre und durch die Medien verbreitete Erzählungen über Satanismus formen.[23] Dass solcherlei Erklärungen für die Dramatik des konkreten Einzelfalls unbefriedigend sind und für Patienten wie Therapeuten nur schwer zu akzeptieren, ist wiederum ebenfalls verständlich.

Ausblick Das Thema des „Sektenein- und -ausstiegs" polarisiert und häufig treffen wir auf widersprüchliche Aussagen. Populäre Darstellungen und Schilderungen von Betroffenen stehen wissenschaftlichen Untersuchungen gegenüber, Einzelschicksale unterscheiden sich von statistischen Mittelwerten und greifbare Sachverhalte widersprechen Berichten von Betroffenen. Oft stehen Diskussionen um die Freiwilligkeit des „Sekteneinstiegs" im Vordergrund, in denen es darum geht, wie stark Menschen manipuliert und beeinflusst werden können. Konzepte der Gehirnwäsche durch Neue Religiöse Bewegungen steigern sich hier bis zu Vorstellungen über die Möglichkeit der Erschaffung abgespaltener Persönlichkeiten im Kontext von Satanismus. Schilderungen der Erlebnisse in der „Sekte" und besonders während des „Ausstiegs" sind nicht nur geprägt vom tatsächlichen individuellen Erleben, sondern auch von kulturellen Vorstellungen darüber, wie eine Dekonversion aus Neuen Religiösen Bewegungen zu sein hat. Dies führt dazu, dass auch Berichte über den Ausstieg aus satanistischen Vereinigungen glaubwürdig erscheinen, für deren Wahrheitsgehalt es ansonsten keine Beweise gibt.

Um Diskrepanzen zu überwinden, ist eine mehr sachlich orientierte Aufklärung der Sekten-Thematik wünschenswert, die von einer pauschalen Verurteilung oder Ablehnung absieht und differenziertere Informationen bietet. Eine Sensibilisierung für Begrifflichkeiten wie „Sekte" oder „Aussteiger" könnte hier ein erster Schritt sein. Wichtig ist aber genauso, die einzelnen Schicksale von ehemaligen Mitgliedern ernst zu nehmen und individuelle Hilfestellungen zu bieten, wo Hilfe gebraucht wird.

[1] Lorne L. Dawson, „Who Joins New Religious Movements and Why: Twenty Years of Research and What Have We Learned?", in: Dies. (Hg.): *Cults and New Religious Movements. A Reader.* Malden 2003, S. 117.

[2] Vgl. besonders: Deutscher Bundestag, *Endbericht der Enquete-Kommission, „Sogenannte Sekten und Psychogruppen",* Bonn 1998. Heinz Streib et. al., *Deconversion. Qualitative and Quantitive Results from Cross-Cultural Research in Germany and the United States of America.* Göttingen 2009.

[3] Deutscher Bundestag, Endbericht Enquete-Kommission (wie Anm. 2), S. 384 ff.

[4] Dawson, Who Joins New Religious Movements (wie Anm. 1), S. 119.

[5] Ebd.

[6] Dawson, Who Joins New Religious Movements (wie Anm. 1), S. 121.

[7] Dawson, Who Joins New Religious Movements (wie Anm. 1), S. 119–22.

[8] Dawson, Who Joins New Religious Movements (wie Anm. 1), S. 120.

[9] James T. Richardson, „A Critique of 'Brainwashing' Claims About New Religious Movements", in: Lorne L. Dawson (Hg.); *Cults and New Religious Movements. A Reader.* Malden 2003, S. 164.

[10] Stuart A. Wright, „Leaving New Religious Movements. Issues, Theory and Research", in: David Bromley (Hg.), *Falling from the Faith. Causes and Consequences of Religious Apostasy.* Newbury Park 1988, S. 143.

[11] Deutscher Bundestag, Endbericht Enquete-Kommission (wie Anm. 2), S. 389.

[12] Daniel C. Johnson, „Apostates Who Never Were. The Social Construction of Absque Facto Apostate Narratives", in: David G. Bromley (Hg.), *The Politics of Religious Apostasy. The Role of Apostates in the Transformation of Religious Movements.* Westport 1998, S. 118 f.

[13] George D. Chryssides, „The Anti-Cult Movement" in: Christopher Partridge, *Encyclopedia of New Religions. New Religious Movements, Sects and Alternative Spiritualities.* Oxford 2004, S. 75 f.

[14] John D. Barbour, *Versions of Deconversion. Autobiography and the Loss of Faith.* Charlottesville 1994, S. 178 f.

[15] George D. Chryssides, Anti-Cult Movement (wie Anm. 13)

[16] Vgl. z. B. Darstellungen bei: Margret Thaler Singer und Janja Lalich, *Sekten. Wie Menschen ihre Freiheit verlieren und wiedergewinnen können.* Heidelberg 1997. Oder Infoflyer: Berufsverband Deutscher Psychologinnen und Psychologen e.V., *Was eine alternativ-spirituelle Gruppe zum destruktiven Kult macht.* (http://www.bdp-verband.de/bdp/archiv/psychokulte.pdf)

[17] Vgl. für die folgenden Darstellungen: Melanie Möller, *Satanismus als Religion der Überschreitung. Transgression und stereotype Darstellung in Erfahrungs- und Aussteigerberichten.* Marburg 2007.

[18] Vgl. z. B. Lukas, *Vier Jahre Hölle und zurück.* Bergisch Gladbach 2011.

[19] Vgl. als Beispiel einer solchen Geschichte: Ulla Fröhling, *Vater Unser in der Hölle.* Bergisch Gladbach 2011.

[20] Sherill Mulhern, „Satanism and Psychotherapy. A Rumour in Search of an Inquisition", in: James T. Richardson et al. (Hg.), *The Satanism Scare.* New York 1991, S. 150.

[21] Vgl. Ina Schmied-Knittel, *Satanismus und Ritueller Missbrauch. Eine wissenssoziologische Diskursanalyse.* Würzburg 2008.

[22] Möller, Satanismus als Religion der Überschreitung (wie Anm. 17), S. 16 ff.

[23] Vgl. Jean LaFontaine, „Satanism and Satanic Mythology", in: Bengt Ankarloo, Stuart Clark (Hg.), *Witchcraft and Magic in Europe. The Twentieth Century.* London 1999, S. 130 f.

Niko Alm
Katholik (formal) – Atheist

Der österreichische Unternehmer und Aktivist Niko Alm wurde 1975, formal als Katholik, geboren, sagt jedoch über sich: „Ich bin nie von einer Religion abgefallen, sondern Atheist von Geburt an. Ich habe nie an etwas Übernatürliches geglaubt und bin völlig unspirituell. Formal war ich römisch-katholisch, aber das ist nicht meine Schuld."

Schon bald wurde Alm in Österreich als lautstarker Bekämpfer von Kirchenprivilegien bekannt und publizierte in Zeitungen sowie auf seinem Blog für die Trennung von Staat und Religion.

Im Juli 2011 sorgte er für Aufsehen, als in zahlreichen Medien ein Bild seines Führerscheins abgedruckt wurde, auf dessen Foto er ein Nudelsieb als „religiöse Kopfbedeckung" trägt. Das Nudelsieb verweist auf die Religion des „Fliegenden Spaghettimonsters", die 2005 vom amerikanischen Physiker Bobby Henderson als Religionsparodie gegründet wurde. Anlass für die Gründung war die Aufnahme des Kreationismus in die Biologie-Lehrpläne des Bundesstaates Kansas als eine der Evolutionstheorie gleichwertige beziehungsweise sogar als die einzig wahre Lehre. Die Sympathisanten der Religion des „Fliegenden Spaghettimonsters" werden auch als Pastafari bezeichnet. Die Pastafari sind eine weltweit rasch anwachsende Gruppe, was auf die schnellen Verbreitungsmöglichkeiten des Internets und hier vor allem auf eine von der gespielten Ernsthaftigkeit der Religionsparodie begeisterte Bloggerszene zurückgeführt wird. HS

Führerschein; Privatbesitz von Niko Alm

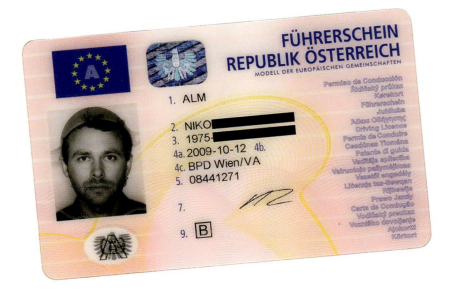

Nudelsieb; Privatbesitz von Niko Alm

Robert K. (Pseudonym)
Katholik – Scientologe – „Freezoner"

Der Wiener Freiberufler Robert K. stammt aus einem katholischen Elternhaus. Da er während seines Studiums mit Lernproblemen zu kämpfen hatte, belegte er Kurse bei Scientology. Sein danach folgender Beitritt führte zu zahlreichen Problemen mit seiner Familie, auch weil K. immer Geld für weitere Kurse brauchte. Streit und Kontaktabbruch waren die Folge. Nach einigen Jahren wanderte er gemeinsam mit anderen Unzufriedenen in die „Freie Zone" ab. Die „Freie Zone" war 1982 gegründet worden und konstituierte sich aus abgefallenen und ausgeschlossenen Mitgliedern von Scientology, auf deren Führungsebene ein umstrittener Machtwechsel stattgefunden hatte. Umgehend wurden die „Freezoners" zu „unterdrückerischen Personen" erklärt.

Heute wird die Bezeichnung auf alle „freien Scientologen" angewandt, die sich nicht sklavisch auf Lehre und Techniken des Science-Fiction-Autors und Kirchengründers Ron L. Hubbard berufen, und von der offiziellen Organisation als feindlich eingestuft werden. Demgemäß gibt es mehrere „freie Zonen", zwischen denen auch Spannungen bestehen.
Robert K. sagt von sich, er könne auch ohne Hubbard und E-Meter Scientologe sein und ist „Geistlicher" in der „Freien Zone" HS

The Management Series Volume 1. Data Series, Establishment Officer Series, Organizing Series, Target Series, by L. Ron Hubbard.
The Management Series Volume 2. Admin Know-How Series, Executiv Series, Marketing Series, Personell Series, Public Relations Series, Finance Series by L. Ron Hubbard.
The Executive Course. An Encyclopedia of Scientology Policy, by L. Ron Hubbard, Basic Staff Volume 0.
The Volunteer Minister's Handbook, by L. Ron Hubbard.
Im komplexen Studienplan von Scientology sind diese Bücher lange Zeit geheim und dürfen erst ab der dritten Operating-Thetan-Stufe gekauft und gelesen werden. Die Lehren der OT-Stufen beinhalten die transzendenten Botschaften von Scientology, in den vorhergehenden Clear-Stufen werden eher traumatische Ereignisse der Mitglieder bearbeitet.

Von der Tora zum Dharma – und wieder zurück?
Jüdische Konvertiten zum Buddhismus und das „JuBu"-Phänomen
Frank Drescher

Vor ziemlich genau 120 Jahren begann der Buddhismus, als religiöse Lebenspraxis in den Ländern des Westens Fuß zu fassen und langsam, aber stetig heimisch zu werden. Der erste historisch belegte Konvertit auf US-amerikanischem Boden, Charles T. Strauss, erklärte 1893 auf dem World's Parliament of Religions in Chicago öffentlich seinen Übertritt und legte in einer kleinen, feierlichen Zeremonie vor einem asiatischen Meister die buddhistischen Gelübde ab. Strauss stammte aus New York und war der Sohn jüdischer Eltern.[1] Seit diesem Schlüsselereignis scheint der Buddha-Dharma, die „Lehre des Erleuchteten", eine bemerkenswerte Anziehungskraft auf zahlreiche Juden auszuüben. So verdankt der Buddhismus seine Umformung und Verbreitung im Westen auch einigen Vermittlern mit jüdischem Hintergrund: Philipp Kapleau, Bernard Glassman, Nyanaponika Mahathera, Ayya Khema, Jack Kornfield, Joseph Goldstein, Sharon Salzberg, Sylvia Boorstein, Rabbi Alan Lew, Nathan Katz, Lama Surya Das, Thubten Chödron, um nur einige zu nennen.

Schaut man heute in die buddhistischen Zentren der großen Metropolen an Ost- und Westküste der USA, so wird man feststellen, dass bis zu dreißig Prozent ihrer Mitglieder jüdischer Abstammung sind.[2] Der bekannte, aus Tibet stammende buddhistische Meister Chogyam Trungpa scherzte einmal, dass sich unter seinen Schülern so viele Juden befänden, dass er eine eigene buddhistische Schulrichtung gründen könne, nämlich die „Oy Vey School of Buddhism".[3]

Einige dieser Mitglieder in den Zentren behaupten von sich, „leidenschaftliche Buddhisten" und zugleich „gläubige Juden"[4] zu sein. Dieses Phänomen der „jüdischen Buddhisten" ist seit dem Boom östlicher Weisheitslehren in den 60er- und 70er-Jahren des 20. Jahrhunderts so auffällig und verbreitet, dass sich in den USA für sie sogar eine eigene, wenn auch nicht ganz unumstrittene Bezeichnung eingebürgert hat: „JuBus" oder „JewBus" als Kurzform für „Jewish Buddhists".

Sogar in den jüdischen Humor hat das lebhafte Interesse vieler Juden am Buddhismus seinen Eingang gefunden:

„Eine betagte jüdische Dame beschließt auf ihre alten Tage, in den Himalaya zu reisen und einen berühmten buddhistischen Lama aufzusuchen. Alle wollen es ihr ausreden, ihre Familie, die Mitglieder ihrer Gemeinde, aber sie bleibt dabei: Sie will nach Tibet!

Sie macht sich also auf die Reise, landet nach Stunden mit dem Flieger in Lhasa, reist weiter mit einem alten, schrottreifen Bus über Schotterstraßen, bis es nicht mehr geht, und nimmt dann zu Fuß den beschwerlichen Aufstieg bis zu dem entlegenen Bergkloster des Lamas auf sich. Dort angekommen, wird sie am Eingang erst einmal abgewiesen, bleibt aber hartnäckig. Sie nimmt ein langwieriges und kompliziertes Reinigungsritual auf sich, fastet, schweigt und meditiert tagelang, bis die Mönche endlich Erbarmen mit ihr haben und sie zum Lama vorlassen. Der Mönch, der sie zur großen Halle mit dem Thron des Lamas begleitet, macht sie mit dem Protokoll und den Ritualen vertraut und ermahnt sie, dass sie nur vier Worte sprechen dürfe. Sie willigt ein. Zwei große, schwere Bronzetore öffnen sich und sie schreiten unter vielen Verbeugungen längs durch die Halle auf einen großen, goldenen Buddha zu. Davor sitzt, in ein safranfarbenes Gewand gehüllt, der berühmte Lama mit verschränkten Beinen auf einem goldenen Podest und ist in tiefe Meditation versunken. Beherzt geht die alte Dame auf ihn zu, gibt ihm eine schallende Ohrfeige und sagt: ‚Moischele, komm endlich heim!'"[5]

Auf den ersten Blick erscheinen die enorme Anziehungskraft des Buddhismus auf Juden seit seiner Ankunft als praktizierte Religion im Westen und insbesondere das synkretistische JuBu-Phänomen unter den „Babyboomern" reichlich paradox, handelt es sich bei Buddhismus und Judentum doch um zwei sehr alte, vollkommen eigenständige, Kultur prägende Religionen, deren Lehren und Praktiken sich in vielen Bereichen nicht nur widersprechen, sondern sogar gegenseitig auszuschließen scheinen.

Wie lässt sich die „Zuflucht zum Buddha" mit den ersten beiden Geboten des Dekalogs verbinden? So fragt denn auch Hannes Stein 2008 in einem Beitrag in der *Jüdischen Allgemeinen* reichlich provokant: „Wie hält man seiner jüdischen Abstammung die Treue und stellt zugleich eine nette geschnitzte Götzenstatue auf, die den ‚Erleuchteten' zeigt?"[6]

Verstärkt wird das Paradox durch die Tatsache, dass gerade das jüdische Volk seit mehr als 2000 Jahren dem Assimilationsdruck in der Diaspora und den nicht immer gewaltfreien Missionierungsambitionen seiner nicht jüdischen Nachbarn mehr oder minder erfolgreich standgehalten hat. Und doch gelingt es dem Buddhismus, bei vielen die Scheu vor der Konversion zu überwinden. Zudem spielten Juden seit der Ankunft des Buddhismus als religiöse Lebenspraxis im Westen bei dessen Verbreitung eine maßgebliche Rolle.

Wer ist ein JuBu? Buddhismus und Judentum sind zwei komplexe und facettenreiche Religionen, die sich über Jahrtausende entwickelt und in die verschiedensten Richtungen entfaltet haben. Und wahrscheinlich gibt es so viele Buddhismen und Judentümer, wie es Buddhisten und Juden gibt. Beim Begriff JuBu kommt erschwerend hinzu, dass nicht jeder, der dieses Label verpasst bekommt, dieses auch tragen möchte. Dies ist zum Beispiel bei Rabbi Alan Lew und dem jüdischen Religionswissenschaftler und Buddhismusexperten Professor Nathan Katz der Fall, die beide einige Jahre lang überzeugte und praktizierende Buddhisten waren und über diesen Umweg zu einer observant-jüdischen Lebensweise zurückgefunden haben. Alan Lew hatte, auch nachdem er ein konservativ-jüdischer Rabbiner wurde, bis zu seinem Tod seine Meditationspraxis beibehalten und wurde als „Zen-Rabbi" bekannt.[7] Obwohl er zehn Jahre seines Lebens in einem Zen-Kloster zugebracht hatte, wollte er nach seiner Teschuwa, seiner Rückkehr zum Judentum, nicht mehr als Buddhist bezeichnet werden und vertrat die Auffassung, dass man keiner von beiden Religionen gerecht werde, wenn man sie in der spirituellen Praxis vermenge.[8] Aus diesem Grund lehnte er auch den Begriff JuBu für sich ab. Ähnlich geht es Katz, der zwar immer noch Achtsamkeitsübungen in sein spirituelles Leben einbezieht, sich heute aber nur noch als orthodoxen Juden sieht.[9] Der kanadische Musiker Pemi Paul hingegen, der eine orthodox-jüdische Bar-Mitzwa hatte und sich durchaus als Jude und Buddhist zugleich versteht, zieht hingegen den Begriff „BuJu" vor: „Buddhist Jew".

Woher stammt der Begriff JuBu? Allgemein bekannt gemacht wurde er 1994 von Rodger Kamenetz in seinem Bestseller *The Jew in the Lotus*. Kamenetz führte ihn auf den jüdisch-amerikanischen Augenarzt Marc Lieberman zurück, welcher sich in einem Gespräch ihm gegenüber als JUBU[10] bezeichnet hatte. Lieberman sagt von sich, er habe „jüdische Wurzeln und buddhistische Flügel",[11] und möchte damit zum Ausdruck bringen, dass er beide Religionen in gleicher Weise in sein Leben integriert hat und beide seine Spiritualität auf ihre je eigene Weise bereichern. Damit ist er einer von jenen Juden in den USA, die beide Religionen mit unterschiedlichen Gewichtungen praktizieren und deren genaue Anzahl niemand kennt.[12]

Wer gilt als Jude, ab wann ist man ein Buddhist und wie wird man zum JuBu? Wer Jude im Sinne der Halacha ist, des jüdischen Religionsgesetzes, lässt sich noch relativ leicht beantworten. Jonathan Magonet, ein bekannter Reformrabbiner in Großbritannien, hält fest, „dass mindestens zwei Komponenten die jüdische Identität bestimmen – die ethnische und die religiöse. ... Jude ist: jemand mit einer jüdischen Mutter oder jemand, der durch eine anerkannte religiöse Autorität zum Judentum konvertiert ist."[13] Damit schließt der Begriff streng genommen jene Menschen aus, die in väterlicher Linie einen jüdischen Hintergrund haben oder von Juden adoptiert wurden, ohne den formellen Übertritt vollzogen zu haben. Dies betrifft zum Beispiel Steven Seagal, Robert Downey Jr. und Orlando Bloom, welche gelegentlich als JuBus aufgeführt werden.[14] Hingegen können Allen Ginsberg, Goldie Hawn, Jake Gyllenhaal und der erst kürzlich verstorbene Adam Yauch von den Beastie Boys ohne Weiteres als JuBus gelten, wenn sie diese Bezeichnung denn für sich akzeptieren wollen.

Schwieriger hingegen ist es zu sagen, wer oder ab wann man ein Buddhist ist. Reicht es dazu, eine Buddha-Figur zu besitzen und buddhistische Literatur zu lesen? Oder wird man durch Zen-Meditation und Achtsamkeitsübungen zum Buddhisten? Oder reicht es, in welcher Weise auch immer, an die Lehre des Buddha zu glauben? Oder muss man nicht doch einer Gemeinschaft, einem „Sangha", beitreten und feierlich die buddhistischen Gelübde ablegen? Im Westen bleibt es wohl eine Frage der Selbstzuschreibung, ob man Buddhist ist oder nicht, und die Übergänge sind individuell sehr verschieden.

Am Ende scheint der Begriff JuBu von einer gewissen Beliebigkeit, ganz gleich, ob man ihn nun für sich selbst wählt oder ob einem andere dieses Label „anheften". Ohnehin empfangen viele Juden vom Buddhismus geistliche Impulse, ohne jedoch allzu tief in die religiöse Praxis einzutauchen.[15] Daher lohnt sich die kritische Frage, ob die „echten" JuBus im Sinne einer bewusst gelebten spirituellen Synthese zweier Religionen wirklich eine nennenswerte Gruppe innerhalb der jüdischen Buddhisten bilden, oder ob sie nicht doch nur ein kleines Randphänomen innerhalb einer mehr oder minder großen Gruppe „echter" Buddhisten darstellen, die zufällig in einer jüdischen Familie aufgewachsen sind, denen jedoch wegen ihrer Kuriosität von den Medien besondere Beachtung zuteilwird. Genaue Zahlen existieren leider nicht.

Professor Katz schlägt als Kurzdefinition schlicht Folgendes vor: JuBu sei, wer seine jüdische Herkunft und Identität neben einer buddhistischen Praxis bejahe. Für die übrigen benötige man keinen gesonderten Begriff, sie seien lediglich „Buddhisten mit einem jüdischen Hintergrund".[16] Und es bleibt die eingangs genannte Erkenntnis, dass die Letztgenannten einen Beitrag zur Verbreitung des Buddhismus im Westen geleistet haben, der kaum überschätzt werden kann.

Wie aus „Buddhisten mit einem jüdischen Hintergrund" allmählich JuBus wurden

Angesichts des auffälligen Phänomens der zahlreichen Buddhisten jüdischer Abstammung in den USA gerät leicht aus dem Blick, dass bis Mitte der 1930er-Jahre auch deutsche Juden eine ausgesprochen hohe Affinität zu buddhistischen Lehren und Praktiken hatten. Und ihr Beitrag zur Rezeptionsgeschichte des Buddhismus in Deutschland ist, gemessen an ihrem Anteil von weniger als einem Prozent an der damaligen Gesamtbevölkerung, überproportional hoch, etwa ein Drittel der deutschen Buddhisten war als Juden geboren worden.[17] Diese Entwicklung wurde jedoch durch die Schoa nachhaltig unterbrochen, viele deutsche Buddhisten jüdischer Abstammung wurden ermordet oder zur Emigration gezwungen.[18] Aus diesem Grund konnte sich während der „Buddhismus-Welle" zwischen 1965 und 1975 auch kein deutsches JuBu-Phänomen entfalten.

Zu den Wegbereitern des Buddhismus im deutschsprachigen Raum gehörten der aus jüdischer Tradition stammende Asienkenner und Gelehrte Karl Eugen Neumann (1865–1915) sowie der vom Judentum zum Buddhismus konvertierte Mathematiker und Ingenieur Friedrich Zimmermann (1851–1917), welcher im Jahr 1888 einen „buddhistischen Katechismus" veröffentlichte.[19] Weitere aus Deutschland stammende jüdische Konvertiten waren Sigmund Feninger (1901–1994), besser bekannt unter seinem Dharma-Namen Nyanaponika,[20] sowie die aus einer sehr wohlhabenden, vollkommen assimilierten Familie stammende buddhistische Nonne Ayya Khema,[21] die als Ilse Kussel in Berlin geboren worden war (1923–1997). Im Gegensatz zu Nyanaponika hielt sie in späteren Lebensjahren bewusst an einer jüdischen Identität und Lebensweise fest und sah hierin auch keinen Widerspruch zu ihrem Leben als Theravada-Nonne.[22] Ayya Khema hatte eine exzellente Ausbildung erhalten und auf der Flucht aus dem nationalsozialistischen Deutschland in Asien und den USA sowohl das orthodoxe Judentum als auch den Buddhismus kennengelernt. Nach einer Phase der Sinnsuche und der ebenso breiten wie intensiven Lektüre spiritueller Schriften aus den verschiedenen religiösen Traditionen, auch der Kabbala, wurde sie schließlich Ende der 1970er-Jahre in Sri Lanka zur buddhistischen Nonne ordiniert. In den Jahren darauf bis zu ihrem Tod entwickelte sie eine rege Reise- und Lehrtätigkeit und ließ sich schließlich in dem 1989 im Allgäu gegründeten Buddha-Haus nieder. Wenn es jemals so etwas wie eine(n) deutschsprachige(n) JuBu durch die fruchtbare Synthese zweier religiöser Lebensweisen gab, dann mag sie diejenige gewesen sein.

Das US-amerikanische JuBu-Phänomen ist ein Kind der späten 60er- und 70er-Jahre des vergangenen Jahrhunderts. Seine Wegbereiterin war die Beat Generation, die sich besonders dem japanischen Zen zuwandte, und beeinflusst durch den jüdischstämmigen

Dichter und bekennenden Buddhisten Allen Ginsberg (1926–1997) erfuhren buddhistische Lehren und Praktiken in den Ländern des Westens einen Boom. Vajrayana- und Theravada-Lehrer aus Tibet und Südostasien reisten in den Westen und der Buddhismus nahm allmählich die Rolle einer politisch-religiösen Gegenkultur ein: Er galt als erfahrungsbezogen und historisch unbelastet, als friedfertig, tolerant und undogmatisch. So bot er gerade jungen Menschen eine willkommene Alternative zur sogenannten christlich-abendländischen Kultur mit ihrer Gewaltgeschichte und verhalf zur Schaffung einer neuen, positiven Identität in Abgrenzung zur Elterngeneration.Bis dahin traten Juden noch unter Aufgabe ihrer „Yiddishkeit" zum Buddhismus über, wie etwa der eingangs erwähnte Charles T. Strauss oder der bekannte und einflussreiche Zen-Meister Philipp Kapleau (1912–2004). Bernard „Bernie" Glassman (geb. 1939) gehört bereits zur Generation des Übergangs zum JuBu-Phänomen. Aus einem säkularen, sozialistisch orientierten Elternhaus stammend, suchte er sich 1967 nach der Lektüre von Kapleaus *Die drei Pfeiler des Zen* einen Zen-Lehrer, der ihm 1976 die Dharma-Übertragung und 1995 die Anerkennung zum Roshi, zum Zen-Meister, verlieh. Durchaus jüdisch inspiriert, gilt er als einer der provozierendsten und bekanntesten Vertreter des „Engaged Buddhism"[23], des „sozial engagierten Buddhismus", und veranstaltet jährliche Zen-Retreats in Auschwitz-Birkenau,[24] an denen auch einige Rabbiner teilnehmen, welche jüdische Riten vollziehen und das Kaddisch, das jüdische Gebet für die Toten, sprechen.[25] Eine Verschmelzung von meditativen Praktiken mit einer observant-jüdischen Lebensführung hat schließlich die aus haredischem Hause stammende klinische Psychologin Brenda Shoshanna über viele Jahre hinweg vollzogen.[26] Zusammen mit dem bereits genannten Rabbi Alan Lew (1943–2009) vertreten diese vier jüdischen Buddhisten die Zen-Richtung innerhalb des Mahayana-Buddhismus.

Dem Theravada-Buddhismus, besser bekannt als „Hinayana", gehören die drei bekannten Meditationslehrer Sharon Salzberg (geb. 1952), Jack Kornfield (geb. 1945) und Joseph Goldstein (geb. 1944) an, die zwar aus jüdischen Familien stammen, aber eindeutig dem Buddhismus zuzurechnen sind. Sylvia Boorstein (geb. 1939 in Brooklyn) gehört ebenfalls dieser Richtung an, hat aber durch ihre buddhistische Praxis nach einer Phase der Entfremdung einen neuen Zugang zu ihrer orthodox-jüdischen Lebensweise gewonnen. Ihre spirituelle Entwicklung schildert sie in dem Buch *That's Funny, You Don't Look Buddhist, On Being a Faithful Jew and a Passionate Buddhist.*[27]

Die dritte große Gruppe unter den Buddhisten mit jüdischem Hintergrund praktiziert den Vajrayana des tibetischen Lamaismus und ist besonders durch das Wirken des Dalai Lama beeinflusst. Ihr gehören einige in den USA bekannte Persönlichkeiten wie Alexander Berzin, Lama Surya Das, Lama John Makransky, Geshe George Dreyfus und die tibetische Nonne Thubten Chödron an.[28] In dieser Gruppe gibt es eine starke Solidarisierung mit dem tibetischen Volk, da man glaubt, Parallelen zur eigenen jüdischen Geschichte zu erkennen. So werden von „tibetischen" JuBus jährlich Seder-Abende gefeiert, an denen auch tibetische Mönche und Nonnen teilnehmen und für die eigene Riten entwickelt wurden.[29] In der Regel enden diese Feiern mit dem hoffnungsvollen Ausruf: „Leschana habaa be-Yeruschalayim!" und „Leschana habaa be-Lhasa!" – „Nächstes Jahr in Jerusalem, nächstes Jahr in Lhasa!"[30]

In gewisser Hinsicht wird das Interesse vieler Juden am tibetischen Buddhismus vom Dalai Lama erwidert. So lud er im Jahr 1990 acht namhafte jüdische Gelehrte verschiedener Richtungen zu einem intensiven Austausch in seine Residenz nach Dharamsala ein,[31] nicht zuletzt um in Erfahrung zu bringen, wie es Juden geschafft haben, beinahe 2000 Jahre des Exils zu überdauern und dabei ihre ethnische und religiöse Identität zu bewahren. Davon erhoffte er sich Impulse für das religiöse und kulturelle Überleben der vielen Exil-Tibeter. Diese Reise wurde übrigens von Marc Lieberman organisiert, dem schon erwähnten ersten bekennenden JuBu.

Seit etwa zwanzig Jahren gibt es ein drittes Land mit einer nennenswerten jüdischen Bevölkerungsdichte, in welchem sich der Buddhismus allmählich niederlässt: Israel.[32]

Zwar war bereits David Ben-Gurion sehr an östlicher Philosophie interessiert und hat auch Meditationsübungen praktiziert, doch hat es so etwas wie jüdische Buddhisten in Israel über Jahrzehnte niemals gegeben. Das liegt vor allem an den speziellen Gesetzen in Israel in Bezug auf Einwanderung und Erwerb der Staatsbürgerschaft, welche in erster Linie an Juden aus aller Welt ausgerichtet sind. Besucher und Arbeitskräfte aus asiatischen Ländern bleiben in der Regel nur für eine begrenzte Zeit, sodass sie keine buddhistischen Gemeinden – zumindest keine von Dauer – gegründet haben, die auch von interessierten Israelis hätten besucht werden können. Zwar gab es in den 1960er- und 1970er-Jahren ein von einem japanischen Meister gegründetes Zen-Zentrum mit Namen „Kibutsu-ji", es hatte jedoch keinen Bestand.[33]

Seit einiger Zeit ist es unter jungen Israelis üblich geworden, nach ihrem Militärdienst psychischen Abstand zu ihren Erfahrungen als Besatzungssoldaten oder im Krieg zu suchen. Sie reisen mit dem Rucksack durch Indien, Thailand, Nepal und andere asiatische Länder, wo sie mit den einheimischen Religionen in Kontakt kommen und dabei auch Interesse an diesen Traditionen entwickeln. Seit den 1990ern reisen auch buddhistische Meister nach Israel, um dort vor Anhängern zu sprechen und die Gründung buddhistischer Zentren zu unterstützen. Der Dalai Lama bereiste Israel in den Jahren 1994 und 2000. Viele junge Israelis zeigen sich beeindruckt von den hohen ethischen Prinzipien des tibetischen Buddhismus und dem Einsatz des Dalai Lama für Gewaltfreiheit. Hiervon erhoffen sie sich Alternativen im andauernden Konflikt mit ihren arabischen Nachbarn – oder ganz persönlich so etwas wie eine innere Reinigung.

Im Jahr 1997 reiste auch der weltbekannte vietnamesische Zen-Meister Thich Nhat Hanh (geb. 1926) nach Israel und begleitet seither die Gründung von nicht weniger als neun buddhistischen Gemeinden im Heiligen Land. Ein tibetischer Meister, welcher gebürtiger Däne ist, ließ sich 1999 in Israel nieder und gründete vier buddhistische Zentren seiner Schulrichtung. Es folgten Meister aus Japan und Korea, die ebenfalls Meditationszentren aufbauten.[34] Inzwischen haben sich auch andere, lose Gemeinschaften der verschiedenen Richtungen zusammengefunden, die allerdings schwer zu finden und in ihrer Entwicklung zu beobachten sind, da sie in keinem Telefonbuch oder sonstigen Registern auftauchen.

Jedem dieser Zentren gehören zwischen zehn und 25 Personen an, mit steigender Tendenz. Damit ist der Buddhismus, gemessen an den 7,6 Millionen Einwohnern Israels, noch eine verschwindend kleine Größe in der religiösen Landschaft, aber das kann sich in den kommenden Jahren ändern. Zwar gibt es von staatlicher Seite gewisse Restriktionen, beispielsweise besteht seit 1977 ein Gesetz, das die Missionierung von Juden in Israel untersagt, und auch religiöse Zentren können nicht ohne Weiteres gegründet werden, es gibt nur eine Handvoll Religionen, die überhaupt von staatlicher Seite anerkannt werden. Doch hat sich der Buddhismus in seiner langen Geschichte stets als äußerst anpassungsfähig gezeigt. Es wird also spannend sein, die Entwicklung in Israel im Blick zu behalten.

Was also macht den Buddhismus für Juden attraktiv? Die Gründe, warum der Buddhismus so viele Juden angezogen hat, sei es als Konvertiten, sei es als praktizierende JuBus, sind vielfältig und können hier nur kurz angerissen werden.

Vielen gilt der Buddhismus auch nicht als Religion, sondern als eine Lebensphilosophie oder, losgelöst vom weltanschaulichen Rahmen, als eine Praxis, die Stress reduziert, die Persönlichkeit stabilisiert und die Achtsamkeit schult. Außerdem ist er für viele Menschen im Westen positiv belegt. Er gilt als friedfertig und undogmatisch, und vor allem: es gibt keine Konfliktgeschichte zwischen Juden und Buddhisten.[35] Zu keiner Zeit waren Juden von buddhistischer Seite Gewalt, Verfolgung oder einer aggressiven Missionierung ausgesetzt. So haben jüdische Buddhisten auch nicht das beklemmende Gefühl, mit der Aufnahme einer buddhistischen Praxis die zahllosen Juden in der langen Leidensgeschichte ihres Volkes zu verraten, die Vertreibung, Marter und Tod auf sich nahmen, weil sie sich einem Übertritt zu einer anderen Religion verweigert hatten.Hinzu kommen allerlei Gemeinsamkeiten zwischen Judentum und Buddhismus, die als Anknüpfungspunkte dienen können. So betonen beide Religionen den hohen Wert von Erfahrung und Praxis im religiösen Leben. Für Juden bedeutet dies eine höhere Wertschätzung der Orthopraxie gegenüber der Orthodoxie im Alltag sowie die Erfahrung des Wirkens Gottes in der Geschichte des jüdischen Volkes.

Problematisch für Juden ist die rituelle Verehrung von Buddha-Figuren bei einigen Zeremonien, weil sie nach jüdischer Lehre „avoda zara" – „Götzenverehrung" – darstellt und als eine schwerwiegende Sünde angesehen wird. Das Verbot der Götzen- und Bilderverehrung ist so bedeutend, dass es als eines der sieben Noachidischen Gebote sogar für Nichtjuden als verbindlich angesehen wird. Dennoch wird die Verehrung von Buddha-Figuren von einigen Juden durchaus differenziert gesehen, denn nach buddhistischer Vorstellung gilt diese Form der Verehrung nicht dem historischen Buddha, der keine Gottheit ist und daher auch nicht angebetet werden kann. Sie gilt vielmehr der Buddha-Natur, die in jedem Lebewesen als Potenz ruht, die es zu verwirklichen gilt. Aus buddhistischer Sicht kann bei der Betrachtung eines jüdischen Gottesdienstes schließlich auch das Missverständnis aufkommen, dass Juden ihre Tora-Rollen rituell verehren:

„A rabbi once met a Buddhist monk. The monk invited the rabbi into his temple, but the rabbi refused, saying, 'I am not allowed to enter a house of idol worship'. The monk asked why. The rabbi answered, 'Because worshipping an object is an affront to God'. The monk took a small Buddha statue out of his pocket, looked at the rabbi with a calm smile and threw the statue onto the ground, smashing it to pieces. The monk asked the startled rabbi, 'Now tell me, would you do that with one of your Torah scrolls? If not, who is it that makes idols?' "[36]

Die konzeptionelle „Gottslosigkeit" des Buddhismus wird von jüdischer Seite nicht als „Atheismus", sondern als „Nichttheismus" verstanden. Somit wird in der Kombination von jüdisch-theistischer Identität und buddhistischer Praxis durch jüdische Buddhisten auch kein Widerspruch gesehen.

Beide Religionen besitzen eine optimistische Einstellung zur menschlichen Möglichkeit, an der eigenen Erlösung mitzuwirken. Im Buddhismus ist das Ziel die Verwirklichung der Buddha-Natur – durch zähes, beständiges Üben: „Es geht nicht darum, Buddhist zu werden, sondern Buddha zu sein", sagt/heißt es bei Thich Nhat Hanh. Im Judentum gilt die Auffassung, dass der Mensch einen wesentlichen Anteil am „tikkun olam", an der „Heilung" oder „Vervollkommnung der Welt", hat und durch getreues Befolgen der biblischen Gebote das messianische Zeitalter herbeizuführen vermag.

Buddhismus und Judentum sind sich, je nach Strömung, die man einander gegenüberstellt, viel ähnlicher, als auf den ersten Blick anzunehmen ist. Dies wirft noch einmal ein eigenes Bild auf die jüdischen Buddhisten und das JuBu-Phänomen, das innerhalb des institutionalisierten Judentums recht unterschiedlich aufgenommen wird. Der ultraorthodoxe Rabbiner Tzvi Freeman beispielsweise erklärt den Buddhismus für „nicht koscher". Wie auch immer Buddhisten die Verehrung von Bildern deuteten und definierten, es bleibe Götzendienst. Das Verbrennen von Weihrauch sei für jeden frommen Juden „entsetzlich", die „Zuflucht zu Buddha" für die jüdische Seele „eine Katastrophe".[37] Dies ist ein Verdikt, mit welchem er dem JuBu-Phänomen eine klare Absage erteilt.

Etwas differenzierter sieht es ein anderer haredischer Gelehrter, nämlich Rabbi Zalman Schachter-Shalomi, eine Galionsfigur der Jewish-Renewal-Bewegung und Mitglied eben jener jüdischen Delegation, die den Dalai Lama 1990 in Indien besucht hat.[38] Für ihn ist das JuBu-Phänomen ein Ausdruck der spirituellen Armut, die viele, gerade jüngere Menschen nach dem Zweiten Weltkrieg im Judentum empfunden haben und zum Teil auch heute noch wahrnehmen. Der synagogale Gottesdienst erscheint ihnen unzugänglich oder befremdlich, Vielzahl und Komplexität der Gebote überfordern sie, bestimmte Formen der Spiritualität wie Kontemplation und Meditation, die auch das Judentum zu bieten hat, wurden nicht mehr gepflegt. So begannen viele Juden der Nachkriegsgeneration, eine philosophisch-ethische Orientierung und geistliche Erfüllung in östlichen Religionen zu suchen. Wenn Juden sich dem Buddhismus zuwenden, dann bestärkt Schachter-Shalomi sie nicht, hält sie aber auch nicht davon ab. Denn oft genug entdecken sie im täglichen Vollzug einer buddhistischen Praxis ihre jüdische Identität wieder und finden einen neuen, ganz eigenen Zugang zu einer observant-jüdischen Lebensweise. Und bringen bei ihrer Rückkehr vom Dharma zur Tora – was beides so viel wie „Weisung, Gesetz" bedeutet – einen Schatz mit, der andere bereichern kann. So erging es schließlich auch Rodger Kamenetz, Sylvia Boorstein, Alan Lew, Nathan Katz und vielen, vielen anderen.

[1] Vgl. Rick Fields, *How the Swans Came to the Lake, A Narrative History of Buddhism in America*. Boston/MA, USA ³1992, S. 129.

[2] Vgl. Rodger Kamenetz, *The Jew in the Lotus, A Poet's Rediscovery of Jewish Identity in Buddhist India*. Paperback Plus Edition, New York 2007, S. 7 ff.

Genaue Zahlen liegen derzeit nicht vor, die letzten Erhebungen zum Thema „Jewish Buddhists" stammen aus den 1970ern, vgl. Judith Linzer, *Torah and Dharma, Jewish Seekers in Eastern Religions*. Northvale/NJ, USA 1996, S. 1. Vgl. hierzu auch Louis Sahagun, „At One With Dual Devotion, ‚JuBus'blend the communal rituals of Judaism with the quiet solitude of Buddhism, Most adherents are at peace with the paradox", in: *Los Angeles Times*, 2.5.2006: http://articles.latimes.com/2006/may/02/local/me-jubus2 (abgerufen am 17.5.2012)

Jüngere Erhebungen relativieren diese Zahlen allerdings und gehen unter den westlichen Konvertiten, allerdings in den gesamten USA, von weniger als sechs Prozent mit einem jüdischen Hintergrund aus. Vgl. hierzu Pew Forum on Religion & Public Life: U.S. Religious Landscape Survey, published 02/2008, Changes in Americans' Religious Affiliation, S. 29: http://religions.pewforum.org/pdf/report-religious-landscape-study-chapter-2.pdf (abgerufen am 17.5.2012)

[3] Vgl. Rabbi Dovid Sears, „The ‚Oy Vey' School Of Buddhism", am 12.12.2007 als Gastbeitrag gepostet im Blog: A Simple Jew: http://asimplejew.blogspot.de/2007/12/guest-posting-by-rabbi-dovid-sears-part.html (abgerufen am 17.5.2012).

[4] Vgl. hierzu exemplarisch Sylvia Boorstein, *That's Funny, You Don't Look Buddhist, On Being a Faithful Jew and a Passionate Buddhist*. Paperback Edition 1998. Vgl. auch Louis Sahagun, „At One With Dual Devotion".

[5] Vgl. Ellen Frankel, „JU-BUs, What's with this whole Ju-Bu thing?": http://www.authorellenfrankel.com/ju-bus-4.html (abgerufen am 17.5.2012)

[6] Hannes Stein, „Das ‚Jubu' -Phänomen, USA: Warum sich Tausende jüdische Amerikaner dem Buddhismus zuwenden", in: *Jüdische Allgemeine* Nr. 15/08 vom 10.4.2008.

[7] Vgl. Alan Lew, *One God Clapping, The Spiritual Path of a Zen Rabbi*, New York 2002 (¹1999).

[8] Vgl. Rachel Safier, „Jewish Roots, Buddhist Wings", in: *Moment Magazine, Independent Journalism from a Jewish Perspective*. Februar 2007. http://momentmag.com/moment/issues/2007/02/200702-JewishWord.html (abgerufen am 17.5.2012)

[9] Vgl. Nathan Katz, From Jubu to OJ: http://www.indojudaic.com/index.php?option=com_content&view=article&id=4:from-jubu-to-oj&catid=13:blog&Itemid=2 (abgerufen am 17.5.2012)

[10] Vgl. hierzu Rodger Kamenetz, *The Jew in the Lotus. A Poet's Rediscovery of Jewish Identity in Buddhist India*. Paperback Plus Edition, New York 2007, S. 7.

[11] Vgl. Rachel Safier, Jewish Roots, Buddhist Wings.

[12] Weitere Beispiele für Menschen, die beide Religionen in ihr Leben integrieren, finden sich in Louis Sahagun, At One With Dual Devotion.

[13] Jonathan Magonet, *Einführung ins Judentum*. Berlin 2004, S. 271.

[14] Vgl. z. B. Ellen Frankel, JU-BUs, What's with this whole Ju-Bu thing?

[15] Vgl. Louis Sahagun, At One With Dual Devotion.

[16] Vgl. Nathan Katz, „Buddhist-Jewish Relations": http://www.indojudaic.com/index.php?option=com_content&view=article&id=9:buddhist-jewish-relations&catid=4:by-dr-katz&Itemid=10 (abgerufen am 17.5.2012)

[17] Vgl. Martin Baumann, *Deutsche Buddhisten, Geschichte und Gemeinschaften*. Marburg 1995, S. 240 ff.

[18] Vgl. ebd., S. 66 f.

[19] Vgl. hierzu Michael von Brück, *Einführung in den Buddhismus*. Frankfurt am Main/Leipzig 2007, S. 500.

[20] Vgl ebd., S. 504. Außerdem Nathan Katz, „Buddhist-Jewish Relations": http://www.indojudaic.com/index.php?option=com_content&view=article&id=9:buddhist-jewish-relations&catid=4:by-dr-katz&Itemid=10 (abgerufen am 17.5.2012)

[21] Vgl. Nathan Katz, Buddhist-Jewish Relations.

[22] Ebd.

[23] 1982 gründete Glassman in New York die Greyston-Bäckerei, um seinen Anhängern die Möglichkeit zu der im Zen-Buddhismus hochgeschätzten konzentrierten körperlichen Arbeit zu geben. Deren Gewinne werden zu gemeinnützigen Zwecken verwendet. Glassman gründete Geschäfte, in denen Waren aus eigener Produktion verkauft werden und die Obdachlosen und ehemaligen Drogenabhängigen die Wiedereingliederung in die Gesellschaft ermöglichen. Ebenso gründete er eine Stiftung, deren Erlöse Arbeitslose wieder in Lohn und Brot bringen sollen, indem ihnen grundlegende berufliche Kenntnisse und Fertigkeiten vermittelt werden. Außerdem finanziert die Stiftung medizinische Versorgung sowie Pflege von bedürftigen Aidskranken.

[24] Vgl. das Interview mit Glassman in der Zeitschrift *Shambhala-Sun* im Mai 1996, online abrufbar: http://www.buddha-netz.org/projekte/bernie.htm (abgerufen am 17.5.2012)

[25] Vgl. Lionel Obadia, „Buddha in the Promised Land, Outlines of the Buddhist Settlement in Israel", in: Charles S. Prebish and Martin Baumann (Hg.), *Westward Dharma, Buddhism Beyond Asia*. Berkeley/CA 2002, S. 180.

[26] Siehe hierzu Brenda Shoshanna, *Jewish Dharma, A Guide to the Practice of Judaism and Zen*. Cambridge/MA 2008.

[27] Siehe Fußnote 4.

[28] Vgl. Nathan Katz, Buddhist-Jewish Relations, S. 14.

[29] Vgl. z. B. Religious Action Center for Reform Judaism, „A Seder Insert, Remembering Tibet in this Year's Seder": http://rac.org/_kd/CustomFields/actions.cfm?action=DownloadFile&file=item.pdf.2742.1076.pdf&name=tibetinsert08.pdf (abgerufen am 17.5.2012)

[30] Vgl. ebd.

[31] Dieses Treffen wurde ausführlich dokumentiert in: Rodger Kamenetz, The Jew in the Lotus. Es existiert auch eine 41 Minuten lange filmische Dokumentation von Bill Chayes und Isaac Solotaroff aus dem Jahr 1999 mit dem Titel: „Jews and Buddhism, Belief Amended, Faith Revealed". Eine Kurzbeschreibung des Inhalts findet sich hier: http://tjctv.com/movies/jews-and-buddhism/ (abgerufen am 17.5.2012)

[32] Vgl. hierzu und zum Folgenden Lionel Obadia, Buddha in the Promised Land, S. 180 ff.

[33] Vgl. ebd., S. 181.

[34] Vgl. ebd., S. 184.

[35] Vgl. zum Folgenden Rabbi Dovid Sears, The "Oy Vey" School Of Buddhism.

[36] Vgl. Aron Moss, „A Rabbi and a Buddhist Monk": http://www.algemeiner.net/generic.asp?id=3387 (abgerufen am 17.5.2012)

[37] Vgl. Tzvi Freeman, „Is Buddhism Kosher?", in: http://www.chabad.org/library/article_cdo/aid/60122/jewish/Is-Buddhism-Kosher.htm (abgerufen am 17.5.2012)

[38] Vgl. zum Folgenden Douglas LeBlanc, „Jews Seek a Deeper Spiritual Life Through Buddhism", in: *Christian Research Journal:* http://www.equipresources.org/atf/cf/%7B9C4EE03A-F988-4091-84BD-F8E70A3B0215%7D/JAJ404.pdf (abgerufen am 17.5.2012)

Ilse Kussel | Schwester Ayya Khema
Jüdin – Buddhistin

Foto von Ayya Khema mit zwei Freundinnen im Allgäu;
Nachlass Ayya Khema, Buddha-Haus, Oy-Mittelberg

Einbürgerungsurkunde der USA, 11. November 1954;
Nachlass Ayya Khema, Buddha-Haus, Oy-Mittelberg

Ilse Kussel wurde am 25. August 1923 als Kind jüdischer Eltern in Berlin geboren. Mit 15 Jahren wurde sie mit einem der letzten Kindertransporte nach England gebracht, was sie vor der Verfolgung und Ermordung durch die Nazis rettete. Im Februar 1941 wurde sie mit ihren Eltern wieder vereint, die 1939 nach China geflohen waren. Ihr Vater starb im Shanghaier Getto. Ilse Kussel heiratete und lebte als Ilse Dorset mit ihrem Mann in den USA. 1954 erwarb sie die US-amerikanische Staatsbürgerschaft. Während ihrer Ehejahre reiste sie durch die ganze Welt.

In Sri Lanka ließ sich Ilse Kussel, die durch ihre zweite Ehe inzwischen Ilse Ledermann hieß, im Alter von 56 Jahren ordinieren. Sie war die erste Nonne des Theravada-Buddhismus, einer Strömung, in der bis dahin nur Männer ordiniert worden waren. Die Ehrwürdige Ayya Khema, wie sie von ihren Schülerinnen und Schülern genannt wurde, war berühmt für ihre schnörkellose Art Dharma zu lehren, die Lehre von den durch Buddha erkannten und verkündeten Vier Edlen Wahrheiten. Ayya Khema kehrte nach Deutschland zurück und gründete das heutige Buddha-Haus im Allgäuer Oy-Mittelberg, wo sie bis zu ihrem Tod 1997 als Meditationsmeisterin und Dharma-Lehrerin wirkte. *RLK*

Ein Paar aus Mantua
Juden – Katholiken

Am 27. Februar 1748 baten zwei zum katholischen Glauben übergetretene Juden aus Mantua in Lustenau um eine milde Gabe. Die Frau und der Mann nahmen vermutlich das Recht in Anspruch, sich für einen Tag in dem damals zur Hohenemser Herrschaft gehörenden Reichshof aufzuhalten. Als Migranten waren sie unterwegs zu einem unbekannten Ziel.

Über die Almosen, die sie erhielten, führt die Gemeinderechnung des Lustenauer Säckelmeisters genau Buch. Fünfzehn Kreuzer erhielten sie jeweils, waren sie doch unverschuldet in Not geraten, lebten also in „guter Armut". Als Beweis dafür mussten sie ein Dokument vorlegen, wie andere durchziehende Bettler auch, über deren Not der Säckelmeister Buch führte. Voraussetzung für die Zuwendung war, dass sie dem katholischen Glauben angehörten oder beigetreten waren.

Am 23. März 1747 hatte ein Brandbettler, dem offenbar Haus und Hof durch Feuer zerstört worden waren, vier Kreuzer erhalten, am 30. März 1747 bekam ein vermutlich ehemals protestantischer Konvertit vom Rohrschacherberg aus der benachbarten Schweiz drei Kreuzer, einem „Crumen Elenden Mann der sehr übel gefalen von Rankweil" wurden vier Kreuzer bezahlt, ja sogar einem verunglückten Savoyer wurden drei Kreuzer ausgefolgt. Der Vergleich der Summen im Gemeindebuch zeigt, dass die Almosen offenbar mit der angenommenen Distanz zum katholischen Glauben, die die Konvertiten zu überwinden hatten, wuchsen. Konvertierte Juden waren dem Säckelmeister besonders viel wert. Ehemalige Protestanten mussten sich mit zwei oder drei Kreuzern begnügen, ein Appenzeller „Heide" – in den Augen des Säckelmeisters vermutlich ein „Zigeuner" – erhielt immerhin für sich und seine Familie zwölf Kreuzer.

Auch im Hohenemser Palast wurden regelmäßig Almosen an durchziehende Arme und Konvertiten verteilt, so auch am Geburtstag des ältesten Sohns des Grafen, an dem stets ein Gulden pro Lebensjahr des Hohenemser „Thronfolgers" zur Verteilung kam. Fahrende Bettler richteten zuweilen ihre Reisewege nach solchen Ereignissen und Festlichkeiten ein. Die Almosen für übergetretene Juden waren durchaus auch als Entschädigung zu verstehen. Mit dem Austritt aus dem Judentum waren in der Regel ein völliger Bruch mit der eigenen Familie, der Verlust der Fürsorge durch die jüdische Gemeinde und, wenn es denn etwas zu erben gab, eine vollständige Enterbung verbunden. *HL*

Gemeinderechnung des Reichshofes Lustenau für die Jahre 1747 und 1748;
Historisches Archiv der Marktgemeinde Lustenau

„Judentum" als politischer Begriff
Eine Kontroverse über neue Problemstellungen im Kontext des Staates Israel
Alfred Bodenheimer / Hanno Loewy

Alfred Bodenheimer **Gibt es eine jüdische Nation? Zur Gemengelage eines israelischen Identitätsdiskurses**

Dass Konversion zum Judentum möglich ist, impliziert, Judentum sei eine Religion. Das stimmt auch – doch existiert das Judentum seit weit über hundert Jahren im Spannungsfeld von religiöser und nationaler Zugehörigkeit. Viele Jüdinnen und Juden in Europa bemühten sich im 19. und frühen 20. Jahrhundert darum, als emanzipierte Bürger der Staaten, deren Bürgerrecht sie nun besaßen, anerkannt zu werden. Zum Judentum empfanden sie eine rein religiöse Zugehörigkeit, so wie andere Bürger zu Protestantismus oder Katholizismus. Doch zugleich entwickelte sich die Gegenidee vom Judentum als eigener Nation, die nicht nur, aber am wirkungsvollsten im Zionismus, der auch als „Nationaljudentum" bezeichnet wurde, ihren Ausdruck fand. Mit dem israelischen Rückkehrgesetz von 1950, dem ersten von der Knesset beschlossenen Gesetz, wurde die Zugehörigkeit zum Judentum, definiert durch eine jüdische Mutter oder durch Konversion, mit dem exklusiven Recht gleichgesetzt, die israelische Staatsbürgerschaft zu erwerben. Es wurde 1970 auch auf Personen nicht jüdischer Zugehörigkeit mit einem jüdischen Großelternteil und auf nicht jüdische Ehepartner von Juden und Jüdinnen erweitert.

Interessanterweise ist in der Gegenwart, nachdem sich die Vision Theodor Herzls längst erfüllt hat und der Staat Israel besteht, die Frage der Zugehörigkeit und wie man sie erwerben kann, vor ganz neuem Hintergrund relevant geworden. Im Jahr 2006 erschien in der israelischen Buchreihe „Jahadut kan weachschaw" (Judentum hier und jetzt) ein Sammelband in hebräischer Sprache, dessen englischer Titel lautet: *Who is a Jew in Our Day? Discussion on the Question of Jewish Identity.* Er enthält 22 Texte, darunter einige wenige historische von David Ben-Gurion oder Gershom Scholem, vor allem aber aktuelle Positionen israelischer Intellektueller, Politiker und Publizisten. In einem kurzen, sehr persönlichen Artikel kommt dort auch die – inzwischen verstorbene – Talmuddozentin und orthodoxe Feministin Chana Safrai zu Wort. Indem sie versucht, ex negativo als „nicht jüdisch" zu klassifizieren, was sie einer offenen Identität im Wege stehen sieht – rückwärtsgerichteter Umgang mit Tradition, Abgrenzung und Erwähltheitsdünkel, Sexismus oder eine Fixierung auf Auschwitz und Antisemitismus als unverrückbare Bedingungen jüdischer Existenz –, versucht sie eine Annäherung an die Definition des Jüdischen. Es sei, so erklärt sie, aus der Position einer orthodoxen, der Halacha verpflichteten Jüdin, nicht möglich, auf die Frage der Identität der Menschen aus Äthiopien oder aus der ehemaligen Sowjetunion, der Verfolgten oder im Rahmen einer generationenlangen Assimilation Versprengten, die für sich eine jüdische Identität reklamierten, mit herkömmlichen halachischen Maßstäben befriedigende Antworten zu finden.[1] Wer diese Zeilen heute, sechs Jahre nach ihrem Erscheinen, liest, hat angesichts der Realität in Israel nicht das Gefühl, man sei dem Postulat nach einer offenen Identität nähergekommen, nach Verhältnissen, die einem integrativen Verständnis von Judentum angesichts des Anspruchs Israels entsprechen, die Heimat aller Jüdinnen und Juden zu sein. Zugleich drängt es sich mehr denn je auf, die Parameter zu analysieren, nach denen Judentum im 21. Jahrhundert definiert wird. Auf diese Parameter hat Safrai, die schon im Titel ihres Aufsatzes ihre Definitionsversuche als „Annäherung" deklariert hat, bewusst verzichtet. Der Kontext der von ihr beschriebenen Probleme wird heute nicht nur von der Frage nach Zugehörigkeit bestimmt, sondern auch von der Frage nach dem Zugang zu dieser Zugehörigkeit. In einer Zeit, in der das Judentum nicht nur als durch Traditionen und Herkunft definierte Gemeinschaft, sondern in Israel als politische Verfasstheit, als Staatsvolk erscheint, rückt die Frage nach der Bedeutung, den Grenzen und den Bedingungen von Konversionen symbolisch in das Zentrum erbitterter Debatten.

Als unmittelbarer Entwurf eines Gegenbildes bietet sich eine Zukunftsvision des niederländisch-jüdischen Autors Leon de Winter an. In seinem Roman *Das Recht auf Rückkehr,* der 2008 im niederländischen Original, ein Jahr später auch in deutscher Übersetzung erschien, entwirft de Winter das dystopische Bild des Staates Israel im Jahr 2024. Was den Leser dabei erwartet, deutet schon die fiktive Landkarte an, die vorne im Buch abgedruckt ist: Darauf besteht Israel nur noch aus dem Rumpf des heutigen Staatsgebiets, der größte Teil des Negev im Süden, der ganze Norden des Landes, einschließlich Haifas, sowie im Osten nicht nur das Westjordanland, sondern auch Jerusalem und seine nähere Umgebung sind vom Staatsgebiet bereits getrennt. Im Roman wird dann schnell klar, dass auf dem verbliebenen Gebiet/Territorium eine überalterte, desillusionierte und kraftlose Bevölkerung lebt, die sich auf den wenigen Quadratkilometern eines auch wirtschaftlich ausgezehrten Ministaates einbunkert.

Der Protagonist des Romans ist der aus den Niederlanden stammende jüdische Wissenschaftler Bram Mannheim, dessen Sohn als kleines Kind zwanzig Jahre zuvor bei einem Aufenthalt in den USA verschwunden ist. In Israel hat Mannheim eine Agentur gegründet, die nach entführten und verschwundenen Kindern sucht. In diesem Zusammenhang unternimmt er mit seinem Mitarbeiter eine Fahrt von Tel Aviv ins unsichere Jaffa – eine Strecke, die inzwischen nur nach Passieren eines Checkpoints zurückgelegt werden kann. Die neue Errungenschaft an diesem Checkpoint ist ein DNA-Scan. Wattestäbchen mit Speichelproben der Autoinsassen werden in die Scanner gelegt, die „nun binnen zehn Sekunden feststellen konnten, ob ihre DNA ethnische jüdische Merkmale aufwies".[2] Wer diese Bedingung erfüllt, wird problemlos durch die Schleuse gelassen.

Da das Buch ansonsten kaum satirischen Charakter hat, weiß man nicht recht, was man als Leser mit dieser Sicherheitsschleuse anfangen soll. Der Umstand, dass im Roman ein islamistischer Terroristenring in der frühen Kindheit entführte junge Juden, darunter auch Mannheims Sohn, zu islamischen Fundamentalisten und bereitwilligen Attentätern gegen das eigene Volk ausbildet, die natürlich auch die DNA-Sperre passieren können, unterstreicht im Roman eher den scheinbaren Sinn als den offensichtlichen Unsinn einer solchen Anlage, denn „normalen", unbeeinflussten Trägern einer sogenannten jüdischen DNA könnte man dann eben trauen. Und wenn, während sie in der Schleuse stecken, Mannheims Mitarbeiter ihm die für das Jahr 2024 noch weniger als heute neue Erkenntnis mitteilt, dass die über Generationen unverändert vererbte DNA über das männliche Y-Chromosom weitergegeben werde, führt ihn das auch nur zum Schluss, dass die matrilineare Regel des rabbinischen Rechts „Schrott" sei und nichts darüber aussage, wer tatsächlich, im genetischen Sinne, Jude sei. Mannheim antwortet, in offensichtlicher Ironie, er würde es dem Oberrabbinat mailen, um als neues Kriterium der Zuordnung künftig nur noch den Vater gelten zu lassen.[3]

De Winters Buch, geschrieben aus offenbarer Sorge, die er selbst um die Existenz Israel hegt, macht zugleich die Unschärfe des Identitätsbegriffes „Jude" deutlich. Konkurrierende, inkompatible Kriterien, deren Objektivität letztlich vor allem auf die subjektiven Intentionen ihrer Urheber zurückzuführen ist, gehören offenbar zum Preis, der zu zahlen war, da die Juden von ihrem mehr metaphysisch inspirierten als zivilrechtlich fixierten Status der „heiligen Gemeinschaft" in einen ungeklärten Status zwischen religiöser Gruppierung und ethnisch bestimmter Nation hinüberglitten und auf dieser vollkommen ungesicherten Grundlage auch noch einen Staat bildeten, in dem die Zuschreibungen der religiösen und der staatlichen Instanzen nicht miteinander übereinstimmen. Der Subtext von Leon de Winters Roman könnte somit lauten, dass das Israel von 2024 an der Inkompatibilität der Identitätszuschreibungen zerbricht. Während die Orthodoxen, ungeachtet der dortigen arabischen Herrschaft, vorzugsweise in Jerusalem leben, ist der in seiner Dystopie verbliebene Ministaat um Tel Aviv als säkular-jüdische Pièce de Résistance ein trauriges und darniederliegendes Gegenbild dessen, was sich die Zionisten vor der Schoa als homogenes jüdisches Staatswesen eigentlich erhofften.

Ist das Adjektiv „jüdisch" Kernbegriff oder ist es Gegenteil einer nationalen Bestimmung? In einer historischen Phase, in der israelische Politik bis in die höchsten Ränge damit befasst ist, die Anerkennung des jüdischen Charakters Israels von den Palästinensern und Loyalitätsschwüre zu dessen jüdischem Charakter von seinen nicht jüdischen Bürgern zu verlangen oder die illegalen Arbeitsmigranten für die Gefährdung des jüdischen Charakters Israels verantwortlich zu machen, ist die Frage, worum es sich beim Begriff „jüdisch" eigentlich handelt, nicht unwichtig.

Zumindest im politischen Kontext von Anerkennungsfragen und dem daraus hergeleiteten „Recht auf Rückkehr", von dem de Winter seinen Romantitel entliehen hat, spielt der genetische Faktor bis heute keine Rolle. Doch in den Diskurs über die Bestimmung jüdischer Identität ist er, auch und gerade im Kontext der Existenz Israels, längst eingedrungen.

Als Testfall in dieser Frage ließe sich eine Publikation in der Zeitschrift *Nature* aus dem Jahr 1998 lesen. Damals wurde im Rahmen einer Studie berichtet, es hätten sich bei einigen Mitgliedern des südafrikanischen Clans der Buba, die ein Priestergeschlecht innerhalb des Lemba-Volkes darstellen, sogenannte Cohen modal Haplotypes (CMH) gefunden. Das lege eine genetische Verwandtschaft mit Mitgliedern des jüdischen Priestergeschlechts der Cohens nahe, bei denen dieses Gen, ungeachtet ihrer aschkenasischen oder sefardischen Herkunft, in ungewöhnlich konzentrierter Menge auftritt, die ihm auch seinen Namen gegeben hat. Da es bei den Lemba zudem die Überlieferung einer jüdischen Herkunft gab, war dieser Befund nicht ohne Brisanz. Denn wenn die jeweiligen Priestergeschlechter eine gemeinsame „genetische Signatur" besitzen, ist daraus schnell auch auf Übereinstimmungen der Gesamtvölker geschlossen. Die amerikanische Anthropologin Katya Gibel Azoulay reagierte auf diese Studie mit einem Artikel, in dem sie deren Urhebern vorwarf, ihre Wissenschaft zu politischen Zwecken zu missbrauchen und überwunden geglaubten Formen des Rassendiskurses unter dem Deckmantel der Genforschung Vorschub zu leisten. Nicht zufällig mündet ihr Vorwurf in ein „explosives" Szenario, gemäß welchem die Lemba aufgrund dieser Forschungsergebnisse die staatlichen und orthodoxen rabbinischen Institutionen Israels mit dem Anspruch konfrontieren könnten, vom Recht auf Rückkehr Gebrauch zu machen und in Israel einzuwandern.[4]

Ein Appell an das Verantwortungsgefühl von Genforschern kann allemal nicht schaden, doch ist der Unterton der Trennung zwischen genetischer und sozialer Zugehörigkeit, den Azoulay in antirassistischem Duktus vorbringt, nicht ohne Tücken. Denn wenn es letztlich vor allem darum geht, die Lemba davon abzuhalten, die israelischen Behörden mit ihrem Anspruch auf Bürgerrecht zu konfrontieren, dann wird hier mit der Argumentation sozialer Parameter das generiert, was die Autorin den rassisch-genetischen Parametern unterstellt: das Betreiben von Ausgrenzung einer Outgroup durch eine selbst deklarierte Ingroup. Dass es Kriterien geben muss, um die Kohärenz eines Staatswesens einigermaßen zu definieren, ist kaum bestritten – doch muss dieser Diskurs ehrlich und in der Selbsterkenntnis seiner ethischen Zwangslagen geführt werden und sollte sich nicht moralisch artikulieren, wo letztlich ein Interesse gegen andere artikuliert wird.

Ich möchte die Brüchigkeit der heutigen Selbstdefinition Israels als „jüdischer Staat" und damit letztlich auch die Unhaltbarkeit der Kriterienkataloge, die über Zugehörigkeit und Nichtzugehörigkeit bestimmen, anhand einer Problematik, die uns ebenfalls nach Afrika führt, vertiefen. Am 18. Juli 2010 thematisierte ein Artikel in der englischen Online-Ausgabe von *Haaretz* Erwägungen der israelischen Regierung, an der Grenze zu Ägypten einen Zaun hochzuziehen, der illegale afrikanische Einwanderer am Grenzübertritt hindern würde. Wie immer man die solche Maßnahmen in einer Frage, die auch in Europa hohe politische Wellen schlägt, beurteilt, das eigentlich Erstaunliche an diesem Artikel ist der einleitende Satz: „Prime Minister Benjamin Netanyahu said ... that the recent 'flood of illegal workers infiltrating from Africa' into Israel was 'a concrete threat to the Jewish and democratic character of the country'."[5]

Hier stellt sich zum einen die Frage, ob wirklich der „Jewish and democratic" oder nicht eher der „Jewish and demographic character" gemeint ist, sprich: ob es aus jüdischer

Sicht ein spezifisch demokratischer Akt ist, einen Zaun zu bauen, oder nicht vielmehr ein Akt zur Bewahrung einer demografischen Dominanz von Juden im Land. Vor allem aber lenkt die Frage afrikanischer Immigranten den Blick auch darauf, worin deren Identität besteht und wie Definitionsmacht gebraucht und verstanden wird. Im Dezember 2010 fand im unterprivilegierten Stadtteil Hatikva in Tel Aviv, angeführt von einigen Politikern, eine Demonstration gegen afrikanische Immigranten statt. Es war dabei gerade nicht einer der rechtsgerichteten Politiker, sondern ein Abgeordneter der im Zentrum positionierten Kadima-Partei, der erklärte, es gehe hier um den jüdischen Charakter Israels.

In welcher Form damit zu Fremdenhass aufgehetzt wird, ist die eine Frage. Die andere, eigentlich noch brisantere ist, wer diese afrikanischen Migranten in den ärmeren Gegenden des Ballungsraums Tel Aviv sind. Zu einem Teil handelt es sich dabei um nigerianische Igbo, unter denen das Bewusstsein, Angehörige des Volkes Israel zu sein, äußerst verbreitet ist. In seiner noch nicht veröffentlichten Basler Dissertation hat Daniel Lis soeben das Selbstverständnis der Igbo dargestellt, aber auch den vergeblichen Versuch einiger ihrer Vertreter, in Israel als Juden anerkannt zu werden. Ohne hier in die Details zu gehen, darf man jedenfalls nach Lektüre dieser Arbeit behaupten, dass es letztlich gemäß rationalen Kriterien nicht nachvollziehbar ist, weshalb die Beta Israel oder auch Falaschas genannten äthiopischen Juden im Laufe des 20. Jahrhunderts eine volle Anerkennung als Juden erhalten haben und in den 1980er-Jahren durch kollektive Übersiedlungsaktionen von Israel unterstützt wurden, die Igbo aber nicht. Dass es im Nigerdelta Israeliten geben könnte, war, wie Lis nachweist, schon im Bewusstsein britischer Rabbiner um 1840 präsent, noch bevor die konzentrierte jüdische Beachtung der Beta Israel begann, und es könnte eher der viel älteren Christianisierung Äthiopiens im Vergleich zu Westafrika zu verdanken sein, dass die Beta Israel, die in Kenntnis des biblischen Textes lebten, Analogien zum Judentum früher definieren konnten als die Igbo. Lis weist nach, dass politischer und demografischer Sprengstoff – die Igbo sind ein Volk von 20 bis 30 Millionen Menschen – hier eine unübersehbare Rolle spielen. Es ist kein Zufall, dass sich israelische Stellen hier sehr zögerlich zeigen, während nicht orthodoxe Rabbiner aus den USA mit Blick auf das schier unerschöpfliche Potenzial an Juden in Nigeria regelrechte Missionstouren unternehmen.

Mit Blick auf Daniel Lis' Arbeit und dem Wissen darum, dass ein Teil der afrikanischen Immigranten Israels nigerianische Igbo mit einem hohen Identifikationsgrad im Hinblick auf das Judentum und einer entsprechend traditionell konsequenten Identifizierung mit dem Staat Israel sind, ist es geradezu zynisch, diese nicht nur mit der formalen Aberkennung ihres Judentums, sondern auch noch mit dem Vorwurf zu konfrontieren, sie zerstörten den jüdischen Charakter des Staates Israel. Die bittere Ironie der Angelegenheit verschärft sich noch dadurch, dass in den frühen 90er-Jahren die eifrigen Verfechter einer inklusivistischen Sicht gegenüber den Beta Israel eher der rechten und religiösen Szene angehörten, während die Linke sich davon abgrenzte und eine Judaisierung von Menschen zum Zwecke des Gewinns potenzieller Siedler in den besetzten Gebieten anprangerte. Die Intensität, die die Frage des Charakters eines jüdischen Staates und der Klassifikation von Juden in den vergangenen Jahren in den Diskussionen in und über Israel gewonnen hat, lässt darauf schließen, dass die Frage nach jüdischer Zugehörigkeit sich je länger desto mehr der Definitionsmacht jener Instanzen zu entziehen beginnt, die sich dafür zuständig erklären. Der Umstand, dass in Israel mittlerweile eine völlige Unklarheit darüber herrscht, welche Rabbiner wessen Konversionen noch anerkennen, ist symptomatisch dafür, dass der Begriff des Judentums sich nicht nur im ethnischen, sondern auch im religiösen Bereich aufzulösen und, um dieses fast schon wieder altmodische Wort zu bemühen, im eigentlichen Sinne zu dekonstruieren beginnt.

Symptomatisch für die außer Kontrolle geratende und sich gerade deshalb in bestimmten Bereichen immer mehr verschärfende Frage nach der Definition eines jüdischen Charakters des israelischen Staates ist das große Aufsehen, das Shlomo Sands Buch *Matai we'ech humza ha'am Hajehudi?* (Wie und wann wurde das jüdische Volk erfunden?) zunächst 2008 in Israel und, als es übersetzt wurde, auch im französischen, im englischen und im deutschen Sprachraum erregte. Interessanterweise hatte sich in den Untertitel der deutschen Ausgabe von 2010 – die hebräische hat keinen – bereits eine Aussage eingeschlichen, die eine Lesetendenz des Buches befördert. Der volle Titel der deutschen Ausgabe lautet: *Die Erfindung des jüdischen Volkes. Israels Gründungsmythos auf dem Prüfstand.* Was nichts anderes bedeutet, als dass mit dem Buch die Legitimation des Staates schon in der Form seiner Entstehung infrage gestellt werden soll.

Das Echo auf Shlomo Sands Buch ist bemerkenswert. Selten dürfte ein Werk, das als wissenschaftliche Abhandlung so extensiv rezipiert wurde, so wenig eigenen Forschungsertrag enthalten haben. Das ist an sich nicht unehrenhaft, zumal Sand seine Quellen keineswegs verschleiert und auch deutlich erklärt, nicht Professor für jüdische Geschichte zu sein. Dieser wirft er jedoch pauschalisierend vor, als Fachbereich die Rolle einer propagandistischen Geschichtsschreibung für den Staat übernommen zu haben. Sie habe die Fiktion eines jüdischen Volkes, das von der Bibel bis heute in genealogischer Abfolge existiert habe, aufrechterhalten, wider besseres Wissen. Eines seiner Hauptargumente gegen eine solche historische Realität ist die Tatsache bedeutender historischer Konversionen, allen voran die des chasarischen Königshauses und zumindest eines Teils dieses Volkes zwischen dem 8. und dem 10. Jahrhundert. Indem Sand nahelegt, das Gros der osteuropäischen Juden, auf die notabene die Gründung des Staates Israel zurückgeht, sei chasarischer Herkunft, während die im Land lebenden Muslime eher dem alten Judäa entstammten, rückt er den jüdisch-arabischen Konflikt in eine nicht gerade neue, für viele Leser aber revolutionäre Perspektive. Das Problem an Sands Buch ist dabei, dass er seine historischen Befunde unmittelbar in politische Postulate hinübergleiten lässt. So fordert er einen Staat für Israelis, der auf einer anderen kollektiven Identität aufbaue als ein Staat für Juden, der dem Mitglied einer jüdischen Gemeinde in den USA mehr Identifikation anbiete als einem arabischen Bewohner, dessen Familie seit Generationen auf dem Gebiet dieses Staates lebt. Diese Ansicht, dass der Staat aller Juden eher zum Staat seiner Bürger werden sollte, hat ihre Legitimität, und sie wäre, so scheint es, dazu angetan, das Problem einer ausufernden Diskussion über die Zugehörigkeit zum Judentum gewissermaßen auf kaltem Wege zu beenden, was auch die Aufhebung des Rechts auf Rückkehr bedeuten würde. Doch unversehens stellen sich hier neue Fragen: Zum einen: Kann man einen Staat in gewisser Weise umwidmen, ohne seine Entstehungsgeschichte, seine Beziehungsgeflechte, seine identitätsstiftende Rolle und seine daraus in der Welt entstehenden Verbindungen zu negieren? Selbst wenn man den wahren oder vermeintlichen Gründungsmythos demaskiert hat, ist er deswegen auch als Grundlage des Staates entwertet? Zum anderen: Ist Sands Ansatz, in seiner negierenden Bewegung, nicht ebenso ethnotopisch, wenn er versucht, die angeblich falsche Gewähr einer israelitischen Abstammung durch die seiner Ansicht nach angemessene einer chasarischen beziehungsweise für die Araber einer judäischen zu ersetzen? Und schließlich: Bedarf es nicht der Kenntnis des religiösen Verständnisses von Konversion, um ihre geradezu ethnifizierende Semantik im jüdischen Kontext zu kennen? Wer konvertiert, wird nach jüdischem Verständnis seit jeher reethnifiziert, Teil einer Nation, die sich aber eben religiös fundiert.

In einer Kritik von Sands Buch hat ihm Anita Shapira das Argument des Bewusstseins, ein Volk zu sein, entgegengehalten, das Juden weltweit schon lange vor den Nationenbildungsprozessen des 19. Jahrhunderts beherrscht hat. Auch wer Shapira zustimmt – und ich tendiere nicht dazu, es nicht zu tun –, kommt allerdings an der Frage nicht vorbei, inwiefern dieses jahrhundertelange Bewusstsein, ein verstreutes Volk in der Diaspora zu sein, kompatibel ist mit dem Bewusstsein, mit dieser Zugehörigkeitsfrage über das Recht von Menschen auf ein Bürgerrecht in einem Staat entscheiden zu können, in dem jemand nicht aufgewachsen ist und von dem keiner seiner Verwandten eine Staatsbürgerschaft besitzt. David Novak hat das Problem einmal treffend beschrieben als ein „paradox of a secular state enforcing religious criteria of identity".[6] Ein Problem, dem Novak selbst mit seinem Versuch, autonome Kategorien jüdischer und noachidischer Provenienz zu etablieren, auch nur mit einer Lösung entspricht, die mit der unhintergehbaren Säkularität der Gesellschaft schwer in Übereinstimmung zu bringen zu sein erscheint.

Werden wir das Problem lösen können? Ich denke, der allererste Schritt dazu ist der, mit dem sich die jüdische Gemeinschaft am allerschwersten tut, nämlich sich einzugestehen, dass die Bezeichnung „Jude" oder „Jüdin" heute primär, wenn nicht ausschließlich, politischen Charakter hat und auch entsprechend behandelt werden sollte. Das mag zunächst tatsächlich schockierend klingen. Doch Politik ist eine Frage der Abwägungen, der Opportunitäten, mit dem Versuch verbunden, möglichst vielen Interessengruppen gerecht zu werden, unter bewusster Inkaufnahme der Tatsache, dass andere Gruppen die Lösung als problematisch empfinden. Wo faktisch so verfahren wird, in Konversionen wie bei Ansprüchen von Gruppen wie der Igbo oder anderen, sollte der Staat als politische Entität dazu stehen, dass er politische Entscheide fällt und dass er dem Rabbinat als religiösem, aber auch staatlichem Organ einen politischen Auftrag überträgt. Alle anderen Erklärungsweisen, die m. E. mehr vertuschen als erklären, bringen auf die Dauer große Probleme einer Legitimation als „jüdischer Staat" und höhlen das heute schon massiven inneren Zerreißproben ausgesetzte Judentum noch mehr aus. Das würde zweifellos einen Paradigmenwechsel bedeuten, den zweiten der Moderne seit der Scheidung von Religion und Nation, die immer wieder von Teilen des Judentums betont und von anderen ausdrücklich zurückgewiesen worden ist. Definitionen sind das Ergebnis von Gegebenheiten. Diesen Gegebenheiten Rechnung zu tragen, wäre in diesem Sinne mein Anliegen und Vorschlag.

Terminologisch müsste sich das wahrscheinlich in einer Differenzierung zwischen einem Bekenntnisjudentum und einem staatsrelevanten Judentum äußern, dessen Grenzen politische Körperschaften autonom fassen könnten. Natürlich sind auch die politischen Körperschaften zum Teil mit religiösen Parteien und Kräften verflochten oder von ihnen abhängig – dennoch bliebe der Diskurs ein formal politischer, und es könnten auch Menschen ohne jüdische Mutter und damit auch ohne die umstrittenen verkürzten Konversionen als staatsrelevante Juden betrachtet werden, ohne Bekenntnisjuden sein zu müssen. Was Völker wie die Igbo anginge, so könnte man sie als Bekenntnisjuden von rabbinischer Seite her einer erleichterten Konversion, einem Giur lechumra, zuführen, ohne dass damit eine notwendige Implementierung von staatlichen Rechten verbunden wäre. Allenfalls könnten Bekenntnisjuden mit erleichterten Aufenthalts- und Arbeitsbedingungen versehen werden, doch nicht mit einem unmittelbaren Recht auf Rückkehr.

Diese Gedanken sind eine erste, noch sehr unreife Formulierung eines möglichen Verfahrens, das meiner Ansicht nach mehr Ehrlichkeit und Nachhaltigkeit in eine Gegenwart tragen könnte, in der der Begriff „Nation" nicht mehr tauglich erscheint, den Rahmen betreffend einer Zugehörigkeit zum Judentum abzustecken. Es bedürfte noch der verstärkten Reflexion, um zu prüfen, ob und wie eine solche Praxis umsetzbar wäre. Als ein zumindest denkbarer Ausweg aus einer zunehmend unhaltbaren faktischen Situation sollte er hier zumindest einmal genannt werden.

Hanno Loewy Jude oder Israeli. Von notwendigen Entscheidungen

Alfred Bodenheimer radikalisiert die Frage nach dem Kern „jüdischer Identität" und setzt sie in Beziehung zum Staat Israel und seinen Widersprüchen. Indem er vorschlägt, neben einer religiösen Selbstdefinition das Judentum auch als „politische Identität" zu verstehen, soll der politisch brisante Zusammenhang zwischen Konversion und israelischer Staatsbürgerschaft entschärft werden. Nur beiläufig erwähnter Ausgangspunkt dieser Überlegungen ist das israelische Rückkehrgesetz, das Juden das Recht auf die israelische Staatsbürgerschaft garantiert. Dieses „Recht auf Rückkehr" hat in Israel einen zentralen Status gewonnen. Anstelle einer säkularen Verfassung, die den Staat auf den Schutz der Rechte aller seiner Bürger und die Bürger auf die Interessen des Gemeinwesens verpflichtet, macht dieses Rückkehrrecht den Schutz jüdischer Menschen, ob sie nun Bürger des Staates Israel sind oder nicht, zur obersten Maxime des „jüdischen Staates". Als „sicherer Hafen" für die verfolgten Juden der Welt ist dieser Staat damit auch die gleichsam als „natürlich" angesehene – oder „göttlich" verbürgte und damit jeder Verrechtlichung und Verhandelbarkeit entzogene – nationale Heimstätte all jener, die sich durch Konversion dem jüdischen Volk anschließen wollen. Und politisiert damit die Frage der Konversion so, wie auch die Zugehörigkeit zum jüdischen Volk qua Geburt mit der Gründung des Staates Israels als latente, aber jederzeit realisierbare Zugehörigkeit zu einer politischen und nun wieder territorialen Nation verstanden wird. Ganz gleich, was man als Jude oder Jüdin davon individuell halten mag.

Alfred Bodenheimers Vorschlag, zwischen „Bekenntnisjuden" und solchen, die als Israelis Teil einer politischen jüdischen Nation wären, zu unterscheiden, soll dieses politische Junktim entschärfen. Nicht jeder, der sich dem Judentum zugehörig fühlt – als Konvertit aus Überzeugung oder auch als Angehöriger eines Volkes, wie die Igbo, die sich auf eine jüdische Tradition berufen – würde infolge einer solchen Unterscheidung in Zukunft auf ein „Recht auf Rückkehr" pochen können. Andererseits würde eine gleichsam ethnisch-genetische Zugehörigkeit – als patrilineare Abstammung außerhalb der halachischen Definition der Zugehörigkeit zum Judentum – den Zugang zur israelischen Nation eröffnen.

In der Konsequenz würde eine solche Einteilung zwischen einem jüdischen Bekenntnis, das auch durch Konversion zu erlangen wäre, und einem Judentum der Abstammung oder der Schicksalsgemeinschaft unterscheiden. Wobei diese Abstammung durchaus nicht nur auf genetischen oder rassistischen Fantasien beruhen müsste, sondern auf einer historischen Erfahrung, einer Prägung, zu der man sich nicht „bekennen" kann, sondern die vor allem in narrativen Erfahrungs- und Erzählgemeinschaften, also in der Regel in Familien, tradiert wird. Kern dieser Erfahrung wären denn auch die Hoffnung und das Recht auf befreiende Souveränität.

Doch wäre diese Unterscheidung tatsächlich ein Bruch mit der gegenwärtig geübten Praxis – und den Problemen, die aus ihr resultieren? Oder bedeutet sie nicht nur, eine ohnehin unausgesprochen eingeübte Praxis dahingehend zu radikalisieren, dass die vorhandenen Widersprüche dieser Praxis erst recht eskalieren?

So sehr die gedankliche Schärfe von Alfred Bodenheimers Problembeschreibung einleuchtet, so sehr führt, so scheint es mir, sein Vorschlag in das Dickicht der schon heute als Sackgasse erscheinenden Aporien und verschärft sie nur.

Wenn wir grundsätzlich zwischen „Bekenntnisjuden" und „politischen Juden" unterscheiden, also zwischen Religiosität und Glauben aus freier Wahl einerseits und durch Geburt erworbene Zugehörigkeit zu einem Staatsvolk andererseits, so öffnet sich in der Mitte ein Abgrund, der einen großen Teil der Juden der Welt verschlingt. Jene nämlich, die sich weder als Israeli, noch als observante, religiöse „Bekenntnisjuden" verstehen, sondern aus der Zugehörigkeit zu einer traditionellen Erzählgemeinschaft eine kulturelle Prägung, all jene Mentalitäten und Empfindlichkeiten, Fragen und Herausforderungen geerbt haben, die sie in all dem Reichtum, der Offenheit und der Vielfalt möglicher Optionen als „jüdisch" empfinden und die ihr Selbstbild als Juden ausmachen. Und die sich dennoch weder für orthopraxe Gläubigkeit noch für eine nationale jüdisch-israelische Identität entscheiden wollen. Vor die Wahl zwischen Religion und Staat Israel gestellt, werden sie sich allenfalls für ein trotziges Beharren auf ein nicht identisches Judentum oder für den Abschied aus dem Judentum entscheiden können.

Erst recht aber verschärft jene Unterscheidung zwischen „Bekenntnisjuden" und „Staatsjuden" das Problem zwischen Israel und der Diaspora – so wie es im Übrigen auch jene Vorschläge tun, die auf eine quasi parlamentarische Vertretung der Diaspora im jüdischen Staat drängen: Sowohl Kinder jüdischer Mütter als nun auch Kinder jüdischer Väter wären damit als „Staatsjuden" in pauschaler Weise vereinnahmt, als Teil einer demografischen Politik, die eine jüdische Mehrheit im jüdischen Staat sichern soll, durch das Privileg eines „Rechts auf Rückkehr", das letztlich trotz einer Öffnung für „patrilineare"

Juden religiös exklusiv definiert bleibt. Zugleich wird der Zugang zum Status des „Bekenntnisjuden" durch Konversion zwar vom Vollzug des „Rechts auf Rückkehr" abgekoppelt, aber politisch dann doch wieder an den Staat Israel angeschlossen, wenn mit einer solchen Konversion zum Judentum weiterhin bestimmte rechtliche Privilegien verbunden bleiben sollen.

Die Entscheidungsgewalt von religiösen Autoritäten über eine zutiefst säkulare Angelegenheit, nämlich die Zuerkennung von Staatsbürgerschaft, würde zwar entschärft. Aber die Gleichsetzung von jüdischer Erfahrung mit Zugehörigkeit zum Staatsvolk würde erst recht zementiert – und damit würde das Problem Israels mit seiner zivilen und demokratischen Verfasstheit und seinem Verhältnis zu seinen eigenen wachsenden nicht jüdischen Minderheiten und seinen mit diesen verbundenen Nachbarn nur noch verschärft.

Die arabischen oder palästinensischen Bürger in Israel – und potenzielle Einwanderer – können durchaus in einem emphatischen, also identitätsstiftenden Sinne „Israelis" werden (und viele sind es – noch…), aber niemals zu „politischen Juden". Jedenfalls solange der Begriff „Jude" eben auch ein religiöser und letztlich ein stammesgeschichtlicher Begriff bleibt und nicht „nur" ein politischer. Doch davon kann ja offenkundig nicht die Rede sein.

So bleibt am Ende nur, die verschiedenen Fragen gegeneinander zu gewichten. Solange das Hauptproblem israelischer Politik – und jüdischer Interessenvertretung in der Diaspora – darin zu bestehen scheint, die Widersprüche zwischen Juden in Israel und in der Diaspora zu negieren und die Einheit zwischen Diaspora und Israel zu betonen, werden die Widersprüche innerhalb der israelischen Gesellschaft, zwischen Juden und einer wachsenden nicht jüdischen Minderheit, die Widersprüche zwischen Israel und den besetzten Gebieten ohnehin und natürlich auch zu seinen Nachbarn und damit die gewaltsamen Spannungen wachsen – auch wenn man längst glaubt, dass es schlimmer nicht kommen kann.

Umgekehrt: jeder Versuch, die Widersprüche innerhalb Israels endlich zu mildern und das Tor zu einer heute utopischer denn je erscheinenden Normalität eines tatsächlich demokratischen – und eben nicht vor allem „demografischen" – Staates aufzustoßen, jeder Versuch also zu einem tatsächlichen Ausgleich nach innen und jeder Schritt Israels zu einem „Staat seiner Bürger" werden Israel den Juden in der Diaspora entfremden und den Abstand zwischen der israelischen Identität und den jüdischen Identitäten in der Welt vergrößern. Die Frage ist, ob dies – im Vergleich zur Eskalation der Gewalt im Nahen Osten und der damit verbundenen Bedrohung jüdischen Lebens – tatsächlich ein Tabu sein muss.

Die Diskussion über das Thema Konversion hat in diesem Zusammenhang eine kaum zu überschätzende Sprengkraft. Sie konfrontiert jenen zunehmend rassistischen Diskurs über jüdische Abstammung, der die Vorstellungen von jüdischer Nation mit alt-neuen Stereotypen auflädt, mit einer Utopie der Durchlässigkeit und mit der historischen Realität einer fortwährenden Grenzüberschreitung. Leon de Winters Dystopie eines auf Groß-Tel Aviv zusammengeschrumpften „Judenstaates", dessen zwanzig Meter hohe Grenzmauer nur noch passieren kann, wer eine reinrassig-jüdische DNA besitzt, erweist sich vor diesem Hintergrund nicht nur als kritische Vision, sondern als Ideologie eines heroischen

Fatalismus, der im tragischen Ton an Oswald Spenglers und Ernst Jüngers Untergangsbeschwörungen des deutschen Reiches erinnert. Im tragischen Weltbild haben Menschen bekanntlich keine Wahl, als stoisch ihr Schicksal zu ertragen. Die Beschwörung der DNA ist an die Stelle des „Blutes" getreten.

Die Diskussion über die Geschichte der Konversionen zum Judentum konfrontiert nicht nur diese neue Ideologie des Schicksals, sie hat zugleich die Fiktion eines „Rechts auf Rückkehr" in einer Weise infrage gestellt, die über die umstrittenen Thesen Shlomo Sands weit hinausgeht. Sie verweist nicht nur auf das Problem eines „Rechts auf Rückkehr", das zwar Nachkommen von chasarischen Juden einschließt, deren Vorfahren nie im Nahen Osten gelebt haben, es aber gleichzeitig arabischen Palästinensern verweigert, die selbst noch auf dem israelischen Staatsgebiet geboren sind. Sie verweist auch auf die Brüchigkeit jener mythischen Konstruktion einer einheitlichen jüdischen Erfahrungsgemeinschaft, die ausschließlich von Verfolgung, gewaltsamer Zerstreuung und Hoffnung auf Rückkehr geprägt sei, auf die Fragwürdigkeit einer Utopie der Erlösung aus der Diaspora.

Theodor Herzls Utopie eines „Judenstaates" liest sich dagegen wie ein liberales Manifest einer universalistischen Welt der Diaspora. „Glaubenssachen waren ein für alle Mal von der öffentlichen Beeinflussung ausgeschaltet. Ob einer im Tempel, in der Kirche, in der Moschee, im Kunstmuseum oder im philharmonischen Konzerte die Andacht suchte, die ihn mit dem Ewigen verbinden sollte, darum hatte sich die Gesellschaft nicht zu kümmern", so träumte er in seinem Roman *Altneuland*.[7]

Es ist hier nicht der Ort darüber zu spekulieren, warum Herzls Utopie offenbar keine Chance hatte. An Schuldzuweisungen von allen Seiten mangelt es nicht. Seine „wienerische" Utopie war die eines Staates, in dem Religionen, und damit auch die Konversion zwischen ihnen, Privatsache sind. Eine Vision, die zugleich in denkbar größtem Widerspruch zu einer religiösen Legitimation eines jüdischen Staates im Nahen Osten stand, einer Legitimation, die letztlich auf einen göttlichen Willen rekurrierte, auf ein exklusives Versprechen an das jüdische Volk.

Unversöhnbar bleiben damit aber Herzls Vision eines zivilen Staates – die Sehnsucht danach, in den Vorstellungen des 19. Jahrhunderts ein „ganz normales Volk" zu werden – und die Vorstellung eines religiös auf dem Bundesschluss mit Gott basierten Volkes. Zu beidem kann man „konvertieren", sowohl zu einer Staatsbürgerschaft, und damit zu einer Teilhabe an einem Souverän, als auch zum „jüdischen Volk". Doch die Spielregeln dieser beiden Konversionen schließen einander aus, solange wir von einem demokratischen Staat und nicht von einem autoritären „Gottesstaat" sprechen.

Die „Konversion" zu einer neuen Staatsbürgerschaft richtet sich im Kern auf die Zukunft, auf die mit dem Akt der Einbürgerung erworbenen Rechte und Pflichten. Sie ist nur denkbar als säkularer Akt, als Vertragsverhältnis, über das demokratisch legitimierte Institutionen zu entscheiden haben und nicht religiöse Autoritäten.

Eine Konversion zum Judentum richtet sich auf die Geschichte, auf den Eintritt in eine Erinnerungsgemeinschaft, deren Rituale, und auch viele ihrer Gesetze, den Einzelnen symbolisch mit „kollektiven" Erfahrungen verbinden, Erfahrungen, die – im Vollzug der Rituale und Regeln aktualisiert – den Deutungsrahmen für die Gegenwart der Gemeinschaft bilden. Konversion ist vor diesem Hintergrund sehr viel mehr als bloß der Zutritt zu einer Glaubenswelt, einer Gegenwart. Sie verlangt die Annahme einer Vergangenheit, die zur eigenen werden soll. Für die Bürger des Staates Israel bedeutet dies nicht zuletzt eines: die Aktualisierung der extremen Pole jüdischer Existenz. Die fortwährende Aktualisierung der Verfolgung und die Aktualisierung der messianischen Erwartung. Zwischen diesen beiden Extremen, zwischen dem Mittelmeer und Jerusalem, bleibt wenig Raum für ein „normales Leben". In Leon de Winters Roman wird dieser Raum immer kleiner und die Mauern um ihn immer höher. Jerusalem ist längst wieder arabisch. Die orthodoxen Juden sind Palästinenser geworden und leben dort. Und das Mittelmeer wartet auf die nächsten jüdischen Flüchtlinge.

Es gibt auch andere, noch schwache Stimmen in Israel, die sich von dieser falschen Alternative nicht länger lähmen lassen wollen. Und sie formulieren eine Utopie, die sich als blanker Realismus herausstellen könnte. Abraham Burg veröffentlichte seine Absage an die Utopie der Zweistaatenlösung Ende 2011 mit folgenden Worten: „Genug der Illusionen. Es gibt keine zwei Staaten mehr zwischen dem Jordan und dem Meer. Lasst die rechten Knesset-Abgeordneten ... in der Welt herumreisen und ihre schönen Gesichter zeigen, ohne das täuschende Make-up, das wir ihnen geliefert haben. Inzwischen müssen wir uns überlegen, wie wir in den neuen israelischen Diskurs eintreten können. ... Die nächste diplomatische Formel, die das ‚zwei Staaten für zwei Völker' ablösen wird, wird eine zivile Formel sein. Alle Menschen zwischen dem Jordan und dem Meer haben dieselben Rechte auf Gleichheit, Gerechtigkeit und Freiheit. ... Es kann gut sein, dass es ein Land sein wird mit nationalistischer, rassistischer und religiöser Diskriminierung, ein Land, das offenkundig nicht demokratisch ist, so wie das Land jetzt auch schon. Aber es könnte auch ganz anders aussehen."[8]

Eine Erleichterung der Konversion zu einem Bekenntnisjudentum wird diese Widersprüche nicht auflösen können. Die Diskussion aber über Konversion und Konvertiten, historisch wie gegenwartsbezogen, wird die Aufmerksamkeit für die Widersprüche erhöhen. So wie sie selbst ein Indikator dafür ist, dass diese Widersprüche an die Oberfläche drängen.

Alfred Bodenheimer Ein Judenstaat, kein jüdischer Staat – Plädoyer für den Zustand der Ambiguität – Zur Replik von Hanno Loewy

Welch fulminante Replik von Hanno Loewy! Meinem Vorschlag, die Politisierung des Begriffs „Jude" anzuerkennen und Konsequenzen daraus zu ziehen, begegnet er mit dem Anliegen, Judentum und Israel voneinander zu entkoppeln – was den Begriff des Judentums eo ipso wieder entpolitisieren und Israel aus den Gefahren nationalistischer Ethnifizierungspolitik befreien würde.

Ein einsehbarer, konstruktiver Vorschlag, aber kaum hilfreicher als das, was er infrage stellt. Ich will nicht allzu sehr vom Aspekt der Chancen eines Gelingens her argumentieren, hier spricht der eine wie der andere in Hypothesen. Immerhin so viel:

Abraham Burgs Vater, der aus Dresden stammende Josef Burg, einer der versiertesten Politiker, die Israel in den Jahrzehnten nach seiner Staatsgründung besaß, hat mir einmal im hohen Alter, in einem Interview 1997, erklärt, weshalb er als eines der wenigen Mitglieder

der Nationalreligiösen Partei die Zweistaatenlösung, wie sie seit dem Beginn des Oslo-Prozesses 1993 zunächst nur von den tendenziell linken Parteien verfochten wurde, unterstützte: Sein Anschauungsmodell war das nach einer lange zusammengezwungenen Union verschiedener Völker blutig auseinandergebrochene Jugoslawien. Eine Trennung, so vermutete er, würde helfen, eine Verflechtung, wie er sie damals zwischen Israel und den Palästinensern drohen sah, zu vermeiden, denn er erwartete von ihr nichts Gutes. Josef Burg hatte die Entwicklung der Diskurse hüben wie drüben seit den 30er-Jahren aufmerksam verfolgt, und er wusste, dass beide Gesellschaften, die israelische wie die palästinensische, sich zu einem guten Teil aus hartnäckiger Bestreitung von Rechten der Gegenseite definierten. Betrachtet man die geopolitische Entwicklung der vergangenen zwanzig Jahre, so ist Jugoslawien nur eines der Beispiele, wie Staaten auseinandergebrochen sind. Abgesehen vom Zwangsverband der Sowjetunion hat sich in Europa auch die Tschechoslowakei als den Dissonanzen zwischen Tschechen und Slowaken nicht gewachsen gezeigt. Auch anderswo sind es gerade die Belastungsproben zwischen ethnischen, religiösen oder sprachlichen Gruppen, die mindestens zu politischer Blockade wie in Belgien, wenn nicht zu massiver Gewalt wie in Nigeria oder in der Folge der Gewalt gar zu Staatentrennungen wie im Sudan geführt haben. Vom bewussten Anstreben oder dem gelingenden Einrichten binationaler Staaten in derselben Phase ist mir nichts bekannt. Ein binationaler Staat zwischen Jordan und Mittelmeer wäre, vorsichtig ausgedrückt, ein zumindest antizyklischer Vorgang, nicht ohne beträchtliche Risiken. So sehr ich die Zweistaatenlösung schon zu Zeiten unterstützt habe, als deren Verfechter noch recht einsame, vom offiziellen Israel diskreditierte Rufer waren, wie etwa der 1994 verstorbene Gelehrte Jeschajahu Leibowitz, so sehr lehne ich die Einstaatenlösung ab.

Doch sprechen wir mehr von ideellen Aspekten als von solchen der Sicherheit – zumal gerade der Begriff Sicherheit zu den besonders missbrauchten unserer Tage gehört. Hier sagt Hanno Loewy doch wenig anderes als ich: Religiös konvertieren sollte man zu einer Religion können, nicht zu einem Staat.

Worin wir uns nicht einig sind, ist die Frage, ob „Judentum" und „Israel" überhaupt einen Bezug zueinander behalten sollen. Um dies klarzumachen: Ich halte – übrigens wiederum mit Leibowitz – die religiöse Verbrämung einer jüdischen Staatlichkeit in Israel mit all ihren messianischen, erlösungsfixierten Implikationen für verhängnisvoll. Aber so sehr ich den Begriff eines „jüdischen Staates" für falsch und historisch unrichtig halte, denn „Judentum" ist ein von der diasporischen Existenz unablösbarer Begriff, so richtig ist es, einen „Staat der Juden" oder, um mit Herzl zu sprechen, einen „Judenstaat" zu haben. Dieser „Staat der Juden" soll auch der Staat seiner arabischen Minderheiten sein, indem diese, wie etwa der ehemalige Verteidigungsminister Moshe Arens im Herbst 2011 auf einer Tagung der Jüdischen Studien der Universität Basel vorschlug, durch Einbezug in die Armee in der Identifikation mit dem Staat und durch die Anerkennung ihrer Vollwertigkeit als Bürger gestärkt werden.

Das „Recht auf Rückkehr" der Juden nach Israel sollte weder direkt noch indirekt mit einer Enteignungspolitik gegenüber Palästinensern verschränkt werden. Das Finden einer politisch fairen und tragfähigen Lösung, von der wir heute, nicht nur, aber doch auch aufgrund der Politik Israels, weit entfernt sind, würde, unabhängig von einem Recht auf

Rückkehr, den Palästinensern ihr eigenes Rückkehrrecht ermöglichen. Doch das Kappen des Rückkehrrechts in Israel, wie es von manchen jüdischen Intellektuellen und auch von Hanno Loewy heute gefordert wird, redet die gegenwärtige Diaspora-Existenz schöner als sie ist – und auch eine Einigung darauf, dass verfolgte Juden dieses Recht in Anspruch nehmen könnten, ist blauäugig und theoretisch.

Nehmen wir als aktuelles Beispiel die Juden in Frankreich, die bei Weitem größte jüdische Gemeinde Europas. Nach allen Nennwerten, die wir für Verfolgung und Entrechtung in der jüdischen Geschichte, aber auch von Vergleichsdaten für verfolgte Minderheiten der Gegenwart kennen, gelten Frankreichs Juden als nicht verfolgt. Sie haben alle Rechte, kräftige Gemeindeinstitutionen, eine hohe öffentliche Akzeptanz. Dennoch ist die Immigrationsrate französischer Juden nach Israel seit Längerem beträchtlich. Wer mit diesen Immigranten spricht, der bekommt zu hören, dass in manchen Bezirken französischer Städte die wachsende muslimische Bevölkerung nordafrikanischer Herkunft und deren oft feindseliges Betragen den Alltag dieser Juden massiv zu beeinträchtigen begonnen hatte. Für viele war dies mit ein primärer Anlass, Frankreich zu verlassen und nach Israel zu emigrieren. Um nur ein mir persönliches Beispiel zu nennen: Der Onkel meiner Frau, ein älterer Herr, in Algerien aufgewachsen, einst Offizier in der französischen Armee, ein stolzer Patriot und pensionierter Schuldirektor in Marseille, der Israel nie bereist hatte, auch weil er es zu gefährlich fand, meldete sich eines Tages plötzlich aus der israelischen Küstenstadt Netanya, wo viele französische Juden leben. Er hatte im mittlerweile berüchtigten Stadtteil Le Clos de la Rose, wo er Jahrzehnte gelebt hatte, die Provokationen und Zumutungen der neuen nordafrikanischen Nachbarn, die ihn als Juden belästigten, nicht mehr ertragen, die Wohnung verkauft und war ausgewandert.

Auch Juden in Deutschland könnten sich übrigens, wenn der Sachstand vom Juli 2012, in dem dieser Text geschrieben wurde, sich erhärtet und sie ihre Söhne nicht mehr beschneiden lassen dürfen, nach neuen Lösungen umsehen. Jude zu sein kann immer noch einen Grund dafür liefern, Orte verlassen zu müssen. Solange das so ist, braucht es ein „Recht auf Rückkehr", das falsch instrumentalisiert, aber auch falsch interpretiert wird, wenn es als Mittel zur Aushebelung arabischer Rechte im Land Israel oder der Westbank verstanden wird.

Der Umgang mit der Frage von herkunftsmäßiger und religiöser Zugehörigkeit wird so komplex werden, wie es das Judentum durch seine letztlich nie ganz lösbare Verflechtung dieser beiden Elemente ist. Deshalb wird auch der Charakter Israels langfristig ambigue und herausfordernd bleiben – dies zumindest ist meine Hoffnung. Denn sowohl die messianische Orientierung als auch das geflissentliche Ignorieren des Spannungspotenzials eines binationalen Staates würden der Verankerung Israels in der Realität unserer Welt kaum dienen.

1. Chana Safrai: Mihu Jehudi? Nissajon hagdara lo muchlat welo sofi [Wer ist Jude? Ein nicht definitiver und nicht abgeschlossener Definitionsversuch], in Maja Leibowitsch, David Ariel-Joel, Motti Anbari (Hg.), *Who is a Jew in Our Day? Discussion on the Question of Jewish Identity.* [hebr.], Tel Aviv 2006, S. 153–156.
2. Leon de Winter, *Das Recht auf Rückkehr.* Zürich 2009, S. 29.
3. Ebd., S. 28.
4. Katya Gibel Azoulay, „Not an Innocent Pursuit: The Politics of a 'Jewish Genetic' Signature", in: *Developing World Bioethics,* Vol. 3, No. 2, 2003, S. 119–126.
5. http://www.haaretz.com/news/national/netanyahu-illegal-african-immigrants-a-threat-to-israel-s-jewish-character-1.302653
6. David Novak, „Land and People", in: Michael Walzer (Hg.), *Law, Politics, and Morality in Judaism.* Princeton/Oxford 2006, S. 57–82; 72.
7. Theodor Herzl, *Altneuland.* Roman. Leipzig 1902, S. 226.
8. Abraham Burg, „Now it's your turn", in: *Haaretz,* 23.12.2011

Pinchas Azuka Ogbukaa
Jude – Jude

Stills aus dem Dokumentarfilm *RE-EMERGING: The Jews of Nigeria,*
Regie: Jeff L. Lieberman, www.re-emergingfilm.com

Im Südosten Nigerias leben rund 30 Millionen Igbo. Etwa 30.000 von ihnen praktizieren Elemente des jüdischen Ritus und beanspruchen, Nachfahren von Juden zu sein. Schon die erste (umstrittene) literarische Quelle eines Igbo aus dem 18. Jahrhundert nimmt einen jüdischen Ursprungsmythos an, der seither in Eigen- und Fremdzuschreibungen tradiert wird und historisch auf das israelitische Reich zurückgeführt wird, dessen Bewohner nach der assyrischen Eroberung im Jahr 722 v. d. Z. vertrieben wurden. Tatsächlich existieren Igbo-Traditionen – wie beispielsweise die Beschneidung am achten Tag –, die die These der jüdischen Herkunft stützen.

Seit etwa 20 Jahren erlebt der Ursprungsmythos der Igbo eine starke Renaissance, im Igbo-Gebiet wurden Synagogen gebaut und Hebräischkurse angeboten.

In Israel blieb diese Identifizierung der Igbo als Juden lange Zeit weitgehend unbekannt, dennoch war der Oberste Gerichtshof schon 1994 mit der Frage ihrer jüdischen Herkunft befasst. Basierend auf einem Entscheid des Oberrabbinates wurde ihnen eine jüdische Identität gemäß den Kriterien des Rückkehrgesetzes nicht zuerkannt. Dennoch kam es im Zuge der Öffnung des Arbeitsmarktes für ausländische Arbeitskräfte zur Einwanderung von Igbo nach Israel, die jedoch den jeweiligen Aufenthaltsgesetzen unterlagen und deshalb das Land wieder verlassen mussten. Inzwischen sind auch die Igbo Gegenstand öffentlicher Debatten geworden, die sich mit der Frage beschäftigen, ob Juden eine ethnisch oder gar genetisch homogene Gemeinschaft darstellen, oder auch durch Konversionen und ethnische Vielfalt geprägt sind. Dahinter stehen kontroverse Deutungen der israelischen Gesellschaft, zwischen religiösen und ethnisch-jüdischen Vorstellungen und säkular-zivilen oder binationalen jüdisch-arabischen Utopien. Eine kollektive Anerkennung der Igbo als Juden ist derzeit nicht in Sicht. Einigen gelang es durch Konversion, offiziell Juden zu werden. Andere, gerade in Nigeria, lehnen Konversion völlig ab, da sie sich bereits als Juden betrachten, so wie Pinchas Azuka Ogbukaa, ein Geschäftsmann aus der nigerianischen Hauptstadt Abuja, der dort der Gihon-Gemeinde angehört. Im Film „RE-EMERGING: The Jews of Nigeria" des amerikanischen Regisseurs Jeff L. Lieberman erklärt er neben einigen anderen Igbo, dass nach seinen Vorstellungen niemand Jude werden kann, der es ohnehin schon ist. *HS*

Christian Vuissa
Katholik – Mormone

Christian Vuissa wurde 1969 in Bregenz, Österreich, geboren. Als er noch ein kleines Kind war, schloss sich seine Mutter nach der Begegnung mit zwei Missionarinnen der Kirche Jesu Christi der Heiligen der Letzten Tage (besser bekannt als Mormonen) an. Sie ließ sich durch Untertauchen taufen, wie zur Zeit Jesu und heute noch bei den Mormonen üblich. Sein Vater hingegen bestand auf die katholische Erziehung der Kinder. Vuissa zog sich in seinen Jugendjahren aus jedem religiösen Leben zurück und begann sich erst wieder als junger Erwachsener, mit der Bibel zu beschäftigen. Nach einer tiefgründigen Bekehrungsphase trat Vuissa im Alter von 22 den Mormonen bei. Zwei Jahre später erfüllte er ehrenamtlich einen zweijährigen Missionsdienst für seine Kirche in Leipzig. Seit gut zehn Jahren arbeitet Vuissa in den USA als Drehbuchautor, Regisseur und Produzent abendfüllender Spielfilme, die zumeist religiöse und spirituelle Inhalte haben und oft die Kultur und Lebensweise der Mormonen reflektieren. Er lebt heute mit seiner Frau Kirsten und den drei Kindern Anika, Henry und August im österreichischen Dornbirn und in Provo, Utah. HS

Stills aus dem Film *Plates of Gold*, Drehbuch und Regie: Christian Vuissa, USA 2011. Der Film beschreibt Ereignisse im Leben des Religionsgründers Joseph Smith, wie sie von verschiedenen Zeitzeugen überliefert sind und die 1830 in die Veröffentlichung der Joseph Smith mit Hilfe des Engels Moroni auf antiken Goldplatten offenbarten Texte münden, das „Buch Mormon". Mit freundlicher Genehmigung von Mirror Films und Restoration Pictures.

Videoportrait von Christian Vuissa, 2012
Mit freundlicher Genehmigung der Kirche Jesu Christi der Heiligen der Letzten Tage.

Johann Emanuel Veith
Jude – Katholik

Johann Emanuel (Mendel) Veith wurde am 22. Juli 1787 in Kuttenplan/Chodová Planá als Sohn eines Rabbiners geboren und absolvierte Gymnasium und Studium in Prag. Ebenso wie sein Bruder Elias studierte er Medizin und Veterinärmedizin. Mit der Ausnahme seines älteren Bruders Josef konvertierten alle seine zahlreichen Geschwister zum Katholizismus, Johann Emanuel Veith selbst ließ sich 1816 in der Wiener Karlskirche taufen. Josef Veith hingegen wurde Lehrer an der israelitischen Schule und Aktuar in Wien.

Johann Emanuel Veith nahm eine Lehrtätigkeit am k. u. k. Thierarzney-Institut in Wien auf, dem er fünf Jahre als Direktor vorstand. Als Arzt lernte er den später heiliggesprochenen Prediger Klemens Maria Hofbauer kennen und pflegte auch Kontakte zu anderen Persönlichkeiten der Wiener katholischen Erneuerung. Ein Jahr nach seiner Taufe begann er Theologie zu studieren und trat bald in den von Hofbauer geförderten Redemptoristenorden ein, den er 1830 wieder verließ. Seine Tätigkeit als Arzt behielt er immer bei und setzte sich sehr für die Homöopathie als Heilungsmethode ein.

Dank seiner herausragenden Predigten wurde er 1831 zum Domprediger des Wiener Stephansdoms berufen, eine Aufgabe, die er vierzehn Jahre lang erfüllte. Unermüdlich wirkte er im Sinne der romantisch-katholischen Erneuerungsbewegung und war Autor sowie Herausgeber religiöser Bücher und Zeitschriften. Im Revolutionsjahr 1848 war er – wie auch der für seine Judenfeindschaft bekannte Journalist Sebastian Brunner – an der Gründung des österreichischen Katholikenvereins beteiligt, der von Laien geleitet wurde und aus dem zahlreiche führende Männer der entstehenden christlich-sozialen Bewegung in Österreich stammten. Johann Emanuel Veith erblindete 1858, wirkte aber weiterhin als Arzt. Er starb 1876.
HS

Franz Högler: Statue des Dompredigers Johann Emanuel Veith, Gips, 1849; Wien Museum, Inv. Nr. 43786 (Foto: Birgit und Peter Kainz)

Renaissance des Judentums oder der Weg in eine neue jüdische Zukunft?
Die Wiederentdeckung des Religiösen in jüdischen Biografien in Deutschland

Eva-Maria Schrage

Gibt es eine Renaissance des Judentums in Deutschland? Eine Revitalisierung jüdischer Kultur, die gut zu der Rede von einer Rückkehr der Religion zu passen scheint, die in den Medien populär geworden ist? Diese Frage ist aus religionssoziologischer Sicht, die einen kritischen und differenzierten Blick auf solche Zeitdiagnosen gebietet, nicht einfach zu beantworten. Eine religiös vitale jüdische Gemeinschaft in Deutschland wünschen sich sicherlich nicht nur religiös engagierte Jüdinnen und Juden, sondern auch manche nicht jüdische Deutsche. Während man Muslimen häufig mit einem pauschalen Misstrauen begegnet, wird die jüdische Facette der religiösen Pluralität gern als Ausweis für die Toleranz der deutschen Gesellschaft nach 1945 herangezogen. Die „Renaissance" und die „Revitalisierung" des Judentums in Deutschland bilden zuerst einmal ein politisch-historisches Narrativ, das von Juden und Nichtjuden gleichermaßen konstruiert wird.

Jüdische Zukunft im „Land der Täter"? Die wichtigste innerjüdische Bedeutung der Rede von einer Erneuerung des Judentums besteht wahrscheinlich darin, dass man sich nach 1989 verstärkt Gedanken darüber machte, wie eine jüdische Zukunft im „Land der Täter" aussehen sollte.[1] Dass es so etwas überhaupt geben könnte, war für viele Juden bis dahin kaum denkbar gewesen: Denn das kulturell und religiös vielfältige deutsche Judentum, das heute häufig als das moderne Judentum par excellence beschrieben und auch mystifiziert wird, war unwiederbringlich zerstört. Die meisten der heutigen jüdischen Gemeinden wurden von heimatlosen Holocaust-Überlebenden aus Osteuropa und einigen wenigen deutschstämmigen Juden gegründet. Diese neuen Gemeinden wurden von ihren Mitgliedern häufig als Provisorien oder „Liquidationsgemeinden" angesehen, die nach der Auswanderung aller Juden aus dem Land der Täter wieder aufgelöst würden.[2] Viele Juden verließen Deutschland wirklich für immer, andere lebten für einige Zeit in Israel oder in anderen Ländern und wieder andere blieben trotz der Last der Geschichte in der Bundesrepublik oder in der DDR. In der zweiten Generation entwickelte sich eine intensive politische Auseinandersetzung mit der Mehrheitsgesellschaft, die ihre Identität entscheidend prägte. Schon an den Titeln von Publikationen wie „Kein Weg als Deutscher und Jude"[3] oder „Fremd im eigenen Land"[4] kann man die Spannungen ermessen, die für Juden mit dem Leben in Deutschland verbunden waren. Das politische Engagement der damals jüngeren Generation veränderte später auch die offiziellen Gemeindeorganisationen und den Zentralrat der Juden in Deutschland, die zunehmend zu selbstbewussteren politischen Akteuren wurden. In den wenigen Forschungsarbeiten zum Thema herrscht im Wesentlichen Einigkeit darüber, dass es im kulturellen und religiösen Leben der Einheitsgemeinden hingegen nur wenig Engagement gab.[5]

Pluralisierung der jüdischen Gemeinden Als aber in den 1990er-Jahren, nach dem Fall des Eisernen Vorhangs, mehr und mehr Juden und Menschen jüdischer Herkunft in die Bundesrepublik Deutschland einwanderten, wurde dies als eine Chance für die Konsolidierung der kleinen und überalterten jüdischen Gemeinschaft gesehen. Die Mitgliederzahlen der Gemeinden sollten sich von rund 28.000[6] in den Jahren 1989/90 auf heute rund 105.000[7] tatsächlich fast vervierfachen. Es wurden, vor allem in Ost- und Norddeutschland, Gemeinden in Städten gegründet, in denen es seit der Vernichtung der Vorkriegsgemeinden keine mehr gegeben hatte. Außerdem begann ein Prozess der Pluralisierung von Ausdrucksformen jüdischer Identität, der sich nicht ausschließlich, aber auch auf der religiösen Ebene manifestieren sollte. Als Beispiele für die sich entwickelnde Vielfalt und die religiöse Renaissance der Gemeinschaft können besonders neu entstandene liberale oder auch orthodox-gesetzestreue Gemeinden genannt werden. Diese Gemeinschaften haben zumeist wenige Mitglieder, die aber überdurchschnittlich stark engagiert sind. Die Wurzeln der liberalen und der gesetzestreuen Gemeinden liegen in unterschiedlichen Milieus. Um die Etablierung der liberalen Strömung des Judentums in Deutschland bemühen sich hauptsächlich Angehörige der Generation der Kinder von Holocaust-Überlebenden, die in den zumeist von orthodoxen Rabbinern geführten Einheitsgemeinden unzufrieden waren. Demgegenüber gehen auf die Interessen von Juden, denen diese nicht orthodox genug sind, US-amerikanische Outreach-Bewegungen wie Chabad Lubawitsch und die Lauder Foundation ein. Sie haben das erklärte Ziel, Juden zu einer gesetzestreu-orthodoxen Lebensführung zu ermutigen, die unter den Mitgliedern der etablierten Einheitsgemeinden wenig verbreitet ist.

Die folgenden Biografieauszüge geben einen Einblick in die Lebenswelten von Juden und Jüdinnen, die in Auseinandersetzung mit dem liberalen sowie dem orthodoxen Judentum die Religion für sich entdeckt haben. Exemplarisch dafür stehen die Lebensgeschichten der orthodoxen Jüdin Batya und der liberalen Konvertitin Laura.[8] Beide Frauen sind für die jüdische Community in Deutschland nicht im statistischen Sinne repräsentativ. Viele Juden in der Bundesrepublik sind – ganz ähnlich wie ihre christlichen Nachbarn – entweder nur wenig oder überhaupt nicht religiös engagiert. Nach einer aktuellen Studie schätzen sich 13,2 Prozent der Befragten als orthodoxe, 22,3 Prozent als liberale und 32,2 Prozent als traditionelle Juden, die selektiv religiöse Normen und Traditionen pflegen, ein. 32,3 Prozent bezeichnen sich explizit als säkulare Juden.[9] Religiöse und säkulare Jüdinnen und Juden gestalten demnach die vielfältige jüdische Kultur in Deutschland.

Ein Weg in die Orthodoxie Die Hinwendung zur jüdischen Religion findet nicht in einem spirituell entrückten Raum statt, sondern entwickelt sich aus kollektiven und persönlichen Erfahrungen. Die neuorthodoxen Juden, die ich im Rahmen meiner Studie über die religiösen Ausdrucksformen des Judentums in der Gegenwart für Interviews traf, kamen – wie etwa neunzig Prozent der heute in Deutschland lebenden Juden – aus dem Milieu der Zuwanderer aus der ehemaligen Sowjetunion. Nach dem Fall des Eisernen Vorhangs wurde ein Gesetz verabschiedet, das explizit Menschen jüdischer Herkunft die Einwanderung nach Deutschland ermöglichte. In den Erzählungen von Zuwanderern, die sich der Religion zugewendet haben, wird deutlich, dass es oft diese Erfahrung der Migration war, die einen Prozess der Reflexion über die eigene jüdische Identität anstieß. Eine solche Geschichte hat auch Batya[10] zu erzählen, die zum Zeitpunkt des Gesprächs neunzehn Jahre alt ist und sich für ein Leben als orthodoxe Jüdin entschieden hat. Wie viele andere Zuwanderer kommt sie aus einer Familie, in der das Judentum seit Generationen nicht mehr gelebt wird. Von ihrer jüdischen Herkunft erfährt Batya, die bis zu ihrem vierzehnten Lebensjahr in einer Teilrepublik der ehemaligen Sowjetunion aufwächst, erst, als ihre Eltern beschlossen haben, nach Deutschland auszuwandern. Da ist sie neun Jahre alt. In der Erzählung von Batya ist das Judentum als Kultur und Religion in ihrem Elternhaus völlig abwesend. Deshalb macht sie sich – aufgewühlt von der überraschenden Neuigkeit über ihre Familiengeschichte – ihr Bild vom Judentum hauptsächlich in Kontakt mit den Outreach-Bewegungen der US-amerikanischen Orthodoxie. Daran sind ihre Eltern paradoxerweise nicht ganz unbeteiligt. Allein in der Hoffnung, dass eine jüdische Schule eine besonders gute Bildung vermittle werden die beiden älteren Geschwister noch im postsowjetischen Osteuropa auf ein von Lubawitscher Chassidim geführtes Internat geschickt. Batya besucht sie dort und kommt so mit dem Judentum ultraorthodoxer Rabbiner und mit gleichaltrigen jüdischen Mädchen in Kontakt. Ihrer Mutter sei gar nicht bewusst gewesen, was es bedeute, ihre Kinder auf eine orthodoxe Schule zu schicken. Als die Familie sich in einer ostdeutschen Kleinstadt niederlässt, verfolgt Batya ihre religiösen Interessen weiter. In der winzigen Einheitsgemeinde in ihrer neuen Heimatstadt gefällt es ihr aber nicht, weil sie schon andere Vorstellungen von Judentum entwickelt hat. Sie kritisiert, dass dort sogar der Rabbiner am Schabbat mit der Bahn gefahren sei, was nach dem Religionsgesetz nicht erlaubt sei. Also nahm Batya wieder Kontakt zu Chabad Lubawitsch auf, kam dann aber mit den Outreach-Programmen der Lauder Foundation in Kontakt. In diesem Umfeld, in dem eine konsequente Befolgung der Halacha mit einer Offenheit für moderne Bildung kombiniert wird, fühlt sie sich zu Hause.

Batya und andere junge Erwachsene, die aus gänzlich säkularen oder nur wenig praktizierenden Familien heraus religiös geworden sind, haben im orthodoxen Judentum und in der Gemeinschaft mit Gleichgesinnten eine klare Antwort auf die Frage gefunden, was es heißt, jüdisch zu sein. Wenn sie sich streng koscher ernähren, sich nach den Regeln des Religionsgesetzes kleiden, ihren Ehepartner durch einen Schidduch, die traditionelle jüdische Heiratsvermittlung, kennenlernen und religiös praktizierende Familien gründen, dann ist klar, was sie von nicht jüdischen Nachbarn unterscheidet.

Batya und Katja Der Übergang von einer nicht religiösen zu einer orthopraxen Lebensführung kommt dabei allerdings einer Konversion gleich, die mit einem tief greifenden Wandel der Lebensbezüge verbunden ist. Batya zum Beispiel heißt nicht seit ihrer Geburt Batya, sondern erhielt ihren jüdischen Namen mit elf Jahren bei einem Schabbat in einem jüdischen Ferienlager. Deshalb nennen ihre Familie und ihre Freunde aus früherer Zeit sie weiterhin Katja, während andere orthodoxe Juden und Menschen, die sie nur als orthodoxe Jüdin kennen, sie als Batya ansprechen. Der Gebrauch der beiden Namen verbildlicht das Leben der jungen Frau in zwei unterschiedlichen Welten. Gleichzeitig ist auch hervorzuheben, dass es für sie, anders als bei Konvertiten ins Judentum, kein festes Ritual des Übergangs in die Gemeinschaft gibt, denn nicht praktizierende Juden gehören seit jeher dazu. Batya ändert ihr Leben nicht in dem Moment dramatisch, in dem sie ihren jüdischen Namen annimmt, sondern hält über die Zeit immer mehr Gebote des jüdischen Religionsgesetzes ein. Mit vierzehn Jahren beginnt sie damit, und seit ihrem sechzehnten Lebensjahr lebt sie in ihrem eigenen Empfinden wirklich religiös. Weil es im orthodoxen Judentum auf die Gebotsbefolgung ankommt, wird die Hinwendung zur Religion nicht als plötzlicher Sinneswandel verstanden, sondern als ein Lernprozess. Das drückt Batya auch so aus, wenn sie sagt: „Dann hab ich selber halt auch gelernt, was es heißt, jüdisch zu sein."[11] Das Ergebnis ist dennoch eine dramatische Veränderung des Lebensstils, die auch zu Konflikten mit der Umgebung führt.

Da die jüdischen Religionsgesetze – und das gilt besonders für die Orthodoxie – auch Einfluss auf die Haushaltsführung nehmen, gerät Batya nicht selten mit ihren Eltern in Konflikt. Die Frage des Essens ist dabei besonders heikel. Eine nach orthodoxen Kriterien koschere Küche zu unterhalten ist wohl ohnehin für jeden, der nicht damit aufgewachsen ist, eine Herausforderung. Aber nicht nur deshalb ist es für viele Eltern eine eher unangenehme Überraschung, wenn sich ihre Kinder für eine koschere Ernährung entscheiden. Batya berichtet, dass ihre Mutter nicht an Gott glaubt und folglich ein Leben nach dem Religionsgesetz für sinnlos hält. Die Tochter hingegen fühlt sich zur Befolgung der jüdischen Speisegesetze verpflichtet. So bleibt aus ihrer Sicht nichts anderes, als das von ihrer Mutter zubereitete Essen zu verweigern. Aus Batyas Beschreibung dieser Situation wird deutlich, dass der familiäre Konflikt auch zu einem inneren Konflikt wird: „Am Anfang hat sie einfach gekocht und ich: ‚O. k., ich darf das nicht essen.' Das war aber auch für mich nicht so angenehm, weil sie für mich gekocht hat und dann: ‚Ich kann das nicht essen, tut mir leid.' Das war doch schon auch, ja, hart, das war nicht einfach"[12]

Das Essen abzulehnen, das ihre Mutter eigens für sie gekocht hat, bedeutet eben auch Zurückweisung, die für beide Seiten schmerzhaft ist. Die Tochter bleibt aber konsequent bei ihrer Entscheidung, nur noch koscher zu essen. Batya berichtet von ähnlichen Konflikten, wenn es um die Einhaltung des Schabbats geht. Sie hat sogar das Gefühl, dass ihre Mutter bewusst versucht, sie von ihrer religiösen Praxis abzuhalten. Wenn sie am Schabbat die Lichter brennen lasse, weil das Religionsgesetz die Betätigung der Schalter verbietet, schalte ihre Mutter diese immer absichtlich wieder aus. Das führt Batya zu der Überzeugung, dass sie den Schabbat nicht zu Hause halten kann, weshalb sie ihn mit anderen orthodoxen Juden verbringt. Nach einer konflikthaften Phase, in der die Eltern die Jugendliche von der Orthodoxie fernzuhalten versuchten, arrangieren sie sich mit der Entscheidung ihrer Tochter und zeigen mehr Verständnis für ihren Lebensweg. Zur Abmilderung der Konflikte mag auch beitragen, dass Batya nun in einer anderen Stadt lebt, um ihr religiöses Studium in einem Bildungsprogramm für junge Frauen zu vertiefen. Sie berichtet, dass ihre Mutter, die selbst kaum etwas über das Judentum weiß, ihr sogar immer häufiger interessierte Fragen stelle. Inzwischen versuche die Mutter auch, sich auf die religiösen Bedürfnisse von Batya einzustellen, etwa indem sie mit ihr abspricht, was sie für sie kochen kann.

Liberaler Aufbruch Der orthodoxe Weg ist aber keinesfalls der einzige, auf dem jüdische Menschen zur Religion finden. Auch die Neuentstehung einer liberalen Strömung in Deutschland wird mit einem „Judentum im Aufbruch"[13] assoziiert. Die Rabbinerinnen und Rabbiner und engagierte Gemeindemitglieder, die diese Bewegung tragen, haben sich der jüdischen Tradition oft erst im Laufe ihres Lebens angenähert. Elisa Klapheck hat in ihrem autobiografischen Buch „So bin ich Rabbinerin geworden"[14] ihren Lebensweg beschrieben. Sie berichtet davon, wie wenig sie der Religionsunterricht ihrer Kindheit überzeugt hat und wie sie dennoch die Freude am Lernen, das Vermächtnis ihrer Familie und eine zunehmende religiöse und politische Auseinandersetzung mit der jüdischen Tradition in das rabbinische Amt führten. Klaphecks Zugang zum religiösen Lernen besteht nicht in der Aneignung einer möglichst vollständigen Befolgung des orthodoxen Religionsgesetzes, sondern in der autodidaktischen Erarbeitung der jüdischen Schriften: Sie liest die Bibel zuerst mit drei Freundinnen, später auch allein auf Hebräisch, um sich die Texte mühsam durch Übersetzung und Interpretation anzueignen. Anders als bei den neuorthodoxen Zuwanderern gibt es auf ihrem Weg keine Lehrer und kein festgefügtes Konzept, was das Judentum ist und was es bedeutet, religiös zu sein. Das Bild „ihres" Judentums wird von ganz unterschiedlichen Einflüssen und Begegnungen geformt: etwa von den „alten Damen" aus Osteuropa, die sie in ihrer Kindheit auf der Frauenempore der Synagoge kennenlernte, von der reformjüdischen Gemeinde ihrer Verwandten in den USA und von der Diskussion mit Juden aus ihrer Generation. Ihre Wiederentdeckung des Wirkens von Regina Jonas, einer deutsch-jüdischen Rabbinerin, die in Auschwitz ermordet wurde, inspiriert sie stark. Elisa Klapheck setzt sich genauso intensiv mit der Tradition auseinander wie manche neuorthodoxe Jüdin, aber ändert ihr Leben nicht dramatisch, bis sie die Entscheidung trifft, selbst Rabbinerin zu werden. Daher beschreibt sie – anders als etwa Batya – keine Konflikte, die mit koscherer Ernährung oder dem Schabbat zu tun haben. Vielmehr hört sie von Menschen, gleich ob sie das Judentum traditionell oder säkular leben, dass sie sich nicht anmaßen solle, die jüdischen Texte ohne Lehrer zu interpretieren. Sie stellt sich deshalb selbst die Frage, wo sie mit ihrem unkonventionellen Zugang im Judentum einen Platz finden kann. Nach der Beschäftigung mit unterschiedlichen jüdischen Lebensentwürfen – einschließlich eines Aufenthalts in einer orthodoxen Religionsschule in Jerusalem – lässt sie sich in einem liberalen Rabbinerseminar in den USA ausbilden. Heute ist Elisa Klapheck Rabbinerin in Frankfurt am Main.

Der liberale Weg zur eigenen Herkunft Wie liberale Juden religiös werden, lässt sich auch an der Geschichte von Laura[15] illustrieren, die zum Zeitpunkt des Interviews 32 Jahre alt ist und kurz vor dem Übertritt ins Judentum steht. Wie gar nicht wenige andere Menschen ist Laura jüdischer Herkunft, aber nach dem Religionsgesetz keine Jüdin. Seit ihrer Kindheit weiß sie, dass der Vater ihrer Mutter Jude war. Viel später erfährt sie, dass ihr Vater eine jüdische Mutter hatte. Die Familiengeschichten ihrer Eltern sind schmerzhaft durch die Verfolgung während des Nationalsozialismus geprägt: Laura berichtet, dass man in ihrer Familie über alles habe reden können – nur über die jüdische Familiengeschichte nicht. Trotzdem ist das Judentum in ihrer Erziehung auf eine diffuse Weise präsent. Laura lernt früh die örtliche jüdische Gemeinde kennen, weil ihre Eltern sie zu Kulturveranstaltungen dahin mitnehmen, und wird als Jugendliche von ihnen ermutigt, eine Israelreise zu unternehmen. Die Familie ist weder jüdisch noch christlich religiös. Laura wird trotzdem evangelisch getauft und konfirmiert. Mit dem Christentum kann sie sich jedoch nicht identifizieren, obwohl sie immer an Gott geglaubt hat. Deshalb fasst sie schon früh einen Übertritt zum Judentum ins Auge, setzt aber ihren Plan erst in die Tat um, als sie nach dem Studium mit einem festen Arbeitsplatz das Gefühl hat, die Freiräume für den aufwendigen Prozess der Konversion zu haben. Obwohl sie „Synagogenhopping" betrieben und auch mit einem orthodoxen Rabbiner gesprochen hat, kommt für sie ein jüdisches Leben nach orthodoxen Vorstellungen niemals infrage. So zu leben, sagt sie, „würde ja allem widersprechen, was mich als heutigen Menschen ausmacht, der halt eben in dieser Gesellschaft, in der alles sehr säkular geprägt ist, groß geworden ist"[16]. Auch Laura muss wie Batya erst einmal lernen, was es heißt, jüdisch zu sein. Sie wählt aber als Lehrer einen liberalen Rabbiner aus und entscheidet sich für ein Umfeld, in dem am Ende des Lernprozesses nicht ein orthodoxer Lebensstil stehen muss. Hier kann Laura ihre religiöse Praxis individuell gestalten, und das bedeutet für sie zum Beispiel, dass sie am Schabbat Kerzen anzündet und alle Arbeit und Hektik von sich fernzuhalten versucht, aber dennoch den Fernseher einschaltet. Oder dass sie Fleisch- und Milchprodukte getrennt voneinander aufbewahrt und verzehrt und Schweinefleisch konsequent meidet, aber keine streng koschere Küche mit mehreren Geschirrsets führt. Laura nimmt den Übertritt sehr ernst. Er bedeutet für sie, ihre gefühlte Bindung in eine offizielle Zugehörigkeit zu verwandeln. Sie gibt dem Judentum einen bedeutsamen Platz in ihrem Leben. Wo aber die Religion in ihrer Wahrnehmung mit ihren Überzeugungen und Werten – etwa über die Gleichberechtigung der Geschlechter – in Konflikt gerät, grenzt sie sich ab. Für Laura als berufstätige, erwachsene junge Frau würde eine vollständige Ausrichtung ihres Lebens nach der Orthodoxie tatsächlich eine dramatischere Veränderung bedeuten als für die jüngere Batya. Es gibt aber auch Menschen, die sich in Lauras Alter oder noch später entscheiden, orthodox zu leben. Die religiöse Praxis von Juden ist nicht immer konstant, sondern kann sich verändern – besonders in Lebensphasen des Umbruchs. In der Jugend, anlässlich der Geburt eigener Kinder, nach Scheidungen, nach dem Verlust geliebter Menschen oder anderen Erfahrungen, die individuell als einschneidend wahrgenommen werden, stellen sich manche Menschen – Juden wie Nichtjuden – die Frage nach der Religion. Die Ausdrucksformen des „Religiös-Werdens" variieren und beschränken sich nicht auf die hier dargestellten liberalen und orthodoxen Optionen.

Komplexe Gegenwart Wenn man die Lebensgeschichten von Batya und Laura vergleichend betrachtet, hat man die ganze Komplexität jüdischer Kultur in der Gegenwart vor Augen. Die beiden Frauen unterscheiden sich in ihren Haltungen zur Religion gravierend. Während Batya sich für ein orthodoxes Leben entscheidet und in ein entsprechendes jüdisches Milieu begibt, findet Laura individuell eine religiöse Form, die sich in ihr bisheriges Leben einpasst. Die Ausgangsbedingungen in Bezug auf die familiäre religiöse Praxis sind bei den beiden Frauen zwar nicht gleich, aber ähnlich. Dadurch, dass nach dem Religionsgesetz nur von Geburt an jüdisch ist, wer von einer jüdischen Mutter geboren wurde, muss Laura aber mit einem Ritual ins Judentum übertreten. Batya, die eine jüdische Mutter und einen nicht jüdischen Vater hat, ist hingegen schon immer Jüdin. Letztendlich setzen sich beide Frauen damit auseinander, dass man ins Judentum hineingeboren wird. Batya gibt ihrer Zugehörigkeit zum Judentum – die sie als gegeben akzeptiert – mit dem orthodoxen Weg Inhalt und Sinn: „Ich glaube, auch wenn man nicht daran glaubt, wenn man jüdisch ist, bleibt man ja für immer jüdisch, man kann es nicht irgendwie ablehnen, und alles, was ich mache, versuche ich irgendwie in Kontakt mit Gott zu machen."[17] Das bedeutet, dass ihr Leben vom Rhythmus der jüdischen Feiertage und des Schabbats bestimmt ist und im Einklang mit dem Religionsgesetz steht. Laura hingegen fühlt sich dem Judentum aus ihrer Familiengeschichte heraus schon seit Jahren zugehörig und strebt durch den Übertritt eine Anerkennung durch die Gemeinschaft an. Obwohl sie das Gefühl hat, dass ihre Eltern ihre Bindung an das Judentum gefördert haben, sind sie nun gegen die Konversion. Diese widersprüchlichen Botschaften kann Laura sich nur durch die Verfolgungsgeschichte der Familie erklären. Aus ihrer eigenen Erfahrung zieht sie aber eine klare Konsequenz: „Ich möchte diese komische religiöse Verwirrtheit meinen Kindern ehrlich gesagt nicht weitergeben. Du bist nicht hü, du bist nicht hott, du bist irgendwo dazwischen. Es ist echt nervig, und ich arbeite halt einfach daran, diesen Zustand des Irgendwo-Dazwischen zu verlassen."[18] Die Herausforderungen der beiden Frauen kann man daher als genau spiegelbildlich betrachten. Gemeinsam haben sie aber, dass sie aus Familien stammen, in denen die Tradition aus unterschiedlichsten und nicht mehr im Einzelnen sicher nachvollziehbaren Gründen abgebrochen wurde. Sie selbst haben sich entschieden, die jüdische Tradition wiederaufzunehmen. Im Vergleich der Generationen ist deshalb naheliegend, von einer „Rückkehr" der beiden Frauen ins Judentum zu sprechen.

Jüdische Zukunft in Deutschland In den letzten zwanzig Jahren ist die jüdische Gemeinschaft in Deutschland vielfältiger und selbstbewusster geworden, was auch zu einer Pluralisierung religiöser Ausdrucksformen geführt hat. Die Neugründungen von Gemeinden und die Tatsache, dass heute in Deutschland sogar orthodoxe Rabbiner und liberale Rabbinerinnen ordiniert werden, zeugen von einer neuen Differenzierung des religiösen Judentums. Solche Ereignisse werden sowohl in der jüdischen Gemeinschaft als auch in der allgemeinen Öffentlichkeit oft als erfreuliches Anzeichen dafür gedeutet, dass das Judentum hier wieder wirklich heimisch wird. Ob es zutreffend ist, dies eine „Renaissance" oder „Revitalisierung" zu nennen, ist aber fraglich. Man wird der neuen Pluralisierung des Judentums – und Geschichten wie denen von Laura und Batya – wahrscheinlich eher gerecht, wenn man sie nicht als die Wiederkehr von etwas Vergangenem betrachtet, sondern als ein Bemühen um eine jüdische Zukunft in Deutschland.

1. Für eine Analyse der Diskurse um eine „Renaissance" oder „Revitalisierung" des Judentums in Deutschland z. B.: Y. Michal Bodemann/Jael Geis, *Gedächtnistheater. Die jüdische Gemeinschaft und ihre deutsche Erfindung.* Hambug 1996; Alexander Jungmann, *Jüdisches Leben in Berlin. Der aktuelle Wandel in einer metropolitanen Diasporagemeinschaft.* Bielefeld 2007, S. 181–250.
2. Z. B. Pnina Navé Levinson, „Religiöse Richtungen und Entwicklungen in den Gemeinden", in: Micha Brumlik u. a. (Hg.), *Jüdisches Leben in Deutschland seit 1945*, Frankfurt am Main 1988, S. 147.
3. Micha Brumlik, *Kein Weg als Deutscher und Jude. Eine bundesrepublikanische Erfahrung.* München 1996.
4. Henryk M. Broder, *Fremd im eigenen Land. Juden in der Bundesrepublik.* Frankfurt am Main 1979.
5. Z. B. Stephanie Tauchert, *Jüdische Identitäten in Deutschland. Das Selbstverständnis von Juden in der Bundesrepublik und der DDR 1950–2000.* Hamburg/Berlin 2007, S. 209. Harry Maòr, *Über den Wiederaufbau der jüdischen Gemeinden seit 1945.* Mainz 1961, S. 108; Erica Burgauer, *Zwischen Erinnerung und Verdrängung. Juden in Deutschland nach 1945.* Reinbek 1993, S. 38.
6. Zentralwohlfahrtstelle der Juden in Deutschland, *Mitgliederstatistik der einzelnen jüdischen Gemeinden und Landesverbände in der Bundesrepublik Deutschland und Westberlin.* Frankfurt am Main 1990. Die genaue Angabe für 1990 lautet: 28.468.
7. Website des Zentralrats der Juden in Deutschland, Mitglieder, ohne Ort 2011, online verfügbar unter [http://www.zentralratdjuden.de/de/topic/5.html], Zugriff am 10.10.2011.
8. Die Grundlage der folgenden Überlegungen bilden Interviews, die ich im Jahr 2010 im Rahmen meines Dissertationsprojektes *Judentum in Deutschland zwischen Säkularisierung und Wiederkehr des Religiösen* in unterschiedlichen Städten geführt habe. In der Qualifikationsarbeit werden die Interviews im genauen Wortlaut hermeneutisch ausgewertet, hier werden die Texte sprachlich überarbeitet wiedergegeben. Die Namen meiner Interviewpartnerinnen sind anonymisiert.
9. Eliezer Ben-Rafael u. a., *Juden und jüdische Bildung im heutigen Deutschland.* ohne Ort 2010, S. 46. Online verfügbar unter [www.zwst.org], Zugriff am 12. 4.2012.
10. Die wiedergegebene Geschichte basiert auf einem Interview der Verfasserin mit Batya, 2010.
11. Interview der Verfasserin mit Batya, 2011, S. 4.
12. Interview der Verfasserin mit Batya, 2010, S. 3.
13. Heinz-Peter Katlewski, *Judentum im Aufbruch. Von der neuen Vielfalt jüdischen Lebens in Deutschland, Österreich und der Schweiz.* Berlin 2002.
14. Elisa Klapheck, *So bin ich Rabbinerin geworden. Jüdische Herausforderungen hier und jetzt.* Freiburg 2005. Im April 2012 ist eine überarbeitete Auflage erschienen: Elisa Klapheck, *Wie ich Rabbinerin wurde.* Freiburg 2012
15. Die wiedergegebene Geschichte basiert auf einem Interview der Verfasserin mit Laura, 2010.
16. Interview der Verfasserin mit Laura, 2010, S. 4.
17. Interview der Verfasserin mit Batya, 2010, S. 10.
18. Interview der Verfasserin mit Laura, 2010, S. 13.

Paul Moses Strasko
Protestant – Jude

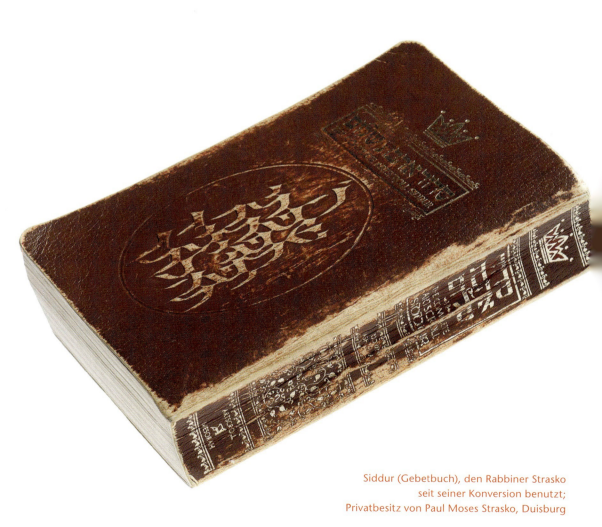

Siddur (Gebetbuch), den Rabbiner Strasko seit seiner Konversion benutzt; Privatbesitz von Paul Moses Strasko, Duisburg

Paul Moses Strasko wurde 1972 in Anaconda, Montana, in den USA geboren und wuchs als Kind gläubiger Christen auf. Er studierte Musik, machte seinen Bachelor in den Fächern Klarinette und Komposition und arbeitete als Jazz-Musiker. Als das Geld für die Fortsetzung des Studiums nicht reichte, begann er bei einer Computerfirma zu arbeiten und wurde zum Spezialisten für Krankenhaus-Software. Doch wie die deutsche Wochenzeitung *Die Zeit* über ihn schrieb: „Irgendwo auf seinem Weg kam Strasko zum Judentum, oder das Judentum kam zu ihm, wer kann das schon wissen. Jedenfalls fand er sich wieder: in den Gesetzen, den Regeln, in der Hingabe an einen allmächtigen Gott, in der strengen Abfolge der jüdischen Gebetszeiten und Festtage. Irgendwann fasste Strasko den Gedanken, Rabbiner zu werden. Irgendwann hielt er vor Freunden eine Predigt – alle waren begeistert. Und irgendwann packte seine Frau Sandra ihn am Revers und sagte: Paul, die Zeit ist da."

In Seattle im Westen der USA traten Paul und Sandra Strasko zum Judentum über. Die Mikwe war zu diesem Zeitpunkt nicht benutzbar. Es war Winter und das rituelle Tauchbad fand im Lake Washington statt, bei Minustemperaturen. Im selben Jahr begann Paul Moses Strasko als Tora-Vorleser im Temple Beth Am in Seattle.

Seine Rabbinerausbildung entschied er, in Deutschland zu absolvieren. Das liberale Abraham Geiger Kolleg in Potsdam nahm ihn auf, das erste Ausbildungsjahr verbrachte er 2007 beim Hebrew Union College in Israel. 2011 wurde er in Bamberg bei einer Feier mit Händels „Feuerwerksmusik" als Rabbiner ordiniert. Noch immer benutzt er denselben Siddur, das Gebetbuch, das ihn schon bei seiner Konversion begleitete.

Nach Praktika in Hannover und Düsseldorf wurde Strasko 2011 Assistenzrabbiner an der großen liberalen Gemeinde in Genf. Seit Sommer 2012 ist er wieder in Deutschland, als Rabbiner der Gemeinde Duisburg-Mühlheim-Oberhausen, mit 2700 Mitgliedern.

Paul Moses Strasko gehört zu einer neuen Generation von Rabbinern, die für einen jüdischen Neubeginn in Deutschland einstehen wollen. Unter ihnen sind Frauen, einstmals weltlich orientierte Emigranten aus Russland, liberale Konvertiten wie Strasko, aber auch fromme Vertreter einer neuen Orthodoxie, die zumeist ebenfalls aus Osteuropa nach Deutschland eingewandert sind. Gemeinsam ist den meisten unter ihnen, dass der Holocaust nicht mehr die prägende Erfahrung ihrer Familie ist.
HL

„Von wo denn nach wo?" Einwanderung als Übertritt
Dmitrij Belkin

„Von wo denn nach wo?" Diese Frage stellte angeblich ein leitender Mitarbeiter einer jüdischen Gemeinde in Deutschland als Reaktion auf die Anträge einer Gruppe von KonvertitInnen, die willig waren, eine Gemeindemitgliedschaft zu ergattern. Der symbolisch und inhaltlich signifikante Charakter dieser Frage motiviert zu einer Antwort. Darüber zu schreiben bedeutet für mich auch, meinen eigenen Weg zur jüdischen Religion und den meiner Familie zu reflektieren – im politischen, religiösen und kulturellen Kontext der 1990er- und 2000er-Jahre. Dabei erweisen sich die Einwanderung nach Deutschland und der Übertritt zum Judentum als ein Kontinuum von Erfahrungen eines Vertreters der „letzten sowjetischen Generation".[1] Diese darf man zweifelsohne nicht generalisieren, doch stehen sie für gewisse Entwicklungen, die auch in die neue deutsch-jüdische Gemeinschaft miteingeflossen und für ihre Entwicklung von Relevanz sind. Diese Gemeinschaft, das „deutsche Judentum zwei", ist als ein wesentliches Ergebnis der postsowjetisch-jüdischen Einwanderung in den Jahren 1989 bis 2005 neu formiert worden.[2]

Ich bin 1971 in der Sowjetunion, in der ukrainischen Millionenmetropole Dnepropetrowsk geboren. Mein Vater ist Jude, meine Mutter Russin. So steht es in meiner Geburtsurkunde, die mir im Dezember 1993 als jüdischer Kontingentflüchtling eine Auswanderung nach Deutschland ermöglicht hatte. Ich wuchs in einer areligiösen Familie auf, in der sowohl das Christliche als auch das Jüdische bestenfalls rudimentär vorhanden waren. Eine Distanz zu religiösen Ritualen ist Teil meiner Kindheitserfahrung. Rituelle Speisen, wie das russisch-orthodoxe Osterbrot Kulitsch bei meinen Tagesmüttern sowie Mazzen, die wir bei meiner Großmutter väterlicherseits hin und wieder zu Pessach bekamen, riefen bei mir Befremden hervor. Gläubige Menschen gab es nicht in der zu etwa achtzig Prozent jüdischen Umgebung meiner Eltern. Auch nicht in meiner Schulklasse, die zu fünfzig Prozent aus MitschülerInnen jüdischer Herkunft bestand. Wie nicht wenige sowjetisch-jüdische Teenager der 1960er- bis 80er-Jahre war auch ich mit dem Buch von Alexandra Brustein *Der Weg führt in die Ferne (Doroga uchodit v dal')* sehr vertraut.[3] Die Geschichte des Mädchens aus einer assimilierten Familie der russisch-jüdischen *Intelligenty* im Wilna der Jahrhundertwende beschrieb in kompakter literarischer Form das Bewusstsein der jüdischen Intelligenzija, das auch für die Perestroika-Generation aktuell blieb: „… There is a lot of anti-Semitism …, and there is intelligentsia devoted to the cause of universal equality, but there are no Jews because most Jews are members of the Russian intelligentsia and the most members of the Russian intelligentsia are Jews. Such was the genealogy of most Brushtein's readers … "[4]

Dnepropetrowsk war in den 1980er-Jahren eine Stadt mit einer jüdischen Bevölkerung von 25 bis 30.000 Personen.[5] Das ethnische Selbstbewusstsein dominierte bei den Juden hier wie überall in der Sowjetunion – sie waren entsprechend der Nationalpolitik der Sowjetmacht in den frühen 1920er-Jahren als Nationalität definiert, der jedoch so wichtige Merkmale einer Nation wie das gemeinsame Territorium und eine gemeinsame Sprache fehlten. Der Vermerk „Jude" in den sowjetischen Passdokumenten seit Mitte der 1930er-Jahre war ein Fortschritt im Vergleich zum Status der Juden als „Andersstämmige" im Zarenreich.[6] Hunderttausenden wurde dieser „Fortschritt" jedoch seit dem Beginn der staatlich-antisemitischen Politik in der Sowjetunion der späten 1940er-Jahre zum Verhängnis.

Zu den weiteren Kennzeichen des Jüdischen in der ausgehenden Sowjetunion, außer der kindlichen Sozialisierung, gehörten nach Zvi Gitelman Antisemitismus und das nicht unbedingt negativ aufgefasste „jüdische Aussehen" als ein in der UdSSR wichtiges Erkennungsmerkmal für diese „Nationalität".[7] Beide Faktoren – gänzlich jenseits des religiösen Kontextes – bildeten einen wesentlichen Teil meiner Jugenderfahrung.

Der polnische Schriftsteller Zenon Kosidowski und seine atheistischen, aber informativen „Biblischen Erzählungen" zählten zu den wenigen Büchern, die in den 1980er-Jahren eine Massenleserschaft für die Religionsgeschichte interessieren konnten.[8]

Die Frage der „Nationalität" im Pass hatte ich pragmatisch beantwortet und ich bekam mit sechzehn einen sowjetischen Pass mit dem Vermerk „Russe" in der sogenannten fünften Spalte. Alternativ hätte man „Jude" schreiben lassen können, was meine Lebens- und Karriereperspektive in der ausgehenden Sowjetunion sicherlich nicht verbessert hätte. Zeitgleich begann eine gewisse Distanzierung vom Jüdischen. Sie fiel zusammen mit einer Distanzierung vom „kleinbürgerlichen" Milieu meiner Eltern, die unter anderem inspiriert war von der Lektüre Fjodor Dostojewskis und lateinamerikanischer Autoren des „magischen Realismus": Als selbst erklärter „Intellektueller" dachte ich, mit den „Spekulanten" wenig anfangen zu können.

Familienkompositionen und „Mischkulturen" Der „sozialistische Internationalismus" war in der Sowjetunion siegreich, zumindest was die demografische Familienkomposition anbelangt. In den 1980er-Jahren kamen in den „jüdischen" Familien auf hundert Juden etwa sechzig Nichtjuden, in den 1990ern dagegen – schon achtzig.[9] Diese Statistik liefert eine Erklärung dafür, warum weit mehr als die Hälfte der rund 220.000 russisch-jüdischen Einwanderer zwischen 1991 und 2005 nicht Mitglieder in einer jüdischen Gemeinde in Deutschland wurden.

In den sowjetischen Großstädten war die jüdische Bevölkerung in den späten 1980er-Jahren auch in ihrer religiösen Zusammensetzung keinesfalls homogen. Nur etwa zehn Prozent der befragten Juden feierten hier den Schabbat. Nur fünf Prozent von ihnen waren während der späten Regierungszeit von Michail Gorbatschow oder unmittelbar danach Mitglieder einer jüdischen Organisation oder Gemeinde. Andererseits, und das ist ebenso kennzeichnend für diese Epoche, gaben rund achtzig Prozent der Befragten an, sie würden für sich und ihre Familien eine „jüdische religiöse Entwicklung" wünschen. Ein nicht geringer Teil gab an, die sowjetischen oder christlichen Feiertage zu feiern oder Mischformen aus jüdischer und christlicher Tradition, etwa mit einer Kombination aus

Pessach und Ostern. 75 Prozent der Befragten beschrieben hingegen ihre Identität als „jüdisch", wobei viele unter ihnen aus sogenannten gemischten Ehen stammten und halachisch, das heißt nach dem jüdischen religiösen Gesetz, als Nichtjuden galten.[10] Ich gehörte dazu.

Der Beginn meines Geschichtsstudiums an der Universität Dnepropetrowsk begann zeitnah zur Perestroika in der Sowjetunion, die auch die Rolle der Religion in der Gesellschaft radikal veränderte. Die Feierlichkeiten zum tausendjährigen Jubiläum der Taufe Russlands 1988 hatten politische und kulturelle Folgen: Das christliche Russland wurde plötzlich omnipräsent und zum wichtigen Faktor der russischen Geschichte. Die in der Sowjetunion lange verfolgte Kirche hatte den Nimbus des religiösen und kulturellen Dissidententums[11] und trat nun als scheinbar „unkorrumpierte" politische Kraft auf.

In Dnepropetrowsk gab es in meiner Jugend nur wenige Kirchen. Die Hauptkathedrale der Stadt, die im 19. Jahrhundert erbaute Svjato-Troicky-Kirche, lag sehr zentral und war nicht zu übersehen. Dort habe ich zum ersten Mal religiöse Bücher erworben und mehrmals auch die saubere öffentliche Toilette benutzt – keine Selbstverständlichkeit in spätsowjetischen Großstädten. Mit meinem Freund M. B. habe ich mehrmals das Thema der anonymen Kindergräber in der Kirche besprochen – ihre Präsenz und ihre unprätentiöse Schlichtheit, die stark von der sowjetischen Memorialkultur abwich, beunruhigte uns.

Ekaterinoslav, seit 1926 Dnepropetrowsk, hatte noch in den frühen 1930er-Jahren mehrere Synagogen und eine große jüdische Gemeinschaft von rund 70.000 Menschen. Gegen Ende der 1980er-Jahre gab es nur einen winzigen synagogalen Raum, den ich mit meinem Freund E. M. zum ersten Mal im Jahr 1988 besuchte.[12] Das Fehlen einer auf den ersten Blick erkennbaren Präsenz des Religiösen und die befremdliche Begegnung mit einigen alten Herren in einem dunklen engen Raum waren das, was uns von diesem Besuch in der verfallenen Synagoge in Erinnerung blieb. Ungefähr zu dieser Zeit gingen wir auch auf eine Einladung ins Intourist-Hotel Dnepropetrowsk, in dem die Emissäre des Lubawitscher Rebben Menachem Mendel Schneerson, Chassiden russischer Herkunft aus New York City, untergebracht wurden. Von ihnen hörte ich zum ersten Mal, dass es für mich unmöglich sei, einem Minjan, einer Betgruppe von mindestens zehn Männern, anzugehören.

In den frühen 1990er-Jahren las ich auch das Gedicht des russisch-jüdischen Dichters Boris Sluckij über die „Halbjuden", das mich prägen sollte. Sie, die sie „auf einer schnell gespannten Bettwäsche gemacht" worden seien, nannte er „die schwachen Brücken zwischen den Kontinenten, in der Welt gegenseitiger Vorwürfe".[13]

Die Kirche trat in den 1970er- bis 80er-Jahren durch eine Reihe von Intellektuellen unter den Priestern hervor, die es verstanden, die Sprache der Intelligenzija einzusetzen und die sowjetischen Intellektuellen zu bekehren. Die Christianisierung der dünnen Schicht der jüdischen intellektuellen Elite durch den 1990 ermordeten charismatischen und ökumenisch gesinnten Erzpriester Alexander Men, der selbst jüdischer Herkunft war, ist ein „einmaliger und widersprüchlicher Vorgang"[14], der inzwischen ausführlich untersucht worden ist.[15] Die Widmung des Jesus-Buchs von Men „an alle, welche die Wahrheit suchen und an die Möglichkeit ihres Findens glauben", spielte für mich damals eine nicht unwichtige Rolle.[16]

Meine Pläne, nach Deutschland auszuwandern, hingen auch mit dem Zerfall der Sowjetunion im Dezember 1991 zusammen. Den ersten Besuch einer deutschen Botschaft unternahm ich zusammen mit einem Freund. Wir fuhren nach Moskau. Die Botschaftsmitarbeiterin teilte uns in einem Deutsch mit, das wir damals schon verstanden: Hitler habe auch die Juden väterlicherseits verfolgt, deswegen werde Deutschland auch diesen Personenkreis aufnehmen. Sie spielte auf die 1935 in Kraft getretenen sogenannten Nürnberger Gesetze des „Dritten Reiches" an, nach denen auch die „Halbjuden" als „Mischlinge ersten Grades" diskriminiert und verfolgt worden waren.

Wen aufnehmen und wie? Die Diskussion über die Aufnahmemöglichkeiten für Juden wurde in der Bundesrepublik auf politischer Ebene geführt. Die religiösen Motive spielten dabei zwar eine gewisse, aber keine entscheidende Rolle.[17] Aus der Perspektive des führenden Konsulatsmitarbeiters in Kiew, Kurt Schatz, der über den Umgang mit Anträgen von mehr als 40.000 Menschen entschied, sah die Angelegenheit wie folgt aus: „Hauptfrage war für mich: Wer ist Jude? Ich trat in einen engen Kontakt zum Oberrabbi in Kiew." Dieser, einer der ersten Lubawitscher Rabbiner in der Ukraine, teilte Kurt Schatz mit, dass Jude sei, wer eine jüdische Mutter habe. Schatz beabsichtigte, nach dieser Regel zu handeln, doch in der bundesrepublikanischen Botschaft, die sich inzwischen aus dem einstigen DDR-Konsulat in einer ehemaligen Sowjetrepublik formiert hatte, sei ein Telegramm eingetroffen, das über ein Treffen zwischen Bundeskanzler Helmut Kohl und dem Präsidenten des Zentralrats der Juden in Deutschland, Heinz Galinski, informierte. In dem Gespräch mit dem Bundeskanzler habe auch Heinz Galinski die traditionelle Auffassung vertreten: Jude sei, wer eine jüdische Mutter habe. Zugleich habe sich Galinski aber auch gegen eine weitere Selektion der Juden gewehrt. Helmut Kohl, so Kurt Schatz, habe daraufhin angedeutet, die Nationalsozialisten hätten nicht zwischen der Herkunft mütterlicher- oder väterlicherseits unterschieden, also seien auch die Kinder jüdischer Väter aufzunehmen.[18] Mein eigenes Gespräch mit Kurt Schatz drehte sich 1992 vor allem um den Antisemitismus, von dem ich aus meiner persönlichen Biografie zur Genüge zu berichten wusste, ohne übertreiben zu müssen.

Die Aufnahme einer Person mit einem jüdischen Elternteil machte sogar auch einen späteren Zuzug ihrer Familienmitglieder möglich, ein Verfahren, das sich „Familienzusammenführung" nannte. Meine damals nicht jüdische Frau folgte mir also acht Monate später nach Deutschland.

Nach dem sogenannten Königsteiner Schlüssel, einer Verwaltungsregelung über die Zuteilung von Mitteln für die Aufnahme von Migranten, wurden die Einwanderer auf die jeweiligen Gemeinden verteilt. Mein Aufnahmezentrum war Reutlingen in Baden-Württemberg. In dieser Stadt gab es keine jüdische Gemeinde, die Mitgliedschaft in Stuttgart sollte man in der Regel parallel zur Anmeldung bei den verschiedenen Ämtern beantragen. Die acht Monate in der schwäbischen Provinz mit ihrer malerischen Landschaft, menschenleeren Straßen und einer russischen Welt in der gemeinsamen Wohnheimküche kamen mir surreal vor.

Bei einem Besuch mit meiner Frau im Dorf ihrer Tante in Zentralrussland ließ ich mich im Sommer 1994, Monate nach meiner Emigration nach Deutschland, in der dortigen

Kirche – einem überdimensionierten imperialen Bau aus dem frühen 20. Jahrhundert – taufen. Die Begrüßungsrede des Priesters war äußerst lakonisch, er wies mich auf die Tatsache hin, dass ich ab jetzt keine Schimpfworte mehr benutzen dürfe. Meine Zugehörigkeit zu einer etwas abstrakt verstandenen und von mir vermissten russisch-kulturellen Gemeinschaft wurde somit besiegelt. Ein Papier wurde bei meiner Taufe nicht ausgestellt, der Akt blieb also mehr ein symbolischer. Gegen Ende der 1990er-Jahre wurden die Formulare verändert, die man in der ehemaligen Sowjetunion als Ausreisewilliger auszufüllen hatte, und neben der Spalte „Nationalität", in der die eigene ethnische Herkunft und die der Eltern eingetragen werden musste, erschien nun die Spalte „Religion". Ab diesem Zeitpunkt und im Fall eines ehrlichen Eintrages wäre meine Ausreise nach Deutschland unmöglich gewesen. Das areligiöse Selbstverständnis der Sowjetunion und ihre ethnische Kategorisierung der „Nationalitätenfrage" hatte sie hingegen, schon im Stadium der Auflösung begriffen, noch zugelassen: Der Atheismus der UdSSR und die Umbruchzeit der Perestroika leisteten mir somit eine wesentliche Unterstützung.

In Tübingen, wo wir studierten, wurde unser religiöses Leben zweigeteilt. In der kleinen russisch-orthodoxen Kirche der heiligen Maria von Ägypten besuchten wir die christlichen Gottesdienste, die von einigen – teilweise jüdischen – Intellektuellen und Einwanderern besucht und von Priester Vater M., einem konvertierten deutschen, ehemals evangelischen Theologen, geleitet wurden.

Gleichzeitig fanden wir in einer aus Moskau eingewanderten jüdischen Familie Freunde und eine Art Ersatzfamilie. Als Angehörige der älteren Generation waren sie ethnisch und kulturell bewusste Juden, während die jüngere Generation nach ihrer jüdischen religiösen Identität suchte. Die Wälder und Berge der Schwäbischen Alb um Tübingen wurden Zeugen zahlreicher auf Russisch geführter Wochenenddiskussionen über das Judentum, den Antisemitismus, Russland und Deutschland.[19] Wir fingen an, mit unseren Freunden jüdische Feiertage zu begehen, und nicht selten folgte einem Kabbalat Schabbat ein Gottesdienst in der orthodoxen Kirche. Die Familie R. besuchte ebenso wenig wie wir die Gemeinde in Stuttgart – sie empfanden dort, so wie wir, fehlende Vitalität und auch eine gewisse Befremdung, so wie viele andere Intellektuelle unter den Einwanderern.[20] Unsere Freunde haben sich später für ein frommes Leben in der Schweiz entschieden.

Chabad Lubawitsch, die Lauder Foundation und diverse Schweizer orthodoxe Gruppen schickten in den späten 1990er-Jahren Rabbiner und Religionslehrer nach Deutschland, wo jenseits der Gemeindestrukturen kaum jüdisches religiöses Leben stattfand und dieses „Marktsegment" überwiegend frei war. Von Bedeutung für mich waren regelmäßige Reisen nach Stuttgart, wo sich in einem Studentenwohnheim um die fünfzig junge russischsprachige Jüdinnen und Juden trafen, die sich unter der Leitung von Rabbiner K. religiösen Themen widmeten. K., Sohn eines berühmten russischen Schriftstellers, der auf der Suche nach seiner jüdischen religiösen Identität bereits als Jugendlicher allein nach Israel ausgewandert war, hat Deutschland nach einer Reihe von Konflikten in einer Gemeinde, in der er Rabbiner war, inzwischen verlassen und wurde Religionslehrer in New York. Für uns aber sollte das Thema Religion an Dringlichkeit zunehmen.

Biografische Entscheidungen 2000 kam unser Sohn zur Welt und mit seiner Geburt stellte sich die Frage nach seiner und unserer religiösen Zugehörigkeit. Meine Frau und ich hatten uns entschlossen – auch den Tendenzen der Sozialpädagogik der 1970er-Jahre folgend –, dass wir vorerst keine religiösen Entscheidungen bezüglich unseres Sohnes treffen wollten. Zu diesem Zeitpunkt stellte sich mir die Frage, ob „es" um mein Judentum und um das Judentum in meiner Familie bereits „geschehen sei". Diese Frage konnte und wollte ich unmöglich mit einem Ja beantworten. 2004 nahm ich am Katholikentag teil und hielt dort einen Vortrag über das Judentum in der ehemaligen Sowjetunion. Während dieser Veranstaltung traf ich den Lubawitscher Rabbiner T. zu einem langen Gespräch. Auf meine Frage, wie er meine Situation einschätze, meinte der Rabbiner: Ich solle mich entscheiden, anders vergehe das Leben, und ich würde stets das Gefühl haben: alles war umsonst. Dieser Satz ließ mich nicht los.

Während meines Geschichtsstudiums in Tübingen empfand ich eine immer deutlichere Ablehnung meiner damaligen Themen und Interessen – Ideengeschichte und Religionsphilosophie – und ich fühlte mich als Einwanderer in den akademischen Kreisen nicht anerkannt. Das führte dazu, dass bei mir das jüdische Selbstbewusstsein erstarkte, auch als Reaktion auf Rhetorik und Ästhetik der 68er in meiner akademischen Umgebung. Mit einer gewissen Relativierung und einer größeren Portion Selbstironie würde ich noch immer wie im Jahr 2004 schreiben: „Es bedarf eines Stücks Judentum (als Mentalität oder kulturelle Strategie verstanden), um auf die deutsche, auch akademische Sicht auf das ‚unterentwickelte' Andere der akademischen Zuwanderer zu reagieren. Sobald in einem ein ‚Jude' geweckt wird, fühlt man sich in Deutschland geschützt."[21]

Ab 2002 unternahm ich Reisen nach Israel und in die USA, zu den Verwandten, die meinen Familiennamen besaßen – und zum Teil äußere Ähnlichkeiten mit mir –, und die ein traditionelles, liberales oder weltliches, aber stets ein jüdisches Leben führten. Diese jüdische Polyphonie faszinierte mich. Die Geschichte der Familie Belkin, verfasst von einer mir nahestehenden Cousine, ergänzte dieses Bild.[22] Gleichzeitig las ich das Buch eines Rabbiners, der eine in ihrer Paradoxie und Härte heute schwer vorstellbare Odyssee eines religiösen Juden in der Sowjetunion beschrieb.[23] Zu diesem Zeitpunkt reifte in mir das Gefühl, das jüdische Erbe meiner Familie nicht aufgeben zu wollen, ja nicht aufgeben zu dürfen.

Der arbeitsbedingte Umzug nach Frankfurt brachte uns erstmals einer jüdischen Gemeinde in Deutschland näher. Dank neuer Bekanntschaften meiner Frau kamen wir in Kontakt mit dem liberalen Teil der Frankfurter Gemeinde, dem Egalitären Minjan.

Dieser Minjan ist ein Produkt der Nachkriegszeit: Er wuchs aus einer liberalen Gruppe, die sich auf dem Gelände des ehemaligen IG-Farben-Hauses in der US-amerikanischen „Chapel" getroffen hatte und sich nach dem Abzug der Amerikaner weiterentwickelte. Ignatz Bubis, der ein nicht praktizierender Anhänger traditioneller Formen des Judentums war und die Gleichberechtigung von Frauen und Männern im religiösen Bereich kritisch betrachtete,[24] ermöglichte dem Kreis dennoch seine Fortexistenz und finanzielle Unterstützung durch die jüdische Gemeinde. Die freie Form der Kommunikation, der egalitär ausgerichtete Gottesdienst sowie die Tora- und Talmud-Schiurim, bei denen die jeweiligen

Wochenabschnitte behandelt/diskutiert werden, sprachen mich an. Parallel besuchte ich die Abendveranstaltungen einer von der US-amerikanischen Lauder Foundation unterstützten Jugendgruppe, die des Öfteren Gastrabbiner einlud.

Nachdem ich in der *Jüdischen Allgemeinen* einen Artikel von Rabbiner S. gelesen hatte, in dem er ein traditionell orientiertes liberales Modell jüdischen Lebens aus meiner Sicht überzeugend dargelegt hatte, schrieb ich ihm einen ausführlichen persönlichen Brief mit der Skizzierung meiner und unserer religiösen Situation und bat ihn um einen Gesprächstermin. Bald trafen meine Frau und ich Rabbiner S. am Frankfurter Hauptbahnhof und unterhielten uns eine Stunde lang mit ihm. In dieser Zeit, im Jahr 2005, konstituierte sich in Deutschland die Allgemeine Rabbinerkonferenz, in der ausschließlich nicht orthodoxe Rabbiner und Rabbinerinnen vereinigt sind und die auch ein Beit Din, ein rabbinisches Gericht, unterhält.

Drei Monate nach dem Frankfurter Treffen bekam ich einen Anruf von Rabbiner S., der mich fragte, ob wir wiederum drei Monate später einen Termin beim Beit Din wahrnehmen könnten. Bis dahin mussten unser Sohn und ich die Brit Mila, die Beschneidung, hinter uns bringen. Ich habe dem Rabbiner S. sofort zugesagt und die Vorbereitung auf den Übertrittstermin beim Gericht und nicht zuletzt auf die vorherige Brit Mila begann.

Für die Beschneidung sind wir in eine kleine katholische bayrische Stadt gereist, wo die Prozedur bei unserem Sohn in einem Krankenhaus und bei mir in einer urologischen Praxis stattfand. Beide Termine koordinierte die Mohelin Dr. D., die mir Rabbiner S. empfohlen hatte, meine Brit Mila führte sie auch durch.

Der Lernprozess, für den es damals noch keine systematisch ausgearbeiteten Literatur- und Themenempfehlungen gab, musste in vieler Hinsicht improvisiert werden und bestand in unserem Fall überwiegend aus Büchern, die ein Ergebnis der Recherche in Buchhandlungen und Antiquariaten Tübingens, Frankfurts und Jerusalems waren.[25] Wir bekamen von Bekannten einen englischsprachigen Themenkatalog für Übertrittswillige. Im Unterschied zur Einbürgerung, bei der konkrete Fragen über einen konkreten Staat und eine konkrete Sprache im Mittelpunkt stehen, war der Lernprozess für den Giur, den Übertritt, so allumfassend und unkonkret wie das Judentum selbst: Geschichte, Religion, Sprache, persönliche und autobiografische Gefühle – all das mischte sich zu einem Amalgam, dessen Bestandteile nur schwer voneinander zu trennen sind.

Dann war es so weit. Wir hatten unseren Termin am Centrum Judaicum in Berlin. Drei Rabbiner waren anwesend. Die Fragen – abgesehen von der ewigen halachischen Frage nach der Gültigkeit des Reisessens an Pessach – waren eher persönlicher Natur. Bei mir war den Rabbinern bald „alles klar", folgende Frage ging aber an meine Frau: „Er ist der Löwe und Sie sind doch kein Schwanz dieses Löwen, sondern eine selbständige Person, erklären Sie uns Ihre Motivation." Das gelang meiner Frau, die großen Wert auf ihre Autonomie legt, glänzend. Unser Sohn, der zu diesem Zeitpunkt die jüdische Schule in Frankfurt besuchte, sang im Vorfeld des Festes ein Chanukkalied vor, und unser Termin beim Beit Din endete mit einem gemeinsamen Singen der Rabbiner und der übertrittswilligen Familie. Der Vorsitzende des Beit Din, Rabbiner B., hat uns unmissverständlich erklärt, der Übertritt finde ins Judentum statt, nicht in ein nicht orthodoxes Judentum. Anschließend besuchten wir die Mikwe.

Von der Empfehlung, sich im Judentum frei zu bewegen, machte ich bald Gebrauch und studierte in einer Frankfurter Jeschiwa ein halbes Jahr Talmudtraktate mit einem aus New York stammenden „Jeschiwe Bocher", Moshe F. Er besorgte mir auf meine Bitte hin preiswerte koschere Tefillin – unter einer Bedingung: Ich sollte ihm versprechen, diese jeden Morgen zu legen. Das tat ich.

Die Urkunden zu unserem Übertritt reichten wir bei der Verwaltung der jüdischen Gemeinde in Frankfurt ein. Die orthodox ausgerichtete Gemeinde – der gemäßigten politischen Linie von Ignatz Bubis folgend, der die Einheitsgemeinde als Modell eindeutig favorisiert hatte – entschloss sich für die Aufnahme der Familie, die vor der Allgemeinen Rabbinerkonferenz übergetreten war. Auf die Frage, wann unsere Mitgliedschaft genau beginne, antwortete der zuständige Mitarbeiter: „Wenn die Gemeindezeitung in Ihrem Briefkasten liegt." So geschah es dann auch.

Alle Fragen offen Die Frage, wie es um eine Gemeindemitgliedschaft bestellt sein könnte, sollten die gerade Übergetretenen ihren Aufenthaltsort ändern, kann im Moment niemand plausibel beantworten. Diese Offenheit der Optionen ist ein Bestandteil einer dynamischen und nur unzureichend geregelten religiös-politischen Situation in der jüdischen Gemeinschaft Deutschlands. Diese setzt nach wie vor auf das Modell der Einheitsgemeinde, wobei die Entscheidungen der lokalen Gremien ausschlaggebend für eine Aufnahme in die jeweilige Gemeinde bleiben.[26]

Die Aufnahmeregelungen für jüdische Migranten aus der ehemaligen Sowjetunion wurden 2005 als Ergebnis eines politischen Kompromisses zwischen der deutschen Regierung und dem Zentralrat der Juden in Deutschland derart verändert, dass neben einer sozialen Prognose für eine Beschäftigung in Deutschland und den bereits im Ausreiseland vorhandenen Deutschkenntnissen nun auch die potenzielle Mitgliedschaft in einer jüdischen Gemeinde obligatorisch nachzuweisen ist. Das kommt für die wenigsten der in der ehemaligen UdSSR verbliebenen Juden infrage. Kamen 2002 noch mehr Juden nach Deutschland als nach Israel – 20.000 gegenüber 18.000 –, so nahm die Zahl der Einwanderer seit 2006 rapide ab. Die jüdische Einwanderung aus den GUS-Ländern nach Deutschland findet heute kaum mehr statt. 2008 ging die Mitgliederzahl der jüdischen Gemeinden in Deutschland zum ersten Mal seit 1989 zurück.[27]

Die strittige Frage der Töchter und Söhne jüdischer Väter und der Erleichterung ihres Übertritts wird inzwischen auch von der 2003 gegründeten Orthodoxen Rabbinerkonferenz Deutschland erkannt.[28] Dabei wird hierzulande immer wieder auf die antisemitischen Verfolgungen auch der Juden väterlicherseits in der Sowjetunion hingewiesen – oder umgekehrt auf eine angeblich fehlende „Leidensgeschichte" der „Konvertiten".[29] Die sprachliche und politische Kodierung dieser oft polaren Aussagen ist unmissverständlich: Die Frage nach der Möglichkeit oder Unmöglichkeit eines jüdischen Lebens nach dem Holocaust in Deutschland wirft noch immer einen Schatten auf die Diskussion.

Das Entreebillet wird für die „Konvertiten" in eine deutsch-jüdische Schicksalsgemeinschaft ausgestellt, die in der heutigen jüdischen Welt ohne Beispiel ist. Der Ausnahmestatus dieser Gemeinschaft basiert nicht zuletzt auf der Tatsache, dass rund neunzig Prozent der aktuellen Gemeindemitglieder eine von den „Alteingesessenen" radikal divergierende

Geschichte aufweisen, nämlich: die Geschichte einer sowjetischen Judenheit. Und zugleich durch ihre Präsenz ein Erbe beschwören, von dem jene „alteingesessenen" jüdischen Nachkriegsgemeinden selbst ein tiefer Graben trennt: die Geschichte der deutschen Juden.

Das Einschreiben dieser neuen, „russischen" Geschichte mit ihrer nationalen und ethnischen Selbstdefinition in die bundesrepublikanischen religiösen und Erinnerungsdiskurse, in denen das Ethnische als rassistisch verpönt wird, scheint ein hochkomplexer und paradoxer Prozess zu sein. Ein Satz, der als eine sehr berechtigte Verteidigung eines frontal angegriffenen „Konvertiten" gedacht war, bringt diese Paradoxie deutlich zum Ausdruck: „Das Judentum ist weder eine Rasse noch eine Ethnie mit beliebiger Geschichte, sondern eben jene Gemeinschaft, die sich zu dem mit Gott am Sinai geschlossenen Bund verpflichtet hat."[30] Die „gegenläufigen Gedächtnisse", so Dan Diner, und die gegenläufigen Realitäten einer ethnisch-kulturellen und einer religiösen Definition des Judentums prägen die neue deutsch-jüdische Gemeinschaft entscheidend. Die „Rückkehr" eines „Konvertiten" zur Religion – einer in der marxistischen Weltauffassung längst überwundenen „Ideologie" – kann aus der linear-fortschrittlichen Perspektive eines exsowjetischen Juden durchaus einen Rückschritt markieren.

Zwischen 1990 und 2005 kamen ca. 230.000 Einwanderer aus der ehemaligen Sowjetunion auf einem „jüdischen Ticket" nach Deutschland. Wesentlich mehr als die Hälfte von ihnen ist keiner jüdischen Gemeinde beigetreten. Mit dieser schwebenden Einstellung zum Judentum, die sich nicht über die Halacha definieren lässt, leben die meisten der heutigen Nichtmitglieder in der deutschen Gesellschaft.

Die Anzahl der Übertritte ist unter den russischsprachigen Einwanderern auch nach der Institutionalisierung der Übertrittsmöglichkeiten sehr überschaubar: Nach statistischen Angaben der allgemeinen Rabbinerkonferenz konvertierten vor ihrem Rabbinatsgericht 2009 nur noch 94 Personen, darunter 16 aus den GUS-Ländern und 28 patrilinearer Herkunft. Im Jahr 2010 sah diese Statistik folgendermaßen aus: 54, 13 und 16. Die meisten der KonvertitInnen/Übertretenden waren dabei im Alter zwischen dreißig und 49 Jahren.[31]

Die anfangs zitierte Frage eines leitenden Gemeindemitarbeiters bezüglich der Richtung eines möglichen Übertritts – „von wo denn nach wo?" – kann nur schwer eine eindeutige Antwort finden. Man könnte die Übertritte als Versuch einer Bewegung zu einem gemeinsamen Nenner bezeichnen, einem gemeinsamen Nenner, der sich gleichwohl in den Familien als auch in den Gemeinden finden und als „jüdisch" bezeichnen lassen kann. In gewissem Sinn kann eine solche Entwicklung freilich auch als ein Weg „von Judentum zu Judentum" beschrieben werden, denn eine Selbstdefinition als Jude oder Jüdin war und bleibt für die meisten Einwanderer eine elementare Kategorie. Anzukommen in Deutschland markiert dabei einen wesentlich gravierenderen „Übertritt" als jenes „Ankommen im Judentum", zu dem es auch bei den nicht halachischen MigrantInnen schon vorher zahlreiche Berührungspunkte gab. Die postsowjetisch-jüdische Einwanderung fand nichtsdestotrotz – statistisch, mental und sozial gesehen – deutlich mehr in die deutsche Gesellschaft als in die jüdischen Gemeinden statt.

Ich danke Hanno Loewy für die Diskussion wesentlicher Punkte und Anne Gemeinhardt für die inhaltlichen und stilistischen Verbesserungsvorschläge zur ersten Fassung dieses Artikels.

[1] Zur letzten sowjetischen Generation siehe: Alexei Yurchak, *Everything was forever. Until it was no more: The last Soviet Generation.* Princeton 2006.

[2] Siehe dazu: Dmitrij Belkin, „Mögliche Heimat: Deutsches Judentum zwei", in: Dmitrij Belkin, Raphael Gross (Hg.), *Ausgerechnet Deutschland! Jüdisch-russische Einwanderung in die Bundesrepublik.* Begleitpublikation zur Ausstellung im Jüdischen Museum Frankfurt. Berlin 2010, S. 25–29.

[3] Alexandra Brustein, *Der Weg führt in die Ferne (Doroga uchodit v dal')*, Bd.1/2. Moskau 1965.

[4] Yuri Slezkine, *The Jewish Century.* Princeton and Oxford 2004, S. 347. (Deutsche Übersetzung: Göttingen 2006); Zum Thema „sowjetisch-jüdische Kindheit" siehe auch: Igor Narskij, „*Fotokartochka na pamjat'": Semejnye istorii, fotograficheskie poslanija i sovetskoe detstvo.* Cheljabinsk 2008 (Ein Foto in Erinnerung: Familiengeschichten, fotografische Botschaften und sowjetische Kindheit). Auszüge in: http://www.intell-service.ru/narskiy/

[5] Vgl.: Dnepropetrovsk, in: *Encyclopedia Judaica*, Vol. 6, Jerusalem 1972, Sp. 141 f.; Aleksandr Bystrjakov, *Evrei Ekaterinoslava-Dnepropetrovska* (XVIII- nachalo XX vv), Dnepropetrowsk, 2001 (Die Juden in Ekaterinoslav-Dnepropetrowsk, 18. bis Anf. des 20. Jahrhunderts).

[6] Zu der Genese der frühsowjetischen Nationalitätenpolitik siehe: Terry Martin, *The Affirmative Action Empire. Nations and Nationalism in the Soviet Union, 1923–1939.* Ithaca and London 2001; Francine Hirsch, *Empire of Nations. Ethnographic Knowledge and the Making of the Soviet Union.* Ithaca and London 2005; Zum Thema „Juden und Nation/Nationalität" siehe: Zvi Gitelman, „Becoming Jewish in Russia and Ukraine", in: Zvi Gitelman, Barry Kosmin, Andras Kovacs (Hg.), *New Jewish Identities: Contemporary Europe and Beyond.* Budapest/New York 2003, S. 109 f.

[7] Gitelman, „Becoming Jewish in Russia and Ukraine", S. 106.

[8] Vgl. die in Russland verbreitete Übersetzung online:http://lib.ru/HRISTIAN/KOSIDOWSKIJ/skazaniya.txt.

[9] Vgl.: Gitelman, „Becoming Jewish in Russia and Ukraine", S. 111.

[10] Robert J. Brym, Rozalina Ryvkina, *The Jews of Moscow, Kiev and Minsk. Identity, Antisemitism, Emigration.* Houndmills/Hampshire 1994, S. 25.

[11] Zur Kirchenpolitik in der UdSSR siehe: William van den Bercken, *Ideology and Atheism in the Soviet Union.* Berlin/New York 1989.

[12] Die große Choralsynagoge „Goldene Rose" wurde erst 2000 wiederhergestellt. Jahrzehntelang befand sich hier ein Fabrikgebäude, benannt nach einem Revolutionär jüdischer Herkunft, Volodarsky. Heute befindet sich hinter der Synagoge das weltgrößte jüdische Gemeindezentrum „Menora".

[13] Vgl. Boris Sluckij, „Polukrovki" (Halbjuden), in: Ada Kolganova (Hg.), Menora: *Evrejskie motivy v russkoj poezii* (Jüdische Motive in der russischen Dichtung). Moskau 1993, S. 227 f.

[14] Vgl. Yuri Tabak, „Die russisch-orthodoxe Kirche und das Judentum: Vergangenheit und Gegenwart", in: *Judaica. Beiträge zum Verstehen des Judentums,* 56 (2000) 2, S. 108 f.

[15] Judith Deutsch Kornblatt, *Doubly Chosen. Jewish Identity, the Soviet Intelligentsia, and the Russian Orthodox Church.* Wisconsin 2004 (insbesondere die Einführung „Russian Jewish Christians", S. 4 f.)

[16] Vgl. Andrej Bogoljubov (Aleksandr Men), *Syn chelovecheskij* (Menschensohn). Brüssel 1976, S. 5.

[17] Vgl. Dmitrij Belkin, Raphael Gross (Hg.), *Ausgerechnet Deutschland! Jüdisch-russische Einwanderung in die Bundesrepublik.* Siehe darin im Besonderen: Almuth Berger, „Ein Tabu der Nachkriegsgeschichte wird gebrochen. Aufnahme russisch-jüdischer Emigranten in der DDR", S. 55–59; Dmitrij Belkin, „Interview mit Lothar de Maizière, 23.06.2009", S. 52; Dmitrij Belkin, Raphael Gross, „Interview mit Wolfgang Schäuble, 08.07.2009", S. 53 f.

[18] Dmitrij Belkin, Interview mit dem exkonsularischen Mitarbeiter der Botschaft der BRD in Kiew, Kurt Schatz, 26.7.2008, unveröffentlicht, Archiv des Jüdischen Museums Frankfurt.

[19] Zu einem meiner Geburtstage machten mir die Freunde ein Geschenk mit symbolischem Charakter, das Buch: Fritz Heymann, *Tod der Taufe. Vertreibung der Juden aus Spanien und Portugal.* Frankfurt am Main 1992.

[20] Vgl. auch ein anderes Zeugnis einer Einwanderin, die auf der Suche nach ihrer jüdischen religiösen Identität war: „Ich war damals nicht auf Gemeinde aus." Dmitrij Belkin, „Interview mit Polinsa Isyanova (heute Lissermann), 15.10.2008", unveröffentlicht, Archiv des Jüdischen Museums Frankfurt.

[21] Vgl. Dmitrij Belkin, „Endlich angekommen? Oder: Vom ‚Geist', der weht, wo er will", in: *Zeitschrift für Geschichtswissenschaft,* 52, (10) 2004, S. 906, = Jan Plamper (Hg.), *Grenzgang in der Geschichte. Wissenschaftskulturen im internationalen Vergleich.*

[22] Vgl. Bonnie Belkin-Baram (Hg.), *Potomki Iakova i Chai Fejge Belkin iz Vetki, Gomelja, Retschicy – Belarus'. Semejnoe drevo* (Die Nachkommen von Jakob und Chaja Fejge Belkin von Vetka, Gomel, Retschica – Weißrussland. Ein Familienbaum). Eigenverlag, Washington DC/Haifa 1995

[23] Rabbiner Jizhak Zil'ber, *Chtoby ty ostalsja evreem* (Damit du ein Jude bleibst). Moskau/Jerusalem 2004.

[24] Vgl. Michael Brenner, „Interview mit Ignatz Bubis (Juli 1994)", in: Brenner, *Nach dem Holocaust. Juden in Deutschland, 1945–50.* München 1995, S. 225.

[25] Vgl.: Israel M. Lau, *Wie Juden leben. Glaube, Alltag, Feste.* Gütersloh 1997; Alfred J. Kolatch, *Jüdische Welt verstehen. Sechshundert Fragen und Antworten.* Wiesbaden 2000; Jonathan A. Romain, Walter Homolka, *Progressives Judentum. Leben und Lehre.* München 1999; *Sidur Sefat Emet,* Basel 1995; Sidur Schaarej Tfila (Vrata molitvy/Tore des Gebets), Hg. v. Pinchas Polonsky, Jerusalem/Moskau 1993; *Kizzur Schulhan Aruch,* Hg. v. Jehuda Wechsler, Bd. 1/2, Jerusalem 1994. Folgende Toraausgabe stand uns zur Verfügung: eine Jerusalemer Ausgabe (1978), die als Geschenk an die russischsprachigen Einwanderer in Israel gedacht war. Wir haben des Weiteren eine Schweizer Ausgabe der klassischen Raschi-Kommentare zum Pentateuch benutzt (Basel 2002).

[26] Die Situation in Hinblick auf die Anerkennung der „Berliner" Übertritte ist in der Jüdischen Gemeinde zu Berlin wie folgt: „Es sei ausdrücklich darauf hingewiesen, dass die Jüdische Gemeinde mit Stichtag 1. Juli 2010 für eine Mitgliedschaft nur noch Giurim akzeptiert, die von Rabbinern durchgeführt werden, deren Synagogen zur Jüdischen Gemeinde zu Berlin gehören. Von anderen in Berlin lebenden Rabbinern durchgeführte Giurim werden nicht mehr anerkannt." Vgl.: Maya Zehden/Rabbinerin Gesa S. Ederberg, „Ein Wegweiser. Giur und Get – Wo und wie?", in: http://www.jg-berlin.org/beitraege/details/giur-und-get-wo-und-wie-i313d-2010-06-01.html, 1.6.2010.

[27] Zur Rechtsgeschichte des Status „Kontingentflüchtling" und der Situation nach dessen Abschaffung siehe: Eduard Fleyer, „Kontingentflüchtlinge. Eine Statusbeschreibung", in: *Ausgerechnet Deutschland!,* S. 78.

[28] Vgl.: „Giur für Kinder jüdischer Väter. ORD geht neue Wege. Interview mit Rabbiner Avichai Apel", in: http://www.juedisches-europa.net/1-2011/giur-f%C3%BCr-j%C3%BCdische-v%C3%A4ter/

[29] Vgl. dazu die Aussage des Historikers Julius Schoeps: „… Die Leidensgeschichte hat ein Konvertit nicht erlebt." In: Tobias Kühn, „Spät kommt ihr. Wie jüdische Gemeinden in Deutschland mit den Konvertiten umgehen", in: *Jüdische Allgemeine,* 26.9.2007, http://www.juedische-allgemeine.de/article/view/id/4409

[30] Vgl.: Micha Brumlik und Doron Kiesel: „Konvertiten. Unter Gleichen", in: *Jüdische Allgemeine,* 22.10.2009, http://www.juedische-allgemeine.de/article/view/id/1694. Dieser Artikel war als eine kritische Antwort auf Michael Wolffsohns Diffamierung des „Konvertiten Stefan Kramer" vom Zentralrat der Juden gedacht.

[31] Allgemeine Rabbinerkonferenz (ARK), Giurim beim Beit Din der ARK (2009/10). Ich danke Rabbinerin Elisa Klapheck, die mir diese Information zur Verfügung gestellt hat.

Dirndlmoschee

Konzept und Idee: Azra Akšamija

Konversion ist nicht die einzige Form des Übergangs zwischen den Religionen. Die eigene Herkunft abzulegen, gar auszulöschen, um in einem Übergangsritual der Reinigung in eine neue Existenz überzugehen, ist ein auftrumpfendes Wunschbild. Die Realität der Gegenwart aber ist von vielfältigen Formen des Übergangs, der Veränderung und der Verwandlung geprägt, die Neues hervorbringen, von dem wir noch gar nichts wissen.

Azra Akšamija, geboren in Sarajevo, aufgewachsen in Österreich, lehrt heute Visual Arts am Massachusetts Institute of Technology in Cambridge, USA. Über ihre Installation „Dirndlmoschee" schreibt die Künstlerin und Architekturhistorikerin:

„Das Verständnis der ‚Welt als Moschee', ursprünglich vom Propheten Mohammed im 7. Jh. n. Ch. etabliert, wird durch die Dirndlmoschee als konzeptuelle Raumbeschreibung interpretiert. Die Dirndlmoschee fasst die Religion des Islams nicht als ein statisches Konzept auf, vielmehr wird sie als dynamischer Prozess verstanden, der sich spezifischen geografischen und kulturellen Bedingungen anpassen kann.

Wenn die ganze Welt eine Moschee sein kann, stellt sich die Frage, wie heute eine beiderseitige Bereicherung des Vorhergewesenen und des immigrierten Europas stattfinden kann. Die Dirndlmoschee gibt darauf eine Antwort. Sie ist ein modernisiertes österreichisches Dirndlkleid, das sich in einen islamischen Gebetsraum für drei Personen verwandeln lässt.

Der Dirndlkittel ist aus wasserresistentem Material mit zwei unterschiedlichen Oberflächen hergestellt. Die plastifizierte Kitteloberfläche lässt sich leicht reinigen und ist daher als bodenberührende Seite des Gebetsteppichs zu verwenden. Die plüschige Stoffseite bleibt durch die Faltung des Kittels in seinem Inneren vor Verunreinigungen geschützt. Für die Gebetskonfiguration, wenn das Gesicht der Betenden während ihrer Niederwerfung den Boden berührt, kann diese Stoffseite als die ‚reine' angenommen werden. Den Materialeigenschaften entsprechend erfüllen die beiden Seiten des Dirndlkittels säkulare (Funktion) und spirituelle (Reinheit) Notwendigkeiten einer Moschee.

Zur Bestimmung der Gebetsrichtung ist am Kittel-Gürtel ein Kompass angebracht, an dem wiederum drei Karabiner mit Schnüren und Gebetskränzen abgehängt sind. Kleine Schweizermesser bilden die Abschluss-Perlen der Gebetskränze, an denen die markenbezeichnenden Kreuze als Dekoration umgedeutet werden können. Das seidene Schultertuch lässt sich zum Kopftuch ausfalten, wobei das umrundende Dekorationsband die vom Kopftuch bedeckten Haare simuliert.

Die anziehbare Moschee bietet Gelegenheit, im Zuge des Gebetsrituals jeden weltlichen Raum in einen spirituellen Raum umzuwandeln. Sie erlaubt zeitgenössischen islamischen Gemeinschaften, ihre Identität durch ihre Kleidung zu kommunizieren, ist provozierender Aufruf für einen interkulturellen Dialog und gegen Vorurteile.

Der Erfolg der multiplizierten prophetischen Stimme ist vom tatsächlichen Tragen abhängig. Die Bereitschaft, eine anziehbare Moschee zu tragen, verlangt von Muslimen die grundlegende ideologische Elastizität des Islams zu erkennen und sie aktiv in ihrem alltäglichen Leben zu implementieren."

Dirndlmoschee von Azra Akšamija, Version von 2005; Photos: © Azra Akšamija und Rahkeen Gray

Autorinnen und Autoren

Lida Barner, geboren 1985 in Frankfurt am Main, M. A. in Ethnologie, Religionswissenschaft und Geschichte, Ludwig-Maximilians-Universität München (LMU), sowie in Jüdischen Studien, University College London (UCL). Magisterarbeit an der LMU *Von Irmgard zu Irith. Konversionen zum Judentum im Deutschland der 1950er und 1960er Jahre.* Seit 2011 Promotionsprojekt am Department for Hebrew and Jewish Studies, University College London (UCL), über das geistige Eigentum von Juden im Nationalsozialismus.

Dmitrij Belkin, geboren 1971 in Dnepropetrowsk, UdSSR, Dr. phil., Promotion in Geschichte an der Universität Tübingen. Wissenschaftlicher Mitarbeiter am Fritz Bauer Institut und Kurator am Jüdischen Museum Frankfurt. Veröffentlichungen zur jüdischen und europäischen Ideen-, Rechts-, Migrations- und Mediengeschichte, u. a.: *Gäste, die bleiben: Vladimir Solov'ev, die Juden und die Deutschen,* Hamburg 2008; „A Two-Headed Janus: Continuity and Change within the Legal History of Jews in Ukraine, 1905 – 32" in: *Rechtsgeschichte* 18, 2011; Kurator der Ausstellungen „Ausgerechnet Deutschland! Jüdisch-russische Einwanderung in die Bundesrepublik" (2010) und „Bild dir dein Volk! Axel Springer und die Juden" (2012) sowie Mitherausgeber der Begleitpublikationen dazu.

Alfred Bodenheimer, geboren 1965 in Basel, Dr. phil., 1993 Promotion in Neuerer Deutscher Literatur an der Universität Basel , 1995 – 1997 Postdoktorat an der Hebräischen Universität Jerusalem und Dozentur an der Bar-Ilan Universität, Ramat Gan, 1997 – 2003 Lehr- und Forschungsbeauftragter für Judaistik an der Universität Luzern, seit 2003 Professor für Religionsgeschichte und Literatur des Judentums an der Universität Basel, daneben 2004 – 2008 Professor (und 2005 – 2008 Rektor) an der Hochschule für Jüdische Studien Heidelberg. Letzte Publikationen: *In den Himmel gebissen. Aufsätze zur europäisch-jüdischen Literatur.* München 2011; *Ungebrochen gebrochen. Über jüdische Narrative und Traditionsbildung,* Göttingen 2012; *„Nicht irgendein anonymer Verein". Eine Geschichte der Israelitischen Cultusgemeinde Zürich* (Hg.), Zürich 2012.

Ulrich Dehn, geboren 1954 in Düsseldorf, Dr. phil., Studium der ev. Theologie, 1985 in Hamburg aufgrund einer Arbeit über indische christliche Theologie promoviert, 1992 in Heidelberg mit Arbeit über japanischen Buddhismus habilitiert. 1986 – 1994 Studienleiter am Tomisaka Christian Center in Tokyo, 1995 – 2006 wiss. Referent in der Evangelischen Zentralstelle für Weltanschauungsfragen (Berlin), seit 2006 Professur für Missions-, Ökumene- und Religionswissenschaft an der Universität Hamburg. Publikationen zur Theologie in Asien, zum Buddhismus, zum interreligiösen Dialog, zur Religionstheorie und zur Konversion beziehungsweise religiösen Identität.

Maria Diemling, geboren 1969 in Lienz/Osttirol, Mag. phil., Dr. phil., Promotion über den Beginn christlicher Ethnographien von Juden und Judentum im 16. Jahrhundert an der Universität Wien. 1999–2002 Post-doctoral Research Fellow am Rosenzweig Centre an der Hebräischen Universität Jerusalem, 2003–2006 Lecturer in Jewish Studies am Trinity College Dublin und seit 2006 Senior Lecturer in Religious Studies an der Canterbury Christ Church University in Großbritannien. Publikationen über jüdisch-christliche Beziehungen in der frühen Neuzeit, Konversionen von Juden zum Christentum, die Erinnerung der Schoa in Israel und jüdische Identität in einer britischen Reformgemeinde. Mitherausgeberin von *The Jewish Body*, Leiden 2009.

Frank Drescher, geboren 1975 in Duisburg, M. A. in Religionswissenschaft, kath. Theologie und Philosophie an der Uni Münster mit einer Arbeit über den sino-japanischen Meditationsbuddhismus. Beiträge über den „Zen-Buddhismus im Westen" sowie das „JuBu-Phänomen (,Jewish Buddhists')" auf den Religionswissenschaftlichen Symposien in Leipzig (2007) und Münster (2008). Nach medizinischen Zusatzstudien in Aachen und Bonn und nach mehrjähriger Tätigkeit in der Chirurgie-, Psychiatrie- und Altenpflege zurzeit berufliche Weiterbildung mit dem langfristigen Ziel, sich als Heilpraktiker niederzulassen.

Kurt Greussing, geboren 1946 in Lauterach, Dr. phil., Studium der Iranistik sowie der Politikwissenschaft an der Freien Universität Berlin (1974–1983). Längere Aufenthalte in der Türkei, in Iran, Pakistan und West-China; 1990 Projektleiter beim Aufbau des Jüdischen Museums Hohenems, 1990–1993 wissenschaftlicher Mitarbeiter am Institut für Religionswissenschaft an der Universität Bremen, 1993–2003 Manager von Entwicklungsprojekten im südlichen Afrika (u.a. für die britische Entwicklungshilfe- und Kampagneorganisation Oxfam). Seit 2004 freischaffend, Projekte im Bereich empirischer Sozial- und Wirtschaftsforschung, Islam und Arbeitsmigration. Veröffentlichungen zur Sozialgeschichte Vorarlbergs, zur Ideologiegeschichte des Antisemitismus und zu verschiedenen Themen islamischer Religionsgeschichte.

Deborah Hertz, geboren 1949 in Saint Paul, Minnesota, ist Professorin für Geschichte und Inhaberin des Herman Wouk Chair in Modern Jewish Studies an der University of California in San Diego. Publikationen: *Jewish High Society in Old Regime,* 1988 and Syracuse 2005, dt.: *Die jüdischen Salons im alten Berlin,* Frankfurt am Main 1991; *How Jews Became Germans. The History of Conversion and Assimilation in Berlin,* New Haven 2007, dt.: *Wie Juden Deutsche wurden,* Frankfurt am Main/New York 2010. Gastprofessuren an der Harvard University, den Universitäten von Tel Aviv und Haifa und der Hebrew University, Jerusalem.

Yosef Kaplan, geboren 1944 in Buenos Aires, Studium der Jüdischen Geschichte an der Hebrew University in Jerusalem. Inhaber der Bernard Cherrick Professur der Geschichte des Jüdischen Volks an der Hebrew University; Mitglied der Israel Academy of Sciences and Humanities und Präsident der World Union of Jewish Studies. Zahlreiche Veröffentlichungen zur Geschichte der iberischen Juden, der Marranen, der sefardischen Diaspora sowie der niederländischen Juden in der Frühen Neuzeit. Auswahl: *From Christianity to Judaism. The Story of Isaac Orobio de Castro,* Jerusalem 1982; engl. Ausgabe: Oxford 1989; *An Alternative Path to Modernity,* Leiden, 2000. Als Herausgeber: *Fins de Siecle – End of Ages,* Jerusalem 2005; *The Dutch Intersection,* Leiden / Boston 2008.

Martha Keil, geboren 1958 in Wien, Studium der Geschichte und Judaistik in Wien und Berlin, 1998 Dr. phil. Promotion, 2008 Venia für österreichische Geschichte an der Universität Wien. Ab 1988 wissenschaftliche Mitarbeiterin des Instituts für jüdische Geschichte Österreichs, seit 2004 dessen Leiterin, derzeit Gastprofessur an der Universität Graz. Publikationen zur jüdischen Alltags- und Kulturgeschichte, Frauen- und Geschlechtergeschichte und christlich-jüdischen Beziehungsgeschichte im spätmittelalterlichen Aschkenas, darunter: *Geschichte der Juden in Österreich,* Wien 2006; *Besitz, Geschäft und Frauenrechte,* Kiel 2011.

Andreas B. Kilcher, geboren 1963 in Basel, Dr. phil, Professor für Literatur- und Kulturwissenschaft an der ETH Zürich und Mitglied des Zentrums für Geschichte des Wissens der ETH und Universität Zürich. Gastprofessuren in Jerusalem, Berlin, Bern, Princeton. Arbeitsschwerpunkte: jüdische Literatur- und Kulturgeschichte; Literatur und Wissen sowie literatur- und kulturwissenschaftliche Wissensforschung; Kabbala, Esoterikforschung. Jüngste Buchpublikationen: *Franz Kafka,* Frankfurt am Main 2008; *Max Frisch,* Berlin 2011.

Gerhard Langer, geboren 1960 in Schwarzach im Pongau/Salzburg, Univ. Prof. Dr., promoviert und habilitiert zu Themen jüdischer Rezeption der hebräischen Bibel, lange Zeit Mitarbeiter am bibelwissenschaftlichen Fachbereich in Salzburg, 1994–2000 Leiter des interdisziplinären Zentrums für Jüdische Kulturgeschichte in Salzburg, seit September 2010 Professor für Judaistik am Institut für Judaistik der Universität Wien. Wissenschaftliche Schwerpunkte: rabbinische Literatur, jüdische Kulturgeschichte, christlich-jüdischer Austausch. Publikationen (u. a.): *Esau-Bruder und Feind,* (Hg. mit mehreren Beiträgen) Göttingen 2009; „Wer ein lebendiges Wesen tötet, der tötet die ganze Welt'. Soma Morgensterns Bezüge zu jüdischer Tradition, zu Judentum und Christentum", in: *Chilufim: Zeitschrift für Jüdische Kulturgeschichte* 9 (2010); „Helios, Orpheus und Aphrodite. Von Bildern und Verboten im Antiken Judentum", in: Christoph Dohmen/Christoph Wagner (Hg.): *Religion als Bild – Bild als Religion. Beiträge einer internationalen Tagung* (Regensburger Studien zur Kunstgeschichte 15), Regensburg 2012.

Regina Laudage-Kleeberg, geboren 1986 in Köln, Religionswissenschaftlerin (M.A.), Magisterarbeit zum Thema *Konversionen zum Judentum als Ausstellungskonzept;* 2011 Projektmitarbeiterin im Projekt „Zeichen setzen! – Für gemeinsame demokratische Werte und Toleranz bei Zuwanderinnen und Zuwanderern", Alevitische Gemeinde Deutschland; seit 2011 pädagogische Referentin bei der Kath. Landesarbeitsgemeinschaft Kinder- und Jugendschutz NW e.V., Schwerpunkte Antidiskriminierung, interkultureller/interreligiöser Dialog; seit 2012 Referentin in der Fachstelle Christen und Muslime, Bistum Münster.

Religionswissenschaftliche Publikationen und Mitherausgeberin von *Interreligiöser Dialog in Jugendarbeit und Schule,* Beltz 2013.

Hanno Loewy, geboren 1961 in Frankfurt am Main, Dr. phil, Literatur- und Filmwissenschaftler. Von 1995 bis 2000 Gründungsdirektor des Fritz Bauer Instituts in Frankfurt am Main, seit 2004 Direktor des Jüdischen Museums Hohenems. Publikationen und Ausstellungen zur jüdischen Gegenwart und Geschichte, zur Filmtheorie und Filmgeschichte sowie zur Geschichte der Fotografie, zur Geschichte und Rezeption des Holocaust. U. a.: *Holocaust. Grenzen des Verstehens* (Hg.), Reinbek 1992; *Taxi nach Auschwitz. Feuilletons,* Berlin 2002; *Béla Balázs: Märchen, Ritual und Film,* Berlin 2003; *Lachen über Hitler – Auschwitz-Gelächter? Filmkomödie, Satire und Holocaust* (Hg. gemeinsam mit Margrit Frölich und Heinz Steinert), München 2003; *Gerüchte über die Juden. Antisemitismus, Philosemitismus und aktuelle Verschwörungstheorien* (Hg.), Essen 2005; *„Hast Du meine Alpen gesehen?" Eine jüdische Beziehungsgeschichte* (Hg. mit Gerhard Milchram), Hohenems 2009.

Beate Meyer, geboren 1952 in Fliseryd/Schweden, Dr. phil, Promotion über *„Jüdische Mischlinge". Rassenpolitik und Verfolgungserfahrung 1933–1945* an der Universität Hamburg, 1990–1995 Leiterin des Oral-History-Archivs „Werkstatt der Erinnerung" an der heutigen Forschungsstelle für Zeitgeschichte, 1999/2000 Leiterin des Ausstellungsprojektes „Juden in Berlin 1938–1945" an der Neuen Synagoge – Centrum Judaicum, seit 2001 wissenschaftliche Mitarbeiterin am Institut für die Geschichte der deutschen Juden, Hamburg. Diverse Publikationen zur Verfolgung von Juden, Mischehen und „Mischlingen" im Nationalsozialismus, Oral History, NS-Regionalgeschichte; zuletzt: *Tödliche Gratwanderung. Die Reichsvereinigung der Juden in Deutschland zwischen Hoffnung, Zwang, Selbstbehauptung und Verstrickung 1939–1945,* Göttingen 2011.

Melanie Möller, M. A., Studium der Religionswissenschaft, Ethnologie und Ägyptologie, wissenschaftliche Mitarbeiterin am Seminar für Allgemeine Religionswissenschaft der Westfälischen-Wilhelms-Universität Münster, promoviert über Erfahrungs- und Aussteigerberichte ehemaliger Mitglieder Neuer Religiöser Bewegungen. Publikationen zu Satanismus, u. a.: *Satanismus als Religion der Überschreitung,* Marburg 2007; weitere Veröffentlichungen zu den Themenbereichen moderne westliche Esoterik sowie Religion und Medizin. Seit 2010 im wissenschaftlichen Beirat der Symposiums- und Buchreihe „Aspekte der Medizinphilosophie".

Detlef Pollack, geboren 1955 in Weimar, Dr. phil., 1984 Promotion im Fach Religionssoziologie an der theologischen Fakultät der Universität Leipzig. 1994 Habilitation (Universität Bielefeld, Fakultät für Soziologie) mit der Arbeit: *Kirche in der Organisationsgesellschaft: Zum Wandel der gesellschaftlichen Lage der evangelischen Kirchen und der politisch alternativen Gruppen in der DDR.* 1995–2008 Professor für vergleichende Kultursoziologie an der Europa-Universität Viadrina Frankfurt (Oder). 2003–2005 Max Weber Chair an der New York University. Seit 2008 Professor für Religionssoziologie an der Westfälischen Wilhelms-Universität Münster. 2011–2012 Fellow am Lichtenberg-Kolleg der Universität

Göttingen. Publikationen (u. a.): *Umstrittene Säkularisierung. Soziologische und historische Analysen zur Differenzierung von Religion und Politik,* Berlin 2012 (Hg. Detlef Pollack, Karl Gabriel, Christel Gärtner), *Akteure oder Profiteure? Die demokratische Opposition in den ostmitteleuropäischen Regimeumbrüchen 1989,* Wiesbaden 2010 (mit Jan Wielgohs); *Säkularisierung – ein moderner Mythos? Studien zum religiösen Wandel in Deutschland,* Tübingen 2003 (2. Aufl. 2012).

Eva-Maria Schrage, geboren 1982 in Leer, Diplom-Soziologin, Studium der Soziologie, Psychologie und Ethnologie an der Philipps-Universität Marburg und an der Karls-Universität Prag. Doktorandin im Exzellenzcluster „Religion und Politik in den Kulturen der Vormoderne und Moderne" an der Westfälischen Wilhelms-Universität Münster, arbeitet an einer Dissertation über jüdische Religion im heutigen Deutschland. Wissenschaftliche Schwerpunkte sind Religions- und Kultursoziologie, Migrationsforschung sowie Studien zu Rassismus und Fremdenfeindlichkeit. Zu den Publikationen gehören: *Von Ketzern und Terroristen. Interdisziplinäre Studien zur Konstruktion und Rezeption von Feindbildern* (Mitherausgeberin), Münster 2012; sowie als Autorin Beiträge über Religion und Staat in Israel und über den Zionismus in Schlicht/Saleem/Robert: *Kollektive Identitäten im Nahen und Mittleren Osten,* Münster 2010.

Stefan Schreiner, Inhaber der Professur für Religionswissenschaft und Judaistik (mit Schwerpunkt Islam und Judentum) sowie Leiter des „Institutum Judaicum" an der Evangelisch-theologischen Fakultät der Universität Tübingen. Außerdem Koordinator des European Abrahamic Forum mit Sitz in Zürich, einer Initiative zur Förderung vor allem des interkulturellen und interreligiösen Dialogs zwischen den nördlichen, südlichen und östlichen Nachbarn des Mittelmeers. Als Mitglied der AG des Wissenschaftsrates war er an der Ausarbeitung der „Empfehlungen zur Weiterentwicklung von Theologien und religionsbezogenen Wissenschaften" beteiligt. Publikationen (u. a.): *Die jüdische Bibel in islamischer Auslegung,* Tübingen 2012; *Das Hohelied – Lied der Lieder von Shelomo,* Frankfurt am Main 2007 (Erstausgabe Bremen 1981); *Die Osmanen in Europa – Erinnerungen und Berichte türkischer Geschichtsschreiber,* Leipzig und Weimar 1985.

Anna-Konstanze Schröder, geboren 1980 in Freital bei Dresden, Diplom-Psychologin und Religionswissenschaftlerin, seit 2007 wissenschaftliche Mitarbeiterin an der Theologischen Fakultät Greifswald, 2012 Stipendium für einen Forschungsaufenthalt an der Forschungseinheit „Religion, Cognition, and Culture (RCC)" in Aarhus/Dänemark, Arbeit an einer Dissertation mit dem Arbeitstitel *Konversionserleben als Schnittpunkt zwischen psychologischer und soziologischer Forschungsperspektive auf den Konversionsprozess,* Publikationen im Bereich angewandte Religionsforschung.

Reinhard Schulze, geboren 1953 in Berlin, Dr. phil, 1982–1984 wissenschaftlicher Mitarbeiter am Seminar für Geschichte und Kultur des Vorderen Orients, Hamburg; 1984–1985 Vertretung einer Professur für außereuropäische Geschichte in Essen; 1987 Habilitation. 1987–1992 Professor für Orientalische Philologie, Ruhr-Universität Bochum;

1992–1995 Professor für Islamwissenschaft und Arabistik, Universität Bamberg. Seit 1995 ordentlicher Professor für Islamwissenschaft und Neuere Orientalische Philologie, Universität Bern. Publikationen (u. a.): *Islamischer Internationalismus im 20. Jahrhundert. Untersuchungen zur Geschichte der islamischen Weltliga,* Leiden 1990; *Geschichte der islamischen Welt im 20. Jahrhundert,* München 1994 (2. Aufl. 2003); *A Modern History of the Muslim World,* London/New York 2000 (2. Aufl. 2002).

Hannes Sulzenbacher, geboren 1968 in Innsbruck, Studium der Theaterwissenschaft, Geschichte und Philosophie an der Universität Wien, 1990–1992 Theaterkritiker „Falter" Wien, 1994–1998 Kurator am Jüdischen Museum Wien, 1998–2003 Theaterveranstalter, seit 2004 freischaffender Ausstellungskurator. 2007 Gründung von „QWIEN – Zentrum für schwul/lesbische Kultur und Geschichte". Publikationen über jüdische Geschichte und schwul/lesbische Geschichte.

Wolfgang Treue, geboren 1963 in Bonn, Dr. phil. habil., Privatdozent für Mittlere und Neuere Geschichte an der Universität Duisburg-Essen, wissenschaftlicher Mitarbeiter am Jüdischen Museum Frankfurt und am Fritz Bauer Institut an der Goethe-Universität Frankfurt am Main, Promotion 1994 an der Universität Trier, Publikationen u. a. zur Kultur- und Geistesgeschichte der Frühen Neuzeit, zur jüdischen Geschichte und zur Geschichte der christlich-jüdischen Beziehungen, darunter *Der Trienter Judenprozeß: Voraussetzungen – Abläufe – Auswirkungen (1475–1588),* Hannover 1996; *Landgrafschaft Hessen-Marburg (1520–1650), Germania Judaica IV,* Bd. 2, Tübingen 2009.

Christian Wiese, geboren 1961 in Bonn, lehrt als Martin-Buber-Professor für Jüdische Religionsphilosophie an der Goethe-Universität Frankfurt am Main. Von 2006 bis 2010 war er Professor für Jüdische Geschichte an der University of Sussex und Direktor des dortigen Centre for German-Jewish Studies. Er forscht zur jüdischen Geistes- und Kulturgeschichte der Moderne, zum Zionismus und zur Geschichte jüdisch-christlicher Beziehungen. Zu seinen Publikationen zählen u. a. die Monografien *Wissenschaft des Judentums und protestantische Theologie im wilhelminischen Deutschland. Ein „Schrei ins Leere"?* Dissertation 1999; *The Life and Thought of Hans Jonas: Jewish Dimensions,* Brandeis 2007. Zur Zeit arbeitet er an einer Biografie des Journalisten und Kulturzionisten Robert Weltsch.

Monika Wohlrab-Sahr, geboren 1957 in Selb, Studium der evangelischen Theologie und Soziologie in Erlangen und Marburg. Promotion zum Dr. phil. an der Philipps-Universität Marburg. Habilitation in Soziologie an der FU Berlin. 1999–2006 Professorin für Religionssoziologie, seit 2006 Professorin für Kultursoziologie an der Universität Leipzig. 1996 Gastwissenschaftlerin an der Universität Berkeley, 2007/08 Fernand Braudel Fellow am Europäischen Hochschulinstitut in Florenz, 2012 Fellow am Jawaharlal Nehru Institute for Advanced Study in Delhi. Ausgewählte Publikationen: *Biographische Unsicherheit*, Opladen 1993; *Konversion zum Islam in Deutschland und den USA,* Frankfurt am Main 1999; *Forcierte Säkularität,* Frankfurt am Main 2009.

Projektmitarbeiterinnen und -mitarbeiter

An dem Projekt „Treten Sie ein! Treten Sie aus! Warum Menschen ihre Religion wechseln" haben mitgewirkt:

Ausstellung

Ausstellungskonzept
Hannes Sulzenbacher, Wien

Objektrecherche
Regina Laudage-Kleeberg, Münster
Hannes Sulzenbacher, Wien

Gesamtkoordination
Hanno Loewy, Jüdisches Museum Hohenems

Koordination in Frankfurt am Main und München
Fritz Backhaus, Jüdisches Museum Frankfurt am Main
Ulrike Heikaus, Jüdisches Museum München

Architektur
Martin Kohlbauer, Wien

Grafikdesign und Produktionsüberwachung
atelier stecher, Götzis
Roland Stecher und Thomas Matt

AV-Technik
Martin Beck, Rankweil

Vitrinenbau
Blenke design, Hohenems

Vermittlung
Tanja Fuchs / Julia Schertler-Dür, Hohenems
Manfred Levy, Frankfurt am Main
Elisabeth Schulte, München

Öffentlichkeitsarbeit
Birgit Sohler, Hohenems
Daniela Unger, Frankfurt am Main
Bettina Pauly, München

Leihverkehr / Organisation
Birgit Sohler, Hohenems
Dorothea Spillmann, Frankfurt am Main
Verena Immler, München

Produktion
Birgit Sohler / Christian Neunteufel, Hohenems
Thomas Paeglis / Manfred Prehl / Viktor Probst, Frankfurt am Main
Hasan Güneri / Sabine Menges, München

Sekretariat
Gerlinde Fritz, Hohenems
Daniela Unger, Frankfurt am Main

Katalog

Herausgeber
Regina Laudage-Kleeberg und Hannes Sulzenbacher

Biografische Texte
Regina Laudage-Kleeberg (RLK)
Hanno Loewy (HL)
Hannes Sulzenbacher (HS)
sowie Dagmar Reese, Daniel Spoerri und Barbara Staudinger

Gestaltung
atelier stecher, Götzis
Roland Stecher und Thomas Matt

Übersetzungen
Lilian Dombrowski

Lektorat
Karin Schneider

Druck
AZ Druck, Allgäu – Berlin

Objektfotografie
Robert Fessler

Danksagungen

Für die Unterstützung unseres Projektes mit Rat und Tat danken wir:

Eva Atlan (Frankfurt am Main), El Awadalla (Wien), Margit Berner (Wien), Gesa Bertels (Münster), Michael Bing (Landeskirchliches Archiv Stuttgart), Ingolf Bodemann (Münster), Anke Boeck (Landeshauptstaatsarchiv Magdeburg), Andreas Brunner (Wien), Wolfgang Denk (Susanne Wenger Foundation, Krems), Elisabeth Egger (Wien), Schwester Johanna Eichmann (Dorsten), Andrea Glatz (Wien Museum), Bernhard Grill (Wien), Cathérine Le Guen (Musée des Beaux-Arts, Quimper), Hadassah Bat Abraham, Felicitas Heimann-Jelinek (Wien), Ingrid Hennings (Staatsarchiv Aurich), Christian Helge Hoffmann (Berlin), Peter Honigmann (Zentralarchiv zur Erforschung der Geschichte der Juden in Deutschland, Heidelberg), Inge (Buddha-Haus, Oy-Mittelberg), Kauthar, Joachim Kemper (Stadtarchiv Speyer), Florian Kleeberg (Münster), Christine Klössel (Archiv der Hessischen Hausstiftung, Eichenzell), Gabriele Kohlbauer-Fritz (Wien), Michaela Laichmann (Wiener Stadt- und Landesarchiv), Christian Liedtke (Heinrich-Heine-Institut, Düsseldorf), Martin Matl (Bischöfliches Generalvikariat, Fulda), Gerhard Milchram (Wien), Georg Misch (Wien), Rachel Misrati (The National Library, Jerusalem), Guido Prodinger (Wien), Heinz Pusitz (Wien), Kantorin Jalda Rebling (Berlin), Dagmar Reese (Kleinmachnow), Elisabetta Rossi (Jüdisches Museum Meran), Wolfgang Scheffknecht (Historisches Archiv der Marktgemeinde Lustenau), Ulrike Schiesser (Wien), Robert Schiestl (Berlin), Hanne Schweiger (Bayerische Staatsbibliothek, München), Georg Schwikart (Sankt Augustin), Barbara Staudinger (Institut für jüdische Geschichte Österreichs, St. Pölten), Ilana Tahan (British Library, London)

Für die Bereitstellung der Leihgaben danken wir:

Niko Alm
Archiv der Evangelischen Brüderunität Herrnhut
Archiv der Hessischen Hausstiftung, Eichenzell
El Awadalla, Wien
Azra Akšamija, Cambridge/Massachusetts
Helga Atlan, Bad Homburg
Roberto Bachmann, Lissabon
Bayerische Staatsbibliothek, München
Buddha-Haus, Oy-Mittelberg
Dommuseum Fulda / Bischöfliches Priesterseminar, Fulda
Schwester Johanna Eichmann, Dorsten
Hadassah bat Abraham
Hatvani Közérdekü Muzeális Gyüjtemény (Öffentliche Museumssammlung Hatvan)
Historisches Archiv der Marktgemeinde Lustenau
Christian Hoffmann, Berlin
Israelitische Gemeinde Freiburg i. Br.
Jüdisches Museum Meran
Karmelitenkonvent, Wien
Kauthar
Landeshauptstaatsarchiv Magdeburg
Landeskirchliches Archiv, Stuttgart
Martha Meszaros, Budapest
Musée des Beaux-Arts, Quimper
Nachlass Muhammad Asad, Privatbesitz, Mijas, Spanien
Niedersächsisches Landesarchiv – Staatsarchiv Aurich
Pfarrei St. Ansgar, Hamburg
Ira Rezak, Stony Brooks, New York
Georg Schwikart, Sankt Augustin
Stadtarchiv Speyer
Paul Moses Strasko, Duisburg
Susanne Wenger Foundation, Krems
Alexandra und Baruch Wolski, Wien
Wiener Stadt- und Landesarchiv, Wien
Wien Museum, Wien
Zentralarchiv zur Erforschung der Geschichte der Juden in Deutschland, Heidelberg

Für die großzügige finanzielle Unterstützung von
Ausstellung und Katalog danken wir:

Collini, Hohenems
Rothschild Foundation (Hanadiv), London
René und Susanne Braginsky Stiftung, Zürich
Zukunftsfonds der Republik Österreich, Wien
Adolf und Mary Mil-Stiftung, Zürich
Karl Kahane Stiftung, Celerina
Stiftung Irène Bollag-Herzheimer, Basel
VKW Vorarlberger Kraftwerke AG, Bregenz
American Friends of the Jewish Museum Hohenems
Grüne Bildungswerkstatt Vorarlberg
Schweizerischer Israelitischer Gemeindebund
Katholische Kirche Vorarlberg
Tectum Flachdach- und Fassadensysteme, Hohenems
Dr. Georg und Josi Guggenheim-Stiftung, Zürich
VEM, Vorarlberger Elektro- und Metallindustrie, Feldkirch
Wirtschaftskammer Vorarlberg, Sparte Industrie, Feldkirch
Alfred & Ilse Stammer-Mayer Stiftung, Zollikon
LeRoy Hoffberger, Baltimore
Jakob Eisenstein, Eisenstein Textil, Feldkirch
Wilhelm und Josefine Otten, Hohenems
Marktgemeinde Lustenau
Gemeinde Altach
Amt der Stadt Hohenems
Amt der Vorarlberger Landesregierung, Kultur
Verein zur Förderung des Jüdischen Museums Hohenems
Bundesministerium für Unterricht, Kunst und Kultur, Wien